한국 근대
문예비평의 논리

이양숙

도서출판 월인

| 서 문 |

생각해 보면 글을 쓰는 일은 언제나 쉬운 일이 아니었다. 때로는 지나친 조심성 때문에 때로는 해야 할 말을 빚어내기엔 턱없이 부족한 재주 때문에 그러했던 것 같다. 쓰기보다는 읽기를, 평가받기보다는 평가하기를 즐겼던 내가 부족한 글들을 묶어내기로 한 이유는 부끄럽더라도 이제는 조금 더 적극적인 태도가 필요하다는 생각에서인지 모른다.

아직 집을 빌려 살고 있는 터라 임대 2년차인 올 여름에도 어김없이 이사를 계획하게 되었다. 비슷한 처지에 있는 다른 사람들처럼 집안 살림 중 가장 큰 비중을 차지하고 있는 책을 정리하기 위해 살펴보니 그 양이 만만치 않았다. 집을 옮길 때마다 거듭 정리했음에도 불구하고 아직 엄청나게 많이 남아있는 책들, 무엇보다도 애지중지해 왔던 그것이 그러나 이번에는 마음에 큰 부담으로 느껴졌다.

책이 많은 사람이라면 항상 주변에서 들어 온 질문이 있을 것이다. 정말지 책들을 다 읽었냐는 의혹에 찬 질문에서부터, 지금까지 저 책들을 읽어 왔으니 정말 똑똑한 사람이 아니겠냐는 알 듯 모를 듯한 질문까지. 남들은 어떻게 대응하는지 잘 모르겠지만 그런 질문을 받을 때마다 내 경우 그냥 빙그레 웃고 만다. 전공의 성격상 자료집도 많고 얻은 책도 많으니 그 책을 하나도 남김없이 다 읽었다면 거짓말이 될 터이고 그렇다고 달리 해명할 만큼 멋진 답을 마련할 수도, 할 필요도 느끼지 못했기 때문이다. 그런

데 이번에 책을 바라 볼 때는 마음이 답답했다. 이제 습관처럼 책을 읽고 소비하고 쌓아놓고 또 새로운 지식을 찾아다니고 있는 것은 아닌지 진지하게 점검해 볼 때가 된 것 같다.

본 저서는 크게 두 부분으로 구성되었다. 필자의 박사학위 논문인 「최재서 문학비평 연구」와 해방 직후 <문학가동맹>을 둘러싼 제 쟁점을 대상으로 한 글들이 그것이다. 최재서 비평 연구는 1930년대 우리 문단의 한 흐름이었던 주지주의 문학론의 전개과정과 그 성과 그리고 이 흐름이 일제말기 '국책문학'으로 경도되었던 과정을 해명하는 데 그 초점이 있다. 우리 문학사에서 1930년대의 중요성은 새삼 언급하지 않아도 될 정도이지만 정작 이 시기를 사상사의 관점으로 해명하는 연구는 선구적인 몇몇 업적을 제외하고는 많지 않은 것이 사실이다. 더구나 최재서와 같이 친일파로 분류된 문인들의 일제말기 활동은 그동안 큰 주목을 받지 못했다. 본 연구에서는 일제 말기 친일문학론의 대표자라 할 최재서 비평의 논리를 한편으로는 그의 주지주의론의 흐름 속에서, 다른 한편으로는 당시 일본과 조선을 대표하는 사상계의 흐름 속에서 파악해 보고자 하였다. 이를 통해 그의 사상이 전개되었던 전후의 맥락이 어느 정도 해명되었다고 자부해 본다.

해방 직후를 다룬 글에는 <문학가동맹> 결성 직전 이루어진 제 문화단체의 이념과 조직 갈등, 이들의 통합과정과 그 공과에 대한 평가가 담겨있다. 주로 평론을 다루었고 이 시기의 평론이 당시의 정치담론과 매우 유사한 형태를 보이기 때문에 읽기에 무척 딱딱한 글이 될지 모른다. 책으로 묶기 위해 다시 읽어보니 지금의 관점에서는 다소 도식적이라 할 부분도 눈에 띈다. 그러나 30여 년의 압제를 견디어 내고 새로운 국가 건설의 방향을 논하는 그들의 열정과 좌절의 과정에 대한 기록은 지금 보아도 가슴 뭉클한 측면이 있다. 독자들에게도 이들의 열정이 전달되기를 기대해 본다.

학교 주변만을 맴돌며 소심하게 살아 온 내게 이만큼이라도 용기를 주었던 많은 분들께 감사의 말씀을 전하지 않을 수 없다. 먼저 퇴임을 앞두신 상황에서 박사논문 지도를 흔쾌히 맡아 주셨던 한계전 선생님께 감사의 마음을 전하고 싶다. 그다지 명민하지 못한 학생을 지도하시느라 고생하셨다. 항상 따뜻하게 위로와 격려를 해 주신 것이 얼마나 큰 힘이 되었는지 아마 선생님께서는 잘 모르실 것이다. 석사 때부터 박사과정까지 지도해 주셨던 김윤식 선생님과, 권영민 선생님, 조남현 선생님, 신범순 선생님께도 감사의 인사를 드린다. 내가 지닌 능력이나 성품보다 항상 나를 후하게 대해주는 선배와 동학, 후배들에게도 정말 고맙다는 인사를 하고 싶다. 이들의 도움과 넉넉한 이해가 없었다면 아마 지금의 나는 존재하지 않았을 것이다. 언제나 그 자리에서 내게 용기를 주는 남편과 아이들 그리고 부모님들께, 무엇보다 지난 3월 갑자기 우리 곁을 떠나신 아버님께 이 책을 바치고 싶다.

2007년 여름

이양숙

| 차 례 |

책머리에 / 3

최재서 문학비평 연구 ········· 9

1. 서론 / 9
2. 영미 모더니즘의 수용과 세계시민의 이상 / 23
   1) 현대성의 탐구와 이론으로서의 모더니즘 / 23
   2) 현실성의 모색과 비평도구로서의 리얼리즘 / 70
3. 비평 개념의 확립과 새로운 이상의 모색 / 109
   1) 주체 위기극복을 위한 모색 / 109
   2) 소설양식의 탐구와 서사성의 추구 / 137
4. 동양, 조선의 발견과 계몽의 정치성 / 177
   1) 동양주의 사상의 배경 / 177
   2) 국민문학론의 계몽적 성격 / 195
5. 결론 / 233

해방 직후 문학이념과 정책논쟁 ········· 255

1. 머리말 / 255
2. 문맹의 '예술운동의 특수성'론 / 257
3. 문건의 '문화통일전선'론 / 266
4. 맺음말 / 273

해방 직후의 진보적 리얼리즘론 연구 ········· 275
1. 머리말 / 275
2. 조선공산당의 잠정안과 <조선문학가동맹>의 민주주의 민족문학론 / 278
3. 진보적 리얼리즘론의 전개과정 / 281
4. 인민전형론, 영웅적 주인공론 / 299
5. 맺음말 / 306

해방 직후 임화의 민족문학론에 대한 고찰 ········· 309
1. 머리말 / 309
2. 민족문학과 계급문학의 관계 / 312
3. 노동자 계급의 이념과 주도성의 문제 / 319
4. 맺음말 / 323

역사의 전위가 된 다섯 시인의 노래 ········· 327
1. 촉망받는 신인의 탄생 / 327
2. 시인들의 자취 / 329
3. 민족의 전위가 된 시인들 / 332

최재서 문학비평 연구

1. 서론

본고는 최재서 비평을 대상으로 하여 1930년대 우리 문단의 한 흐름이었던 주지주의 문학론의 전개과정과 그 성과, 그리고 이 흐름이 일제 말기 소위 '국책문학'으로 경도되었던 과정을 해명하고자 한다.

최근 몇 년간 동아시아 담론이 자주 거론되어 왔다. 동아시아론은 아직 구체적인 학문의 영역으로 명확히 규정되지는 못한 것이지만, 서구에서 제기된 세계화 혹은 지구화(Globalization)에 대응하는 담론의 의미를 지니고 있다. 세계화란 국가들 사이의 교환의 증대를 의미하는 국제화(Internationalization) 와는 다른 차원의 것이다. 즉 이것은 '우리 삶의 방식 일반 곧 정치 경제 사회 그리고 문화가 국민국가의 국경을 넘어서 세계사회의 차원에서 유기적으로 작동하여, 이것이 우리 삶의 기본적 조건을 이루는 것'으로서, 자본주의가 탈근대의 시대에 갖는 세계 전략이다.[1] 이 시점에서 동아시아 담론은 세계화라는 새로운 방식의 제국주의에 대한 응전을 목표로 한 상상의 공동체라는 점에서 긍정적으로 평가되고 있다.

서구가 동양과 서양을 구분해 내고 이런 구분을 통해서 동양을 지배하는 문화적 헤게모니를 획득하고자 한 것과 같은 방식으로 20세기 초 일본

---

1) 김기봉, 「동아시아 담론, 어디서 왔으며 어디로 가야 하는가-제국주의로부터 제국주의를 넘어」, 『동아시아 문화와 사상』, 제6호, 열화당, 2001, 26면.

은 '동아시아' 담론을 매개로 해서 자신들을 제국주의적 주체로 정립하고 아시아 국가들을 지배하려 하였다. 이러한 동아시아 담론은, 동양 근대화라는 역사적 사명의 계발에 멈추지 않고 더 나아가 '대동아 공영권'의 기획으로 귀결되었다. 우리 현대사에서 일제의 협력자가 된 조선의 지식인들이란 일반적으로 위와 같은 동아시아 담론을 전유한 사람들이고, 이들을 역사는 친일파로 단죄하였던 것이다.

최근 친일파에 대한 논란은 민족주의와 국민국가를 바라보는 복잡한 시선과 뒤섞여 있는 것이 사실이다. 여기에는 친일과 민족주의가 모순된 것이 아니었다는 주장[2]에서부터 친일의 문제를 "한국 부르주아 민족 운동 주류가 지녔던 근대화 프로젝트 자체의 근본적인 딜레마에서 파생하는 문제"로 규정하고, "이들에게 서구와 일본은 침략자이기 이전에 따라가야 할 근대화의 모델이었으며, 서구 국가들이 백인 제국주의로서 비추어지고 그 방어를 위해 아시아가 연대해야 한다는 전망에 서게 될 때, 일본은 협조를 얻되 극복해야 하는 애증의 복합물"이었다는 지적[3]으로 이어지기도 한다. 즉 1930년대 이후 실력양성 운동가들의 본격적인 친일화는 현실적인 목표의 수정-민족국가 독립에서 2등 국민의 지위 획득-이었다는 것이다. 이는, 시민적 근대성에 기반한 서구의 민족주의가 민족을 혈통이 아니라 시민권(civitas)의 개념 혹은 공민(citoyen)의 개념과 결합된 자유로운 결사체[4]로 인식한 데 반하여 동아시아의 민족주의는 서구의 제국주의적 모더니티에 대한 대응으로 나타났[5]기 때문에 그 양상이 서구와는 상이할 수 밖에 없

2) 조관자, 「'민족의 힘'을 욕망한 '친일 내셔널리스트' 이광수」, 『기억과 역사의 투쟁』, 삼인, 2002.
3) 김성보, 「'친일파 청산' : 분열의 치유, 그리고 '한국적 근대의 반성을 위하여」, 『작가』 27, 2002년 여름호, 31면.
4) 임지현, 「전지구적 근대성과 민족주의」, 『역사문제연구』 4호, 역사비평사, 2000, 19면.

었다는 사실을 뒷받침하는 것이기도 하다.

이와 같은 역사적 맥락을 고려해 볼 때 현재의 동아시아 담론의 성격[6]과 20세기 초 동아시아 담론은 제국주의에 대한 인식과 밀접한 관련이 있다는 점과, 민족과 국가의 의미에 대한 새로운 사고를 유도한다는 점[7]에서 공통점을 소유하고 있는 셈이다.

최재서는 이런 점에서 매우 문제적 인물이라 할 수 있다. 그는 경성제대 영문과 출신으로 누구보다도 절실하게 서구적 근대성을 흠모했던 자이면서 동시에 가장 비합리적인 파시즘 문학이론이었던 '국민문학'을 이론적으로 정리한 자이기 때문이다. 최재서(1908~1964)는 황해도 해주 출신으로 경성 제2고보를 거쳐 1926년 경성제대 예과 제3회에 입학하여 2년간 수학한 후 1928년 영문과로 진학하였다. 1931년 졸업과 동시에 대학원에 진학하였고 1933년 경성제대 영어강사가 된다. 1934년 「현대 주지주의 문학이론」과 「비평과 과학」을 발표함으로써 비평가로 등단한 그는 이후 논쟁을 불러일으키는 등 활발한 활동을 하였다. 1941년부터 친일문학 잡지인 『국민문학』의 편집인으로 활동하던 중 1944년 1월 石田耕造로 창씨 개명했

---

5) 진덕규, 「글로벌리즘과 동아시아 민족주의의 반응 양식」, 『동아시아 문화와 사상』, 6호, 2001, 47면.

6) 동아시아 담론의 현재적 의미를 천착하는 관점에서 최재서의 비평을 바라보는 것은 그의 비평을 긍정하겠다는 의도가 전혀 아님을 밝힌다. 앞서 간략히 서술한 것처럼 동아시아 담론은 제국주의에 대한 확고한 입장을 요구한다. 따라서 현재의 동아시아 담론이 제국주의의 아류로 빠질 위험을 극복해야 하는 것과 마찬가지로 최재서나 그 밖의 당시 '국책론자들'의 논리 속에서 이와 같은 양면성을 구분해 내는 것이 민족의 기준으로 선악을 판단하여 단죄하는 것에 선행되어야 한다는 입장일 뿐이다.

7) 김기봉에 의하면, 이전의 사회구성체론이나 최근의 식민지 근대화론의 경우, 마르크스주의와 민족주의라는 이데올로기적 구도가 명확히 설정되어 치열한 논쟁이 벌어졌지만 동아시아 담론에 대한 논의는 각 분야에서 각개약진의 형태로 진행된다고 평가하는데, 이와 같은 사실은 최근 민족 혹은 국가를 둘러싼 논의가 기존의 거대담론의 틀을 벗어나 새로운 인식을 모색하고 있다는 것을 반증하고 있다. 김기봉, 앞의 논문, 27면 참조.

다. 그의 생애에 관하여 알려진 바는 비교적 적은 편인데 일반적으로 그는 자존심이 무척 강하고 항상 돌같이 굳어있는 비사교적인 사람으로 평가[8] 된다.

최재서가 그의 비평활동 전반을 통하여 추구하려 한 것은 '현대성'과 '현실성'이다. 그가 영문학 비평을 국내에 소개한 것도 현대성을 탐구하고 그것을 조선의 현실에 도입하고자 하는 욕망에 근거한 것이다. 주지하듯이 이는 코스모폴리탄을 희구하는 그의 이상에서 빚어진다. 이를 위해 그가 한국 문단에 도입한 것은 영, 미의 주지주의 비평이론이었다. 그는 자기의 전공영역에서 획득한 최신의 비평이론을 통해 당대의 현실을 진단할 뿐 아니라, 그것을 도구로 하여 새로운 문학이론을 건설하려 하였다.

그는 '우리 문학계에서는 아마 학문적 소양을 바탕으로 비평행위를 시작한 최초의 인물'[9]이라는 평가를 받고 있다. 그가 영문학자였고 끝까지

8) 최재서의 약력에 대해서는 성윤자, 「최재서의 친일문학론 연구」(서울대 국사과 석사, 1999) 1장에서 가장 자세한 설명을 볼 수 있다. 최재서의 출생배경이나 성격은, 그가 교수로 재직할 당시 연세대 신문에 연재한 글을 묶어 그의 사후 출판된 『인상과 사색』(연세대 출판부, 1977)의 내용을 토대로 한 것이다. 이 글은 1959년 5월 9일부터 1960년 9월 5일까지 48회에 걸쳐 『연세춘추』에 연재된 글의 전문이다. 이밖에 그는 1943년 출판된 평론집 『轉換期の朝鮮文學』의 서문 まへ(え)がき에서 자신의 어린 시절에 대해 약간 언급하고 있다. 1930년대 문단에서 최재서를 평한 글로는 김우철, 「최재서론-作家가 본 評家」(『풍림』, 1937.5)과 『삼천리 문학』(1938.1) 「문인풍경」란의 최재서 편 (201면)이 있다. 이밖에 당시 재조선 일본인이 만든 친일단체 『녹기 연맹』의 일원이었고 최재서와 경성제대 동기였던 현영섭의 글(「眞の日本を知るまで」, 『朝鮮人の進むべき道』, 녹기연맹, 1938, 188~189면)이 1930년대의 글이다. 유진오의 『구름위의 漫想』(일조각, 1966)과 『養虎記』(고려대 출판부, 1977), 백철의 『신문학 사조사』(백양당, 1949), 서정주 『나의 문학적 자서전』(민음사, 1975), 이충우의 『경성제국대학』(다락원, 1980) 등에는 최재서의 경성 제국대학 재학시절과 인문사 재직시절 그를 둘러싼 여러 가지 일화에 대한 부분적 언급을 찾아볼 수 있다. 조연현의 「고 최재서의 인간과 문학」(『현대문학』, 1965.1)은 최재서 사후 그를 기리는 글이다. 최재서를 모델로 한 소설로는 1932년부터 3년 간 일본 고무회사의 직원으로서 경성에 근무했던 경험을 소재로 한 다나카 히데미쓰 (田中英光)의 『醉どれ船』(1948, 유은경 역 『취한 배』, 소화, 1999)가 있다.

교단을 지켰던 만큼 그에 대한 영문학계의 평가[10]를 보지 않을 수 없는데, 이에 대해서는 서로 상반되는 입장을 발견할 수 있다. 김종길의 의례적인 평가를 제외하면[11] 최재서에 대한 본격적인 접근은 유종호와 김활의 논문에서 찾아볼 수 있다. 유종호는, 비평가로서의 최재서는 다른 많은 동시대인들이 그랬듯이 여러 가지 면에서 자기분열 현상을 보여주고 있다고 평가하고 그 예로 주지주의에 대한 공명에도 불구하고 민중의 발견을 주장하는 부분을 들고 있다. 그는 이러한 자기 분열의 현상이 문학이론과 실제비평, 준거로서의 외국작품과 우리의 문학작품 사이의 어떤 거리를 조정하는 데 있어서의 실패와 관련된 것이었음에 틀림 없다고 부정적으로 평가한다.

유종호가 가장 큰 문제로 생각하는 것은 그의 <민중주의>와 <지성옹호>와 <주지적 비평이론> 사이의 모순되고 상호 배제적인 관계이다. 유종호는, 최재서가 「지성옹호」에서 토마스만을 감격적으로 소개하는 한편 흄도 '공명적으로' 소개하고 있는데, '흄에 있어서 고전주의와 반낭만주의와 반민주주의와 페시미스틱한 인간관이 서로 떼어놓을 수 없이 얽혀져 있음에 대해서 그는 주목하지 않았다'고 유종호는 강하게 비판한다.[12]

---

9) 유종호, 「영미 현대 비평이 한국 비평에 끼친 영향」, 한국영어영문학회편, 『영미 비평 연구』, 민음사, 1979, 283면.

10) 김종길, 「한국 현대시에 끼친 T.S.엘리어트의 영향」, 『진실과 언어』(일지사, 1974), 유종호, 위의 논문, 김활, 「최재서 비평의 인식론적 배경」(『모더니즘 문학론과 질서』, 한신문화사, 1993) 등이 있다.

11) 김종길은 최재서가 '당시 일본의 잡지사와 출판사로부터 집필청탁을 받은 소수 한국인 중의 한사람'이자 일본의 저명한 출판사인 改造社에서 어빙 배빗트의 『루소와 낭만주의』(1939~1940)를 번역한 자로 소개한 후, 흄, 엘리어트, 리쳐즈, 리드 등의 비평가와 헉슬리, 조이스 등의 작가에게 영향을 받아 지성과 모랄을 주장하였으나 그 자신은 '어떤 기성 도그마에도 얽매이지는 않았다'(위의 논문, 227면)고 평가했다.

12) 유종호, 앞의 논문, 279~283면.

이에 반해 김활은 '낭만주의 시론에서 배운 종합적 구성 능력으로서의 창조적 상상력의 이론과 유기적 시관은 그의 평생을 지배하는 이론이었다.'고 전제한 후, 그의 논문에 채용한 독자적인 방법론을 한마디로 요약하면 1930년대 한국 문단에서 주지주의 문학운동을 시작할 때부터 『문학원론』(1957)을 거쳐 셰익스피어 연구에 이르기까지, 시종 일관 문학은 가치있는 체험의 조직이라는 질서의 이념이었다고 정리한다. 그리고 '셰익스피어 연구로 그의 문학이념은 세계적인 인정을 받았기 때문에[13] 그의 문학이념의 영원성과 보편성이 보증된 셈'이라 보고, 그의 공헌은 영문학의 외재적 요소를 보편화하고 일반화하여 한국문학에 적용한 데 있다고 평한다.[14]

이처럼 상반된 평가는 이후 연구의 경향을 단적으로 보여주고 있다. 즉 학자로서의 그는 높이 평가되는 반면 비평가로서의 최재서는 그렇지 못하다. 지금까지의 연구 중에서 아카데미즘과 이와 관련된 주지주의 이론의 소개와 정리를 평가하는 데 초점을 둔 것과, 그의 비평체계에 관심을 두고 당대 문단과의 논쟁이라거나 비평의 구도에 주안점을 두는 연구는 서로 상반된 입장에 서있다고 할 수 있다. 그러나 이제는 그의 이론과 비평의 상호관계를 밝히고 그 관계 속에서 양 영역이 각각 어떻게 서로 영향을 받으며 변화하는지 그리고 그 의미는 무엇인지를 평가할 때라고 본다.

최재서는 1940년을 전후하여 점차 국책문학으로 기울어 졌는데 특히 1941년 『국민문학』지의 편집인으로 자리를 옮기면서 본격적으로 내선 일체와 대동아 공영 이념의 선전에 나서게 된다. 1940년대 그의 활동에 대한

13) 그의 학위논문 「셰익스피어 예술론」(1963・11)은 1962년 미국 켄트 주립대학교에서 발행되는 「셰익스피어 뉴스레터」에 처음 요약 게재되었고, 1963년 뉴욕 반테지 프레스에서 「생명의 질서로서의 셰익스피어」라는 제목으로 출판되었다.

14) 김활, 앞의 논문, 한신문화사, 66~72면 참조.

지금까지의 연구는 당시의 정세에서 불가피한 선택이었다는 '상황논리'로 인정하여 묵인하거나[15], 적극적인 친일활동으로 단죄[16]하는 양면의 평가가 이루어져 왔으며 그 내용도 상대적으로 축소되어 있는 것이 사실[17]이다.

---

15) 그의 주지주의에 주목한 대부분의 연구가 이 경우에 해당한다. '논리의 파산'(김흥규, 「최재서 연구」, 서울대 석사, 1972)이나 지성의 파탄(이은애, 「최재서 문학론 연구」, 서울대 박사, 1995) 혹은 '생리의 차원'(김동식, 「최재서 문학비평 연구」, 서울대 석사, 1993)으로 표현된 연구가 모두 이 경우에 해당하는 것으로 볼 수 있다.

16) 임종국(『친일문학론』, 평화출판사, 1963)을 비롯하여 송민호(『일제말 암흑기 문학연구』, 새문사, 1991), 김상선(「최재서론」, 『한국근대문학과 그 미래상』, 중앙대 출판부, 1992), 채진홍(「최재서의 친일문학론 연구」, 『한남어문학』 17,18호, 1992), 이은애(「친일문학에 대한 일고찰」, 『덕성여대 논문집』 26집, 1996), 성윤자(「최재서의 친일문학론 연구」, 서울대 국사학과 대학원 석사논문, 1999) 등을 들 수 있다.

17) 최재서의 연구사를 정리하면 다음과 같다.
권일경, 「1930년대 모더니즘 소설관의 실재관과 '재현' 개념에 관한 고찰」, 『관악어문연구』, 1996.
김동식, 「최재서 문학비평 연구」, 서울대 석사, 1993.
김상선, 「최재서론」, 『한국 근대문학과 그 미래상』, 중대출판부, 1992.
김윤식, 「최재서론」, 『현대문학』, 1963. 3.
______, 『한국 근대 문학 사상연구』 1, 일지사, 1984.
김춘식, 「최재서 비평연구」, 동국대 석사, 1992.
김학면, 「최재서의 실제비평 연구」, 홍대 교육대학원 석사, 1995.
김 활, 『모더니즘 문학론과 질서』, 한신문화사, 1993.
김흥규, 「최재서 연구」, 서울대 석사, 1972.
______, 『문학과 역사적 인간』, 창작과비평사, 1980.
남송우, 「1930년대 전환기 비평의 해석학적 연구」, 부산대 박사, 1990.
류보선, 「1930년대 후반기 문학비평 연구」, 서울대 박사, 1996.
______, 「친일문학의 계몽적 담론 구조」, 『한국문학과 계몽담론』, 새미, 1999.
박남훈, 「최재서론」, 부산대 석사, 1983.
서준섭, 「문학과 지성-1930년대 최재서의 주지적 문학론 비판」, 『감각의 뒤편』, 문학과지성사, 1995.
성윤자, 「최재서의 친일문학론 연구」, 서울대 국사과 석사, 1999.
소영현, 「최재서 문학비평 연구」, 연세대 석사, 1996.
송희복, 「최재서론」, 『말의 신명과 역사적 이성』, 문학 아카데미, 1993.
신형기, 「최재서론」, 연대 석사, 1980.
이병헌, 「최재서의 문학비평 연구」, 『대진논총』, 1995.

이중 김동식의 논문을 대표적인 경우로 살펴보기로 하자. 그는 최재서의 비평활동이 아카데미즘에서 저널리즘의 영역으로 이행하면서 시작되었다고 보고, 출판사 사장 또는 편집인으로서의 최재서를 높이 평가하는 한편, 최재서의 친일이, 그가 잡지 편집권을 포기하지 못한 데서 비롯되었다고 본다. 그는 '최재서에 있어 낭만주의 연구(나아가 서구 문학이론)에 대한 글쓰기와 조선문학에 대한 비평적 글쓰기 사이에는 본질적 차이가 있다'고 지적하고 '그러한 차이가 양산될 수밖에 없었던 이유를 주체를 구성하는 요인들의 변화라는 관점에서 살펴보고자 한다'고 밝힌다.(13면) 나아가 그의 논의는, 라캉의 자의식의 개념에 의거하여 '최재서의 비평은 빈곤의 개입이 가져온 분열과 결핍을 기표의 차원에서 메꾸려 한 것'(31면)이라는 주장으로 귀결된다.

결국 이 논문은 주체 구성의 원리를 '최재서 비평의 인식론적 배경'으로 설정하고 있기 때문에, 이후 비평의 구성원리에 대한 탁월한 분석에도 불구하고, 시대와 상황 논리에 따라 미묘하게 변화해 가는 최재서 비평을 읽어내는 것보다는 비평을 구성하는 각각의 원리들의 상호관계와 배치에 더 비중을 두게 된다. 이는 연구자가 명확하게 밝히고 있지는 않지만, '모든

이은실, 「최재서 문학론 연구」, 동덕여대 석사, 1993.
이은애, 「최재서 문학론 연구」, 서울대 박사, 1995.
_____, 「친일문학에 관한 일고찰」, 『덕성여대 논문집』, 1996.
이인주, 「최재서 문학비평 연구」, 이대 석사, 1999.
임환모, 『문학적 이념과 비평적 지성』, 태학사, 1993.
조동일, 「최재서」, 『한국 문학 사상사 시론』, 지식산업사, 1998.
진정석, 「최재서의 리얼리즘론 연구」, 『한국학보』, 1997.
채진홍, 「최재서의 친일 문학론 연구」, 『한남어문학』, 1992.
허윤회, 「최재서의 근대문학 인식론」, 『1930년대 후반 문학의 근대성과 자기 성찰, 깊은샘, 1998.
홍성식, 「최재서 비평연구」, 명지대 석사, 1993.
홍성암, 「최재서론」, 『한국 현대 비평가 연구』, 태학사, 1998.

비평작업은 진정한 현실 인식이 아니라 사실 허구로서의 세계에 귀속된다는 것을 뜻하는' 낭만주의적 비평태도, 즉 비평은 글쓰기라는 차원에서 궁극적으로 문학(작품)이라는 인식에 닿아있는 사고[18]라 할 수 있을 것이다. 심리학의 이론으로 분석된 비평가의 주체는 변하지 않는 주체가 되며 그의 비평 역시 간접적으로 합리화 될 수밖에 없다. 이와 같은 '탈 정치화된' 평가에 대해 그는, 편집인 최재서를 연구하기 위해서는 '1930년대 문학시장의 전반적인 지형도를 그릴만한 역량이 요구되기 때문에 다루지 않는다.'(10면)고 밝히고는 있으나 이처럼 '편집인 최재서'에 대한 연구자의 침묵은 그의 연구 방법론에서 이미 예견된 것으로 보인다.

이와 반대의 입장에 서 있는 것 중 대표적인 것으로는 김흥규의 연구가 있다. 그는 꼼꼼한 비교문학적 연구 방법으로 최재서가 사용하는 비평적 개념의 근거를 분석하여 이 부분에서 가장 선구적인 업적을 남긴 바 있다. 그는 최재서가 문학을 '인식과 가치추구의 장'으로 설정한다고 보고 이런 의미에서 최재서의 문학관은 문학에 대한 개방체계적 입장이라고 정리한다. 또한 최재서 비평의 두 축을 리얼리즘과 모랄론으로 설정하여 이후 최재서가 이원조 그리고 구카프계 평론가인 임화, 김남천과 '비슷한 입장을 견지했다'는 결론에 도달한다. 그러나 여기에는 당대 진행되었던 리얼리즘 논쟁의 성과가 반영되지 있지 않았으며 또한 당시 문단의 상황에 대한 인식도 고려되지 않았다. 결과적으로 그는 최재서가 신체제론으로 향하는 것을 '갑작스러운 논리의 파산'으로 표현하는데 이 역시 그의 문학론에 대한 간접적 긍정과 마찬가지라 할 수 있다.

김윤식의 「개성과 성격-최재서론」[19]은 최재서 문학 활동 전반을 본격적

---

18) 계몽주의적 비평태도와 낭만주의적 비평태도에 관해서는 최문규, 「독일 비평의 흐름과 비판적 비평에 대한 요청」, 『현대 비평과 이론』 20호, 2000년 가을 겨울호를 참고할 수 있다.

으로 다룬 최초의 연구이다. 그는 최재서 문학 사상의 본질을 낭만주의에서 구한다. 그는 낭만주의를 제국대학 영문과의 정신구조에 닿아 있는 것으로 파악한다. 제국대학 영문과란 '국학 정신과 낭만주의가 교묘히 결합된 것'으로서 그 두 정신을 결합할 수 있는 거점이 양쪽에 공유된 반속(反俗)의 스토이시즘 (262면)이라는 추정이 이 논의를 뒷받침하고 있다. 따라서 최재서에게 주지주의란 한갓 소개의 차원에 그치는 것이 된다. 그러나 낭만주의에서 주지주의로 이행하는 과정에 대한 해명이 부족한 점, 낭만주의 사상과 일본 천황제 사상을 등가로 놓고 최재서가 이를 수용하는 과정에 대한 면밀한 분석이 부족하다는 점에서 한계를 갖는다.

최재서에 대한 첫 박사 논문인 이은애의 경우 1930년대부터 1960년대에 이르는 최재서의 모든 저서와 평론을 대상으로 방대하고 체계적인 연구를 시도하였다. 그는 최재서가 한국 근대문학이 갖는 근대성의 문제와, 그 당시 한국문학의 특징인 계급과 민족의 문제를 가장 첨예하게 드러낸 사람이라고 전제한다. 이은애는 최재서의 비평행위를 한국 근대문학이 갖는 혼란과 자신의 내면의 혼란에서 정신적 질서를 잡아가는 혼의 기록으로 평하면서, '질서적 문학관'이라는 개념을 중심으로 그의 비평을 분석하였다. 그러나 이 개념이 포괄하지 못하는 많은 평론들이 제외됨으로써 역시 그의 비평 전반을 체계화하는 데 일정한 한계를 드러내고 있다.

지금까지의 연구를 검토해 볼 때 최재서 연구에서 가장 부족한 부분은 그의 비평 활동 전반을 체계적으로 다루지 못했다는 점이다. 이는 최재서 비평의 성격을 구명하는 데 본질적인 한계로 작용해 왔다[20]. 최재서는

---

19) 『한국 근대 문학 사상연구』 1, 일지사, 1984.

20) 최재서 연구의 대부분이 그의 비평 개념을 몇가지로 정리하고(개성, 지성, 모랄, 리얼리즘, 소설론 등) 그 이론 구조를 분석하는데 초점을 두었다. 이는 비교문학적인 내용을 해명하는 등 많은 성과를 낳았다. 그러나 이 방법은 주요 개념들을 추출하여 그것을 상호 비교하는 형식을 취해왔기 때문에 비평이 발표된 순서를

1943년 12월 『국민문학』에 「금일의 신인군」을 쓰고 난 후 한동안 평필을 꺾고 후학 양성에 전념하였다. 그가 다시 글을 발표한 것은 1955년 7월 「문학의 속성」을 통해서였다. 12년의 공백 끝에 그가 다룬 주제는 엘리어트, 세익스피어 등 영문학에 관련된 것이었고 이는 이후 그가 '30년 동안의 문학생활을 정리한다는 의미를 두고 집필한'[21) 『문학원론』으로 정리되었다. 즉 최재서 연구를 위해서는 데뷔 평론이라 평가되는 「현대 주지주의 문학 이론의 건설-영국평론의 주조」(『조선일보』, 1934.8.7～12)를 발표한 1934년 이후[22) 해방이 되기 전까지 그가 잠시의 공백도 없이 꾸준히 글을 써왔다는 점을 고려해야 한다. 또 이 기간 동안 그가 동일한 비평 개념을 가지고 활동했다는 점, 『국민문학』에 발표한 논문의 수가 많다는 점, 여러 정황을 고려할 때 그의 활동에서 자발성을 엿볼 수 있다는 점[23) 등을 통해 볼 때 1930년대 중반부터 1943년까지 발표된 그의 평론은 하나의 과정으로 평가되어야 할 것이다. 이런 방식을 통해서만 당대의 문화적 맥락에서 갖는 그의 비평의 의미가 구체적으로 밝혀질 수 있을 것이다. 사상사의 관점[24)이 없이 '국책문학'에 접근하는 것은 불가능하기 때문이다.

무시하고 논의를 진행시킨 경우가 대부분이었다. 그러나 최재서의 경우 현실적 흐름에 민감한 비평가였기 때문에 동일한 개념을 다른 맥락에서 사용하고 이것이 그의 비평적 인식의 틀에 반영되는 경우가 많다. 따라서 이론구조의 해명과 함께 시간의 변화에 따라 그의 비평적 인식의 변화를 읽어낼 수 있는 방법이 필요하다.

21) 이은애, 앞의 논문, 110면.

22) 이전에도 그는 『淸凉』이나 『新興』, 『京城帝大英文學學會會報』 등에 몇 편의 논문을 발표하였으나 일본어로 된 습작 혹은 번안 수준의 글로 평가되어 본격적인 평론은 주지주의론을 발표한 이 글부터 인정받는 것이 일반적이다. 최재서의 서지사항은 김윤식, 『한국 근대 문학 사상연구』 1(일지사, 1984)에 자세히 수록되어 있다.

23) 이에 대해서는 이충우, 『경성 제국대학』(다락원, 1980), 조용만, 『울밑에선 봉선화야 : 1930년대 문화계 산책』(범양사 출판부, 1980) 등을 참고할 수 있다.

24) 이 때 사상사의 의미는 마루야마 마사오가 정리한 사상사 유형의 세 번째 범주를 의미한다. 이 범주에 대한 설명을 인용하면 다음과 같다. "세번째 범주는 시

최재서의 비평은 세 시기로 나눌 수 있다. 첫째 시기는 그가 주지주의론으로 등단한 1934년부터 1937년까지의 시기이다. 이 시기는 그가 주지주의 이론과 리얼리즘 비평을 통해 현대성과 현실성을 모색하려 한 기간으로, 이상주의자 최재서의 면모를 엿볼 수 있다. 두 번째는 1938년에서 1940년 후반기까지의 시기다. 이 때 그는 이상주의자의 면모를 버리고 현실의 구체적 문제를 지성과 모랄이라는 태도로 모색한다. 또 서구 장편 소설의 연구와 이에 기반한 소설 양식의 탐구를 통해 개인과 사회(전체)의 문제에 조심스럽게 접근한다. 1940년 말부터 1945년 해방 직전까지를 세 번째 시기로 볼 수 있다. 그는 이때 본격적으로 국가 시책에 협력하였다.

첫 시기에 그는 학자로서의 면모를 보인다. 경성제국 대학의 영문과에서 수학한 아카데미즘을 객관화하여 그 이론을 통해서 당대의 현실을 진단하고자 하였다. 이를 통해 그는 당대 문화운동 전반을 비판하고 새로운 대안으로 동시대 서구에서 진행되고 있는 '현대성'의 수준에 도달할 것을 요구한다. 그에게 영문학 비평은 조선의 현실에 존재하지 않는 현대성을 획득하는 도구라는 의미가 일차적인 것이지만, 역으로 그는 영문학의 다양한 비평문을 섭렵하고 이를 도입하는 과정을 통해 자신의 문학관과 비평관을 수립해간다. 따라서 그에게 영문학 비평이란 어떤 의미에서건 그가 비평가로 정립하는 가장 중요한 매개체였다고 할 수 있을 것이다. 이 때 그가 몰두한 영문학 비평은 주지주의 이론이었는데 그가 주목하였던 것은 전통과

대 정신 혹은 시대 사조라는 것 전체를 문제 삼고 그 역사를 서술하는 것입니다. (중략) 어떤 특정한 시대를 잡고 그 시대의 정치, 사회, 인간, 문학, 예술 등 여러 영역에서 나타나는 사유 방법의 상호 연관 내지 사회적 정치적 상황과의 연관을 될 수 있으면 종합적으로 파악하는, 이른바 한 시대의 정신적 전체 구조라고 할 수 있는 것을 될 수 있으면 종합적으로 파악하고, 그래서 또 그 역사적 추이를 분명하게 보려는 사상사입니다." 마루야마 마사오(丸山眞男), 「사상사의 사유방식에 대하여-유형, 범주, 대상-」, 마루야마 마사오 외, 고재석 옮김, 『사상사의 방법과 대상』, 소화, 1997, 19~20면.

교양, 역사의식이었다. 주지주의 비평의 소개에서 그는 감각의 전환을 통해 사상의 변화를 이루고 나아가 현실의 변혁을 이룰 수 있다는 예술관을 견지하였다. 이는 실제비평에서 새로운 리얼리즘의 개념을 제시하여 침체되었던 당대 문단을 크게 자극하는 성과를 낳기도 하였다.

그러나 '이론'을 가지고 '운동'을 판단하려는 그의 구도는 이상과 현실의 극한 대립으로 드러날 뿐 긍정적인 생산물을 만들지 못하였다. 이는 그의 이론이 아직 학문의 수준을 벗어나지 못했기 때문인데 아직 문화운동의 장에 편입되지 못한 그로서는 이론의 실질적 지도력이 어떻게 확보되는지 알 수 없었기 때문이다. 당시 사회주의 문화운동이 10여년 동안 많은 오류를 범했으면서도 하나의 문화적 흐름으로 자리잡을 수 있었던 것은, 비록 수입된 것이기는 하였지만 다양한 이론들이 실천으로 전환되고 이것이 다시 이론에 반영되는 운동의 구조를 지니고 있었기 때문이었다.

전형기에 이르면 그의 이론이 급격히 파시즘의 문화론으로 기울면서 엘리어트, 리처즈, 헉슬리 등의 냉소적 지성에 그가 동조할 수 없게 된다. 이 시기의 평문에는 모랄이 강조되고 모랄 획득의 수단으로서의 지성과 교양이 강조된다. 그리고 장편소설론에 대한 깊이 있는 탐구가 이루어진다. 신비평의 일반경향이 서정시, 단편소설, 시극 등에 치중하고 근대적 리얼리즘 문학의 주류인 장편소설에 대해서는 일부 모더니즘 소설을 제외하면 큰 관심을 두지 않는다는 것[25]을 생각해 볼 때, 최재서가 단편소설론과 중편소설론을 거쳐 이 시기에 이르러 장편소설과 서사시로 현저하게 관심을 옮겨간 것은 그의 관심이 점차 주지주의적 관점에서 멀어져 갔다는 것을 보여주는 예라 할 수 있다.

---

25) 백낙청, 「모더니즘에 관하여」, 백낙청 편, 『리얼리즘과 모더니즘-서구 근대문학 논집』, 창작과비평사, 1991, 442면.

그의 국책문학론은 1940년을 전후로 전개되었다. 당시 일본의 국가주의자들은 동아시아 담론을 통해 자신들의 침략성을 호도하였는데 국민문학론은 이것의 문학적 표현이었다. 이 시기 그는 파시즘의 광기를 인정하면서도 정치에 적극 참여하는 데, 그것은 그가 이 비합리주의 시대를 돌이킬 수 없는 현실로 수용하였기 때문이다. 이 때 그는 더 이상 문학을 통해 정신을 변화시키고 나아가 근대화를 달성할 수 있다는 과거의 신념을 유지할 수 없었다. 역으로 그는 근대국가를 형성하고 이 근대 국가의 이념으로 문학을 규율하는 길을 택했다. 그러나 이 과정은 그리 순탄하게 진행되지 않았다.

본고는 이와 같은 관점에서 최재서의 비평론을 시기별로 검토하고자 한다. 2장에서는 주지주의 이론과 리얼리즘론이 대상이 된다. 이 시기의 비평은 동시대 비평가들과의 관계 속에서 그가 제기하고 있는 새로운 비평개념의 역할과 의미를 규명하는 것을 목적으로 분석될 것이다. 3장은 전형기의 논의다. 이시기 그는 주지주의 이론을 통해 도입했던 제 비평가들을 취사선택함과 동시에 현실의 정치적 상황에 민감하게 반응한다. 그리고 점차 전체주의로 경도되는 모습을 보이는데 이 과정은 지성과 모랄론, 교양론, 장편소설 연구를 통해 밝혀질 것이다. 4장에서는 일본주의 사상을 수용하게 되는 일반적 정황과 그 안에서 최재서의 논리가 어떤 위치를 차지하고 있는지가 주 관심사이다. 해방 이후의 평론은 본고에서 다루지 않는 것으로 한다. 그는 해방 후 10여간 절필하였다. 그 후 다시 평단으로 복귀하였을 때에도 그의 관심은 당대 문단과는 일정한 거리가 있었다. 자기의 전공영역과 문학의 원론에 해당하는 내용에 몰두하였기 때문이다. 따라서 해방 이후의 평론에 대한 연구는 다른 지면을 빌어야 할 것이라고 본다.

2. 영미 모더니즘의 수용과 세계시민의 이상

1) 현대성의 탐구와 이론으로서의 모더니즘

(1) 현대, 현대의식, 현대성의 규정

본 장은 최재서 모더니즘의 이론적 토대를 밝히고 이를 동시대 비평가들과 비교함으로써 그 비평사적 의미를 규명하는 것을 목적으로 한다. 지금까지 최재서 연구는 그의 비평에서 몇 개의 중심개념을 정리해 내고, 그 개념들의 원전을 찾아 비교, 분석하는 관점을 취하여 왔다. 그러나 이는 연구의 기초라 할 수 있을 뿐이지, 최재서가 특정한 시기에 특정 개념을 도입하는 과정에 대한 면밀한 분석과 해석에는 상대적으로 미흡했던 것이 사실이다. 특히 최재서가 영문학자로서 조선문단에 선진적 이론을 도입하고 이를 통해 문학적 인식틀의 변화를 도모했던 비평가였던 것을 고려한다면 이에 대한 관심은 보다 본질적인 것이라 보아도 무방할 것이다.

최재서의 이론은 T.E.흄(T.E.Hulme:1883~1917), T.S.엘리어트(T.S.Eliot:1888~1965), I.A.리쳐즈(I.A.Richards:1893~1979), H.리드(H.Read:1893~1968) 등 당대 영국 문단에 참신하게 등장하였던 주지주의 비평가들의 이론을 큰 시간 차이 없이 도입, 소개하는 과정에서 형성된다. 이들 외에도 그는 이들의 이론에 영향을 주고 이들에 의해 소개된 여타의 비평이론을 광범위하게 소개하는 한편 자신의 문학론을 형성하는 기초로 삼았다. 여기에는 H.베르그송(Henri Bergson: 1859~1941), W.뵈링거(Wilhelm Worringer), I.배빗(Irving Babbit: 1865~1933), S.스펜더(Stephen Spender), A.헉슬리(Aldous Huxley: 1894~1963), M.아놀드(Mattew Arnold: 1822~1888), W.페이터(Walter Pater: 1839~1894) 등 수많은 비평가와 시인 소설가들이 포함되어 있다. 이들은 각각 서로 다른 인식론과 예술론의 소유자들이어서 이들의 논의를 모두 정리해 내는 것은 사실상 불가능하기도 할 뿐 아니라 불필요한 것이기도 하다. 본 장에서는 이를 역사관과 예술론, 인식론과 지성론으로 구분하여 검토한 후, 최재서가 이를 조선의 비평에 활용하고자 했던 개념틀-전통, 개성, 지성, 모랄-을 중심으로 이들과 최재서의 지적 교류의 과정을 정리하고 그 내용을 평가하고자 한다.

최재서는 1934년 5편의 논문을 발표한다. 「윈담루이스론」(日文, 『경성제국대학 영문학회 회보』 13, 1934.3), 「현대주지주의 문학이론의 건설-영국평단의 주류」(『조선일보』, 1934.8.6~12), 「비평과 과학」(『조선일보』, 1934.8.31~9.7), 「문학발견시대-학생과 비평가의 대화」(『조선일보』, 1934.11.21~29), 「T.E.흄의 비평적 사상[26]」(日文, 『思想』, 34.12)이 그것이다. 「현대 주지주의 문학이론의 건설」은 그 부제에서도 알 수 있듯이 '현대 영국의 새로운 경향의 출발점'인 흄과 그에게 영향을 받은 일련의 문학자들-리쳐즈, 리드, 엘리어트, 루이스 등-을 소개하는 글이다. 이 논문에서 그는 흄과 엘리어트를 소개하고, 연이어 발표한 '현대 주지주의 문학이론 속편'이란 부제의 「비평과 과학」에서는 리드와 리쳐즈를 소개[27]하고 있다.

이들 논문에서 최재서는, 흄의 경우 불연속적 실재관과 예술론을, 엘리어트는 전통과 개성의 문제를 중점적으로 다룬다. 리드에게서 그는 정신분석학적 방법에 주목하며 리처즈의 태도론과 가치론은 시의 효용과 더불어 검토된다. 이렇게 다양한 이론가들의 공통점은 물론 그들이 지니고 있는

26) 이 논문은 번역되어 「네오 클라씨시즘-휴움의 비평적 사상」이란 제목으로 『최재서 평론집』(1961)에 실려 있다.

27) 흄의 경우 그의 유고집 『Speculations』에 실린 글 중에서 「휴머니즘과 종교적 태도」, 「근대 예술과 철학」, 「낭만주의와 고전주의」를 주로 소개하고 있으며, 엘리어트는 「전통과 개인적 재능」을 중심으로, 리드는 「현대시의 형식」(1932)을 , 리쳐즈는 『시와 과학』(1926)의 내용을 주로 소개하고 있다.

현대성이다. 그리고 이들이 구현하는 현대성은 20세기 초 새로운 철학과 언어학, 심리학에 기반한 것이라는 점에서 과학성을 담보한 것이기도 하다.

> 現代가 혼돈하다 함은 바꾸어 말하면 現代가 의거할만한 傳統과 信念을 잃었다는 말이다. 이 잃어진 傳統과 信念에 대신할만한 傳統과 信念을 탐구하고 모색하는 정신이 곧 불안과 초조를 특징으로 삼는 現代精神이다. 그리고 現代人은 이 엄청난 대용물을 과학 가운데에 구하려고 한다. 과연 科學이 다음 시대의 인류를 통제할만한 人生觀을 제공하겠느냐 함에 대하여 의혹이 없지 않다. 現代精神의 悲劇的 一面은 이 곳에서 생겨난 것이라고 볼 수 있다. 그러나 여하튼 現代精神이 科學에 절대적 기대를 걸고 있는 것만은 사실이다. 따라서 우리가 現代의 批評理論 가운데서 많은 과학의 援用을 목도함은 당연한 일이라 할 것이다. 나는 그러한 主知的 傾向을 선명하게 표시하는 批評家로서 리쳐-즈와 리-드 두사람을 든다[28]

이 짧은 인용문에는 실로 많은 내용이 함축되어 있다. 먼저 그가 현대를 보는 관점이다. 전통과 신념의 상실로 규정되는, 현대에 고유한 정신은, 새로운 전통과 신념을 모색하는 불안과 초조의 정신이다. 다음으로, 그는 이 위기를 낳은 것은 과학이지만 대안 역시 과학에서 찾을 수밖에 없다고 보고 따라서 과학적 문예론을 소개하고자 한다고 밝히고 있다. 이에 대해서는 최재서의 시대의식이 당대의 여타 문인들의 현실인식과 동떨어진 것이었다[29]거나, '우리의 현실을 한국 역사의 특수성 속에서 파악하지 못하고 전세계사적 흐름의 하나로 파악하고 있기 때문에 구체성을 얻지 못하고 있다[30]'는 것이 일반적인 평가이지만, '우리 문학이 전통이 없다는 것'과 '시대의식이 체계적 표준을 잃어버렸다는 것'은 다른 평론[31]에서도 읽을 수

28) 「비평과 과학」, 『최재서 평론집』, 청운출판사, 1961, 68면.
29) 유보선, 「1930년대 후반기 문학비평 연구」, 서울대 박사, 1996, 131면.
30) 임환모, 『문학적 이념과 비평적 지성』, 태학사, 1993, 170면.

있는 문제였다. 또한 '현대 정신'에 대한 양면적 평가는 당대 모더니스트 일반의 공통된 인식이었던 만큼, 좀 더 용의주도한 접근이 필요하다고 본다.

이와 같은 지적보다 더 중요한 것은, 최재서가 새로운 서구의 과학적 문예이론을 그 대안으로 제시하였다는 점일 것이다. 그러나 최재서가 소개한 과학적 문예이론들은 주지적(회의적)이자, 건설적 문학론을 갖지 않는다는 공통점과 함께 상충되는 논리가 적지 않다. 예를 들어 역사인식을 내세우는 엘리어트와 정신분석학을 기본 방법으로 하는 리드 사이에는 근본적인 차이가 있기 때문이다. 이에 대해 최재서는, '우리가 말하는 문학 비평가운데는 두 가지 정신 활동이 포함되어 있다. 이미 생겨난 작품 자체의 가치를 판단하는 소위 실천적 비평과 그 작품이 되기까지의 창작 과정을 분석하고 설명하는 이론적 비평의 두 가지이다. 그 실례를 현대에 구한다면 엘리어트는 전자를 대표하고, 리-드는 후자를 대표한다'[32]고 밝힌다.

여기서 최재서가 이 모든 이론가를 두 편의 논문에서 소개하고 있는 이유를 짐작할 수 있다. 그것은 창작과정의 이론(개성론, 태도론)과 실천비평의 이론(성격론, 전통론, 비평규준의 문제 등)에서 각각 가장 구미에 맞는 이론을 골라 선택하고자 하는 욕망이다. 그러나 하나의 이론이 다양한 방법론의 절충적 혼합이 될 수는 없는 것이므로, 거꾸로 이 논문의 서술 방식은 이 시기 최재서가 아직 자신의 입장을 명확히 세우지 못했음을 드러내는 것이기도 하다.

이와 같은 서술 방식은 「문학발견시대-학생과 비평가의 대화」에도 드러난다. 이 글에서 최재서는 문학의 창조와 개성의 표현시대가 이미 지나갔다고 보고 새로운 창작의 시대가 도래하기를 기대하면서 당대를 '과도기'

---

31) 이원조, 「비평의 권위」, 『중앙일보』, 1933.11.8~11.
32) 『최재서 평론집』, 청운출판사, 1961, 69면.

라고 지칭하는데 이 과도기란 문학의 '발견과 기록'의 시대를 의미한다. 이를 그는 제2의 르네상스라 지칭한다. 문학의 창조와 개성의 표현시대가 '낭만주의'를 의미하는 것이라면, 이 낭만주의의 시대가 지나갔다고 보는 것은 흄의 소론을 연상시킨다. 이렇게 그는 앞서 소개한 흄의 이론적 자장 안에 있으면서도 자기 나름의 현실 진단을 내놓고 있는데 그것은 '현재의 조선문학에 대한 감상' 부분이다.

> **批:** 「이사람아. 그런 것은 도리혀 내가 물을 일이 아닌가? 위선 現在의 朝鮮文學에 對하야 어떠한 感想을 품고 있나?」
>
> **學:** 「大體로 말하야 滋味가 없습니다. 끝까지 읽고 싶은 作品이 드물고 또 읽고 나서도 時間과 腦力을 虛費하였다는 感이 남을 따름입니다.」 (중략)
>
> **批:** 「그렇겠지. 그것이 民衆의 속임없는 感想이니까. 그렇다면 내가 몇가지 質問을 하야 보겠네. 君이 現在朝鮮文學에서 滋味를 못본다는 것은 卽 外國小說이나 惑은 얼는 쉽게 例를 들면 日本內地新聞의 夕刊小說에서 맛보는 것같은 興奮을 여기선 맛볼 수 없단 말인가? 場面과 背景의 物質的華麗 行動의 有機的 速度, 事件의 社會的 政治的 關係, 人物들이 걸머지고 잇는 運命의 劇的變動, 이 모든 機構로부터 發生하는 心理的興奮, 즉 文明의 陶醉가 이곳 文學에선 求해 볼 수 없다는 말인가? 더욱 具體的 實例를 든다면 電氣의 별과 삘딍의 密林으로 된 밤의 大都會를 고양이같이 淫奔하고 범같이 勇敢하고 獅子같이 殘忍한 富豪의 令孃이 自動車를 몰고-」 (중략)
>
> **批:** (略) 卽 物質文明의 가장 露骨的인 一斷面을 肯定하는냐 아니하느냐 하는 것이 아니라. 거기에 對하야 興奮을 느끼느냐 아니느끼느냐 하는 것일세. (중략) 如何間 君은 꼭 이 세상에 滿足하는 것은 아니지만 何如튼 어떠한 意味에 있어서도 現代的으로 醉하고 現代的興奮을 갖이고 싶다는 말이 아닌가? 第一 그렇다면 君은 나무에 올라 물고기를 求하는 사람과 같이 어리석다고 하지 않을 수 없네. 朝鮮에는 그런 作品을 쓸 作家가 없는 것이 아니라 그런 生活의 實體가 없는 것일세. 그렇기 때문

> 에 있다금식 그와같은 作品을 模倣한 小說을 보기도 하지만 나는 그때마다 울어야 좋을는지 우서야 좋을는지 갈바를 몰으네[33]

여기서 최재서가 '현대'를 '물질문명' 즉 '전기의 별과 삘딩의 밀림으로 된 밤의 대도회'가 표상하는 도시문명으로, 현대정신이란 이와 같은 물질문명에 흥분을 느끼는 의식을 지칭함을 알 수 있다. 그리고 이어서 그는 현대적 흥분을 느끼고 싶어하는 조선 지식인의 욕망에도 불구하고 '조선에는 그런 생활의 실체가 없'음을 개탄하고 있다.

이것을 앞서의 인용에서 드러난 주지주의자들의 '현대'와 비교해 보면 그 논의의 수준이 다른 것을 알 수 있다. 즉 최재서에 따르면 조선적 현실의 문제점은 세계(서구 혹은 일본)의 물질문명의 수준에 아직 이르지 못한 점에서 나온다. 서구나 일본의 경우 과학만능주의가 불러일으킨 물질문명이 포화상태에 이르러 정신을 황폐화시키고, 물질문명의 부작용으로 전통과 신념이 모두 사라진 '불안과 초조'의 상태에 있다고 한다면, 조선은 이러한 불안의 전 단계인 물질문명의 개화나 과학의 발전에조차 이르지 못하고 있다는 점, 그러나 청년들의 의식은 이미 전 세계적으로 확산된 현대의 정신을 이미 깊이 호흡하고 있다는 점에서 좌절한다는 나름의 진단인 것이다.

그러나 이런 사정은 조선에만 해당하는 것이라기보다는 서구의 근대문명을 선진적인 것으로서 접하게 되는 모든 사회에 해당하는 것이었고 일본도 예외는 아니었다. 이에 대해 마루야마 마사오는 "일본이 나라를 연 19세기 후반의 국제사회가 그야말로 정치적, 경제적 동향에서도, 그리고 사상, 문화의 양태에서도 유럽적 근대의 커다란 전환기에 당장 '위기'를 외쳐

33) 「문학 발견시대」, 『문학과 지성』, 인문사, 1938, 42~43면.

대고 있는 여러 징후들이 모조리 그 시기에 드러나기 시작했다는 현실이 일본의 '근대' 이해에-모방의 측면에서도, 반발의 측면에서도-일찍부터 복잡한 그림자를 드리웠다는 것은 피할 수 없는 일이었다. 그런 한에서 서구화주의와 더불어 '근대의 초극 사상'도 거의 동시에 등장하는 운명에 있었다"고 평가[34]한 바 있다. 이에 빗대어 설명한다면 앞의 주지주의자들이 말하는 것은 '근대의 초극'에, 뒤의 인용에서 최재서가 분석하는 조선의 현실은 근대의 실현에 중점을 둔 발언이라 할 수 있을 것이다.

이 양자를 동시에 실행해야 한다는 것이 당시 최재서의 고민이었고 이를 그는 서구의 상황을 기준으로 해결하려 하였다. 그것을 더 본질적이고 선차적인 문제로 생각했기 때문이다. 서구 근대 문명을 의미하는 '근세문명'을 분석하고 이를 제2의 르네상스를 통해 해결하려 한 것이 그 증거이다. 이 제2의 르네상스란 '대체로 보아 근세문명-卽 루네쌍스 以後의 文明-에 대한 반동적 운동'[35]이다. '민중의 발견' 역시 마찬가지이다. 이 때 그가 말하는 '민중'이 사회주의(문학)자들의 민중과 다른 것임은 그의 '사회적 리아리즘' 비판에 나타나 있다. 그는 현대는 개성이 이미 '탕진하여 고갈된' 시대이므로 이를 '억지로 과장하야 표현하랴고 애쓰지 않고 社會로 튀어나가서 民衆의 感情과 意慾과 叡智를 發見하랴고 애쓰는' 것이 바로 문학 발견시대라고 본다. 이와 함께 사회적 리아리즘의 도식성을 비판하고 '순정한 리아리즘'을 주장한다.

과거의 자신이라 할 學生과 현재의 자기라 할 批評家[36]의 대담 형식으로 구성된 이 논문에서 그는 자신의 문학적 구상을 밝힌 셈이다. 현대에 더 이상 낭만적 개성은 용납되지 않는다는 것, 조선의 현실은 아직 근대

34) 마루야마 마사오(丸山眞男), 김석근 역, 『일본의 사상』, 한길사, 1998, 79면.
35) 최재서, 앞의 책, 46면.
36) 임환모, 앞의 책, 168면.

문명에도 미치지 못한 것이기는 하지만 그 의식만은 현대성의 탐구에 닿아 있다는 점, 과도기인 현재는 민중의 발견과 기록의 시대[37]이지만 사회주의적 리얼리즘의 도식성은 피해야 한다는 점, 이를 순정한 리얼리즘이라 명명한 점에서 알 수 있듯이 그는 민중의 기록에 다가가기 위해서는 '리얼리즘'이 필요하다고 생각하였다는 점 등을 이 글을 통해 밝힌 셈이다. 이 글이 논문의 형식이 아니라 대담의 형식을 취하고 있는 것은, 이처럼 많은 내용을 체계적으로 서술하기보다는 선언적으로 밝히는 데 그것이 효과적이기 때문인 것으로 보인다.

한편 서구적 현실과 조선적 현실의 괴리의 문제는 아직 구체적이지 못한 편인데 이후 그는 이 문제를 전통과 교양을 통해 해결하려 하였다. 즉 근대 문명의 획득에 아직 도달하지 못한 조선의 현실에서 서구처럼 오랜 시간에 거쳐서 근대에 도달할 수는 없는 것이기 때문에 정신적 측면에서 서구적 교양 혹은 전통의 습득을 통해 이를 확보하고자 한 것이라 볼 수 있다. 이 중 특히 교양과 개성의 문제[38]는 그가 끝까지 중 과제로 삼은 것

37) 이와 함께 최재서는 조선의 작가가 표본을 삼아야 할 대상으로서 '古代의 이름도 없는 民謠作家이겠지. 그러나 近來 學者들의 硏究한 結果를 보면 民謠는 한 個人이 지흔 것이 아니라 民衆 사히에 自然發生的으로 생겨난 것을 後世의 詩人이 收集하야 統一하야 노앗다는 것이 判明되는 模樣일세'(『문학과 지성』, 53면)라 부언한다. 이는 '인명없는 예술사'를 주장한 하인리히 뵐플린의 견해와 비교할만하다.(이에 대해서는 2)절 ①항의 내용을 참조할 것) 앞의 유종호의 비판에서도 알 수 있듯이 기존 연구에서 최재서의 '민중의 발견'은 그의 이론체계와 상충되는 것으로 평가되었다. 그러나 최재서의 주지주의의 근원을 최재서→흄→뵈링거→뵐플린으로 가정한다면 이 민중론은 모순이 되기는커녕 오히려 이들 이론의 반혁명적인 역사철학의 핵심에 해당하는 내용이 된다. 이에 대해서는 후술하기로 한다.

38) 최재서가 교양의 문제에 집중한 것은 일본 문화계와 깊은 연관이 있다. 그리고 일본의 철학계와 문화계가 독일 학계와 친화성을 갖는다는 것 역시 주지의 사실이다. 독일의 지식인은 19세기를 통해 스스로를 교양계층으로서 정신이 만들어내는 문화의 담당자라고 자각하고, 문화를 문명과는 다른 정신적 가치로서 이념화하고 있었다. 이를 대변하는 것은 신칸트학파의 철학인데 이 유파는 자연과학

중 하나인데 그것이 조선적 후진성을 보충하는 것으로서 중요한 것이었기 때문이다.

(2) 현대성의 극복을 위한 이론적 모색

① 주지주의의 역사관과 최재서의 예술론

최재서는 1934년 발표한 「현대주지주의 문학이론의 건설-영국평단의 주류」, 「T.E.흄의 비평적 사상」에서 흄의 이론을 자세히 소개하고 있다. 영미 모더니스트의 대표적 이론가인 흄(T.E.Hulme)은 독일의 미술사가인 보링거(Wilhelm Worringer)와 프랑스의 철학자 베르그송(Henri Bergson)에게 깊은 영향을 받았다.

보링거는 미술사를 여타 사회적 요인들과 무관하게 자체 내적으로 발전해가는 양식의 역사로 다루는[39] 미술사가이다. 문학사를 하나의 양식사로 보려는 견해 역시 문학사 서술의 보편적 방법 중 하나인데, 이는 예술이 개인의 무의식적 충동의 산물이라는 산물과 대립을 이루는 견해이다.

이러한 양식사는 뵐플린(Heinlich Wolfflin)[40]의 역사주의에서 전형적으

과 문화과학을 명확히 구별하고, 문화적 가치의 독자적 영역과 그 탐구 방법의 자립성을 인식론적으로 기초지었다. 독일에서 신칸트 철학을 연구하고 돌아온 쿠와키 겐요쿠는 인식 주관으로서의 我를 개인적 我를 초월하는 보편적인 '公我'라 하고, 이 보편 타당한 선험적 주관으로서의 공아에 의해 제반 가치를 기초짓고, 이런 입장에서 인격적 생활의 이상을 '진선미'라고 하는 문화 가치의 실현에 두었다. 그의 이러한 문화주의는 이후 1920~1930년대의 교양주의의 기초가 되었다. 이에 대해서는 본 논문의 3장 1)절의 (2)항에서 상술하기로 한다. 일본의 문화주의에 대해서는 미야카와 토루, 아라카와 이쿠오 편, 이수정 역, 『일본 근대 철학사』, 생각의 나무, 2000, 154~159면을 참조할 것.

39) Monroe C. Beardsley, 이성훈, 안원현 역, 『미학사』, 이론과 실천, 1987, 432면.

40) 뵐플린에 대해서는 A. Hauser, 황지우 역, 『예술사의 철학』(돌베개, 1983) 중 4장 '예술의 역사 철학' 중 1절 '뵐플린과 역사주의'를 참고할 것. 하우저는 이 책에서 뵐플린의 『Klassische Kunst』(1904)와 『Renaissance und Barock』(1907),

로 나타난다. 역사주의는 모든 역사적 사건의 개별성과 되풀이 될 수 없는 일회성을 강조하지만, 그와 동시에 모든 역사적인 것은 초인간적, 초시간적인 어떤 원리의 표명이라고 주장한다. 이런 관점에서 보면 역사 세계를 구축하고 있는 개인들은 이 역사 세계라는 건축을 설계한 사람의 한갓 조수에 지나지 않는다. 물론 설계자는 풍부한 간지(奸智)를 갖고 있다. 그래서 이들에게 자유의 감정과 자발적인 창조력을 일깨우기 위해 그들의 충동과 욕구를 충분히 이용할 줄도 안다. 그러나 그러는 동안 이들은 실제에 있어선 그 설계자를 위한 비천한 강제 노동에 혹사당하고 있을 뿐이라는 것이다. 뵐플린은 이와 같은 역사주의[41]에 입각하여 '인명없는 예술사'(Kunstgeschichte ohne Namen)라는 제목으로 예술가의 개성을 역사의 한 요소에 지나지 않는 것으로 평가절하 하였다.

예술사에서 인명을 배제해야 한다는 이론은, 예술의 목적과 양식의 경향이 한 시대의 산물이라는 가정 위에 기초해 있다. 즉 예술가란 언제나 특정한 역사 상황에 연루되어 있을 뿐만 아니라 그의 시대의 이미 굳은 한계를 넘어설 수는 없다는 것이다. 예술가의 내부에 작용하고 있는 개인적 기호나 민족적 성향은 그 시대의 보편적 표상형식(Vostellungsformen)을 뛰어 넘을 수 없는 것이다. 이 표상 형식들을 뵐플린은 視形式 혹은 直觀 形式[42]이라 부른다. 그는 이러한 시형식과 표현가능성들이 자체의 고유한

『Kunstgeschichtliche Grundbegriffe』(1929), 『Gedanken zur Kunstgeschichte』(1947)에 기초하여 논의를 정리하고 있다.

41) 하우저에 의하면, 이와 같은 역사주의는 '反혁명적인' 역사철학이다. 계몽주의와 프랑스 대혁명의 시대가 거둔 위대한 성과라 할 수 있는 개인주의를 전혀 포기하지 않으면서 이제 막 질곡에서 해방된 개인들에게 그 혁명의 결과에 대한 책임을 전가하려 하기 때문이다.(위의 책, 134면 참조.)

42) 위의 책, 135면. 그는 예컨대 르네상스와 바로크의 예술작품들을 분석하여 그것들의 시형식으로서 5쌍의 기초개념들을 유도해 낸다. 그것은 1.선적인것과 회화적인 것. 2.평면과 깊이, 3.닫힌 형식과 열린 형식, 4.다수성과 단일성, 5.명료성과 불명료성이다. 그는 이런 기초 개념들을 토대로 '시형식으로서의 예술사'가 구

발전사를 갖고 있다고 본다. 또 사람들은 일정한 시각적 장치, 특별하게 조직된 시각성으로써 현실과 만나기 때문에, 예술사는 자연 모방의 역사가 아니라 오히려 예술적 시각(視覺)의 역사라고 주장한다. 즉 예술은 무엇인가를 표현하겠다는 의지나 표현된 내용에 달려 있지 않고 오히려 표현수단이 예술적 형상에 대한 결정적인 선행조건을 이룬다는 것[43]이다.

이러한 역사이론은 근본적으로 낭만주의적 유기체설에 그 뿌리를 두고 있다. 뵐플린이 생각했던 예술 발전이 그렇듯이, 유기체적 발전도 외부의 영향이나 간섭을 허용하지 않는 본질적으로 내재적인 과정이다. 유기체 개념의 결정적인 특징은 점진적인 성장 현상, 즉 식물처럼 자발적이고 '내부로부터 싹터 나오는 발전'에 있다. 유기체설의 핵심은 하나의 발전이 가치 있고 생명력 있는 형태를 낳기 위해서는 언제나 과거와 접목되어 있지 않으면 안되며 옛것 속에서 새것을 펼쳐 보여야 한다는 명제에 있다. 바로 이러한 요청으로부터 선대의 정신 공동체인 민족 문화와 민족이라고 하는 보수적 개념이 유래한다.

이와 같은 과정에서 볼 때 한 민족의 관습, 법률, 신화, 전설은 단순히 발명되거나 기계적으로 '산출'되는 것이 아니라 그 민족 구성원들의 내적 성향과 본능에 따라 생성되고 '성장'하는 것이다. 이와 마찬가지로 '인명 없는 예술사'의 전제 하에서 보면 예술 양식은 예술가 개개인에 의해 착안되거나 발상이 떠오른다기보다 오히려 개인과 세대를 뛰어넘는 어떤 '유기체적'인 원리에 의해 규정[44]된다.

성될 수 있다고 믿었다.

43) 위의 책, 136면.

44) 유기체 개념을 사회체계에 확대 적용한 것에 대한 비판은, 위의 책, 149면 참조. 하우저에 따르면, 내적 균형과 전체를 구성하는 부분들의 상호 협력을 강조하는 유기체설은 결국 하나의 靜寂主義的인 이론이기 때문에 이것은 사회적 갈등, 계급투쟁, 혁명 등을 전혀 인정하지 않는, 따라서 그런 것들을 비자연적이고 건강

역사주의 이론은 모든 역사적 사건의 유일성과 문화적 가치의 생성에 있어서의 개인의 창조적 역할을 강조하면서도, 한편으로는 개인의 가치를 폄하하고 어떤 초개인적인 창조원리를 두둔한다. 즉 개별적이고 특수한 것은 보다 높은 힘, 보다 강한 빛에서 흘러나온 단순한 광채에 불과한 것이라고 본다. 이 역사적 유출설의 본질은 '세계정신'이 역사적 사건들 안에 이미 거주하고 있으며, 따라서 그것들은 이미 사전에 정립되거나 형성된다는 원리에서 찾아진다. 뵐플린의 '인명 없는 예술사'도 이런 '유출설'의 변종[45]이라 할 수 있다.

양식이란 그 양식에 속하는 작품들의 특성을 합계하거나 추상화시키는 방법으로는 획득할 수 없는 하나의 구조이다. 이처럼 모든 구체적인 특성들이 변하는 데도 불구하고 동일하게 지속되는 구조의 현상은 형태심리학자들에 의해 최초로 관찰되고 기술되었다. 그 결과는 '형상 Gestalt 개념'인 양식의 개념 분석에 사용된다. '형상' 개념은 낭만주의적 역사철학의 유기체 개념과 명백한 유사성을 보인다. 양자는 모두 아리스토텔레스 및 현상학적인 의미에서 부분들에 '선행'하는, 미리 주어진 하나의 전체를 의미한다. '형상'으로서의 양식 개념과 '유기적' 구조로서의 양식 개념은 이 두 개념이 모두 다양한 특성들의 총합이 아니라 미리부터 주어진 통일성과 특성들의 근원적인 동일성을 의미한다는 점에서 일치하고 있다. 이런 점에서 양식적 특성은 간단히 반복될 수 있는 도식이 아니라 어떠한 구체적인 작품에서도 완전하게 드러나지 않는 일종의 '패러다임'과 같은 것[46]이다.

치 못한 일종의 혹으로 묘사하는 유화정책의 이데올로기이다. 하우저는 '유기적인 것으로 보이는' 것이면 무엇이나 편애했던 19세기 낭만주의자들이 전통, 관습, 제도에 대한 맹목적이고 무분별한 순종과 무의식적이고 암울한 충동에 동조하기 쉬웠기 때문에 수동성, 순응주의, 숙명론에 노출되어 있었다고 본다.

45) 위의 책, 151면.

46) 위의 책, 220면.

이와 같은 양식 개념은 보링거에 의해 좀 더 극단적으로 나타나게 된다. 그에 의하면 인간 창조 활동의 근본은 특정한 심리적 욕구, 충동에 기인하는바 이 예술 욕구 내지 충동은 외계 형상과의 어떠한 관계로부터 촉발된다. 인간의 외계에 대한 관계, 말하자면 우주에 맞서 있는 인간성의 심리상태는 '세계감정(Welt-Gefuhl)'으로 명명되는데 예술사는 바로 이러한 세계감정의 변천사라는 것이다. 그는 인간의 예술의욕을 감정이입충동(Einfuhlungs-Drang)과 추상충동(Abstractions-Drang)이라는 두 개념으로 설정한다. 전자가 생의 유기적 과정에 대한 신뢰와 공감의 표현이라면 후자는 유기적 원리를 신뢰하지 않고 인간 마음의 창조적 자유를 긍정하는 불안의 표현이라 할 것이다.

사실주의 계열의 작품은 감정이입 충동에서 탄생하는데 즉 인간이 자기 정신의 인식에 의해 자연과 친해지고 그 속에서 행복을 느낄 때 '현실에의 접근, 유기적 생명에의 접근'이 시도되기 때문이다. 반면 추상은 외계현상에 인간이 커다란 공포와 불안을 느낄 때 나타나는 예술이다. 예컨대 보링거에 의하면 고대 동방인들은 외계자연의 자의성과 우연성 앞에서 공포를 느낀 나머지 겉으로는 불규칙적이고 비논리적으로 보이는 외계의 사물들에 추상적인 형식(Abstracte Forme)들을 발견해 내서 질서, 조화 속에 편입시킴으로써 심리적 안정감을 얻고자 했다. 따라서 추상충동은 리드의 주장처럼 기하학적(geometric), 유형적(conventional), 형식주의적(formalistic)으로 나타나게 된다. 보링거는 추상 개념을 설정함으로써, 종래 구석기 시대의 생생한 사물묘사에 비해 예술면에서 퇴조했다고 비판받은 신석기 시대 장식미술(Ornamentic)과, 헤겔에 의해 예술의 전 단계로 격하된 고대 동방의 예술들에 새로운 가치를 부여하였다.[47)]

47) 최혜실, 『한국 모더니즘 소설연구』, 민지사, 1992, 21~22면. 최혜실은 이 내용이

흄은 「근대 예술과 철학」에서 보링거의 예술이론을 소개하는데[48] 새로운 예술로서 '기하학적 예술'을 제시하고, 이 새로운 예술은 '우리가 이제까지 잘 알고 있는 예술과는 정도상으로가 아니라 종류상으로 다른 것이며 새로운 예술의 이해는 오직 이보다 먼저 있었던 예술에만 타당한 예술 관람 방식으로 인해 방해될지 모른다' 고 선언한다.

흄의 예술관은 형이상학으로서의 불연속적 세계관과 반휴머니즘적 인생론에 기초한 것이다. 최재서가 요약하는 흄의 형이상학과 인생론[49]을 정리해보면 다음과 같다. 흄의 사상은, 인생비평의 측면에서 휴머니즘 시대가 붕괴하고 고전주의 시대가 온다는 것, 예술비평에서 르네상스적 태도가 끝나고 기하학적 특질이 다시 한 번 나타난다는 것 그리고 문예비평에서 낭만주의시대가 끝나고 또 다시 고전주의 시대를 맞이한다는 것으로 요약된다. 흄은 서로 대립되는 두 개의 전통-종교적 태도/인간주의적 태도, 예술에서 기하학적 특질/생명적 특질, 문학에서의 고전주의/낭만주의-을 비교검토하야 19세기적 모든 전통이 결국 '실재'의 혼동에서 생겨난 잡종문화라고 명시하였다.

흄의 비평은 이러한 역사관에 의거하는데, 그의 불연속적 실재관

Worringer(草薙正夫 譯, 『ゴツック藝術論』, 河出書房, 1966, pp.194~199)의 정리임을 밝히고 있다.

48) 흄은 '그 당시 비잔티움이 예술에 대한 파울 에른스트의 논문에서 나는 리글과 보링거의 저작에 언급한 것을 보게 되었다. 특히 후자의 저작에서 나는 예술사의 광범한 지식에 근거를 둔 특별히 명철한 설명을 보았다. 그것은 내가 체계를 세워서 설명하고자 하였던 것과 아주 같은 견해의 것이었다. 지난해 나는 베를린의 미학회의에서 그의 강연을 듣고, 그와 좀 이야기할 기회를 가졌다. 다음에 계속되는 것은 실제로 보링거의 견해의 대요를 설명하는 것이 된다'고 이 논문의 Ⅰ장 마지막 부분에서 밝히고 있다. T.E.Hulme, 박상규 역, 『휴머니즘과 예술철학에 대한 성찰』, 현대미학사, 1993, 78면.

49) 최재서는 「네오 클라씨시즘-휴움의 비평적 사상」에서 흄의 이론을 1.메타피직 2.인생론 3.예술론 4.문학론 5.이미지즘과 휴움 등 5가지 항목으로 나누어 구체적으로 설명하고 있다.

(Discontinuous View of Reality)은 그의 모든 사상을 압축시켜 보여주는 것이다. 19세기 역사관은 진화론적 생물학의 원리에 바탕한 '연속적 실재관'이다. 그러나 흄은 자연 속에서 단절과 비약을 본다. 그에 의하면 '실재'는 절대적 단절로 말미암아 구별되는 세 개의 평면, 즉 ① 수학 및 물리학의 무기적 세계 ② 생물학 심리학 및 역사학에서 다루는 유기적 세계 ③ 윤리적, 종교적 가치의 절대적 세계로 구별된다. 하지만 절대성을 취급하는 첫째 셋째와 달리 상대성을 취급하는 둘째의 세계는 나머지 두 세계와 혼합될 위험이 많다. 그리하여 절대적 단절로 말미암아 서로 분리되어 있어야만 할 세 존재 상호 간에 혼란이 생겨나는데, 이것은 19세기식 전통의 모든 혼란의 기초가 된다. 그는 19세기 후반의 '기계관'을 이런 혼란의 구체적 본보기로 본다. 이처럼 흄의 반휴머니즘은 외계의 사물을 인간적인 형태로 해석하려는 감정 이입적 태도에 대한 반론의 성격을 띠고 있는데, 이는 보링거의 추상이론과 감정 이입론을 나름대로 소화, 변형시킨 소론[50]이라 볼 수 있다.

> 기하학적 예술의 재현은 세계에 대한 그 상응하는 태도의 재현의 전조일 수가 있다는 점이다. 그래서 르네상스적 휴머니즘의 태도의 와해의 전조가 될 수 있다는 점인 것이다. 이 변화가 사상에 나타나기 전에 예술에 먼저 나타난다는 사실은 다음의 이유로써 쉽게 이해될 수 있다. 우리는, 우리가 살고 있는 시대의 정신에 완전히 침투되어 있고, 그리고 우리에게 미치는 그 영향이 아주 강력하므로, 우리가 생각지 않는 방향으로, 말하자면 예술과 같은 지엽적인 방향으로 그러한 정신에서 빠져나갈 수 있을 따름이다.[51]

---

50) 최혜실, 앞의 책, 24면.
51) T.E.흄, 「근대예술과 그 철학」, 박상규 역, 『휴머니즘과 예술철학에 관한 성찰』, 현대미학사, 1993, 75면.

이 인용구는 최재서가 「문학 발견시대」에서 제2의 르네상스를 대망한 논리와 상통하는 것인데, 이후 최재서는 역시 그의 논문 「T.E.흄의 비평적 사상」에서 '흄이 이러한 새 시대의 새 藝術 정신의 증거를 무슨 學說이나 理論에 구하지 않고, 藝術家가 무의식적으로 사용하는 어떤 일정한 테크닉 혹은 일반 感賞子들이 스스로 표시하는 그 嗜好와 취미 속에 구한다는 것은 대단히 현명한 일이다. 예술에 대한 근본 태도는 언제나 이런 데서부터 시작되기 때문이다. (중략) 이렇게 藝術感情을 표현하는 용어가 변화하는 이면에는, 시대 전체의 藝術的 感情의 변화가 있다는 사실을 잊어서는 아니된다[52]'고 함으로써 위의 인용의 내용을 재차 긍정하고 있다.

이처럼 뵐플린, 뵈링거, 흄 그리고 최재서를 예술론적 관점에서 관련지어 보면 그동안 해명되지 않았던 문제들을 이해할 수 있게 된다. 앞의 항 (2-1)-①)에서 지적했듯이 「문학발견 시대」에서 그가 '민중의 발견과 기록'을 말하고 현재 조선의 작가가 표본을 삼아야 할 대상으로서 '古代의 이름도 없는 民謠作家이겠지. 그러나 近來 學者들의 硏究한 結果를 보면 民謠는 한 個人이 지흔 것이 아니라 民衆 사히에 自然發生的으로 생겨난 것을 後世의 詩人이 收集하야 統一하야 노앗다는 것이 判明되는 模樣일세' (『문학과 지성』, 53면)이라 부언한 것은, 예술가의 개성을 역사의 한 요소에 불과한 것으로 폄하한 뵐플린의 '인명없는 문학사'를 연상시킨다. 즉 최재서 역시(이는 흄의 영향이지만) 고전주의에서 낭만주의로 다시 (신)고전주의로 예술의 역사가 전개된다고 봄으로써, 視形式(表象形式)의 반복적 顯現이 예술사라는 관점에 서 있는 것이다. 이 관점은 앞서 지적하였듯이 정치적으로 反혁명적이며, 역사적인 것을 초시간적인 것의 현현이라 본다는 전체주의와 친화성을 지닌 것이다. 또한 문예사조로서의 낭만주의

52) 『최재서 평론집』, 청운출판사, 1961, 96면.

와 낭만적 개성을 비판하면서도 낭만주의와 동일하게 유기체 개념을 차용함으로써 과거와의 유기적 관계를 전통의 관점에서 수용한다는 것, 그리고 이를 통해 민족과 민족 문화에 대한 보수적 개념을 생산한다는 점, 역시 파시즘의 이론에 차용될 소지를 내포하고 있다는 사실을 지적할 수 있다.

앞서 지적했듯이 유종호가 민중주의와 주지주의의 동시적 주장이 모순이라 했던 것은, 이 때의 민중을 사회주의 진영에서 주장하는 '피억압 계층으로서의 민중'으로 이해했기 때문에 가능한 것이었다. 그러나 최재서가 여기서 지칭하는 민중은 오히려 낭만주의자들의 민중 개념에 가까운 것이다.

최재서는 1936년 4월에 발표한 「현대 비평에 있어서의 개성의 문제」[53]에서 리드의 개성론을 소개하는 데, 여기서 E.M.포스터의 『無名論』을 언급하면서 이 문제를 다시 한 번 다루고 있다. 그는 '리드는 詩人 가운데서 行動人과 詩人를 구별하고 詩를 창작하기 위해서는 편협하고 완고한 性格을 떠나 無邊無碍한 個性에 도달할 것을 역설하였지만, 이와 같은 점을 노린 것이 E.M. 포스터의 논문 『無名論』이다. 포스터는 個性의 문제를 署名의 문제와 결부시켜 논하고 있다' 고 설명한다.

> 문자에는 두 개의 기능이 있어서, 하나는 知識을 주는 일이요 또 하나는 文學을 창작하는 일이다. 知識은 반드시 그것을 쓴 사람의 서명이 필요하지만 文學의 경우에는 반드시 그렇지도 않다. 오히려 作家의 이름이 없는 편이 낫다. 이처럼 문자에 두가지 기능이 있는 것과 같이 인간의 개성에도 두가지 기능이 있나. 인간은 누구나 남과 다른 個性을 가지고 있다. 그리고 이 個性에는 「찰스 램」이라든가 「스티븐슨」이라든가 하는 이름이 붙어있다. 이것은 말하자면 표면의 個性이다. 그런데 한 사람이 만일 위대한 인간이라면 그는 이 表面的 個性 밑에 더욱 깊은 個性을 가지고 있을 것임에 틀림없다. 그것은 어느 누구의 참여도 허락하는 바 普遍的個性으로서, 이와 같은 사람의 作品에서 우리는 자기 자신을 잊는 것은

53) 이 논문은 일본의 『英文學研究』 16권 2호에 발표된 일본어 논문이다. 후에 金活에 의해 번역되어 『최재서 평론집』에 수록되었다.

물론 作家 자신도 잊을 수가 있다. 그러므로 위대한 文學은 아나니마스(無名的)하다. (중략) 모울튼 教授의 이름을 지적해 말할 필요도 없이 無名은 ballad의 특질이다. 그것은 또 리-드가 『散文 스타일』 제 9장에서 말한 바나, 또는 『英詩의 諸相』 결론에서 암시한 바와도 일치하는 것이니, 발라드를 그리워하는 심정은 확실히 현대문학의 한 동향이다.[54]

최재서는 이와 같은 '무명적인 것'을 또한 고전주의의 특질로 설명한다. 그는 지드의 서한을 인용하여 '위대한 작가가 염념불망하는 것은… 평범해지는 일'이며 그렇게 함으로써 더할 나위 없이 개성적이 된다고 부언한다. 즉 이 시기 최재서의 민중은 이와 같은 '보편성' 즉 '무명성'에 근거한 개념이며 이는 뵐플린의 '인명 없는 문학사'와도 상통하는 개념이다. 이것은 작가 개인의 개성보다도 그것이 구현하는 보편적인 내용과 보편적 형식을 추구하는 고전주의의 핵심적 창작 원리인 것이다.

한편 일반적인 평가로서 최재서가 '민중'을 언급했다는 점에 주목하면서도, 그 개념이 피상적이고 '단지 인류애적 휴머니즘의 성격'을 띠고 있을 뿐[55]이라거나, 혹은 '개방체계로서의 문학관에 공감하는 스펜더의 문학이론을 소개하는 차원에서 크게 벗어나지 못하고 있고 이것이 모랄론으로 발전한다'[56]는 평가가 있는데, 이러한 견해는 최재서의 이 논문이, 주지주의 이론(그 중에서도 특히 흄에 대해)을 집중적으로 소개하는 다른 일련의 논문과 거의 시간 차이가 없이 발표되었다는 사실에 주목하지 못한 데서 기인한다고 본다. 최재서의 민중론은 그의 주지주의 이론과 상충하거나 혹은 그가 당시 사회주의 문예운동의 입장을 어느 정도 수용한 데서 온 절충적인 것이 아니라 주지주의의 입장에 서 있는 최재서와 흄 모두에게 본질적

54) 『최재서 평론집』, 51~52면.
55) 임환모, 앞의 책, 167면.
56) 김흥규, 앞의 논문, 294~295면.

으로 중요한 구성물이었다는 사실을 알 수 있다.

② 주지주의 인식론과 최재서 지성론의 의미

베르그송의 직관 개념에는 근대 철학의 비판과 극복이라는 문제의식이 도사리고 있는 것으로서 특히 이 개념은 데카르트 (Rene Decartes: 1596~1650)의 이원론에 의해 평행선과 같이 분리되고 만 주관과 객관 간의 관계에 대한 문제의식[57]을 보여준다. 흄이 '어떤 철학자도 이제껏 예술에 대하여 이와 같은 중요성을 인정하지 않았다[58]'고 할 만큼 베르그송의 철학 내에서 예술론은 중요한 위치를 차지하고 있다. 그는 지성으로써 파악될 수 없는 영역을 순수 지속의 시간 속에서 직관을 통해 파악할 때 진리를 획득할 수 있다고 보았고 이것을 예술의 임무로 규정하였다.

흄은 그의 유고집 『Speculations』(1971)에서 베르그송에 대한 깊은 관심을 드러내었다. 그는 유고집에 실린 두 편의 논문 「베르그송의 예술론」과 「내포적 다양성의 철학」에서 베르그송의 철학과 예술론을 상세히 설명한다. 이외에도 많은 부분에서 흄은 베르그송에 대해 언급을 하고 있는 데 그것은 베르그송의 철학이 당대 지녔던 영향력의 반증이기도 하다. 그는 논문 「휴머니즘과 종교적 태도」에서 자신의 불연속적 세계관이 스펜더류의 기계적 진화론과 정반대의 입장에 서있음을 밝힘과 동시에 딜타이, 니체, 베르그송 등 소위 생철학자들을 비판[59]함으로써 그들과의 차이 역시 부각시키고 있다. 이것은 그의 불연속적 세계관이 이들과의 지적 자극을 통해 생산된 것임을 밝히는 것이기도 하다.

---

57) 홍경실, '「물질과 기억'을 통해서 본 직관의 대상」, 『헤겔에서 리오타르까지』, 지성의 샘, 1994, 155면.

58) T.E.흄, 박상규 역, 『휴머니즘과 예술철학에 대한 성찰』, 현대미학사, 1993, 231면.

59) 위의 책, 21면.

베르그송의 철학적 견해 중 미학 이론에 관하여 중요한 점으로 흄은 두 가지를 든다. 하나는 '지성으로 파악할 수 없는 상호교류된 요소의 유동으로서의 실재의 개념'이며 다른 하나는 '정신의 일반적인 특질의 발전에 있어 행동을 지향하는 정신의 방향 결정 나타난 역할'에 대한 그의 설명이다. 인간의 첫째가는 욕구는 행동인데, 베르그송은 지성의 특질을 이 사실에서 연역한다. 지성의 기능은 사물을 나타나게 하는 것으로서, 그것은 우리가 사물을 가장 완전히 이해하도록 하는 것이 아니라, 사물에 잘 적용토록 하려는 것이다. 그에게 있어 예술이란 이와 같은 행동에 의해 생긴 지각의 습성에서 해방되는 인간이 실재와 현실적으로 접촉하는 것을 의미한다. 즉 사물에 적용해서는 사물을 이해할 수 없다는 것이며, 사물의 이해에 다가가기 위한 유일한 방법이 '직관'이라는 것이다.

이처럼 베르그송은 정신의 두 기능으로 지성과 직관을 제시하고 지성이란 물질을 다루는 것으로 직관은 생명 현상을 다루는 것으로 설명한다. 물질을 다루는 과학적 방법은 자연의 복잡한 현상을 위치만 변경되는 고정된 개개의 요소로 변형하게 되는데 이것은 '외연적 다양성'으로서 지성이 사실을 다루는 분석과 해석의 방법이다. 이에 대비되는 내포적 다양성이란 '각 부분이 서로 깊이 틀어박혀 끊을 수 없는 하나의 전체를 형성하는' 절대적인 상호교류의 상태에 있는 것, 즉 질적 다양성이다.

그에 따르면 사물을 다루는 방법에 따라 시간개념 역시 달라진다. 지성은 모든 물체가 완전히 분석되어서 개개로 분리될 수 있는 요소로 되어 있다는 것을 명백히 하고자 한다. 이는 변화를 부정하면서 변화를 설명하는 것이기 때문에 여기에 진정한 시간은 없다. 시간이 어떤 '차이'도 일으키지 않기 때문이다. 반면 진정한 시간이란 차이를 일으키는 시간이다. 여기서 각 부분은 단순 재조정되는 것이 아니라 절대로 새롭고 미리 예언할 수 없는 상태를 일으킴으로써 생기는 계속적인 진정한 변화를 가지게 된다. 베르그송은 이를 '진정한 지속', '진정한 시간'이라 부르는 데 예술 창작에 취해지는 시간은 바로 이러한 시간이며 이것은 일종의 생명적 과정이다. 따라서 '해석에 대한 두 가지 방법-내포적인 것에 의한 것과 외연적인 것에 의하는 것-에 대응하여, 우리들은 공간에 존재하는 것과 지속에 존재하는 것으로서의 두 가지 실재 개념을 갖게 된다'고 흄은 설명한다.[60]

이처럼 베르그송의 철학체계에서 예술의 역할은 '과학'이 도저히 획득할 수 없는 생명의 본질을 다루는 영역으로 승격된다. 여기서 미적 직관의 문제가 부각되는데, 베르그송이 말하는 '심미적 직관'이란 예술가가 공감으로써 대상물 속에 들어가 직관의 힘으로 그와 그 사이에 놓여 있는 공간의 장벽을 깨뜨려서, 생명의 의도를 찾아내는 것을 말한다. 그 결과 예술은 지각의 습성에서 해방되는 인간이 실재와 현실적으로 접촉하는 것을 의미하게 되고 여기서 '심미적 감동' 이 생산된다. 이것은 언어의 한계를 극복함으로써 일어나게 되는 자극이다. 나아가 그는 예술의 창조과정을 '발견과 해명의 과정'으로 설명할 수 있다고 본다. 즉 위대한 예술가의 창조적 활동이란 사물의 내적인 유동 속으로 깊이 들어가 우리가 지각할 수 없었던 한 요소를 찾아내 우리에게 지각시켜 주는 것이기에 예술은 啓示일뿐 창조가 아니[61]라는 것이다. Ezra Pound(1885~1972), F.S.Flint(1885~1960), Hilda Doolittle (1886~1961)등과 함께 이미지즘 운동을 기초한 흄은 이와 같은 베르그송의 예술론에 근거하여 이미지의 창출을 설명하고 있다.

솔직한 말의 사용은 항상 개성적인 것을 잃어버리게 한다. 언어는 공공적인 도구이므로 여러 가지 감동에서 우리들 모두에게 공통되는 부분만을 전달할 뿐이

60) 위의 책, 173면.
61) 위의 책, 134면.

> 다. 만일 우리들이 경험하는 감동에서 실제적으로 개성적인 것을 우리들이 볼 수 있다면 우리들은 언어에 대하여 불만을 가지게 된다. 우리들은 그 뜻이 없어지지 않고 명확히 독자의 관심에 끌리도록 말을 하려고 애쓴다. 이렇게 하기 위하여, 우리들은 새로운 은유와 새로운 성질형용사, 명사를 생각해 만들어 내도록 되어 있다. (중략) 독창성을 필연적으로 하는 것은, 언어의 결합만이다. 우리들이 정확하게 하기 위하여 사실을 설명하는 데 독창적인 방법을 생각해 만들어 내도록 하는 것은 언어가 우리들이 말하고자 하는 정확한 사실을 전달하지 못할 것이기 때문이다. (중략) 우리들은 예술이란 정확성에 대한 정열적인 욕구이고, 그리고 **본질적으로 심미적인 감동이란 직접적인 전달에 의하여 일어나게 되는 자극**이라고 정의를 내릴 수 있을 것이다. 보통 사용하는 언어는 사물의 개성과 신선함을 조금도 전달하지 못한다. (중략) 이미지의 창조는 이와 같은 인상의 '신선함'을 전달할 언어를 끌어내기 위하여 필요하다. 어쨌든 **우리들이 여기서 관련을 갖는 특이한 성질의 예술은, 보통 사용하는 언어로 된 보통 표현이 빠뜨리게 되는 어떤 것을 전달하려는 시도**라고 정의할 수 있다. 그래서 이러한 경우에 예술에 의하여 전달된 감동은 이 신선한 인상에 대한 직접적이고 특이한 전달로서 이룩된 즐거움이 된다. (강조-인용자)[62]

이처럼 '새로운 은유와 새로운 성질형용사, 명사를 만들어' 내서 독창적인 이미지로 표현된 시적 언어를 통해 전달된 감정은 '거의 본능적인 성질의 감동'[63]인 데 반하여, 산문에서의 언어는 부정적으로 평가된다. 그는 '어떤 종류의 산문'은 대상물에 대한 어떤 시각적인 모습을 우리에게 주려하지 않으며 또한 항상 어떤 이미지를 주기보다는 결론을 재촉하기 때문에 대다수 산문의 경우, 언어는 단지 '부호'에 지나지 않는다[64]고 본다. 즉 베르그송의 개념을 빌어 설명하자면, 여기서 흄은 산문의 언어를 지성의 작용으로, 시의 언어를 직관의 작용에 의한 것으로 간주하는 것이다.

62) 위의 책, 144~145면.
63) 위의 책, 146면.
64) 위의 책, 147면.

흄은 「낭만주의와 고전주의」에서 이미지의 문제를 다시 한 번 거론하는데, 시에 있어서의 심상(이미지)은 '한낱 장식에 불과한 것이 아니고 직관적 언어의 본질 그 자체인 것이다. 시는 우리를 데리고 지상을 걸어가는 보행자이며 산문은 우리를 목적지로 운반하는 열차[65]'라 정의된다.

이처럼 베르그송, 흄의 인식적 토대가 '직관'에 근거하고 있다는 점과, 이들이 기존 언어의 한계를 극복하는 시적 이미지에서 사물의 본질을 산출한다는 것은 이들의 철학적 토대가 리얼리즘적 반영론과 대척적인 것임을 알 수 있다. 그렇다면 최재서의 경우 그 인식론적 기초가 되는 것은 무엇인가?

최재서는 이들과 달리 시의 분석에 있어서도 이미지의 중요성이나 언어의 문제 등에는 거의 주목하지 않고 있다. 흄의 이론을 자세히 소개하고 있는 앞의 논문 「네오 클라시시즘」의 5항 '이미지즘과 휴움'에서 최재서는 흄의 시론과 이미지스트로서의 그의 활동에 대해 간략하게 설명을 한 후 '이미지스트들은 기교의 흥미에 압도되어 주제의 중요성을 무시했기 때문에 그들의 운동은 단명하게 사라지고 말았다' 고 평가[66]함으로써 이미지를 '기교'로 이해하는 모습을 보이는 한편 '주제'의 중요성을 강조한다.

흄의 언어론과 이미지론에서 최재서가 취하고 있는 것은 '사물을 있는 그대로 인습적인 선지를 떠나서 본다는 정신의 특수한 능력'과 '자기 자신의 억제'에 대한 것인데, 이는 흄이 베르그송의 철학을 수용하여 사물의 본질을 직관으로써 파악하는 정신의 특별한 능력을 설명하고 있는 부분이다. 이를 최재서는 '사물을 보는 객관적 태도'라는 리얼리즘의 기법으로 변형하여 수용[67]한다. 흄이 산문의 언어와 시의 언어를 엄밀히 구별하고 전

65) 위의 책, 121면.
66) 『최재서 평론집』, 105면.
67) 이에 대해서는 다음 절 <2-2)>에서 후술하기로 한다.

자를 무시했다는 점을 상기해 보면 최재서는 흄의 이론에 기초하되 이를 나름대로 응용하여 산문을 분석하는 도구로 사용하고 있는 것이다.

한편 이것은 최재서가 흄의 이론 중 베르그송의 철학에 근거한 이미지즘(시적 언어의 진실성)보다 보링거, 뵐플린의 역사주의와 추상예술론에 더 경도되었음을 보여준다. 전자가 언어의 본질에 근거한 창작의 문제, 창작과정의 문제라면 후자는 예술사(역사)의 관점이다. 창작의 문제보다도 '비평의 선도성(혹은 도그마)'에 대한 관심이 우선적이었던 비평가 최재서가 이런 입장을 보이는 것은 어쩌면 너무도 당연한 것인지 모른다. 최재서는 흄을 통해 보링거들이 제시한 '현대성의 파산'과 그에 따른 '새로운 예술의 제안'에 더 관심을 가질 수밖에 없었다. 기존의 문화운동의 주류(사회주의와 민족주의)가 현실적 힘을 잃어가던 당시의 상황에서 그는 새로운 대안을 제시해야 한다고 믿었고, 이 때 새로운 제안은 구체적인 것이어야 했다.

1934년의 시점은 군국주의 사상이 강화되어 나프와 카프가 해체될 운명에 있었으며, 그렇다고 자유주의 사상 쪽에서 기댈 만한 확실한 지주가 있는 것도 아닌 상황이었다. 그 해답에 대한 기대가 절실할수록 사람들은 그 해답을 최재서가 스스로 하는 것으로 착각하기에 이른다[68]. 따라서 그는 낭만주의적 개성의 문제, 혹은 흄이 그러했듯이 시적 언어와 이미지의 창조 문제 등 창작 과정에 해당하는 문제에 깊은 관심을 기울일 수 없었다. 이는 그가 시인(혹은 작가)이 아니라는 점, 비평가로서 무엇보다도 논리의 흐름을 우선시할 수밖에 없다는 점 등과도 무관하지는 않을 것이다. 그러나 이점을 고려하더라도, 흄의 사상에서 가장 의미 있는 부분일 수 있는 이미지즘에 그가 주목하지 못한 것은 비평가로서 그의 무능을 드러내는 부

68) 김윤식, 『한국 근대문학 사상연구』 1, 일지사, 1984, 233면.

분이라 할 수 있다.

최재서가 이를 깊이 사고하지 못한 그밖의 이유로 일본 문단의 상황을 검토할 수 있을 것이다. 베르그송의 『창조적 진화』는 생물 진화의 근본원리를 돌연 변이설을 가지고 인간의 문화적 활동 전반에 응용한 저작으로서, 이 저작을 기폭제로 하여 <세계관으로서의 생명주의>라는 사상은 20세기 전반 전 세계적으로 확대되었다. 이처럼 <생명의 도약 elan vital>을 키워드로 하는 베르그송의 철학[69]은, 우연성의 계기를 창조적 활동의 근본에 둠으로써 근대 철학의 목적론과 기계론을 넘어서는 것인데 정치사조로는 아나르코 생디칼리즘에 강한 영향을 주었고 예술의 영역에서는 독일 표현주의, 이태리의 미래파, 영국의 소용돌이파(volticism)등 전위 예술의 발아에 큰 계기를 주었다. 일본에서도 오스기 사카에(大杉榮)의 아나르코 생디칼리즘(노동조합주의적 무정부주의)[70]과 「시라카바(白樺파)」의 무샤노코지 사네아쓰(武者小路實篤) 등에 영향을 주었다.[71]

69) 최재서의 일련의 소개 외에 베르그송을 소개한 것으로는 『문장』, 제3호(1941년 3월)에 이양하의 「제임스 죠이쓰」와 함께 저자가 'T.E.흄'으로 명기되어 있는 「베르그송의 藝術理論」(抄) (143~146면) 이 소개되어 있다. 이것은 흄의 동명의 논문을 극도로 압축하여 요약한 것인데, 번역자가 누구인지 번역 대상이 된 문헌이 무엇인지를 전혀 밝히지 않고 있다. 전체 4면 중 거의 한 면에 해당하는 분량을 베르그송의 소개에 할애하고 있다는 것에서 알 수 있듯이 베르그송의 예술론에 대한 내용은 아주 간략하다.

70) 이에 대해서는 조세현, 『동아시아 아나키즘, 그 반역의 역시』, 책세상, 2001을 참고. 아나키즘은 19세기 중반부터 20세기 전반까지 전 세계적으로 확산되었던 사상운동으로서, 강권적인 권위와 권력(국가, 정부, 종교, 군대, 부르주아, 가부장제 등)을 비판하고 부정했다. 이들은 허무주의자 혹은 테러리스트로 혹은 모든 권위를 부정한다는 점에서 유토피아 사상으로 간주되기도 하였다. 역사적으로 이들은 사회주의 여러 계파와 함께 활동했으나 대부분 그들에게 탄압받거나 제거되었다. 즉 이들은 권력측에서도 사회주의, 자유주의 측 모두에게서 비판받았던 것이다. 그러나 일본의 경우를 들어본다면 일본 천황제와 군군주의에 대해 끝까지 비판적인 태도를 가진 것은 이들이었다.

71) 스즈키 사다미(鈴木貞美), 김채수 역, 『일본의 문학 개념』, 보고사, 2001, 466~8면 참조. 스즈키 사다미는 이에 덧붙여 '이것들은 다양한 양상을 보이므로…<세

최재서의 경우 무엇보다 중요하게 생각한 것이 합리적 이성의 의미를 지닌 '지성'이었는데 지성이란 베르그송에 따르면 '생명을 복잡한 기계적 현상으로 보아 왜곡하는' 합리적이고 기계적인 방법[72]에 불과한 것이다. 따라서 최재서의 지성은 위와 같은 전위 예술이나 정신적인 가치를 무엇보다 중요시하는 시라카바파의 관념론[73]의 정신과는 반대의 극에 서있는 것이라 할 수 있다.

한편 흄 자신이 밝히고 있듯이 이와 같은 베르그송의 철학을 비합리주의와 동일시해서는 안 되는 것이며, 또한 그것은 당대 마르크스주의 사상의 침투에 대한 국제적 저지 운동의 하나였던 신헤겔주의 운동[74]과도 구별되어야 한다. 예컨대 루카치는 '파시즘적'이라는 개념과 '비합리주의'라는 개념을 거의 동일하게 사용한다. 즉 그는 파시즘적 예술, 세계관을, 소위 이성의 파괴에 기여한 모든 예술적 정신적 경향(낭만주의, 생철학, 허무주의)과 동일시한다. 이는 이성과 반이성, 합리성과 비합리성이라는 확고한 이분법에 기초한 것인데, 이 이분법 때문에 그는 비합리주의 예술이 도

계관으로서의 생명주의>가 <근대의 초극> 사상이라 볼 수는 없을 것이라고 평가한다.

72) 이에 대해서는 T.E.흄, 앞의 책, 151~187면 참조.

73) 이에 대해서는 鶴見俊補・久野收, 심원섭 역, 『일본 근대 사상사』, 문학과지성사, 1995, 중 1장 '일본의 관념론'을 참조할 것.

74) 1930년 헤겔 서거 100주기를 맞이하여 전 세계적으로 헤겔 부흥운동이 일어나게 되었는데, 이 헤겔 부흥 운동이 갖는 첫 번째 특징은 운동을 이끈 크로너, 글로크너 등 신헤겔주의자들이 신칸트학파(독일 서남학파)의 문화철학에 영향 받은 사람들이라는 것이다. 이들은 변증법의 구조가 갖는 독자성을 칸트나 낭만파의 사상 속에 해소해버리고자 하였다. 두 번째 특징은 그들이 딜타이의 저작 『청년 시절의 헤겔』에 가장 큰 영향을 받고 있다는 점이다. 이들은 사유 그 자체를 비합리적인 것으로 보고 그렇기 때문에 지성을 초월하는 것이라 규정한다. 일본 파시즘을 철학적으로 합리화시킨 니시다 기타로(西田幾多郎)는 신칸트학파의 주지주의-논리주의와 베르그송의 주의주의-직관주의에서 자극을 받았다고 한다. 이에 대해서는 宮川透, 荒川幾男 엮음, 이수정 역, 『일본 근대 철학사』, 생각의 나무, 2001, 205~207면 참조.

구적이고 기계적 이성을 비판하고 있다는 측면을 간과하고 있는 것이다.

실제로 독일 낭만주의와 파시즘의 관계를 살펴보면, 초기 낭만주의 시인들은 '세계시민주의와 보편주의'를 표방하였다는 이유로, 또 유태인과의 모임에 호의적이었으며 '반군사주의 및 아이러니 경향'을 띠고 있었다는 이유로, '해체적인 의식'을 가졌다는 이유 등으로 파시즘 세력에 의해 거부당하였다. 독일 파시즘은 오히려 신고전주의적 미학 및 작품을 더욱 선호하는 문화정책을 펼쳤는데, 그 이유는 그들이 고전주의적 예술작품을 통해 민족의 건강성 및 형식의 완전한 조형성을 민족 이데올로기와 결합시킬 수 있었다고 믿었기 때문이다. 비합리적 정치현상으로서의 파시즘 체제는 비합리성에 내재해 있던 비판적 잠재력을 거부하였고 그 대신 합리적인 문학에서 자신들의 정당성을 뒷받침해줄 수 있는 이데올로기를 찾아냈던 것이다. 그 대표적인 예로는 '미적 교육'에 대한 쉴러의 고전주의적 프로그램이 바로 나치 이데올로기를 예술적으로 정당화시키는 것이 되었다는 사실을 들 수 있다.[75)]

이에 견주어 본다면 신고전주의자인 흄과 흄의 형이상학에 깊이 공감한 최재서는, 베르그송의 철학을 접하고 그의 이론에서 의미 있는 부분-유의미한 '실재'에 도달하는 방법-을 검토하였으나 이를 비판적 잠재력으로까지 깊이 있게 이해하지 못하였다. 오히려 이들은 신고전주의에 공감하였고, 이와 같은 신고전주의적 세계관은 민족 혹은 국가라는 주체를 상정[76)]하게

75) 고규진 외, 『유럽의 파시즘-이데올로기와 문화』, 서울대 출판부, 2001, 124~125면.

76) 1750년대 등장한 신고전주의는 근대 민족 담론에 철학적 기반을 제공해 준 이념으로 평가된다. 이 새로운 이념은 스파르타와 로마의 '인민 공화정'으로의 복귀를 꿈꾸는 '교육받은 공중' 즉 부루주아의 정치철학이었다. 그들은 이상적 공동체의 세 요소로서 공동의지에 기초한 공동체, 동등한 권리와 의무를 나누는 시민집단, 스토아적 미덕으로 무장한 시민들의 공동체에 대한 적극적인 헌신을 꼽았다. 그것은 '동등한 시민의 결사로 구성된 애국적 공동체'를 지향한 것이다. 즉 공동체의 규범 속에 용해된 개인적 자유라는 개념의 곡예를 통해 이들은 집

되는데 이는 그들의 철학에서 자연스럽게 형성된 것이다.

그렇다면 지금까지 최재서의 문학의 본질을 낭만주의로 보고 '최재서가 한때 열을 올려 소개한 모더니즘 따위는 다분히 피상적이거나 자신의 기질적 측면에 연유된 것에 지나지 않는 것', 혹은 '삶의 외면적 측면에 지나지 않는 것'으로서 '그가 1930년대에 모더니즘 이론에 근거하여 평론활동을 벌인 일은 고의적 실수이거나, 한갓 잡문을 쓴 것이거나, 소개적 중개인에 지나지 못하거나, 아니면 낭만주의 사상에 어떤 균형감을 주기 위한 노력의 일종이었을 것'[77]이라는 평가는 재고되어야 할 것이다.

이와 같은 평가는 일본 파시즘운동의 선봉에 일본 낭만파가 서 있었다는 사실과 동경제국대학과 경성제국 대학 영문과의 본질이 낭만주의적 상상력과 주자학적 스토이시즘의 결합에 있다고 보는 입장에 근거한 것이다. 그러나 그가 낭만주의자였다는 근거가 유기체론이라는 점은 좀 더 정밀하게 검토되어야 한다. 앞서 논증하였듯이 '유기체론'은 낭만주의자들만의 전유물이 아니었기 때문이다. 따라서 최재서가 후에 '낭만주의 시론의 바탕인 상상력의 본질을 밝히는 일에 온 힘을 기울였다'(『문학원론』, 춘조사, 1957)는 사실이나 그의 수필집(『인상과 사색』, 연세대출판부, 1977)에서 '코울릿주의 有機的 詩觀'을 '30년 내로 믿어 오는 바'라고 간단히 언급한 사실(「나무」, 『인상과 사색』, 14면)만으로, 그를 낭만주의자로 인정[78]할 수는 없다. 그가 1930년대에 주력했던 것은 시보다는 산문이었으며, 시비평

단 성원들의 헌신적 애국주의와 개체적 자유를 동시에 껴안았던 것이다. 민중을 동원하여 근대 민족주의를 유도한 정치사상인 인민주권론은 이상과 같은 신고전주의의 정치철학에 기초한 것이다. 이로써 민족적 정통성이 왕의 정통성을 대신했고 민족은 이제 인민주권론 및 헌법과 결합하여 전제주의를 비판하는 시민적 개념이 되었던 것이다. 임지현, 「'전지구적 근대성'과 민족주의」, 『역사비평 연구』 4집, 역사비평사, 2000, 16～17면.

77) 김윤식, 앞의 책, 236～237면.

78) 위의 책, 236면.

에 있어서도 흄에 의거79)하여 낭만주의적 '상상'보다는 고전주의적 '공상'을 더 높이 평가한 사실이 이를 뒷받침한다.

그러나 최재서는 흄과 흄이 연구한 베르그송의 사상으로는 만족할 수 없었다. 베르그송의 '직관' 혹은 흄의 '이미지 시론'이 이미 오래 전에 수립되었던 전통이 질곡으로 화했을 때 이를 극복하기 위한 하나의 돌파구로서 제시된 것이라 한다면, 최재서는 조선의 현실에 이와 같은 근대적 전통이 부재하다고 보았기 때문에 이들의 이론으로는 부족함을 느낄 수밖에 없었다. 그가 T.S.엘리어트의 전통론에 주목한 것은 이와같은 부족함을 인지하였기 때문이다.

(3) 현대문화의 획득을 위한 정신적 매개

① 낭만주의 비판의 근거 : 전통과 개성론

최재서는 1934년 8월 발표한 「현대 주지주의 문학이론」에서 엘리어트를 '체계적 이론을 가진 비평가가 아니라 실천비평가'라고 소개하는데 여기에는 엘리어트를 바라보는 최재서의 평가가 암시되어 있다. 그는 엘리어트가 이론가가 아니라는 점에서 그가 체계적이지 못하다는 한계를 인정하고 그에게서 자기가 필요한 개념들만을 차용하였다. 그리고 이에 부수되는 문제들은 시인인 그의 비체계적 사고에서 오는 한계로 덮어둔다. 한편 최재서는 실천 비평가인 엘리어트의 실제비평에도 관심을 갖는데 그 내용은 '사실의 훈련'에 대한 엘리어트의 고언80)이라거나 죠이스나 로렌스 문학의

79) T.E.흄, 앞의 책, 102~126면.

80) '세익스피어의 세탁 계산서 한 장이라도 발견하는 것이 여간 멋한 연구서보다도 세익스피어의 비평에 도움이 될지도 모른다'는 엘리어트의 말을 인용하면서, 최재서는 '비평가는 사실을 존중할 줄 알아야겠고 또 사실로서 자기 주장을 대언시킬 줄 알아야 한다'거나, '비평가의 자격을 보려면 그 결론을 보지말고 그 결

평가에 대한 엘리어트의 관점 등이다. 최재서는 이를 비교적 상세히 설명한다. 그러나 무엇보다 그가 주목한 것은 엘리어트가 다룬 '전통'과 '개성'의 문제였다.

엘리어트 문학관의 특성 중 하나는 전통을 중시하는 역사의식, 또는 현실의식이다. 최재서는 엘리어트를 통해 전통과 질서 그리고 개인의 관계를 설명하고자 한다. 그는 먼저 엘리어트의 「전통과 개인적 재능」에 의거하여 전통을 정의한다. 엘리어트에 따르면 '전통은 위선 歷史的 意識을 의미'하는데 이 歷史的 意識이란 '過去에 지나간 것을 지각할 뿐만 아니라 過去가 지금도 존재하고 있다는 것을 지각함을 의미'한다. 시인은 이 역사적 의식 때문에 유럽 전체의 문학을 동시적으로 가지며 동시적 질서를 형성한다는 의식으로 시를 쓰게 된다는 것이다. 그렇다면 엘리어트가 보는 전통과 창작의 관계는 무엇인가. 최재서는 엘리어트의 『전통과 개인적 재능』의 한 대목을 다음과 같이 직접 인용하고 있다.

> 어떤 藝術을 막론하고 단독으로선 아무 의미도 없다……우리는 藝術家를 단독으로 評價할 수는 없다. 우리는 그를 죽은 藝術家들과 대조하고 비교할 수밖에 없다. 나는 이것을 審美的 批評의 原則으로서 말함이지, 단순히 歷史的 批評의 原則으로서 말함이 아니다. 藝術家를 (傳統에) 적응시키고 융합시키는 必然性은 결코 一方的이 아니다. 새로운 藝術品이 창작될 때에 생겨나는 일은 기왕의 모든 作品들에도 똑같이 일어난다. 現存한 記念物 (즉 傳統)은 그 자신 속에 한 理想的 秩序를 이루고 있다. 그 秩序는 藝術의 새 作品이 記念物 가운데에 도입됨으로 말미암아 수정된다. 새 作品이 나타나기 전에 現存 秩序는 완전하다. 그리고 새

론에 이르기까지의 프로세스를 보아라 그 프로세스 안에 거지반 빈틈이 없이 사실적 입장이 서있으면 그 비평가는 족히 우리가 스승삼을 만한 사람이다'라는 교훈을 이끌어 낸다(「사실의 훈련」, 『조선일보』, 1937. 8. 24). 위의 엘리어트의 말은 최재서 비평에서 여러 번 반복된다. 최재서는 이는 통해 당대 주관적 비평을 비판하는데 그 근거로 그가 엘리어트를 들고 있다는 것은, 실천비평가로서의 엘리어트의 면모를 그가 높이 평가하고 있음을 보여준다고 하겠다.

로운 물건이 들어온 뒤에도 여전히 秩序가 유지되려면 現存 秩序가 극히 근소한 정도일지라도 변화를 받지 않을 수 없다. 이리하여 藝術作品의 전체에 대한 관계, 均衡, 價値는 再修正된다. 이것이 소위 新舊間의 適應이라는 것이다[81]

엘리어트는 현재가 과거를 구성하는 역할을 한다는 생각을 보다 설득력 있게 정식화 하였다. 그의 역사철학에 대한 사고방식도 따지고 보면 베르그송류의 시간개념에 기초하고 있는 것[82]인데, 그는 나중에 일어난 사건들에 대한 관점으로부터 역사적 현상들이 겪게 되는 변화에 관심을 두었다. 그에게는 역사과정 전체의 유기적 관련이 중요했기 때문이다. 그러나 그가 주목하는 변화는 구체적인 사실, 즉 예술 작품들 자체에 미치는 것이 아니라, 이것들 간의 상호관계, 즉 예술작품을 추후에 역사적으로 배열하고 재평가하는 데 영향을 미칠 뿐이다. 엘리어트에 의하면, 참으로 독창적이며 창조적인 새로운 작품의 출현은 그때까지 존재한 기념비적 예술품에 대한 전체적인 상호관계를 변화시키지만, 이때의 기념비적 예술품들의 존재 자체는 영향 받지 않는다. 바뀌는 것은 이 예술품들의 상호관계, 비중, 등급에 지나지 않는다[83].

또한 엘리어트가 '역사적 비평의 원칙'이 아니라 '審美的 批評의 原則'이라 부언하고 있듯이, 여기에는 외적으로는 사회와 역사에 대한 관심이 나타나 있으나 실제로 그의 전통 중시는 역사에 대한 관심보다는 문학이 작가의 개성 표현이 아니라는 몰개성론에서 연유한 것[84]이다. 최재서 역시 곧바로 엘리어트의 개성론에 주목하는데. 그것은 엘리어트의 '個性滅却論'이다. 엘리어트에 의하면 창작 과정에서 작가의 개성이란 '接觸媒體'로서

81) 『최재서 평론집』, 63면.
82) 아놀드 하우저, 앞의 책, 252면.
83) T.S.Eliot, Tradition and the Individual Talent, *Selected Essays*, 1934, p.15.
84) T.S.Eliot, 이경식 편역, 『문예비평론』, 범조사, 1985, 13면.

의 개성이다. 즉 화학 변화를 일으키는 데 필수 요소이지만 자기 자신은 조금도 변화하지 않는 촉매와 같은 존재이다. 최재서는 이에 대해 "예술가가 완전하면 할수록 그 사람의 내부에서 체험하는 인간과 창작하는 정신은 완전히 분리될 것이다. 중요한 것은 화합의 성분인 정서의 위대성이나 긴장력이 아니라, 이들 성분에 화합을 일으키게 한 압력-즉 기술적 수단의 긴장력"이라고 부연 설명한다.[85] 이는 낭만적 개성론에 대한 비판의 의미를 담고 있는 것이다.

엘리어트에 따르면, 전통은 작가의 창작 행위 이전에 존재하는 초월적 영역의 이상적 질서로 전통에 수반하는 역사 의식이 창작의 진정한 주체가 된다. 그것은 창작을 개성의 드러냄으로, 무에서 유를 창조하는 신적 창조에 필적하는 행위로 보는 낭만주의적 사고와는 엄격하게 구별되는 것이다. 이와 같은 창작의 핵심을 엘리어트는 몰개성이란 말로 집약했다. 몰개성이란 용어는 작가와 작품의 관계가 불연속적이라는 사실, 또는 작가의 신념과 작품에 표현된 신념은 연속적인 것이 아니라 불연속적이라는 데서 출발한다.

최재서는 1936년에 이르면, 리차즈가 엘리어트의 「황무지」를 두고 시와 모든 신념과의 완전한 분리를 실현하였다고 말한 것에 대해 '시와 신념을 분리하는 일은 아무리 정밀한 이론을 가지고도 구할 수 없는 큰 위험성을 포함하고 있다'[86]고 함으로써 엘리어트의 시와 신념의 분리론에 대해 비

85) 『최재서 평론집』, 64면.

86) 「문학과 모랄」, 『최재서 평론집』, 30면. (이 논문은 일본의 『改造』지에 1936년 3월 발표되었고 후에 김활의 번역으로 최재서 평론집에 수록되었다.) 이에 부언하여 최재서는 '이 위험을 누구보다도 통절하게 느낀사람은 다름 아닌 엘리어트이었다. 그는 리쳐-즈가 말한 것을 이해할 수 없다고 솔직히 말한다. 그러나 그는 다만 리쳐-즈만치 이론적 체계 그 자체에 대하여 책임을 가지지 않기 때문에 논의를 거기까지 밀고 나갈 위험을 무릅쓰지 않았을 뿐이지, 그 자신도 이 문제에 관하여 같은 곤난을 느꼈었을 것이 틀림없다. (중략) 요컨대 그것은 단순한

판적으로 평가하고 있으나 여기서 최재서의 관심은 아직 '전통과 개인의 관계'에 머물러 있다.

> 문학전통-즉 客觀的 規準에 의하야 개개의 作品을 통제하고 판단하려는 이 主知的 企圖는 外部的 權威를 극력 배척하고 오로지 「內部의 음성」에만 복종하려는 浪漫派로부터 당연히 공격을 받을 것이다. (중략) 하여간 그는 詩人의 個性을 너무도 경시한다는 의심을 받고 있다. 그러나 엘리어트에 있어 個性의 滅却은 결코 個性의 死滅을 의미하지 않는다. 그것은 엘리어트 자신이 『詩와 宣傳』에서 설명한 바와 같이 「자기의 個人的인 것이 非個人的이며 一般的인 것이 사멸해 버리는 것이 아니라, 도리어 풍부하여지고 확대하고 진전하며, 더욱 더욱 個人的이 아닌 것으로 됨에 의하야 더욱 個人的이 됨」을 의미한다. 그리하여 沒個性的 手段에 의하야 유아독존의 小我를 벗어나 광대무변한 大我에 도달하자는 것이다.[87]

즉 최재서는 작가 개인의 개성이 아니라 그것이 속해 있는 문학 전통에 더 가치를 두고 있는 데, '전통'이란 그가 비평의 가장 중요한 준거로 생각하는 것이었기 때문이다. 그는 작품을 비평하는 실제 비평의 단계에서 전통과 이에 대한 교양을 문제삼는다. 일반적으로 문학적 전통이란 자국 문학사에 대한 가치평가적 인식을 통해 발견될 수 있을 것이다. 그러나 그는 조선에는 개개 작품을 규율할 만한 준거기준으로서의 전통이 부재하다고 보기 때문에 작가들에게 서구적 교양을 습득할 지성을 요구[88]하는 보순적

이론상의 모순이라기 보다는 현대작가의 태도 또는 현대 그 자체의 모순'이라고 함으로써, 엘리어트가 다룬 '창작과정에서의 개성의 역할'이라는 문제를, 작가와 그 작가가 처한 사회 현실과의 관계 문제로 치환한다. 이는 그의 「풍자문학론」에서 깊이 탐구된다.

87) 『최재서 평론집』, 66~67면.

88) 「시단 전망」(『조선일보』, 1938.3.10~13, 3.15, 『동아일보』, 38.1.7, 3.25)과 「문학작가 지성-조선적 작가와 지성」(『동아일보』, 1938.4.20~23) 참조.

태도를 보인다.

이는 그가 비평의 준거로 삼는 '전통'이 우리 문학사에 대한 이해와 가치평가적 해석에서 나온 것이 아님을 알려준다. 그의 글에서 전통의 문제는 현대 세계의 상황에 대한 거시적 분석과 이에 대한 대안의 모색과정에서 제시되고 있다. 이를 잘 보여주는 글로는 「시대적 통제와 예지」(『조선일보』, 1935.8.25)가 있다. 그는 현대가 과거에서 보던 중 가장 조직적인 통제 시대이고 세계를 通貫하는 이 통제적 경향이 전시대의 자유방임주의에 대한 일종의 반동임에는 틀림없으나 그것이 결코 단순한 감정적 반동만은 아니라고 본다. 그것은 "전시대의 개인주의와 자유주의가 釀成하야노흔 모든 弊害와 罪惡을 矯正하고 抑制하랴는 사회적 필요에서 생겨난 欲求"라는 것이다.

> 통제는 현대인이 免치못할 重大한 一課題이다. 勿論 最後까지라도 모든 形式의 統制를 버서나랴고하는 個人作家群이 잇슬 것은 豫想된다. 그러나 統制가 結局 우리의 服從치안을 수 업는 生活形態임을 깨다를 때 우리는 항결가티 自己의 個有的個性을 주장하는 것보다는 도리혀 우리가 發見할 수 잇는 最妥當한 統制原理를 探索하는 것이 賢明할 것이다. 重大한 일은 統制의 與否가 안이라 統制原理이다. 統制는 現代가 避할 수업는 運命일 뿐만안이라 오히려 스사로 希望하는 生活形態인가한다. 大戰의 經驗이 比較的稀薄한 우리들은 歐羅巴各國의 靑年들과 마찬가지 程度로 統制의 必要를 늣긴달수는 업서도 過去에 十年乃至 二十年의 浪漫的生活을 해온 人士로선 이 必要를 亦是 늣길 것이다. 現代의 苦悶은 結局 個人이나 國家의 浪漫的 擴大主義의 結果인 以上 大戰의 直接經驗이 잇거나 업거나 集中的統制의 必要는 매한가지로늣긴 것이다.
>
> 이리하야 문제는 엇떠한 原理로써 우리는 우리의 生活과 文學을 統制할까함이다. 愚昧한 權力의 統制를 밧는 것보다는 賢明한 權威의 統制를 밧는 것이 幸福이다. 權威있는 統制原理를 우리는 어데서 求할 것인가? (중략) 네오 휴-매니스트는 무엇보다도 個性즉 個人的意識의 不完全함을 늣기고 잇다. 따라서 이 個性

은 人類의 一般意識-人間의 個人的 差異를 超越한 人類의 普遍的 共通的 統一的 要素-의 통제를 밧지 안어서는 아모런 人間性의 進步도 期待할 수는 업다는 굿은 信念을 가지고 잇다. 그리고 이 普遍的人間性을 比較的 完全하게 보혀주는 것은 古典이다. 그러나 한個 한個의 古典은 亦是 不完全한 것이기 때문에 統制原理가 되려면그들의 一體의 有機的 傳統을 構成치 안어서는 안이된다. 따라서 人文主義는 統制原理로서 古典的 傳統을 세우게 된다. 古典的傳統이란 恒常 그 國民이나 民族의 經驗의 總合이며 叡智의 體系이다. 長久한 歷史를 通 하야 試驗되고 吟味된 統制原理이기 때문에 이를 適用하는 精神과 技術이 그릇되지 안는다면 그것은 언제든지 現在의 모든 事象을 判斷하는 標準이 되리라고 그들은 생각한다. 要컨댄 新人文主義는 民族的 叡智를 原理로 삼아 各個人의 生活과 精神을 統制하랴는 主知的精神運動이다. 이리하야 우리는 亞米利加의 배빗트 모아 포-스타 英國의 리-드 佛蘭西의 뻰다 等이 새로운 스로-간을 걸고 登場함을 본다.

전 시대의 개인주의와 자유주의의 병폐와 죄악을 교정하는 사회적 필요에서 통제가 필연적이라고 단정한다는 점, 그리고 통제가 '면치못할' 현대인의 과제라면 우리가 발견할 수 있는 '최타당한 통제원리를 탐색하는 것이 현명'하다는 주장, 통제 자체보다도 '통제 원리'가 중요하다고 본다는 점, 이 원리로 '고전적 전통'을 설정하고 있다는 점 등을 위 인용문에서 알 수 있다. 그리고 이것이 낭만주의적 개인주의뿐 아니라 자유주의에 대한 대안으로 제시되고 있다는 것도 주목할 만한 일이다.

이 중에서 자유주의의 비판은 「자유주의 문학비판-자유주의 몰락과 영문학」(『조선일보』, 1935.5.15~21)에서 한차례 검토된 바 있다. 최재서는 봉건 시대의 특권계급에 반항하여 개인의 재능과 활동을 신장하려했던 '급진적 사상'인 자유주의가 1880년대 이르면 노동계급의 자유까지 보장할 수 없게 되는데 이때 분열하여 영국 사상계를 지배할 힘을 잃고 말았다고 분석한다. 이 자유주의를 좌우에서 공격한 두 사상이 있으니, 하나는 전통적 인문주의이고 다른 하나는 신흥 사상인 사회주의이다. 최재서는 이 글에서 카알라일, 라스킨, 아놀드, 리드 등 인문주의의 뒤를 이어 등장한 신인문주의자들이 아직 명확한 일파를 구성하지는 못하였으나 자유주의에 '더 철저한 반대를 표시하는 일파'라고 소개하고 있다. 그 구성원은 '미국의 어빙 배빗, 엘마 모아, 영국의 T.E.흄, 불란서의 쥴리앙 벤다' 등이다. 최재서는 이들이 인간의 진보설에 반대하고 '인간의 전도에 대해 비관적인 만큼 개성의 훈련과 통제를 주장'함으로써 자유주의에 최후의 일격을 가했다고 밝힌다. 그러나 여기서는 아직 '정치, 경제 분야의 자유주의와 문학상의 자유주는 별개'라고 보면서, 문학상의 자유정신이란 진리 탐구와 의사전달의 자유이며 현대문학에서 이를 증거하는 것으로서 '성문제 취급에 대한 자유로운 태도'와 '표현 방법에 대한 혁명적 실험'을 예로 들었다.

최재서가 「시대적 통제와 예지」에서 다루는 것은 이처럼 문학상 자유정신조차 용납되지 않는 상황이다. '이태리와 독일의 통제는 말할 것도 업거니와 기타의 민주주의 제국에 잇서서도 부분적으로 통제는 확대하고 강화하야 가는 형세'에 처했다고 보기 때문이다. 이 통제는 일부 작가들로 하여금 '스스로 통제에 복종하랴는 경향'을 보일 만큼 강력한 것이다. 그는 이에 통제를 필연적인 것으로 인정하고 '우매한 권력의 통제'를 받기 전에 '현명한 권위의 통제'를 발견해야 한다고 보는 것이다. 따라서 그가 엘리어트를 빌어 '유아독존의 小我를 벗어나 광대무변한 大我에 도달하자'고 한 것은 그에게 새로운 전통(시대정신)의 발견이 개성의 신장이나 확보보다 더 중요하고 긴급한 문제로 인식되었음을 의미한다.

그렇다면 이제 문제는 통제원리인 전통에 대한 탐색일 것이다. 이 전통이란 그도 밝히고 있듯이 '그 국민이나 민족의 경험의 총화이며 예지의 체계'로서 '장구한 역사를 통하야 시험되고 음미된 통제 원리'이다. 그렇다면 그가 찾아야 할 것은 우리 민족의 전통이며 민족적 예지일 터이지만 그는 조선에는 전통이 없다고 보았기 때문에 이 말은 공허한 것이 된다. 따라서 엘리어트의 전통론은 2년 뒤에는 '신념의 동요와 비평의 불철저함'[89]을 드러내는 증거로 전락할 뿐 그에게 큰 의미를 주지 못한다. 최재서가 엘리어트를 비판한 표면적인 이유는 엘리어트의 전통론이 도그마로 정립되지 못하고 있다는 것인데, 보다 중요한 이유는 그가 이 개념을 끝까지 추구할 수 있는 근거가 조선적 전통의 부재로 인해 사라졌기 때문이다.

허버트 리드에 대한 최재서의 관심은 창작과정에서의 개성에 대한 문제이다. 그는 리드를 '작품이 되기까지의 창작 과정을 분석하고 설명하는 이론적 비평가[90]'로 소개한다. 그는 리드가 '과학적 비평'을 표방하였다는 점과 이 때 과학이 심리학이라는 점을 밝히고 리드의 『현대시의 형식』(1932)에서 응용된 심리학적 비평의 성과를 소개한다.

여기서 최재서는 리드가 프로이드의 정신분석을 응용하여 에고와 이드의 관계로 예술창작과정을 설명한다고 보고 리드가 설명하는 에고와 이드의 관계를 다음과 같이 서술한다. '모든 藝術家(특히 文學藝術家)의 정신 가운데엔 서로 배치되는 두 경향이 있다고 나는 생각한다. 한 편에 있어 그는 意識的 統制를 벗어나서 原始的 精神으로 침잠하려는 충동을 느낀다. 그리로 가면 청신한 本質的인 이미지와 무통일하지만 풍부한 환상을 발견할 수 있으리라고 그는 생각한다. 그것은 지리멸렬하고 우발적인 꿈의 세계이다. 또 한편에 있어 그는 굳센 感情的 傾向-精神的 美와 塑像的 形式과 秩序 및 建築의 原形-을 建設하려는 운동을 느낀다'.[91] 최재서는

89) 「비평과 모랄의 문제」, 『최재서 평론집』, 21면. 이 논문은 『改造』에 (1938. 8) 실렸던 일본어 논문으로 후에 번역되어 평론집에 수록되었다.

90) 「비평과 과학」, 『최재서 평론집』, 69면.

91) 위의 논문, 72면.

'예술이 생겨나자면 이 두 의식의 상호적응과 통일 화합이 있어야 한다'고 정리한다. 리드가 말하는 두 경향은 각각 개성과 성격에 해당하는 것인데 이에 대해 이 글에서 최재서는 간략한 소개에 그치고 있다.

최재서가 리드의 개성론을 상세히 다루고 있는 글은 「현대 비평에 있어서의 개성의 문제」(1936.4)이다. 이 글에서 그는 개성문제가 오늘날 '비평의 중심문제'라고 설명하는 데, 그 이유는 전시대의 낭만주의 문학이 개성주의 문학이었다는 점과 이를 극복하는 것이 현대의 과제인 만큼 개성에 대한 논의가 '현대문학의 방향을 제시'하는 것이라고 보기 때문이다. 낭만주의적 개성을 비판하는 새로운 개성 개념은 '창작 원리로서의 개성'이다. 최재서는 어빙 배빗의 『루소와 낭만주의』(1919)[92]에 기대어 낭만적 개성을 비판하고 새로운 개성의 개념을 제시한다. 최재서에 의하면 배빗은 그의 저서에서 낭만적 개성을 비판하고 있으나, 개성의 낭만적 표현을 비난한 것이지 개성 그 자체의 기능을 부정한 것이 아니다. 도리어 그의 사상에 있어서 개성은 가장 중요한 역할을 한다. 배빗이 낭만주의를 비난하는 근본이유는 그것이 개인의 도덕적 책임을 개성 이외의 것에 전가하는 데 있다. 그에게 개성은 '모랄 에이전트'로서의 의미를 지닌다. 즉 개인적 차이의 표현을 버리고 행동의 통제원리로서의, 또 생활의 통제 원리로서의 개성을 옹호한다는 의미에서 배빗은 철저한 개성주의자라고 최재서는 정리한다.

그러나 배빗이 창작 원리로서의 개성에까지는 도달하지 못하였던 것에 비해 이에 감화를 받은 엘리어트는 시와 시인의 분리, 시와 신념의 분리를 주장하였다. 최재서는 이를 '시와 개성의 분리'로 이해하고 엘리어트가 시

92) 최재서는 1939, 1940년에 改造文庫에서 上, 下 두 권으로 이 저서를 일문으로 번역, 출판하였다.

와 개성의 분리를 주장한 이유로 엘리어트의 역사적 인식을 든다. '역사적 의식이란 그 본질에 있어 일반의식'이기 때문에 개성과는 배치되지 않을 수 없다는 것이다. 그러나 엘리어트 역시 전통적 질서에 도달하는데 방해가 되는 개성은 심하게 반대하였지만, 시의 소재가 될 개성의 존재는 인정하지 않을 수 없는 딜레마에 빠지게 되고, 여기서 창작 원리로서의 개성의 개념을 도입하게 된다고 최재서는 분석한다. 즉 엘리어트가 비난하는 개성은 '존재적 개성'이오, 그가 변호하는 개성은 시 창작의 순간에 있어 극도로 집중화된 '기능적 개성'인데, 이는 바로 '시인과 인간의 분리라고 하는 생각 속의 모순'을 보여주는 것이라고 최재서는 비판하고 있다.

여기서 최재서는 리드의 개성론을 제시한다. 최재서에 의하면 리드는 '개인적 특이성에 사로잡히지 않는 보편적 시에 도달하려 하는 점에서 엘리어트와 일치하지만, 거기에 이르는 과정은 다른' 면모를 보이는 비평가이다. 리드는 개성을 '심적 과정의 통일적 조직'이라고 정의한다. 여기서 감각과 기억의 자유로운 배치에 전후 통일성과 윤곽을 주는 것은 지성인데 이것은 내재적 판단력이다. 개성의 통일력이 내재적이라는 점은 매우 중요한데, 만일 그것이 외재적이라면 그 경우 충동의 억제가 일어나며 그 결과 생기는 것은 개성이 아니라 성격이기 때문이다. 성격이란 개성이 어떤 외부적 이상에 맞도록 제한되고 고정되어 이루어진 것으로 개성의 비인간적 반면이다. 리드는 시창작 과정에서 개성의 역할을 중시한다. 즉 성격에서 억제되어 무의식 속에 갇혀있던 것이 개성 속에, 전의식 즉 상상 속에 돌연히 나타나게 됨에 따라 시적 영감이 일어난다고 본다. 이처럼 최재서는 리드의 『현대시의 형식』을 통해 엘리어트의 개성을 비판하고 새로운 개성론을 제시하려 하였으나, 여기서는 리드를 소개하는 수준에서 나가지 못했다.[93]

오히려 최재서는 '리드는 시인 가운데 행동인과 시인을 구별하고 시를 창작하기 위해서는 편협하고 완고한 성격을 떠나 무변무애한 개성에 도달할 것을 요구하였지만, 이와 같은 점을 노린 것이 E.M.포스터의 『무명론』이다'[94]라고 지적하고 '위대한 문학은 아나니마스하다'는 포스터의 무명론의 소개로 이 글을 맺고 있다. 리드의 개성론은 프로이트의 정신분석학을 응용하여 개성을 역동적인 창작의 원천으로 보는 낭만주의 예술론[95]에 가까운 것이다. 그러나 포스터의 무명론은 리드의 개성론보다는 차라리 엘리어트의 개성멸각론에 가까운 것으로서 창작 원리로서의 개성이 아니라 '보편적 개성'을 주장하는 것이다. 이 보편적 개성이란 엘리어트의 표현을 빌면 역사의식의 구현체일 것이다.

최재서는 또 이를 '종래에 세익스피어의 작품에 대해 자주 말하여지는 비개인성이라든가, 키이츠가 말한 소극적 능력이라든가, 또 코올릿쥬가 말한 신념의 자발적 정지와 같은 개념도 결국 동일한 범주에 속하는 것이라, 그들도 동일한 것을 추구하고 있었다고 말할 수밖에 없다. (중략) 현대의 비평가들이 생각하고 있는 창작원리로서의 개성이라는 개념도 이미 전시대에 있었던 것이지만, 그것이 현대에 와서 더욱 순화되고 심화되고 확대되어 가는 과정이라고 나는 생각한다.[96]'라고 정리하는 데, 여기서 그가 리드의 개성론이라거나 프로이드의 심리학 등을 깊이 있게 탐구하지 않았다는 점을 알 수 있다.

그가 개성론에 관심을 기울였던 까닭은 그것이 구시대 문학으로 간주되었던 낭만주의 문학의 핵심 원리에 대한 공격이었기 때문이다. 새로운 문

93) 김윤식, 앞의 책, 240면.
94) 『최재서 평론집』, 51면.
95) 김윤식, 앞의 책, 243면.
96) 『최재서 평론집』, 52면.

학의 건설로 나가기 위해서는 과거의 문학에 대한 철저한 비판이 필요했다. 그는 그것을 여러 비평가의 논의를 소개하는 방식으로 수행했다. 아직 자신의 독자적인 입장은 수립되지 않았을 뿐더러 중요하지도 않았다. '보편적 개성'으로 표현되었던 역사의식, 역사적 방향의 수립이 그에게는 급선무였기 때문이다. 이제 그는 지성론과 모랄론으로 나아가는 데 이 두 개념은 그가 가장 중요하고 또 필요하다고 본 비평적 개념이었다. 이를 그는 리처즈와 리드 그리고 서구 지성의 이름을 빌어 소개하고 이에 대해서는 자신의 견해를 수립하기에 골몰한다.

② 과도기에 처한 작가의 대응: 지성론과 모랄론

최재서가 리처즈의 이론을 소개하고 있는 논문으로는 「비평과 과학-현대 주지주의 문학이론 속편」(『조선일보』, 1934.8.31~9.7), 「문학과 모랄」(『改造』, 1936.3), 「현대적 지성에 관하여」(『조선일보』, 1937.5.15~20) 등이 있다. 「비평과 과학」에서는 리처즈의 『시와 과학』을 시의 정의, 기능, 가치론을 중심으로 소개하고 있다. 이때 최재서가 주목한 것은 리처즈의 '태도론'이었다.

리처즈는 심리학을 도입하여 인간을 욕망과 충동의 체계로 보았다. 그는 외부 세계에 대한 마음의 반응(정서)을 충동으로 보는데, 예컨대 시의 자극을 받을 때 마음은 충동으로 반응하고 이 반응은 육체 안에서 정서로 발생한다는 것이다. 그러나 이 시적 체험은 결코 정서의 흥미로 끝나지 않고 태도를 낳는데 우리의 욕구는 이처럼 많은 태도가 서로 순응하여 전일체로 조직화될 때 만족된다는 것이다. 리처즈는 충분히 발전된 사람에게, 행동에 대한 충분하고 적절한 정세가 도래하지 않을 때에는, 행동에 대한 준비상태(즉 태도)가 실제 행동을 대신한다고 보고 시의 본질적 특징을 여기서 찾는다.

최재서에 따르면 리쳐즈는 '시적 체험을, 보통 체험과 같은 성질의, 인간 체험의 일종임'을 천명하면서 시의 가치 역시 다른 모든 체험의 가치와 동일한 기준에 의하여 판단된다고 보았다. 이렇게 볼 때 시적 체험은 가치 있는 생활의 체험이라 할 수 있는데 그러면 어떻게 이와 같은 가치 있는 생활을 할 수 있을 것인가가 문제가 된다. 이것을 리쳐즈는 모순과 충돌을 극복하는 두 가지 방식으로 설명하고 있다. 하나는 정복에 의한 방식이고 다른 하나는 타협에 의한 방식이다. 정복의 방식은 내부의 서로 항쟁하는 충동 중 어느 하나를 억압하는 방식이며, 타협이란 그들을 서로 순응시키는 방법이다. 그러나 억압된 충동이란 무의식에 잠재하여 '온갖 흉악을 도모'하는 것이므로 정복의 방식은 '생의 낭비'가 된다. 그러므로 우리가 취해야 할 방식이란 '타협을 기초로 한 질서'이어야 하며 이 질서에 의한 생활 체험의 기록이 詩가 된다. 그러므로 이 때 시의 효용은 '충실한 생의 활동과 아울러 자유로운 충동의 조화를 우리에 줌'에 있다. 그리고 이 효용은 현재와 같은 과도기에 매우 큰 의의를 지닌다고 본다.

> 우리가 현재에 당면하고 있는 과도기는 국부적이거나 지역적 과도기가 아니라, 세계 인류가 생활의 근저로부터 동요를 받고있는 과도기라는 것을 부언하면 그만이다. 그로부터 생겨나는 혼미, 의혹, 분열, 저항, 질시, 증오, 파괴-우리는 지금 아낌없이 생을 낭비하고 있다. 이해가 상반되면 분열도 좋고, 理에 맞지 않으면 파괴도 무가내다. 그러나 분열과 파괴는 기필코 통일과 건설을 의미하지 않는다. 우리가 실로 위대한 시인을 기대함은 이 때이다. 위대한 시인이란 혼동의 현대에 첨예한 분열을 통일할 태도를 잡은 사람이다. 그러나 이 태도란 위선 공리적 목적을 세운 다음 자의식적으로 구성되는 태도여선 안된다. 그것은 사회생활 혹은 사회심리의 무의식적인, 밑에서부터 필연적 힘을 가지고 솟아나온 것이래야 한다. **시는 수신교과서나 선전문서는 아니다. 시는 세계에 대한 시인의 진정**

한 태도로부터 발신되는 전달이 독자를 통하여 그곳에 필연 불가피적 태도를 구성하는 한 과정이다.[97] (강조-인용자)

최재서는 이 논문에서 리쳐즈를 주로 소개하면서도 자신의 의견과 리쳐즈의 의견을 구별할 수 없을 정도로 뒤섞은 상태로 서술하고 있다. 이것은 기술상의 문제가 없지 않지만, 한편으로는 리쳐즈의 이론과 자신의 의견을 굳이 구별할 필요가 없을 정도로 그가 리쳐즈에 공감하고 있음을 드러내고 있다. 위의 인용에 나타나 있는 과도기에 대한 규정과 그 상황-혼미, 의혹, 저항, 질시, 증오, 파괴-은 그 자신이 모색한 현실에 대한 진단은 아니지만, 최재서 자신이 당대를 바라보는 시각이었다는 점에서는 그의 시각이었다. 또 '위대한 시인'을 대망하는 것 역시 최재서가 전통과 교양을 지닌 지성인으로서의 문인을 기대하였다는 점에서는 그의 전망이라 할 수 있을 것이다. 또한 이들은 현실에 대처하는 방식으로 '행동'이 아니라 '사회 생활'이나 '사회심리'의 근원에서 솟아나온 '태도'를 설정한다는 공통점을 소유하고 있었다.

그렇다면 이러한 위기가 왜 시 속에서 감지되며 또 시를 통해 극복되어야 하는가? 이에 답하고 있는 것이 「문학과 모랄」(1936.3)이다. 이 글은 역시 리쳐즈의 『시와 과학』(1926)을 소개하면서도, 그것을 비판적으로 계승하고 있는 전후파의 논리를 통해 리쳐즈의 '태도론'을 '모랄론'으로 구체화시키고 있는 논문이다. 그는, 리쳐즈의 시론이 현대위기의 분석에서 시작한다고 소개하고, 이 위기란 시 속에 반영된 경제, 사회, 정치, 심리적 위기가 아니라 '이런 불안 상태를 취급하는 시 자체가 소멸할 지도 모른다는 위기'라고 정의한다. 즉 과학의 작용이 대자연적 태도라 할 시의 태도, 즉

97) 『최재서 평론집』, 83면.

주정적 인생관을 파괴하였기 때문에 이제 시는 소멸하거나 실재성을 박탈당하거나 하지 않을 수 없다는 것이 리쳐즈가 직면한 위기의 실체였다는 것이다.

이를 리차즈는 과학적 진술과 擬似(pseudo)진술과의 불일치라고 보았다. 과학적 진술은 그 진리성, 즉 그것이 지시하는 사실과 엄밀한 과학적 의미에서 일치함에 따라서 정당화되지만, 의사진술은 그것이 우리들의 감정과 태도에 주는바 효과에 의해서 정당화된다는 것이다. 그래서 '오늘날 문명이 직면한바 위기라는 것은 종래 인간의 통일적 중심이었고 그 평화의 근원이었던 바 擬似진술이 돌연히 믿을 수 없게 되었음에도 불구하고 인간은 그것을 일소해버린 과학의 명제만으로는 그들의 정서와 태도를 질서화 할 수 없다는 딜레마'를 의미하는 것이라고 최재서는 정리한다.

이를 좀 더 깊이 이해할 필요가 있다. 리처즈의 미학이론은 예술에 있어서의 의사소통의 문제와 가치의 문제라는 두 가지 주된 문제에 집중되어 있다.[98] 그의 철학적 전제가 되는 것은 신실증주의라 할 수 있는데 이것은 예술의 인식론적 문제를 '형이상학'이라 하여 배제하는 입장을 취한다. 대신 그는 예술 비평을 과학적 의사 소통이론에 정초하려 했다. 리차즈는 이러한 과학주의에 입각함으로써 철학이나 인식론과는 멀어져, 단순한 '경험'과 엄밀하고 과학적 언어로 구성된 과학에만 의지하게 되었다. 그는 예술에 있어 의사소통의 역할을 설명하기 위해 생리학-특히 파블로프적 생리학-과 심리학에 기대었으며, 예술에 있어서의 의사소통 문제를 설명하는 과정에서 행동주의적 경향을 보여준다[99]고 평가된다.

바진(Y.Basin)의 설명에 의하면, 과학주의와 신실증주의의 검증원리

98) 예브게니 바진(Y. Basin), 오병남, 윤자정 역, 『현대 예술 철학의 흐름』, 예전사, 1996, 47면.

99) 위의 책, 49면.

(principle of verification)사이에는 직접적 연관이 있다. 이 검증원리에 따르면 경험적 사실에 의해 검증될 수 없는 모든 의식의 사실은 과학적 의미가 결여되어 있는 의사진술(pseudo-statement)인데, 리차즈의 상징주의 이론에서는 바로 이 검증원리가 기호의 상징적-지시적-용도와 정의적 용도를 엄밀히 구별하는 중심 전제가 된다. 상징적 용도란 검증원리에 부합되는 것으로서, 경험 속에 지시체를 가지며 따라서 과학에의 적용이 가능하지만, 정의적 용도는 검증원리에 부합되지 않고 경험 속에 아무런 지시체를 가지지 않으며 기호를 비과학적으로 사용하는 것[100]이다. 리차즈는 C.K.Ogden과의 共著인 『의미의 의미』[101](The Meaning of Meaning, 1936)에서 '어떠한 기호에 대한 우리의 해석은 곧 그 기호에 대한 우리의 심리적 반응에 다름 아니다'라는 명제를 제안하는데, 그들은 이 반응을 곧 그 기호의 '의미'로 간주한다.

이러한 관점에서 볼 때 "시의 진술은 사실상 의사진술"이라는 리차즈의 말은, 시의 진술이 오로지 정의적 용도만을 지닌 것으로 보는 입장이다. 그러므로 시적 진술의 임무란 정서를 일으키고 그것을 정리하며, 충동과 태도를 조직하는 일이지, 무언가 '메시지'를 전달하는 것이 아니다. 예컨대 시에서는 진술과 그 진술이 가리키는 지시체와의 사이에 아무리 간격이 벌어져 있어도 만약 그 시가 시인이 의도한 정서와 태도를 불러일으키기만

100) 위의 책, 52면.
101) 이 저서에서 리차즈와 오덴은 언어와 사물, 그리고 사유 혹은 정서 간의 관계야말로 상징과학(science of symbols)의 주된 이론적 문제라고 본다. 이들은 일상언어에서 지극히 추상적인 철학적 사유에 이르기까지 언어가 인간의 삶에 얼마나 큰 영향을 미치고 있는가를 지적하면서, 언어이론과 의사소통과정에 대한 그릇된 견해 때문에 철학이나 일반적인 의사소통과정에서 야기되는 수많은 오류를 제거해야 한다는 문제의식을 가지고 상징주의문제를 다룬다. 리차즈는 1925년 출간된 『문예비평의 원리』에서 이전의 저작을 통해 공식화시킨 상징주의의 여러 기본 원리들을 예술, 특히 문학에 적용한다. 『시와 과학』(1926)에서는 '시와 과학에서 언어는 각각 다른 방식으로 사용된다'는 명제를 일반화시켰다.

한다면 아무런 문제가 되지 않는 것이다. 따라서 시적 의미에서의 진위와 과학에서의 진위는 다른 문제가 된다. 만약 그 의사진술이 시인이 의도한 태도를 환기시키면서 의사진술과 태도를 하나로 연결시켜만 준다면, 그 때 그 의사 진술은 참이기 때문이다. 의사진술의 진위는 그 의사진술을 읽는 이에게 충동과 태도를 풀어 헤치거나 조직해주는 그 진술의 효과에 의해 완전히 결정[102]된다.

이처럼 리차즈는 인간의 본질을 한편으로는 지성, 한편으로는 정서로 양분하고 문학의 전달내용이 정서, 태도 등 非知的인 심리학적 요소들을 통해 설명될 수 있다고 주장하는 데, 이 때 예술은 현실세계의 대상들과 관련되어 있지 않기 때문에 실제로 그는 시의 인식적 능력을 부인하게[103] 된다.

따라서 앞의 인용에서 강조된 '시는 수신교과서나 선전문서는 아니다'란 말은 리차즈의 입장에서 보자면 시의 정의적 기능을 강조한 것이며 또한 사회주의 미학에 대한 비판적 태도를 드러낸 것이다. 리차즈는 시가 환기하는 정서적 태도 자체에 주목하고 있는 것이지 그것이 어떤 정서를 전달하며 어떤 태도를 생산하는가에 대한 문제는 그의 관심에서 벗어나는 것이다. 최재서는 이에 대해 명확하게 밝히지는 않고 있으나 리쳐즈가 동의하고 있는 엘리어트의 시와 신념의 분리를 '큰 위험을 내포한 것'으로 비판하면서 이에 대한 불만을 표시한다. 그리고 스펜더(『주제의 탐구』)를 빌어 이 문제를 모랄로 연결한다.

최재서에 의하면 스펜더, 오든, 루이스, 맥니스등 전후파는 엘리어트, 리

102) Y.Basin, 앞의 책, 59면.
103) 위의 책, 67면. 바진은 이에 덧붙여 신비평주의자들의 '시를 위한 시'라거나 텍스트를 '상징' 및 '꼼꼼한 글읽기(close reading)'에 대한 설명으로 해석하는 형식주의적 방법은 리차즈로 부터 시작된 것이며, 이런 방법론은 논리적이고 명료하며 정확한 표현에 대항하여 잠재의식적이고 불분명한 표현을 방어하는 역할을 한다고 평가한다.

차즈등 모더니스트들이 현대로부터 도피하지 않고 이 '파멸적 세계'에 뛰어들었다는 점에서 그 실재성을 인정하고 그들을 계승하지만 그들이 주장한 신념의 부정에는 동의하지 않는다. 이들은 '위대한 문학은 모랄을 갖는다'고 보는데 최재서가 이들의 논의에 동조하는 것은 바로 이 부분에서이다. 마르크스주의적 세계해석과 인간에 대한 심리주의적 해석이 서로 상보적이어야 한다는 이들의 입장은, 보편적 역사의식을 탐구하면서 인간이해에 대한 새로운 과학적 성과를 수용하고자 했던 최재서에게 자신의 입장과 가장 비슷한 것처럼 보였기 때문이다.

그러나 이 때 모랄이란 '정치적 생활' 혹은 '하나의 사실로서 존재하는 생활'이라는 모호한 개념이거나 '이데올로기가 아니'라는 부정적 정의를 통해 규정될 뿐이었다. 이 모랄론이 그의 비평 개념으로 정립되기 위해서는 '지성'이라는 매개가 필요하였다. 「현대적 지성에 관하여」(『조선일보』, 1937.5.15~20)에서 그는 리쳐즈의 '비행동적 행동'으로서의 태도론을 제시하고 이를 지식인이 갖추어야 할 지성의 내용으로 설정한다. 즉 최재서는 리쳐즈의 태도론을 모랄론과 연결지어 적극 수용하면서도 그 모랄의 지향점이 리쳐즈 자신의 이론체계에는 존재하지 않는다는 점에서 그것에 온전히 만족할 수 없었다. 물론 이것은 과도기적 현상으로서 당대 어느 누구도 자신의 대안을 독자적으로 제시할 수는 없는 상황에서 빚어진 것이기는 하지만 그는 여기에 미진함을 느낀다. 이는 그의 다른 글에서도 지적[104]되

104) 최재서는 「현대 비평의 성격」(日文, 『영문학 연구』, 1937.4.)에서 현대 비평의 제 경향을 정리하면서 '도그마에 대한 소망과 동시에 모랄에 대한 지향도 치열하다. 그러나 그것은 古典的 教訓主義의 경우처럼 편협한 것이 아니고, 모든 방면의 연구를 종합하여 價値와 本質을 구명하고 그 위에 모랄論을 세우려는 것이다. 리처-즈는 그 대표자이지만, 價値論을 純心理學的으로 처리하려고 하는 그의 合理主義에 대해서는 많은 반대가 있다'고 간접적으로 그의 심리학적 접근방법에 불만을 토로한다. 간접적 비판이 될 수밖에 없었던 것은 그 역시 이를 이론적으로 비판할 능력은 없었기 때문이다.

는 데 따라서 그에게는 이를 보충해 줄 수 있는 다른 매개가 필요했다.

결국 최재서는 리드와 리쳐즈를 통해 프로이드의 정신분석학을 간접적으로 접하였으나 이들이 자신의 문학론의 핵심원리로 설정하였던 개성론이나 언어이론에는 큰 관심을 기울이지 못하였다. 그가 문제삼은 것은 오히려 엘리어트의 역사의식에서 암시된 보편성의 추구였고 이것은 지성 혹은 모랄의 문제로 설정되었다. 지성론과 모랄론은 리쳐즈의 태도론이나 스펜더 등의 저서를 통해 암시된 것이기는 하지만 그는 이것을 그들의 맥락에서 사용하지는 않았다. 그는 정신분석학이나 언어학을 정식으로 연구하지도 않았고 또 그럴 필요도 느끼지 못했다. 그는 그들의 인식론적 토대에는 무관심했기 때문이다. 따라서 리쳐즈의 소론이 기대고 있는 신실증주의나 리드의 심리학 이론을 자신의 방법론으로 적용할 의도는 없었다. 이들은 붕괴되어 가는 서구적 근대에 대한 진단과 그 대안 모색이라는 일반 원칙 속에서만 그 긍정적 의미를 지니고 있을 뿐이었다. 그에게는 이들이 수행하는 현대에 대한 진단과 그 대안에 대한 다양한 모색의 흔적을 그 나름으로 소화하는 과정이 필요했고 이제 이와 같은 개념들은 보다 구체적인 문화 현장에서 검토되었다. 이제 그는 작품평의 형식을 통해 이와 같은 비평 개념을 구체화하게 되는 데 이 과정을 통해 이와 같이 서구 이론가들에 의해 그에게 제시되었던 개념들은 그 나름의 독자적인 의미를 부여받게 된다.

2) 현실성의 모색과 비평도구로서의 리얼리즘

(1) 현대비평의 성격에 대한 탐구

최재서의 주지주의론이 이론적 작업이었다면 그의 비평론은 그가 이와 같은 이론을 문화 현장에서 검증하기 위한 과정의 하나로 검토되었다. 본 절에서는 최재서가 실제 비평활동을 통해서 정립해 나가는 비평 방법이 그의 주지주의론과 어떤 이론적 맥락을 공유하고 있는가, 또 비평활동을 통해 그가 새롭게 획득해 낸 성과는 무엇인가를 규명하고자 한다. 최재서는 실제 비평과정에서 의식적으로 '리얼리즘'이란 용어를 사용하면서도 자신의 리얼리즘론이 기존에 문단에서 주도권을 장악하고 있던 사회주의 리얼리스트들의 그것과 다른 것임을 누누이 강조한다. 이런 의식적 노력은 사회주의 문예론자들의 용어를 의도적으로 기피하는 것으로 드러나는 데, 이와 같은 그의 의도가 단지 용어 사용의 문제에만 그치는 것이 아니라는 점을 밝히는 것이 본절의 목적이기도 하다.

그의 리얼리즘론은 주지주의론, 특히 헉슬리 연구의 성과인 풍자적 기법과 이의 결과물인 풍자문학론에 전형적으로 드러난다. 이를 그는 '객관적 태도로서의 리얼리즘'이라 명명하였다. 이에 대해 지금까지의 연구는 리얼리즘의 입장에서, 혹은 모더니즘의 입장에서 각각 평가해 왔다. 혹은 이에 대해 모더니스트인 최재서가 당대 문단의 주도적인 흐름이었던 리얼리즘론을 절충적으로 수용한 것이라는 평가를 내리기도 하였다.

그러나 이와 같은 관점이 놓치고 있는 점은 당대 문단-리얼리즘 측이나 모더니즘 측 모두를 포함하여-전체가 리얼리즘과 모더니즘에 대해 각각 심화된 인식을 추진해 가고 있었다는 사실이다. 이를 최재서의 영향으로 볼 수도 있으나 그보다 더 중요한 것은 기존의 리얼리즘론으로는 당대 독자들은커녕 문인들 자신에게도 설득력을 갖지 못하게 되었다는 당대적 상황일 것이다. 1936년과 1937년을 전후로 하여 사회주의 계열의 문인들이 소설개조론 혹은 리얼리즘 논쟁을 통해 이와 같은 난관을 타개하려는 지난한 노력을 경주하였다는 것은 주지의 사실이다. 최재서의 문제제기는 이런 점에서 신선한 충격을 주었고 이후 그의 문제의식은 사회주의 비평가들에게도 부분적으로 공유되는 성과를 낳기도 하였다.

최재서는 리얼리즘론을 주장하기 이전에 현대 영문학의 다양한 비평론을 두루 섭렵하여 소개한다. 이 과정은 그가 지금까지 연구해 온 주지주의론에 대한 총결산의 의미를 지닌 것이기도 하다. 이를 통해 그는 새로운 리얼리즘론을 제시하기에 이르는 데 이 때 리얼리즘이란 용어의 의미는 '문학적 진실성'과 동의어라 보아도 무방할 정도로 포괄적인 개념이다. 그의 리얼리즘론의 요체는 '기법'에 대한 것인데 이는 풍자로 대표된다.

최재서의 문제제기를 수용한 사회주의 문예가들은 이에 대해 활발한 논의를 펼쳤으나 최재서 자신이 이에 대응하지 않음으로써 이 문제는 더 이상 진전을 볼 수 없었다. 이 후 그의 리얼리즘론은 소설 장르론을 통해 보다 명확해 진다.

최재서는 「자유주의 문학비판-자유주의 문학과 영문학」(『조선일보』, 1935. 5.15~20), 「비평의 형태와 기능」(『조선일보』, 1935.10.12~20), 「영국의 전통과 자유」(『조선일보』, 1936.1.4~5), 「문단 우감」(『조선일보』, 1936.4.24~29), 「현대 비평의 성격」(『영문학 연구』, 1937.4), 「센티멘탈론」(『조선일보』, 1937. 10.3~8) 등을 통해 현대 영문학에서 논의되는 다양한 비평의 형태와 기능, 이들에 대한 비판과 옹호의 과정을 거쳐 자신의 비평론을 찾아가게 된다.

여기서 그는 영국 자유주의 문학의 계보를 검토하는가 하면(「자유주의 문학 비판-자유주의 문학과 영문학」), 비평의 종류와 형태 그 역사적 의미를 분석하기도 하고(「비평의 형태와 기능」) 나아가 당시 일본 문단의 비평적 흐름에 대한 소개(「문단우감」)와, 조선문단의 제 경향에 대한 비판과 그 이론적 근거를 제시(「문단우감」, 「센티멘탈론」)하는 등 폭 넓은 관심을 보이고 있다.

이 중 「자유주의 문학 비판」과 「현대 비평의 성격」, 「영국의 전통과 자유」 등에서는 지금까지 그가 소개해 왔던 주지주의 이론 이외에 연구를 통해 그가 부분적으로 수용하거나, 그에 대한 비판을 통해 자신의 이론적 입장을 다지게 되었던 제반 경향을 고루 소개하고 있다. 여기서 다루어진 비평가는 M. 아놀드(Matthew Arnold, 1822~1888), W.페이터(Walter Pater, 1839~1894), S. 스펜더(Stephen Spender), T. 칼라일(Tomas Carlyle, 1795~1881), 토마스 만(Thomas Mann, 1875~1955), 앙드레 지드(Andre Gide, 1869~1951) 등이다.

엘리어트의 「아놀드와 페이터」(Arnold and Pater)에 근거한 글인 최재서의 「현대 비평의 성격」은 일본어로 작성되어 『영문학연구』에 실렸던 논문이다. 1961년 『최재서 평론집』을 발간할 때 그는 이 논문을 1장의 첫머리에 수록하였다. 그만큼 이 글은 그가 일정기간의 연구를 통해 수립한 그의 비평적 입장을 가장 잘 보여주는 글이라 할 수 있다. 이 논문에서 주로 다루고 있는 것은 페이터가 대표하는 인상주의 비평에 대한 비판이다.

월터 페이터(Walter Pater, 1839~1894)에게 있어 詩는 美의 표현이다. 그는 美란 예술이나 사연을 통해 여러 가지 모양으로 인간의 경험에 호소하는 것이므로 감각적 경험에 지나지 않는 것이라 생각했다. 이런 관점에서 페이터는 시 비평에 있어서도 작품에 대한 감각적 경험에서 얻은 인상을 무엇보다도 존중하고 그 인상을 기초로 삼았다. 그는 '모든 예술은 언제나 음악의 상태로 향하려고 한다'고 말하는 데, 그에 따르면 음악은 그 내용과 형식이 구별되지 않고 혼연일체가 되어 인간의 상상적 이상에 호소하는 것이다. 그는 이것을 이상적인 예술로 본다.[105]

최재서는 페이터의 인상주의 비평을 M. 아놀드를 논거로 하여 비판하고 있다. 그는 비평의 어원(criticus)을 검토해 볼 때 비평가의 본래 직능은 '사회의 정신적 건강을 보호하려는 의사의 직능과 같다'고 보고 현대가 위기에 직면하고 있는 만큼, 현대 비평의 성격은 그 '판단적 직능'을 확보하려는 데 있다고 본다. 그는 19세기 영문학 비평을 정리하면서 워즈워드에서 페이터에 이르기까지 비평에서의 판단적 직능이 무시된 것은, 이들이 일상생활의 모든 외부적 조건으로부터 시를 옹호하려 한 의도를 가졌기 때문이라고 본다. 특히 페이터는 지성과 행동의 세계에서 '인상과 정관의 세계'로 몰입하였는데 이는 '스핑간의 창조적 비평설'과 '모울튼의 귀납적 비평설'에서 극단으로 발전한다고 평가한다. 이에 대한 비판으로 최재서는 몇 가지 논거를 제시한다. 첫번째는 창조적 비평의 목적이 가치판단에 있는 것이 아니라 향락에 있다는 점에서, 딜레탕티즘으로 보고 이를 비판하는 아놀드의 견해를 제시하는 것이며, 둘째로 인상주의자들이 주장한 '문학은 표현이다'라는 관점이 도그마와 모랄과 역사감을 포기하지 않으면 안된다는 점에서 비판하는 것이다. 여기서 최재서는 괴테(Johann Wolfgang von Goethe, 1749～1832)를 인용한다.

> 괴-테는 批評에 있어서의 이 두 양상(낭만주의와 고전주의)을 인간의 男性과 女性에 비유한 일이 있다. 批評家가 어떤 일정한 判斷標準을 세워 그것을 개개의 作品에 적용할려 하는 獨斷主義가 男性的 비평이라 한다면, 批評家가 단순히 수동적인 감수성으로 作品의 매력에 따라가면 된다는 印象主義를 女性的 批評이라 할 수 있다. (중략) 現代의 批評이 남성적인 것도 역시 여러 가지 점에서 논단할 수 있는 것이다[106]

---

105) 최창호, 「영미 시론」, 김종길 외, 한국영어영문학회 편, 『영시 개론』, 신구문화사, 1981, 21면.

106) 『최재서 평론집』, 5면.

최재서는 괴테의 권위를 빌어, 비평가가 세운 판단 표준이 독단주의라 할 지라도 현대는 그와 같은 비평을 요구한다고 주장하면서 도그마의 필요성을 제기하고 있다. 이 도그마는 그 판단적 직능 때문에 가치론(모랄론)으로 연결되는 데 여기서 최재서는 다시 리드를 인용하여 '문학의 목적은 쾌락에 있다 할지라도 감각적 요소만으로는 진보적인 독자를 만족시키지 못한다. 문학적 쾌락이라는 것은 어디까지나 윤리성의 충전에 의하여, 또 그것에 비례하여, 전류를 통하는 것과 같은 성질의 것[107]'이라고 본다.

마지막으로 그는 인상주의 비평이 문학에서의 진화론을 거부한다는 점을 비판한다. 최재서의 설명에 따르면 문학에서의 진화론이란 '문학의 진보와, 價値階級과 더불어 그것을 기초로 하는 作家의 등급'[108]을 의미하는 것으로서 역사적 의식을 보여주는 것인데 인상주의 비평이 가치의식을 결여하고 있기 때문에 '비평가에 있어 모든 시대는 동등하다'는 무책임한 말을 한다고 비판한다.

印象主義는 말하자면 文學에 있어서의 리리시즘이라 할 수 있는데, 敍情詩의 세계를 상대로 할 때에만, 그리고 감상을 목적으로 할 때에만 타당한 것이다. 스핑간이 「모든 藝術은 敍情詩的이다」라고 말한 것은 그것을 뒷바침하는 것에 불과하다. 그런데 敍情詩의 세계에 국한할 때 性格을 가진다는 것은 도저히 기대할 수 없다. 인상과 감상만으로는 性格이 형성되지 못하기 때문이다. 꾀-테도 말한 것처럼, "재능은 고독 속에서 양성되고 성격은 世流속에서 형성된다." 그리고 現代 批評이 敍情詩 대신에 敍事詩, 心理的 小說 대신에 行動的 小說에 대한 시대적 요구를 대변하는 이상, 그것은 스스로 性格을 가지지 않을 수 없는 입장에 놓여진다. 위에서 말한바 도그마와 모랄과 價値意識과 歷史感에 대한 관심은 性格에 대한 意慾을 증명하는 것에 불과하다.[109]

---

107) 『최재서 평론집』, 6~7면.
108) 『최재서 평론집』, 7면.
109) 『최재서 평론집』, 10면.

결국 이 글에서 최재서는 다시 한 번 주지주의 비평의 정당성을 옹호하고 있다. 그러나 여기서는 보다 구체적으로 비평의 주요 개념에 관심을 보인다는 점을 알 수 있다. 이제 그는 역사의식을 무엇보다 중요한 현대 비평의 특색으로서 제시하고 이의 구현을 위해 모랄론을 비평의 중심개념으로 설정한다. 이전에 주지주의를 소개하는 글에서는 낭만적 개성을 비판하면서 새로운 개성론을 소개하는 데 그치고 있다면 여기서는 개성보다 성격의 중요성을 강조한다. 또한 이전에 소개된 주지주의 이론가들의 비평(흄, 엘리어트, 리드, 리차즈)이 주로 시론에 집중된 것이었다면 이제는 비평의 도그마론과 함께 현대문학의 장르로서 서사시와 행동적 소설을 제시하기에 이른다.

한편 위에 인용된 괴테의 아포리즘은 허버트 리드의 『근대시의 형태』(Form in Modern Poetry) 제2장과 논문 「시인의 퍼스낼리티」에 반복하여 인용된 것으로서, 이말은 재능(개성)에서 창작이 나오며, 성격은 예술 창작과 관련성이 없음을 드러내기 위한 것이다. 개성이란 고독 속에서 전의식과 무의식을 통일한 것이어서 창작의 원천이지만 성격은 세파 속에서 형성된 것이어서 경험에 의해 좌우되지 않는 이미 굳은 틀이다. 리드는 개성과 성격의 관계는 서정문학과 수사문학에, 나아가 낭만적 예술과 고전적 예술에 대응된다고 주장하기 위해 이 대목이 결정적이라고 보았는데 이를 통해 리드가 창작의 원천으로서 개성의 중요성을 강변했다면[110] 최재서는 이를 오히려 성격의 현대적 의의와 그 중요성을 강조하기 위해 인용하고 있다.

말하자면 이 논문은 그가 지금까지 연구하고 소개해 온 주지주의론에 대한 결산에 해당한다. 그는 논문의 말미에 모랄에 대한 지향을 소개하면서 리차즈의 경우 모랄에의 지향은 '순심리학적'이라는 점에서 비판되며,

---

110) 김윤식, 앞의 책, 248~249면.

배빗은 모랄을 '윤리적 상상작용'으로 엘리어트는 '카톨릭적으로' 이를 처리하려 하지만 이에 대해 '많은 반대가 있다'고 정리하면서, 이들의 모랄지향에서 나타난 비역사성을 간접적으로 비판하고 있다. 이것은 그가 리차즈나 배빗, 엘리어트의 이론을 그대로 수용할 수 없는 이유를 설명하는 것이다.

또한 그는 현대 비평이 가장 선명하게 그 특색을 나타내는 것은 歷史的 意識의 일면에서라고 보고, "많은 唯物史觀的 文學史는 말할 것도 없거니와, 엘리어트의 傳統論이나 進化論的 見地에 서는 리-드의『英詩의 諸相』이나, 또는 傳統과 發展의 관점에서 과거의 文學을 재평가하는 리-비스의 Revolution 이나 모두 깊은 역사적 사색의 산물이다."라고 정리한다. 여기서는 그동안 비판의 대상조차 되지 않았던 '유물사관적 문학사'마저 그것이 역사적 의식을 다루고 있다는 점에서 현대비평의 가장 '선명한 특색'을 드러내는 문학론으로 거론되고 있다.

즉 이제까지의 주지주의 비평가들에 대한 논문이 그들 이론의 전반적인 특색을 정리하여 소개한 것이었다면, 여기서는 이들 이론가들에게서 취사선택한 것을 밝힘으로써 서로 모순되기도 하였던 주지주의 이론가들의 비평을 자신의 입장으로 정리하고, 이를 통해 자신의 비평적 개념틀을 제시하고 있는 것이다. 최재서는 엘리어트에게서는 '전통'과 '역사의식'을, 리드에게서는 비평의 '도그마'론과 서사시와 행동문학론을, 인상주의를 비판하는 아놀드111)와 리쳐즈에게서는 모랄론과 성격론을 각각 선택한다. 그리고 앞으로 그의 비평은 이와 같은 개념을 중심으로 전개된다. 이중 가장

111) 아놀드(Mattew Arnold: 1822~1888)에게 있어 시는 인생의 비평이었다. 당대의 시론이 주로 시의 용어와 표현, 그리고 창작과정에 관해 논한 데 비해서, 아놀드는 시의 주제에 주로 관심을 표시한다. 그는 시의 윤리적 의의를 존중하고, 시의 가치는 거기 표현된 인생관의 위대성에 의해 결정되는 것이라는 윤리적 문학관을 지니고 있다. 그는 문학에 의해 도덕적 질서를 바로 잡으려고 하였다. 최창호, 앞의 책, 19~20면 참조.

중심에 서 있는 것은 '역사의식'이다. 당대를 '과도기'로 인식하고 이후 현대 사회의 전개를 모색하기 위해서는 역사의식을 갖는 것이 무엇보다 가장 중요했기 때문이다. 그가 모랄론이나 도그마에 관심을 기울인 것도 올바른 역사인식 수립에 그것이 필수적이라고 보았기 때문이었다.

그러나 최재서는 아직도 하나의 '이상적 질서'로서의 과거의 모든 작품과 새로 나오는 작품들 사이의 상관관계에 대한 인식이 곧 '역사의식'이라는 엘리어트의 발상이, 고금의 모든 문학을 일거에 실제 역사에서 분리된 '그들 간의 이상적 질서'로 둔갑시켜 버린다는 점에 주목하지 않는다. 그리고 엘리어트가 말하는 '전통'이 따라서 생활 속에 살아있는 전통이 아니라 주로 독서의 대상이자 집필상의 영향문제로 되는, 소외된 현대 지식인의 관념이라는 점, 그의 몰개성론은 그러한 비역사적 발상의 표현이라는 점[112]에 관심을 기울이지 않는다. 그가 엘리어트에 비판적 태도를 갖게 되는 것은 1938년[113]에 이르러서이다.

이처럼 그가 과도기의 혼란을 극복할 수 있는 방법으로 엘리어트의 역사의식을 설정하였다는 것은 그가 엘리어트의 방식대로 문학의 질서를 통해, 그리고 새로운 문학적 질서의 수립을 통해 이와 같은 과도기를 극복할 수 있다고 믿었기 때문이다. 도그마와 행동주의 문학에 대한 관심도 마찬가지이다. 이 시기 최재서가 이들 문학에 관심을 보인 것은 그것이 새로운

---

112) 백낙청, 「모더니즘에 관하여」, 백낙청 편, 『리얼리즘과 모더니즘-西歐 近代文學論集』, 창작과비평사, 1991, 462~463면 참조. 그 밖에 엘리어트의 「전통과 개인적 재능」에 나타난 '역사의식'에 대한 비판으로는 김우창, 「전통과 방법-엘리어트의 예」, 『T.S.엘리어트』, 민음사, 1978을 참조할 것. 여기서 김우창은 엘리어트의 역사의식이 '너무 인위적이며 두뇌적'이라고 평가한다.

113) 최재서 역시 1938년에 이르면, 엘리어트가 예술가의 개성을 무시했다는 점에서 '반휴머니스트'였으며 분열과 혼란을 특징으로 하는 현대에 카토리시즘으로 전향함으로써 실현불가능한 주장을 하고있다는 점에서 그의 '신념의 동요와 불철저성'을 비판하게 된다.(「비평과 모랄의 문제」, 『개조』, 1938.8)

문학 경향으로 부각하였기 때문이다. 우리 문학에 새로운 문학을 도입하고 이를 통해 전통을 만들어야 한다고, 그리고 이런 방법으로 과도기를 극복할 수 있다고 본 그로서는 이 문학들을 수용해야 했기 때문이다.

이를 위해 그는 다양한 문화적 현상에 관심을 기울인다. 그가 연구했던 영문학의 비평가들이 논한 것은 주로 시론114)이었지만 그는 주로 소설에 관심을 기울인다. 과도기적 현대에 방향성을 제시하고 그 윤리성을 선명히 내보이는 것으로는 서사 장르가 더 적합했기 때문이었다. 소설에 대한 관심은 그 기법과 성격의 측면에서 검토된다. 이 때 비로소 그는 당대 조선의 문화운동의 현실과 접하고 여타 비평가들과 문예논쟁을 거듭하면서 자신의 문화적 관심을 구체화하기 시작한다.

「문단 우감」(『조선일보』, 1936.4.24~29)은 문단 화제의 필요성을 제기한 글이다. 여기서 최재서는 문단의 화제가 빈곤한 이유로, 사람들의 취미가 일치하지 못하여 동일한 방향을 제시하지 못하기 때문이라고 보고, 화제를 적극적으로 만들어 내야 할 필요성을 제기한다. 그가 찾아낸 화제는, 동경 문단에서 새로 결성된 일본 낭만파의 소식과, 해외문학파에 대한 비

114) 백낙청은 이런 경향을 신비평의 보수성으로 설명한다. 즉 엘리어트, 리차즈을 뒤를 이어 신비평(New Criticism)의 대표격이라 할 랜섬의 예를 들어, 신비평의 형식주의가 탐미주의(aestheticism)나 예술지상주의(art for art's sake)에서 벗어나 나름대로 현실의 복잡성과 다양성을 포착하려 노력했음에도 불구하고, 이들이 주장하는 고전주의 내지 인본주의가 리얼리즘보다 모더니즘 쪽으로 기우는 것은, 이들이 처한 미국의 자유민주주의 체제의 한계 때문이라고 설명한다. 이런 현실관의 한계 때문에 이들은 문학의 인식기능을 강조하면서도 자신들의 정치, 경제적 입장을 위협하는 문학작품이나 현실인식을 배제하게 된다는 것이다. 그래서 랜섬은 '문학'을 말하기보다 '시'를 말하고 그것도 '한편의 시'(a poem)를 '산문적 담화'(prose discourse) 일체와 구별하는 일에 주력한다고 본다. 즉 신비평의 보수주의 내지 순응주의는 비판적인 사회과학의 현실분석을 '과학주의'와 구별하지 않았을 뿐더러, 구체적이고 진취적인 사회인식을 특별히 요구하는 문학장르들을 '시'의 이름으로 재외 내지 경시할 수밖에 없었다는 것이다. 백낙청, 앞의 논문, 441~443면 참조.

판, 그리고 딜레탕티즘에 대한 비판이다.

그는 일본 문단에서 프롤레타리아 비평가와 순 예술파가 결합하여 낭만주의를 창도했다고 전하면서 이들이 서로 다른 경향의 예술론을 지니고 있었는 데도 불구하고 낭만주의를 공동으로 주장한 것은 그들이 반대하는 공통의 대상을 가졌기 때문이라고 분석한다. 그리고 그 공통의 대상은 리얼리즘이다. 최재서는 그들이 '리얼리즘에 대한 싫증'을 가지고 있다고 본다. 그러나 그는 낭만적 요소라 할 수 있는 감동적 지각과 창조적 표현을 문학에 불어넣겠다는 노력은 긴요하나, 문단의 본도가 리얼리즘에 있다는 것은 부인할 수 없다고 단언한다.

딜레탕티즘에 대해서는 최재서는 '아마추어의 문학감상'이라 단언한다. 또한 과거의 딜레탕티즘이 예술의 존재를 가능케 해주는 문화적 의미를 가지고 있었다면 현재의 그것은 문단에 고통을 준다고 본다. 아무런 작가적 수양 없이 수업과 고심을 회피하는 딜레탕티즘은, 비평에서도 과거의 문학에 대한 지식 없이 논의를 펼치기 때문에 그 폐해가 막심하다는 것이다.

결국 최재서는 문단의 일련의 화제를 통해 조선사회의 계몽과 문학적 교양의 증진, 과거 문학 전통에 대한 교양과 이를 통한 사상의 훈련, 그리고 문학 방법으로서의 리얼리즘을 이들 문단의 제 경향에 대한 비판을 통해 제시하는 셈이다. 이는 리얼리즘론과 풍자문학론을 통하여 구체적으로 전개된다.

(2) 태도로서의 리얼리즘론

최재서는 평단에 등단할 당시 「문학 발견시대-학생과 비평가의 대화」(『조선일보』, 1934.11.21~29)에서 '순정한 리얼리즘'이라는 말로 자신의 리얼리즘을 설명한 바 있다. 앞서 검토하였듯이 이 논문이 그가 '사회적 리아리즘'을 비판하는 내용임을 고려한다면, 이 때 그가 의미하는 리얼리즘이 사회주의측의 리얼리즘과 그 토대를 달리한다는 것을 알 수 있다. 그의 리얼리즘은 주지주의자 T.E.흄의 소론에서 유래한다. 그는 흄의 언어론과 이미지론에서 '사물을 있는 그대로 인습적인 견지를 떠나서 본다는 정신의 특수한 능력'과 '자기 자신의 억제'에 주목하는 데 이를 최재서는 '사물을 보는 객관적 태도'라는 리얼리즘의 기법으로 변형하여 수용하고 있다.

그것이 흄의 소론에 대한 변형인 이유는, 흄과 달리 최재서는 이를 '시' 즉 '언어'를 통해서가 아니라 '소설' 즉 '사상'으로 전개하려 했다는 점 때문이다. 그러나 이 사상 역시 역사적 전망이나 철학적 반영론에 기반하고 있는 사상이 아니다. 그것은 주인공의 성격, 혹은 주제를 통해 드러나는 산문적 진실이란 의미를 담고 있을 뿐이다. 결국 그는 사물을 보는 작가의 '태도'와 현실을 그려내는 '기법'에 주목하여 새로운 리얼리즘을 제시하고 있다. 이를 타 비평가와의 비교를 통해 해명하는 것이 이 절의 목적이다.

최재서는 1936년 「<천변풍경>과 <날개>에 관하여-리아리즘의 확대와 심화」(『조선일보』, 10.31~11.7)를 발표하면서 당대 문단에 큰 충격을 주었다. 이는 곧 사회주의 문예운동 진영의 반박을 불러일으키기도 하였는데 정작 최재서 본인은 이에 대해 적극적으로 대처하지 않음으로써 이들과의 직접 논쟁은 이루어지지 않았다. 그러나 이를 계기로 기존 리얼리스트들 사이에서 리얼리즘 개념에 대한 다양한 논전과 평가[115]가 이루어졌고 결

115) 최재서의 논문이 발표되자, 백철, 한효, 임화, 김문집 등이 직접 간접으로 반론을 제기했다. 백철의 「리얼리즘의 재고-그 앤티휴먼의 경향에 대하야」(『사해공론』, 1937.1), 한효, 「창작 방법론의 신방향」(『동아일보』, 1937.9.16~23), 임화, 「사실주의의 재인식」과 「방황하는 문학정신」(『문학의 논리』), 김문집, 「날개의 시학적 재비판」(『비평문학』, 1938) 등이 최재서의 글을 언급하였고, 이원조는 「丁丑 1년간 문예계 총관-주류 탐색의 한 노정표로서」(『조광』 26호, 1937.2)에서 이를 총괄하여 평가하였다. 이밖에도 유진오, 「현문단의 통폐는 리얼리즘의 인식」(『동아일보』, 1937.6.3)의 글이 있고 기타 문학 좌담회 등에서 리얼리즘론과 산문정신

과적으로 이 논문은 침체되어 있던 당대문단에 활기를 불어넣는 역할을 하였다.

무엇보다 문제가 되었던 것은 최재서가 말하는 리얼리즘의 개념에 대한 것이었다. 이 글에서 최재서는 모더니스트 그룹 구인회의 일원이었던 박태원의 「천변풍경」에 대해 '리얼리즘의 확대'로, 이상의 「날개」를 '리얼리즘의 심화'로 평가했는 데, 이에 대해 이원조는 '(李箱의 作品에 대해-인용자) 그야 勿論 리얼리즘이란 말을 쓰지 않고도 性格化시킬수 있는 것이지만[116)]'이라고 토를 달았고 유진오[117)] 역시 이에 불만을 표시한 바 있다.

그러나 최재서의 논문이 미친 파급은 이후 논의에서 적지 않은 것이 사실이다. 유진오와 이원조는 한 좌담회[118)]에서 '외면적 리얼리즘'과 '내면적 리얼리즘' 그리고 '사회주의 리얼리즘'으로 리얼리즘을 세가지로 분류하는데 이는 최재서의 영향이 절대적이라고밖에 볼 수 없다. 또한 임화는 「세태 소설론」(1938)에서 '내성 소설'과 '세태소설'의 두 경향[119)]을 설명하는 데 이 역시 최재서에 의해 촉발된 것이다. 최재서가 이 논문을 통해 전개하는 리얼리즘론은 그가 지속적으로 관심을 기울여 온 서구 현대 문학의 흐름에 대한 연구의 결과이다. 여기에는 주지주의 비평가들의 이론과 방법이 많이 차용되어 있다. 그는 이들 작품평을 통해 이를테면 그의 연구를

에 관한 논의가 활발하게 이루어졌다.

116) 이원조, 위의 논문, 366면.

117) 유진오, 앞의 논문.

118) 「평론가 對 작가-산문정신과 리얼리즘」(『조선일보』, 1938.1.1.) 이 좌담회에는 이원조, 유진오, 박치우, 이효석이 참여하였다.

119) 그러나 임화의 경우 이를 소설의 한 형식으로 두 경향을 구분했을 뿐 이를 리얼리즘으로 설명하지는 않았다는 점에서 이원조와 차이를 보인다. 임화는 리얼리즘 소설=본격소설이라는 전제 하에 이에 미치지 못하는 전형적인 소설형식으로서 두 가지 예를 들고 있을 뿐이다. 한편 이원조 식의 '내면적 리얼리즘'이란 말에 대해 최재서는 한 좌담회에서 '프로이드적 리얼리즘'이라는 표현을 사용하기도 한다.

현실 속에 접맥시키고자 시도한 것[120]이다.

최재서가 리얼리즘을 다룬 글로는 「낭만주의 부활인가」(『동아일보』, 36.4.25), 「문학문제 좌담회-리얼리즘, 문장문제」(『조선일보』, 37.1.1~7), 「빈곤과 문학」(『조선일보』, 37.2.27~3.3), 「시단 전망」(『조선일보』, 1938.3.10~13, 3.15, 『동아일보』, 1938.1.7, 3.25), 「文藝隨感-斷想」(『비판』 69, 1938.11), 「구라파 현대 소설의 이념」(『비판』, 1939.7), 「문단유감 1-문학의 표정」(『동아일보』, 1939.2.19)등이 있다. 그러나 조선문단의 구체적인 작품을 예로 들어 작품 분석을 통해 리얼리즘을 논하고 있는 것으로는 「시단 전망」과 「천변풍경과 날개에 관하여」 두 편뿐이다.

두 작품 「천변풍경」과 「날개」를 논하면서 최재서는 '예술의 리아리티는 재료, 즉 외부세계나 내부세계에 限해 있는 것이 아니라, 객관적 태도로 관찰하는 데 있다'고 본다. 그런 점에서 볼 때 이 두 작품은 다루고 있는 대상이 판이함에도 불구하고 관찰의 태도와 묘사의 수법에 있어서 가능한 한 주관을 떠나서 대상을 보려했다는 공통점이 있고, 그 결과 박태원은 객관적 태도로 객관을, 이상은 객관적 태도로 주관을 보았다는 것이다. 그리고 이것은 현대 세계문학의 2대 경향인 '리아리즘의 확대와 심화'를 대표하는 것이라 단언한다. 여기서 소설가는 '카메라인 동시에 이 카메라를 조종하는 감독자'로 설정되는데, 이 때 객관성은 작가가 그 카메라 위에 '주

120) 이에 대한 지금까지의 연구도 당대 논의의 틀을 크게 벗어나지 않고 있는 점을 지적할 수 있다. 즉 그가 여기서 리얼리즘을 논하고 있다고 보는 연구가 있는가 하면 모더니즘의 입장에서 이 글을 분석하는 연구도 있고, 리얼리즘과 모더니즘을 포괄하는 그야말로 '현대적'이라는 의미에서 모더니즘이라고 정리하는 입장이 있다. 리얼리즘의 입장에서 평가하는 논문으로는 김흥규가 대표적이며, 모더니즘의 입장을 취하는 것으로는 서준섭, 이은애, 권일경의 논문이 있다. 현대성으로 보는 입장은 임환모, 진정석의 경우가 이에 해당한다. 손정수의 경우 이를 리얼리즘이 아니라 '소박한 객관주의'에 머무는 것으로 본다(각 연구자의 논문 서지 사항은 참고문헌을 참조할 것).

관의 막'을 덮지 않고 관찰하는 것으로써 확보되는 것이다. 「천변풍경」은 이를 철저히 수행함으로써(이를 최재서는 '작가의 不在意識'이라 표현한다) 그 결과 '선명하고 다각적 도회묘사'를 완성하였다는 것이다.

한편 「날개」는 자의식의 발달과 의식의 분열이라는 현대인의 현상을, 과학자와 같은 냉엄한 태도로써 '촬영'했다는 점에서 고평된다. 최재서는, 이를 통해 이상이 '粉粹된 개성의 파편을 질서 있게 카메라 안에 잡아넣었다'고 보았다. 그리고 이 작품은 보통 소설이 끝나는 곳, 즉 생활과 행동이 끝나는 곳에서 시작되어 순의식의 세계를 보여준다는 점, 나아가 현대 정신의 증세를 보여준다는 점에서 심화된 실재성의 인식을 보여준다고 평가한다.

이와 같이 최재서가 주관세계와 객관세계 자체에 가치의 우열이 없다고 보는 것은 현실(그 중에서도 비참한 현실)을 객관적으로 반영하는 것에 절대적 가치를 둔 사회주의 리얼리즘에 대한 비판의 의미를 담고 있다. 이 글에서 그가 기존의 리얼리즘에서 사용하는 '세계관'이나 '현실'이란 용어 대신 '태도'와 '세계'라는 개념을 사용하고 있는 것에 주목해야 한다. 창작 주체인 작가가 취해야 할 것으로서 '태도'라는 것은 '세계관'과는 그 위상이 다른 것이다. 세계관이란 용어가 철학적, 미학적 지위를 부여받고 있다면, 태도란 아직 일반 용어에 불과한 것이었기 때문에 설사 비평가가 그 개념에 특별한 의미를 부여한다고 하여도, 그것이 본래 지니고 있는 일반성으로 인해 새롭게 부여된 의미를 한결같이 유지할 수는 없는 용어인 것이다. 객관'세계', 주관'세계'로 지칭하는 것 역시 마찬가지로 볼 수 있다. 현실이라는 개념이 '본질'과 '현상'을 전제한 철학적 인식론을 전제한 것이라면, 세계란 용어는 그의 주장만큼 객관적이고 무미건조한 표현이다. 이를 최재서의 적극적 의도라 해석한다면, 최재서는 이와 같은 일반 개념으로 리얼리티를 규정함으로써 기존 문단의 중심 세력이었던 사회주의 리얼리즘의 절대성을 허물고 그 권위를 훼손함으로써 역설적으로 기존의 리얼리즘이 당대 문학을 해명할 수 없음을 보이는 한편 리얼리즘의 개념을 새롭게 정의하고 있는 것[121]이다.

이것은 사회주의 리얼리즘에 대한 최재서 개인의 비판이면서 동시에 당대 현대 비평론의 성과이기도 하다. 최재서가 제시한 '태도'는 리쳐즈와 스펜더 뿐 아니라 흄의 영향과 이의 변형이기도 하기 때문이다. 흄은 낭만주의를 비판하고 고전주의를 그 대안으로 제시하는 과정에서 실재를 인식하는 방법의 문제를 다룬 바 있다. 이 때 예술을 통한 실재의 제시에서, 핵심이 되는 것은 언어의 본질에 있다.

> 커다란 목표는 정확, 극명, 명확한 서술이다. 무엇보다도 먼저 이것이 얼마나 어려운 일인가를 인식하여야만 한다. 그것은 한낱 주의여하의 문제가 아니다. 우리들은 언어를 사용해야만 하지만 언어는 그 본질에 있어서 공공적인 것이다. 즉 그것이 표현하는 것은 적확 그것이 아니라 어떤 타협-당신에게도 내게도 또한 아무에게도 공통한 것-이다. 하지만 사람은 저마다 약간 상이한 각도에서 본다. 그래서 보고 있는 바를 명료하고 적확하게 표현하려고 한다면 언어와 무시무시한 싸움을 하여야만 한다, 그것이 낱말이든 다른 예술의 기교이든 다름이 없다.

---

121) 이에 대해 권일경은 최재서의 리얼리즘론이 사물의 현상을 인식하는 방식에 있어서 근본적으로 모사론과 차별되는 것으로서, '순수의식'에 대한 지향을 담고 있는 인식론을 바탕에 깔고 있다고 본다. 당대 리얼리즘에서 강조했던 대상이 본질에 의해 매개된 현상으로서의 '현실'이라면, 최재서가 쓰는 현실 개념은 주관, 즉 의식에 매개된 일체의 현상이며, 의식의 형식도 의식의 내용에 의해 매개된 이상 현실이라는 것이다. 결국 최재서에게 있어 주관세계나 객관세계는 작가의 태도 여하에 따라서 모두 객관적인 동시에 주관적인 것이라는 점에서, 이는 미약하나마 현상학적 주-객관개념에 다가서 있는 것으로 평가한다. 최재서가 여기서 베르그송의 개념을 차용하는 것은 사실이지만 이를 현상학적 주객개념으로까지 확대 해석할 수 있을지는 의문이다. 권일경, 「1930년대 모더니즘 소설의 실재관과 '재현'개념에 관한 고찰-최재서의 리얼리즘론과 '내성소설'을 중심으로」, 『관악어문연구』 21집, 1996.12.

> 언어에는 그 특유한 본질과 그 자신의 인습과 공공적 관념들이 있다. 오직 정신의 집중적 노력에 의해서만 우리는 그것을 우리 자신의 목전에 밀착시킬 수 있을 뿐이다. (중략) 그러고 보니 구별할 것이 두가지 있다. **첫째 사물을 그것이 있는대로 따라서 인습적인 견지-그러한 관점을 갖도록 우리는 훈련받아 왔다-를 떠나서 본다는 정신의 특수한 능력이다. 이것은 그 자체 완전히 의식되어 있는 일이 극히 드물다. 둘째로 정신의 집중상태, 자기 자신에 대한 억제, 이것은 우리가 보고있는 것을 현실적으로 표현하는 데 필요한 것이다.** 우리가 뿌리박힌 기교의 인습적인 곡선 속으로 빠지는 것을 막고 한없는 세부와 번거로움을 뚫고 끝내 우리가 원하는 곡선 그 자체로부터 비껴 나가지 않기 위해서 이와 같은 성실성을 얻게 되면 무한이니 진지(眞摯)니 하는 것을 끌어들이는 일 없이 올바른 예술의 근본적 특성을 반드시 얻게될 것이다.[122] (강조-인용자)

위의 글은 T.E.흄의 「낭만주의와 고전주의」의 일부분이다. 여기서 사물을 있는 그대로, 우리가 훈련받아 온 인습적인 견지를 떠나서 본다는 것과 사물을 대할 때 자기 자신을 억제해야 된다는 흄의 말은, 최재서가 주관의 막을 덮지 않은 카메라의 눈을 통해 주, 객관 세계를 본다는 것과 동일한 맥락임을 이해할 수 있다. 또한 이 인용문은 최재서가 「언어의 유통성과 진실성」(『조선일보』, 1938.3.1)에서 언어의 '인습적 의미' 극복을 주장하는 근거가 되기도 한다. 이 글에서 최재서는, 언어가 화폐와 같이 유통하기 때문에 아무런 장애 없이 사람 사이를 전전한다는 것, 그것이 가능한 것은 언어에 인습적 의미가 있기 때문인데 이것은 우리에게 평화를 주는 대신 그 인습화가 극단화되면 우리는 상호간 진실을 통할 도리가 없다고 정리한 뒤 '이미지'의 필요성을 제기한다. 그는 애초에 말은 물건을 지칭하였으나 사회가 복잡해짐에 따라 말이 추상화되었다고 보고, 이 과정을 보여주는 것이 바로 시에서 철학으로의 발전과정이라고 한다. 그러나 말이 너무도

122) T.E.흄, 앞의 책, 119~120면.

추상화하면 그 진실성을 회복할 수 없으므로, 말의 액면 의미-즉 추상적 의미를 一旦 해체하고 그곳에서 새로운 이미지를 집어내는 과정이 필요한데 이것은 철학적 사색에서 시적 직관으로 돌아가는 과정이라는 것이다. 그는 이어서 시인의 제일 중요한 임무는 '말의 표면을 뚫고 들어가서 새로운 의미와 생명을 획득하는 일'이라 지적하고 시인은 '자기 관념의 이미지화에 전념'할 것을 당부하는 데 이는 그가 흄을 통해 베르그송을 접하고 그 결과 획득하게 된 인식이라 할 수 있다.

이와 비슷한 내용을 흄의 베르그송 연구에서 찾아 볼 수 있기 때문이다. 흄은 베르그송의 직관을 설명하면서 예술가의 인식행위를 설명하는 데, 예술가는 행동을 목적으로 지각하는 것이 아니고 지각을 위해서만 지각한다는 점, 예술가는 행동과는 멀리 떨어져서 이해관계를 가지지 않는 공정한 태도로 '사물을 있는 그대로 관찰할 수 있는 사람'으로 규정[123]한다.

> 만일 실재라는 것이 감각과 의식에 직접 연결될 수 있다고 한다면, 예술은 불필요한 것이 될 것이다. 그렇지 않다면 우리가 다 예술가가 되어야 할 것이다. 예술가가 보는 이러한 모든 것은 실재로 존재하고 있다. 그런데 우리는 그것들을 보지 못하고 있다. 그러면 왜 보지 못하는가? 자연과 우리 자신 사이에, 심지어 우리 자신과 우리 자신의 의식 사이에까지도 어떤 막이 있다. 즉 보통사람에게는 두껍고 예술가와 시인에게는 투명한 막이 그 사이에 있는 것이다. 무엇이 이 막을 이루게 하였는가?(중략) 나의 감각과 의식은 나에게 실제로 단순화된 실재 이상의 아무것도 주지 않는다. 내가 실재에 대해서 가지는 일반적 지각에서는 인간에게 무용한 모든 차이는 억제되어 있다. 나의 지각은 어떤 형태로 작용한다. 사물은 내가 이용할 수 있는 유용성을 생각하여서 분류되었다. 내가 지각하는 것은 사물의 실재라기 보다는, 이 분류인 것이다.(중략) 예술가는 극복하여야 할 이중의 곤란을 가지고 있다. 첫째로 그는 개성적인 것이 아니고 평범한 유형을 보게 하는 대단히 강렬한 정신상의 여러 가지 습성에서 자유롭게 되는 인간이 되어야

123) 위의 책, 137면.

한다. 둘째 곤란은 그가 본 개성적인 것을 표현하려 할 때 나타난다.[124)]

실재란 우리의 감각과 의식에 직접 연결될 수 없다는 것, 우리와 자연 심지어 우리 자신과 우리의 의식 사이에까지 어떤 막이 있는 데 일반인에게는 그 막이 두텁고 예술가와 시인에게는 투명하다는 베르그송의 인식론은, 사물의 실재를 지각하기 위한 특별한 능력, 즉 직관을 통해 '순수 지속'으로서의 실재를 파악한다는 것에 그 초점이 있다.

최재서 역시 이와 같은 개념을 직, 간접으로 차용하고 있는 것을 알 수 있다. 「언어의 유통성과 진실성」에 나타난 언어관이라든가, '카메라의 눈' 등은 흄에게서 빌어온 베르그송의 인식론에 가깝다. 그러나 그는 이를 인식론적 관점에서 철저히 추구하지는 않았다. 그가 보다 높은 가치를 부여하고 있었던 것은 새로운 시대를 예비하는 역사의식과 이를 위한 모랄의 추구에 있었기 때문이다. 따라서 그는 아주 구체적이고 현실적인 대안을 추구하고 있었기에 베르그송이 추구한 것과 같은 인식론에 대한 근본적인 질문에는 관심을 둘 여지가 없었다. 그의 리얼리즘론이 이처럼 새로운 개념과 방식을 도입하고 있음에도 불구하고 '타협적'이고 '기교적'이라는 평가[125)]를 받은 이유는 이 때문이다.

---

124) 위의 책, 140~142면.

125) 최혜실은 1930년대 말 리얼리즘과 모더니즘 사이에 있었던 두 개의 논쟁('기교주의 논쟁'과 '날개와 천변풍경을 둘러싼 리얼리즘 개념논쟁')을 평가하는 자리에서 "리얼리즘 이론을 변형하여 모더니즘 소설을 설명하고 두둔하려 했던 최재서나, 모더니즘 시를 기교주의로 보고 여기에 경향문학의 사상을 산술적으로 결합하려 했던 김기림의 논리는 그들 자신의 논리 부족도 있으나 그보다는 당대 사회 반영에 대한 강박관념을 극복하지 못한 소치로 보아야 할 것이다. 1930년대 한국 모더니스트들의 이런 윤리감각은 프로문학과 논리적으로 대결해야 했던 평론부분에서는 매우 강하게, 작가의 무의식이 작용하는 작품에서는 비교적 약하게 작용하면서 한국적 모더니즘의 양상을 이루게 된다."고 평가함으로써 이들의 리얼리즘론이 근본적으로 절충적이었음을 지적하고 있다. 최혜실, 앞의 책, 58면.

이런 맥락을 고려하면 최재서가 「천변풍경」과 「날개」를 각각 리얼리즘의 확대와 심화로 고평함에도 불구하고 이들 작품에 사회적 의식과 모랄이 부재함을 들어 비판하고 있는 것을 이해할 수 있다. 그는 박태원에 대해서 소설가에게는 소설 기술 이상의 그 무엇이 필요한데 그것은 '묘사의 디테일을 관통하는 통일적 의식'이라 전제한 후, 이 점에서 「천변풍경」은 '카메라를 지휘하는 감독적 기능에서 실패'하였다고 평가한다.

> 그러나 나는 여기서 한가지 疑問을 가진다. 卽 이 作品의 世界가 된 川邊은 그 自身 一個의 獨立한-혹은 密封된 世界가 아니냐? 하는 疑問이다. 물론 川邊과 外部와의 聯關은 있다.(중략) 이것은 勿論 캐메라의 機能으로선 到底히 企圖치 못할 일이다. 그 背後에 살아있는 作者自身의 意識의 問題이다. 作者가 萬一에(一例를 든다면) 꼬올즈워-지와 같은 意識과 見解를 갖엇다면 그는 全體的構成에 있어 이 좁다란 世界를 눌르고 또 끌고 나가는 커다란 社會의 힘을 우리에게 늣기게 하야주었을 것이다. 「作家後記」에 依하면 이 作品은 그가 計劃하고 있는 長篇의 一部라 한다. 「續川邊風景」에 있어 이 社會的聯關意識이 좀더 緊密하야지기를 나는 바란다.[126]

이상(李箱)에 대해서도 그는 '사회에 대한 작가의 태도, 즉 포즈는 단편적인 것일 뿐, **시종일관한 인생관**이 아니다'라고 한 후 덧붙여서 '작가는 이 세상을 욕하고 파괴할 줄은 알지만 그 피안의 독자적 세계는 발견할 수 없었다[127]'고 함으로써, 자기 풍자라는 점에서 고평했던 작가 이상에게 '시종일관한 인생관'에 의한 '피안의 세계'에 대한 전망을 요구한다. 그는 이것이 작가의 모랄에 의해 가능하다고 본다. 또 최재서는 이 모랄의 부재가 구성상의 결함을 낳았다고 본다. 즉 이 작품의 모든 삽화가 수수께끼

126) 최재서, 『문학과 지성』, 인문사, 1938, 106면.
127) 이는 그가 「풍자 문학론」(『조선일보』, 1935.7.14~21)에서 규정한 '풍자적 태도'와도 모순되는 발언이다. 이에 대해서는 다음절에서 상술하기로 한다.

모양으로 되어있으나 각각의 삽화를 연결하는 데 인위적 수단만을 가질 뿐, 생활 속으로부터 우러난 이즘으로 구성되어 있지 않다는 점이 이 작품에서 예술적 기품과 '박진성'을 박탈하는 최대 요인이라고 보면서 '모랄의 획득은 이 작자의 장래를 좌우할 중대한 문제'라고 평가한다.

최재서는 소설가의 역할을 ① 카메라적 활동과 ② 카메라 감독적 활동으로 나누고, 전자에서는 개인과 무관한 객관성을 후자는 작가의 개성에 의거한다고 지적하고 있다. 그는 「천변풍경」에서는 후자의 활동 즉 작가 개성의 미비함을 지적하고 「날개」 평에서는 작품에 드러난 작가의 '개성'을 리얼리즘의 심화로 고평하고 있는데, 이를 통해 우리는 최재서가 이상의 작품을 카메라적 활동과 카메라 감독적 활동에 충실한 작품으로 인정함[128]을 알 수 있다.

그렇다면 '확대'와 '심화'가 의미하는 것은 무엇인가? 그것은 예술가가 대상을 볼 때 주관을 가하지 않고 대상을 보는 것을 '확대'로, 이에 더해 주관세계에까지 그 대상을 확대하여 기존에 볼 수 없었던 '작가의 개성'을 심화한 것을 '심화'로 규정했다고 할 수 있을 것이다. 그리고 이 때 '심화'는 '확대'를 통해 획득된다고 보았음을 알 수 있다. 따라서 최재서의 이 논의를 임화의 구분처럼 '세태'와 '내성'으로 구분한다거나, 이원조처럼 '내면적 리얼리즘', '외면적 리얼리즘'으로 구분[129]하는 것은 잘못된 것이다.

128) 이상의 「날개」에 대한 상대적인 고평은 이후 그의 「풍자문학론」을 통해서도 드러난다. 그는 현대와 같은 과도기에 예술가가 가질 수 있는 최후의 태도로 비평적 태도를 들고 이 비평적 태도를 표현하는 풍자문학이 시대에 적합하다는 논의를 전개하는 데 이 풍자 중에서도 작가 자의식의 산물인 자기 풍자를 가장 현대적인 것으로 평가하고 있다.

129) 이들은 최재서가 리얼리즘이라는 용어를 사용한다는 점에만 주목하였다. 임화는 이를 소설의 유형(내성과 세태)로 구분하는 데 이는 보다 유연한 개념이라 할 수 있다. 여기서 임화는 최재서가 분석하는 리얼리즘의 심화와 확대가 리얼리즘의 한 형태가 될 수 없다는 것을 간접적으로 암시하고 있기 때문이다. 그것은 유형에 불과하다고 보는 태도가 임화의 것이다. 이는 리얼리즘을 루카치적 입장에서

오히려 이 양자는 두가지로 구분되어 있지만 동시에 이루어짐으로써 리얼리즘의 개념을 새롭게 하는 것이어야 한다. 이런 기준에서 볼 때 「천변풍경」은 '개성의 부족'으로 「날개」는 '모랄의 부재'로 비판되는 것이다.

이는 그가 사숙한 서구 문예이론의 최신 흐름이라 할 '막시즘과 프로이디즘의 통합'으로서의 새로운 예술의 모색에 대한 비평적 대응물이라 할 수 있다. 이런 관점에서 본다면 기존 막시즘 문예학의 비평용어인 세계관, 현실, 전망 대신 그가 태도, 세계, 피안을 제시하고 있는 것은 막시즘적 해석틀을 프로이디즘적 용어와 절충[130)]하여 제시한 것으로 이해할 수 있을 것이다. 그러나 이 절충은 명확한 자기 입장의 표명이나 이론적 정밀화 없이 흐지부지된다.

한편 이런 절충적 태도는 상황의 변화에 따라 이론이나 방법론을 쉽게 취사선택할 수 있게 해준다. 심리학적 방법론이나 심리주의 소설의 경우, 최재서는 '프로이드적 리얼리즘'으로 고평하고 그 현대적 의의를 적극 강변했으나 1938년 이후에는 '행동의 요소가 없다는 점'[131)]을 이유로 비판하게 되며, 프로이드가 나치에 의해 구속(1938.3.17)된 소식을 전하면서 그는 '오늘의 世界情勢를 본다면 個人의 心理를 탐색하고 個人的 意識을 찬양한다는 것은 아무리 생각하여도 시대적인 것은 아닌 듯 싶다[132)]' 고 스스로 심리주의 문학에 대한 지지를 철회하게 된다. 헉슬리로 대표되는 '심리적 리얼리즘' 역시 '궁극에 있어 스켚티시즘'으로 화하게 된다는 점을 들어 비판[133)]한다. 결국 그는 최신의 서구 문예이론과 기존에 통용되던 사회

명확히 '예술 방법'으로 규정하고자 하는 임화의 입장과 시대의 양식, 시대사조로 파악하는 최재서의 입장이 구별되는 지점이기도 하다.

130) 최재서는 곧이어 신년 초에 있었던 한 좌담회에서 자신이 말한 리얼리즘이란 '프로이드적 리얼리즘'이라고 해명하고 있다. (문학좌담회, 『조선일보』, 1937.1.1)

131) 「비평과 모랄의 문제」, 『改造』, 1938.8.

132) 「현대 세계 문학의 동향」, 『조선일보』, 1938.4.22~24, 『최재서 평론집』, 377~378면.

주의적 인식론 중에서 장점만을 취해 가장 이상적이라고 할 방법론을 모색하였으나 단지 모색에 그치고 말았는데 그 이유는 각각의 방법이 내포하고 있는 인식론에 대한 깊이 있는 연구와 인식이 부족했기 때문이다. 따라서 이제 리얼리즘의 의미는 유물론 철학의 반영론(인식론)에 기반한 '방법'이 아니라, 기법 혹은 '진리 충실성'이라는 범상한 의미의 개념으로 전락한다.

이처럼 리얼리즘을 기법으로 인식하는 태도는, 일반적으로 모더니스트로 간주되는 프루스트나 조이스를 리얼리즘의 개념 하에 포괄할 수 있게 해준다. 이런 입장을 간략하게 보여주는 것은 「文藝隨感-斷想」(1938.11)이다. 이 글에서는 올다스 헉슬리의 「비극과 전체적 진리」가 간략하게 소개된다. 헉슬리에 의하면 문학의 진실에는 전체적 진실성과 부분적 진실성이 있다. 전체적 진실성이란 實인생에 충실한 영속적인 감동을 주는 것이고 부분적 진실이란 인간체험의 전체 중에서 한 요소만을 따다가 보여주는 것이다. 부분적 진실을 담고 있는 장르로는 비극이 있다. 최재서는 이에 덧붙여 "호머에 의하야 그 전형을 보여준 전체적 진실성의 문학은 불완전한 형식에 잇서서나마 영국 18세기 소설가 피-ㄹ딩의 작품가운데도 나타나 잇다. 그리고 우리가 주의하여야 할 것은 현대 소설이 이 방향을 쫓고 잇다는 점이다. 푸르-스트, D.H.로-렌스, 앙드레 지-드, 카프카, 헤밍웨이 그리고 이 논문의 필자 학스레이-현대 창작계를 대표하는 이들 작가가 그 스타일이나 모랄에 잇서서 서로 다르면서도 모도다 그 문학에 잇서서 전체적 진실성을 재현하랴고 노력하고 잇는 것은 우리들에게 깁흔 암시를 준다. 이것은 확실히 현대 리아리즘의 일면을 말하는 것이다[134]"라고 정리하고 있다.

---

133) 「비평과 모랄의 문제」, 『최재서 평론집』, 18면. 헉슬리의 소설과 비평에 대해서는 본 논문의 3장 (2)절의 2)항 서구 근대 장편소설 연구를 다루는 부분을 참고할 것.
134) 『비판』 69호, 1938.11, 83면.

이처럼 리얼리즘의 개념을 확대할 수 있는 이유는, 그가 방법으로서의 리얼리즘 인식론을 버리고 기법으로서의 리얼리즘을 추구했기 때문이다. '産業 技術이 世界文明을 變革식힌다는 것이 사실이라면 文學技術의 變化가 드디여 文學精神의 變化를 招致할 것은 疑心할 여지가 업다[135]'는 부분에서는 그가 기법에 얼마나 큰 의미를 부여하고 있는지 알 수 있다. 또한 이 논문에서 그는 '정신은 기교를 통해서만 표현된다'고 보고 그 예로 현대 문학이 영화적 수법을 차용함으로써 과거의 문학과 완전히 결별하였다는 사실을 든다. 이는 그가 처음부터 일관되게 취한 것으로서 기존 리얼리스트(특히 사회주의 리얼리스트)의 비속성과 감상주의를 비판하고자 의도한 것이기도 하다.

사회주의 리얼리즘의 비속성에 대한 비판은 「빈곤과 문학」(『조선일보』, 1937.2.27~3.3.)에서 읽을 수 있다. 여기서 최재서는 리얼리즘이 대세임을 인정하면서도 (사회주의)리얼리스트들이 실재성과 비속성을 혼동하고 있다고 판단한다. 작가는 빈곤을 문제삼을 수 있으나 그것이 단순히 소재에 그친다면 비속한 것 외에 아무것도 아니라는 것이다. 그는 '예술이란 그 재료의 여하를 불구하고 언제든지 고귀한 정신의 소산'이라 규정하고 또 이 고귀한 정신이란 형상화를 통해 드러나는 것이라 봄으로써 이들의 비속성에 대해 '앉은뱅이 문학'이라 혹평한 바 있다.

「센티멘탈론」(『조선일보』, 1937.10.3~8)에서도 '인생의 추학과 전율을 실재 이상으로 과장하고 떠들어 대는 리알리즘'을 어빙 배빗의 말을 빌어 '네발로 기어 다니는 낭만주의'라고 비판한다. 이 역시 사회주의 리얼리즘을 겨냥한 말인데, 이에 대해 '사회주의적 리알리즘을 표방하고 나선 작가나 비평가에게서 우리는 리알리스트가 리알리즘에 대해 센티멘탈리즘을

135) 「현대와 비평정신」, 『사해공론』 39호, 1938.7.

품고 있는 예를 볼 수 있다'고 보고 사회주의적 리얼리즘이 리얼리즘으로서 일정한 한계를 가지고 있다는 점을 무시하는 태도, 백사만물에 사회주의적 리얼리즘을 들추어대는 태도를 센티멘탈리스트로 규정한다.

최재서는 이처럼 형상화의 빈곤이 문제로 지적되는 조선에서, 현대문학의 흐름을 뒤쫓기 위해서는 무엇보다도 '문학기술'의 습득이 필요하다고 보았던 것이다. 위에서 현대문학이 영화적 수법의 차용을 통해 과거의 문학과 결별하였다고 평가하는 것도 이와 같은 의미로 해석할 수 있다. 영화적 기법을 일반적으로 이미지의 병치에 의한 새로운 언어규칙의 창출이라 해석[136]할 수 있다면 최재서는 이와 같은 다양한 실험을 통해 새로운 틀의 문학을 만들고자 했던 것이다. 이런 점에서 예술적 텍스트가 비예술적 텍스트에 비해 고도의 정보 포화도를 달성할 수 있는 까닭을 예술적 커뮤니케이션의 '모순된 상황'-합법칙적이면서 동시에 비법칙적이고, 예측될 수 있으면서 동시에 예측될 수 없다는-에서 유도하는 로트만[137]의 견해를, 최재서의 이해를 위해 제시할 수도 있을 것이다.

시를 소재로 리얼리즘을 논평한 「시단 전망」(『조선일보』, 1938.3.10~13, 3.15, 『동아일보』, 1938. 1.7, 3.25)에서 최재서는 1937년부터 1938년 봄까지 나온 시집들을 평가하면서, 기존 평단을 비판[138]하는 한편 이찬의 시집 『待望』을 중심으로 리얼리즘의 문제를 다룬다. 여기서 그는 리얼리즘을

136) 유리 로트만, 박현섭 역, 『영화기호학』, 민음사, 1994, 89~91면 참조.
137) 위의 책, 94면.
138) 이 논문에서 최재서는 1937년 겨울부터 시단이 전례 없는 활기를 띠고 있음을 두고 당대 평단에서 시의 부활 혹은 낭만정신의 부활로 보아 이를 '현실도피'로 지적한 점을 비판하고 있다. 오히려 이에 대해, 최재서는 '리얼리즘이라는 한 길만을 맹진하다가 절벽에 부딪친 문학 정신이 그 활로를 찾은 것'이라 고평하고 '문인이 내적으로나 외적으로 글을 쓸 수 없는 처지에 있어서 문학정신이 불사조와 같은 생명력을 가지고 시에로 소생한다는 것은 다름아니라, 생명의 힘과 아울러 미래의 약속을 幻視하는 것'이라고 긍정적으로 평가하고 있다.

'소설 수법으로서의 리얼리즘'[139]이라고 명시하고, 시와 산문을 나누어 합리주의 정신에 입각한 산문은 궁극적으로 리얼리즘을 지향하지만 시는 장르의 속성상 트리비알리즘으로 전락할 가능성이 많다고 보면서 그 예로 이찬의 위 시집을 들고 있다.

> 李燦의 『待望』을 읽을 때 우리는 詩에 있어서의 리알리즘의 길이 얼마나 곤난한가를 알 수 있다. 氏의 作品은 (중략) 테-마로 보더라도 浦口의 絶望과 不安, 漁場의 고역생활의 피로 또는 小市民의 自己憐憫 등을 취급한 作品이 많아서 讀者로 하여금 그 리알리스틱한 의도를 충분히 수긍케 한다. 그러나 그것만으로써 氏의 作品이 리알리스틱하다고 단정할 수는 없다. 오히려 그의 作品들 중 거이 전부가 트리비알리즘-쇄말주의에 화를 입고 있다. 평범한 기분의 동기라든가 일상생활의 쇄말한 거동을 고지식하게 묘사는 하였으나 대개는 外面묘사에 그치고 리알리즘에 필요한 강렬한 에스푸리를 보여 주지 못한다.[140]

여기서 '리알리즘에 필요한 강렬한 에스프리'가 무엇을 의미하는지 구체적으로 밝히고 있지는 않지만 이전의 논의와 연관지어 볼 때, 그것은 소재의 현실성과 형상화의 진정성으로서의 현실성이라고 할 것이다. 리얼리즘 소설에서 이는 전형의 형상화로 나타나는 것인데, 이에 대한 언급이 있어 주목된다. 연이어 임화의 『현해탄』을 평가하면서 그는 임화가 대망하는 '명일의 인간'이란 단지 '계급의 선수'일 뿐이라고 폄하한다.

> 그러나 명일의 인간이 어떠한 인간인가는 이 글만 가지고는 명료치 않다. 다만 르네쌍스의 전형적 인간이 그리스의 완성된 인간, 즉 조화된 인간이었음에 비하여 현대의 전형적 인간이란 잘해야 계급의 선수이지 그 이상 보편성은 가지지 못한다. 그이상 현대적 성격 안에 보편성을 구하려면 픽순의 허구성을 건드리게

139) 『최재서 평론집』, 435면.
140) 『최재서 평론집』, 436~437면.

> 되니 씨의 리알리즘이 문제가 되는 것은 이점에 있어서이다. 왜 그러냐 하면 씨는 이렇게 개성의 현대적 병환을 인정하면서도 보편성 있는 인간에게만 리알리티를 허여하려고 하니까.[141]

이는 임화의 사회주의 리얼리즘에서 요구하는 전형이 계급의 선수에 불과할 뿐이며 이 문제적 개인의 전망이 당대의 현대적 성격에 맞지 않는다는 점, 리알리티는 이런 인간에서만이 아니라 현대적 병환으로 물들어 있는 개성에도 존재한다는 지적이다. 즉 현대적 문제는 계급의 문제만이 아니라는 것이고, 병적 개성이나 자기 분열 등 심리적 사실을 포함하는 '확대'된 세계의 묘사하는 것이 리얼리즘이라는 것이며, 이 때 리얼리즘의 인식론은 유물론적 반영론이 아니라 '합리적 정신'을 의미하는 '산문정신'이라는 점이다. 이와 같은 그의 소론을 굳이 리얼리즘의 역사에 투영하여 평가한다면 이는 사회주의 리얼리즘 이전의 서구 사실주의 작가들인 플로베르, 발작, 모파상 등이 구현한 비판적 리얼리즘의 개념에 가깝다고 할 것이다. 그러나 최재서의 리얼리즘은 여기에 모더니즘적 기법을 무엇보다 중시한다는 점에서 19세기적 비판적 리얼리즘과도 구별된다.

이처럼 상이한 인식에도 불구하고 그가 리얼리즘이라는 용어를 사용한 것은 리얼리즘이 내포하는 모랄의 우위성 때문이었다. 그러나 이것은 사회의 도덕에 영향을 받을 수밖에 없는 개인도덕으로서의 모랄[142]이라는, 애매한 것이다. 이는 세계관이라는 개념이 갖는 철학적 깊이, 인식론, 역사의식에 비하여 부박한 것일 뿐 아니라 가변적일 수밖에 없다는 점에서 현실의 변화, 특히 가치의식의 변화에 민감한 개념일 수밖에 없다. 최재서는 결

141) 『최재서 평론집』, 438면.

142) 모랄과 모랄리티의 관계를 다루는 것으로는 이원조, 「교양론」(『문장』 1호, 1939.2)을 참조.

국 자신의 인식론적 토대를 명확히 하지 않고 '모랄'이라는 애매한 용어를 자신의 문학론의 핵심에 둠으로써, 이후 국책문학으로 나아갈 때 심각한 논리적 혼란을 겪지 않는다. 새로운 사회적 가치를 수용하는 모랄을 수립하면 되기 때문이다.

또 한가지 최재서의 리얼리즘론에서 특징적인 것은 그가 조선문단의 제 흐름이나 평단의 경향에 아직 둔감하다는 사실이다. 그리고 이것은 그가 자신의 리얼리즘을 조선문단에서 전파하는 데 실패한 이유이기도 하다. 가령 박태원의 경우를 보아도 그가 자신의 창작 방법론을 밝히고 있고[143], 여기서 자신이 채택하고 있는 소설 형식을 '심경소설'로 지칭[144]하는데 최재서는 이런 부분에 대한 언급이 전무하다. 또 시평에 있어서도 노천명을 외국의 여류시인에 비유한다거나[145], 조벽암의 시적 정서를 평하면서 외국 이론가의 개념에 의거한 '노스탤지어'로 분석하는 등[146], 당대 각 작가의

143) 박태원, 「표현 묘사 기교」, 『조선 중앙일보』, 1934.12.16~31.

144) 서준섭에 의하면, 이는 일종의 일인칭 소설로서 작가 자신의 생활과 그 심리적인 세계를 감각적이고 새로운 문체로 묘사하고자 하는 소설로, 객관세계 묘사보다는 객관화된 주관적 내면세계 표현에 치중하고, 삶의 총체성보다는 개별성 구현을 의도하고, 객관적 진실보다 주관적 진실을 추구하는 것인데, 이 심경소설은 주관적 세계에 칩거하던 화자가 위치를 바꾸어 외부세계의 관찰자로 나서게 될 때 그 주관적, 내면적 세계로부터 분리된, 객관적 세계를 묘사하는 도시 세태소설을 낳게된다. 서준섭, 앞의 책, 91~100면.

145) 그가 노천명과 비교한 여성은 영국의 여류시인 아리스 메이넬이다. 최재서는 1938년 11월 『三千里』에 '아리스 메이넬'의 시 네 편을 번역하였다. 4편 시의 세목은 「새벽에 밤이 부른 노래」, 「저녁에」, 「울타리」, 「斷念」등이다. 엘리스 마이넬의 시는 1930년대에 총 5편이 번역되었는데 최재서가 번역한 4편 외에 나머지 한편은 「밤에」라는 시이다. 이것은 1933년 10월 崔貞彬의 번역으로 『新家庭』지에 실렸다. 이에 대해서는 김병철, 『한국 근대 서양문학 이입사 연구』(을유문화사, 1980)를 참조. 당시 문단에서 아리스 메이넬 혹은 엘리스 마이넬이라 불린 여류 시인은 Alice Maynell(1847~1922)이다. 그녀는 영국의 시인이자 에세이 작가였다. 이태리에서 어린시절을 보내고 1972년 카톨릭으로 개종한 그녀는 이와 같은 종교적 변화를 시 속에 반영한 것으로 평가된다. 엘리스 메이넬에 대해서는 *Merriam-Webster's Encyclopedia of Literature*, Messachusetts: M-W.I.P., 1995를 참고하였다.

창작 경향이나 문단에서의 위치 혹은 각 작품과 이전 작품들과의 관계 등에 무지함을 드러내고 있다. 이는 최재서가 조선문단의 사정에 그리 밝지 못함을 드러내는 것이다.

비평론의 경우에도 마찬가지이다. 기존의 사회주의 리얼리즘의 구체적 논점을 직접 분석하지 못하고 간접적인 방식을 취한다거나, 서구 비평가의 권위를 빌어서 비판하는 점, 이들 논자들의 개념에 대한 깊이 있는 이해가 없다는 점, 조선에서 사회주의 리얼리즘이 논쟁을 통해 일정 정도 변모해 얻은 성과에 무지하다는 점 등이 그의 비평문에서 드러난다. 따라서 그는 이들과의 논쟁을 통해 자신의 문제의식을 공유할 수 없었다.

그러나 새로운 예술에 대한 최재서의 문제의식은 사회주의 진영 내부의 문제로 일정하게 수용되었다는 점에서는 상당한 성과를 낳았다고 볼 수 있다. 예컨대 최재서로 인해 빚어진 논쟁을 평가하는 자리에서 이원조[147]가, 리얼리즘의 현대적 성격이란 현실을 얼마나 자세하게 그렸나 하는 것이 아니라 그 현실 속에 사는 사람의 생활이 얼마나 진실하게 그려져 있느냐 하는 것이므로 李箱의 작품에도 현실 속에서 사는 사람의 생활이 진실하게 그려져 있다면 그것이 리얼리즘이라고 해도 결코 망발은 아닐 것이라고 평가하는 것을 그 예로 들 수 있을 것이다.

146) 「시단 전망」, 『조선일보』, 1938.3.10~13, 3.15, 『동아일보』, 1938.1.7, 3.25.
147) 이원조는 세계관과 방법론의 통일이란 눈에 보이는 대상, 주체와 객체와의 통일되는 그 모멘트가 가장 중요한 것인데 (최재서와 달리) 김용제나 한효는 리얼리즘이 문학의 대도임을 주장할 뿐이지 리얼리즘에 있어서의 진실이라는 것에 대해서는 아무 천명이 없다고 불만을 표시한다. 이원조, 「丁丑 1년간 문예계 총관–주류 탐색의 한 노정표로서」(『조광』 26호, 1937.2), 『이원조 문학 평론집』, 형설출판사, 1990, 366면.

(3) 현실탐구의 전범으로서의 풍자문학론

최재서의 리얼리즘론이 철학적 반영론이나 역사의식에 기반한 것이 아니라 대상을 대하는 태도와 기법에 주목한 것임은 이미 살펴보았다. 최재서가 리얼리즘의 기법 중에서 가장 높이 평가하고 있는 것은 '풍자'이다. 그것은 현대에 가장 적합한 기법이자 정신으로 간주되는데 이런 관점은 적어도 1930년대 말까지 그가 국책문학론으로 전환하기 전까지는 일관되게 유지하고 있는 것이란 점에서 중요하다.

그가 「천변풍경」과 「날개」를 통해 전개한 '객관적 태도로서의 리얼리즘론'이 그의 주지주의론을 작품에 적용한 것이었다면, 이에 대한 이론적 모색은 '풍자 문학론'으로 전개된다. 그는 헉슬리에 대해 지대한 관심을 기울였는데 그것은 헉슬리의 소설 창작태도가 '현대적'이라는 점, 지성적이라는 점 때문이었다. 이때 그 '현대성'과 '지성'의 핵심은 '풍자'의 정신에 있다. 그는 서구 작가들을 대상으로 한 소설연구에 착수할 때 헉슬리를 가장 먼저 그리고 가장 많이 다루었다. 헉슬리에 대한 관심은 「오올다쓰 학스레이론-현대 풍자정신의 발로」(『조선일보』, 1935.1.21), 「풍자문학론-문단 위기의 타개책으로서」(『조선일보』, 35.7.14~21), 「학슬리의 풍자소설」(『개조』, 1937.2), 「인테리 작가 학스레이」(『동아일보』, 38.2.4), 「현대소설 연구-A. 헉스레이 '포인드 가운터 포인트'」(『인문평론』 7호, 1940.4) 외에도 「비평가로서의 A.학슬리」와 「사상가로서의 학슬리」 등을 통해 발표[148]되었다.

---

148) 이 두 논문은 논문 말미에 『영문학 평론』에 실렸던 것을 김활이 번역한 것으로 밝히고 있으나, 정확한 게재 날짜를 아직 밝히지 못했다. 다만 「사상가로서의 헉슬리」의 脚註에서 '헉슬리의 <포인트 카운터 포인트>를 『인문평론』 2권 4호에서 상론한 바 있다'고 밝히고 있는 것으로 보아(『최재서 평론집』, 212면) 이 글이 1940년 4월 이후 발표되었음을 알 수 있을 뿐이다. 『최재서 평론집』(춘조사, 1961)에도 헉슬리에 관한 논문이 4편인 것을 보면, 그가 헉슬리에 대해 남다른 관심을 가졌음을 알 수 있다. 또한 이와 같은 일련의 글들을 통해 최재서가 그가 참고한 헉슬리의 서지사항을 자세히 밝히고 있다는 점도 특징적이다. 이에 대해

그밖에도 그는 「문예수감-단상」(『비판』 69호, 1938.11), 「장편소설과 단편소설」(『동아일보』, 1939.3.9~10) 등에서 헉슬리의 평론을 근거로 '문학적 진실'에 관한 논의를 전개하는 등 그의 소설과 평론에 깊이 공감하는 모습149)을 보인다.

이 중에서 「오올다쓰 학스레이론-현대 풍자정신의 발로」는 헉슬리에 대한 전반적인 소개이다. 이 글에서는 헉슬리의 가문과 학력, 사상적 영향 관계 등을 소개하고 있는데 이 소개 속에는 그가 헉슬리를 주목한 이유가 다음과 같이 드러난다. '소설가 평론가 겸 시인'인 헉슬리는 민중(영국 중산계급)의 위선을 고발하고 풍자함으로써 도리어 그들의 절망에 표현을 주는 작가라는 점, 또한 그가 자기가 증오하는 사회의 모든 추악한 현실을 폭로하고 묘사하는 데 정신을 집중한 작가라는 점이다. 즉 그는 전후 파괴와 허무와 절망기에 자기 내부 정신의 명령에 복종하기엔 주위 환경이 허락하지 않고, 그렇다고 자기 양심을 무시할 수도 없었기 때문에 '諷刺鬼'가 되었다는 것이다.

여기서 최재서가 인식하는 현대성과 그 현대에 대처하는 바람직한 작가의 모습을 헉슬리가 대변하고 있음을 알 수 있다. 즉 헉슬리는 분열과 혼돈, 절망할 수밖에 없는 현실을 외면하지 않은 작가라는 점, 또 그것에 표현을 부여하는 방법이, 사회주의 문예가들처럼 민중을 비속화 혹은 영웅시한다거나, 혹은 낭만주의자들의 방식처럼 절망에 빠져 감상주의로 흐른다

서는 본 논문의 3장의 2절을 참고할 것.

149) 그러나 최재서는 1938년에 이르면 헉슬리로 대표되는 '심리적 리얼리즘'이 '스켙티시즘'으로 나갈 수밖에 없다는 점에서 '지성의 한계'를 보여주는 것이라 비판하게 된다. 그리고 '풍자'에 대해서도 그것이 嘲笑的 認知를 벗어날 수 없다는 점에서 '사물을 있는 그대로 수용하는 태도'로 보고 비판한다. (최재서, 「비평과 모랄의 문제」, 『최재서 평론집』, 18~19면 참조) 다소 모순적으로 보이는 이와 같은 헉슬리 평가에 대해서는 3장 1)절 (1)항과 2)절 (2)항에서 상술하기로 한다.

거나 하지 않고, 현실 그 자체와 그 현실 속에서 허위의식에 잠겨있는 사람들 양자를 모두 풍자적 시선으로 바라보고 있다는 점에서 그렇다. 이처럼 최재서는 헉슬리를 현대의 전범이 되는 작가로 간주했다.

그가 헉슬리를 통해 분석하는 영국 사회에 대한 언급은 다소 M. 아놀드적이다. 최재서는 헉슬리의 말을 빌어, 당시 영국사회를 '창기와 같은 성공의 여신이 구 시대의 모든 인습과 결탁해서 대중을 표준화하고 있었다'고 보고 이 표준에서 벗어나 자기의 개성을 자각하고 있는 자들은 한없는 객담과 성적 유희 가운데 정력 낭비의 장소를 발견한다고 정리하는 데, 이는 문화의 속물주의(philistinism)와 지방주의(provincialism)를 전유럽적인 시야에서 비판하고 이것의 치유책으로 교양을 내세운 아놀드의 견해를 상기시킨다.

아놀드가 교양을 주장한 이유는 그 당시 저급한 자유주의와 편협한 무지가 사회의 무질서를 만들고 있음을 우려하였기 때문이다. 그는 사회의 무질서를 시정하기 위해서는 교양을 주장하는 길 밖에 없다고 생각[150]했다. 즉 아놀드는 당시 진보파라 할 '자유주의자들'의 이념과 그 실천을, 당대 영국이 도달한 물질적 성취에 대해 이들이 가지고 있던 자부심과 현실미화에 초점을 두어 비판[151]하고 있는 것이다. 아놀드는 당대 중간계급[152]의 이념적 기반인 공리주의가 이 계급의 속물성과 결부됨을 빗대어, 자신을 이들 중간계급의 도덕적 타락의 감염에서 초월할 특권을 가진 '초월주의자'로 표현했다.

최재서가 당시 영국 사회에 대해 '모든 난잡이 규율있는 평상생활 대신 들어선 사회'라 규정한 것은 바로 이와 같은 현실 인식에 기반한 것이다.

150) M.아놀드, 이형규 역, 『교양과 무질서』, 박영사, 1974, 4면.
151) 윤지관, 『근대사회의 교양과 비평-매슈 아놀드 연구』, 창작과비평사, 1995, 111면.
152) 아놀드와 최재서는 이를 '민중'으로 표현하였다.

그러나 이 역시 조선의 현실과는 거리가 있었던 것인데, 앞서 보았듯이 19세기 영국사회의 중산계급이 식민지에서 착취한 물질적 부를 공리주의 이념으로 합리화시키면서 정신적으로 타락해 가는 상황 자체가, 식민지였던 조선의 현실과는 한참 거리가 있는 것이었기 때문이다. 이는 어찌보면 당시 식민지에서 획득한 물질적 부를 누리고 있었던 일본 문단에 더 적합한 발언일 수도 있다. 앞서 언급했던 헉슬리를 다룬 논문 중 비중 있는 세 편의 글(「학슬리의 풍자소설」, 「비평가로서의 A.학슬리」, 「사상가로서의 학슬리」)을 모두 일본어로 쓰고 일본 학계에 발표한 것을 보면 그 역시 이런 의도를 갖고 있었던 것으로 보아도 무방할 것이다.

최재서는 이 논문에서 '대중'과 '민중'을 구분 없이 사용하고 있는데, 아놀드가 '영국의 중산계급'을 민중으로 지칭하고 있음을 볼 때, 최재서가 사용하는 '민중'이란 개념 역시 유물사관에 입각한 역사운동의 주체로서의 민중이 아니라는 점을 알 수 있다. 이는 그의 「문학 발견시대」(『조선일보』, 1934.11.21~29)를 통해서도 드러난 관점[153]이거니와 그가 민중과 지식인을 구분하는 기준은 교양과 지성의 소유 여부에 의한 것일 뿐이다. 그리고 이런 관점은 계속 변하지 않는 것이기도 하다. 이후에도 그는 민중적 현실이나 민중의 형상화에 대해 언급하면서 사회주의 문예론자들을 의식하여 '빈곤한 현실'과 관련지어 논하기도[154] 하였으나, 기본적으로 그가 민중과 지식인(문학자)를 구별하는 기준에는 변함이 없었다. 이 역시 아놀드의 영향이라 할 수 있을 것이다.

또 한 가지 특징적인 점은 헉슬리의 『연애 쌍곡선』(1928)을 분석하면서 작중인물을 통해 헉슬리의 개성을 밝혀낸다는 점이다.

---

153) 이에 대해서는 2장 1)절 (1)항에서 분석한 바 있다.

154) 「빈곤과 문학」, 『조선일보』, 1937.2.27~3.3.

> 이상에서 볼 때 헉슬리는 영리한 지력과 풍부한 교양을 가지고 있으면서도 하등의 이상실현도 허락치 않는 현실 세계 주위환경으로 말미암아 자기 분열을 지어내고 드디어는 그와 같은 세계에 분격하는 일청년으로 비친다. 그는 자신의 환멸의 복수를 위해 현대의 좌절과 타락과 절망을 대표하는 그와 동시대의 인물을 창조하여 이 사람들에게 가공없는 비판과 모멸을 퍼붓게 되었다. 풍자가로서 그는 볼텔보다는 스위프트와 많은 유사점을 가진다[155].

여기서 알 수 있는 것은 그가 헉슬리의 소설을 다루고 이를 분석하지만 기본적으로 그는 사상가 혹은 비평가로서의 헉슬리에 주목하고 있다는 점이다. 이후 최재서는 작품을 분석할 때[156]나 리얼리즘의 수법을 논할 때 헉슬리의 비평에 많이 의존하고 있는데, 여기서도 드러나는 것처럼 이는 그가 작가로서의 헉슬리보다 비평가로서의 헉슬리, 즉 헉슬리의 사상과 비평이 현대의 위기에 대처하는 능력에 더 주목하고 있음을 보여준다.

최재서의 「풍자문학론」은 풍자적 지성에 대한 공감 속에서 이를 조선문단의 현실에 적용하기 위해 심혈을 기울여 쓴 논문이다. 그는 먼저 조선문단의 분류 방식에 이의를 제기한다. 즉 일반적으로 조선문단을 국민주의 문학과 사회주의 문학으로 양분하는 데 이 이분법은 '중간적 존재를 허용하지 않는 대립적인 것'이기 때문에 다른 분류법이 필요하다는 것이다. 이는 이 양 경향 자체가 더 이상 조선문단에서 그 유효성을 상실했다는 판단에 기초한 발언이기도 하다. '둘밖에 없는데 둘을 제거하면 아무 것도 남지 않을 것'이라는 발언이 그 증거이다.

155) 「오올다쓰 학쓰리이론-현대 풍자정신의 발로」, 『조선일보』, 1935.1.27.

156) 「문예수감」(『비판』, 1938.11)에서 그는 헉슬리의 「비극과 진리」에 기반하여 김남천의 『대하』와 채만식의 소설들을 다루고 있다. 이에 대해서는 3장 2)에서 분석할 예정이다. 김윤식은 최재서의 「빈곤과 문학」(『조선일보』, 1937.2.27~3.3) 역시 헉슬리의 「문학에 있어서의 비속성」(Vulgarity in Literature, 1930)에서 그 발상과 논거를 잡고 있다고 밝힌다. (김윤식, 『한국 근대 문예비평사 연구』, 일지사, 1976, 252면.)

그는 이와 같은 분류방법이 또한 '내용과 사상'에 중점을 두었다는 점에서 잘못되었다고 본다. 이것은 지금까지 문학에 있어서 정치사상의 지위가 너무나 과대시 되었다는 문제를 드러내는 것이기도 하다. 그 원인에 대한 진단으로는 사회적 위기와 문학적 위기를 혼동해서 오는 문제라고 단정한다. 사회적 위기가 문학적 위기가 되려면 '모든 신념의 상실이 의식화'되어야 한다. 작가는 신념 없이 창작할 수 없기 때문에 신념이 없을 때 작가는 산란한 인상의 파편 속에 고민한다. 작가가 충분한 창작의사를 가지면서도 성실하게 창작 할 수 없는 모순상태가 바로 문학적 위기이다.

현재 조선의 상황이 바로 이와 같다는 것이 최재서의 진단이다. 그는 작가가 자기 자아 전체를 통일할 태도와 생활전체를 규율할 주의나 원리가 없는 '자아의 파산' 상태에 이르렀다고 본다. 또 이것은 사회적 위기에서 생기는 것이기 때문에 정치사상에 따라, 작품의 사상과 내용에 중점을 두는 대신 '작가의 태도와 기술'에 중점을 두는 방법이 합당한 것이라 본다.

그는 작가가 외부정세에 대해 어떤 태도를 취하느냐에 따라 수용적 태도, 거부적 태도, 비평적 태도[157]로 나눈다. 수용적 태도란 외부세계를 현재 상태에서 인정하는 것으로서 문학 창작에 가장 적절한 태도이나 현대 작가는 사회인으로 이런 태도를 취하기가 불가능할 것이라 본다. 부정적 태도는 현재 세계에 관심하기보다 '혹종의 신세계'를 건설함에 분망한 것

157) 김준오에 따르면, 최재서의 이와 같은 분류법은 버크의 장르체계와 유사하다. 버크는 수용(yes의 태도), 거부(no의 태도), 중간태도(maybe의 태도)에 따라 문학 장르들을 구분한다. 서사시, 비극, 유머, 카피다이엠형의 서정시 등이 수용의 장르이며, 만가, 풍자, 희문 등은 거부의 장르로, 괴기문학과 교훈 문학은 중간태도의 장르로 구분된다. (Kenneth Burke, *Terms for Order*, Indiana University Press, 1964, pp.79～94 참조) 김준오는, 최재서의 태도에 따른 문학의 분류가 이와 같은 장르 구분은 아니지만, 신념의 상실과 가치의 혼란인 과도기에 비평적 태도가 절실히 요청되듯이 풍자문학이 과도기에 가장 적절한 문학 형식으로 규정되었다는 점에서 최재서의 풍자문학론을 일종의 '발생론적 장르론'으로 본다. (김준오, 『한국 현대 장르 비평론』, 문학과지성사, 1993, 241면)

으로서 현 사회를 거부하는 외엔 그것에 대해 아무 관심이 없는 태도이다. 이는 건설적 태도로 보이지만, 억지로 건설적 태도를 취하려면 실재성의 일부분을 왜곡 내지 묵살할 수밖에 없으므로 양심 있는 작가로선 취할 수 없는 태도이다.

그가 긍정하는 것은 비평적 태도이다. 그는 이에 대해 '현대와 같은 과도기에 예술 작가가 가질 수 있는 최후의 태도'라고 그것을 고평한다. 이것은 입장을 '현재'에 두는 것이다. 그래서 목전의 사람과 제도를 비판의 도마에 올린다. 이 태도에 있는 작가는 '사회의 표면과 이면을 알고, 장래 사회를 그리기 보다 현실의 모든 결함과 악을 확대 적출 야유 매도'한다. 그래서 이 태도는 수용적 태도와 파괴적 태도의 중간에 개재하는 태도로 '소극적 파괴'라는 직능을 갖는다고 본다.

풍자문학이란 이 비평적 태도를 표현하는 문학이다. '전통을 수용할 수도 거부할 수도 없는 곤란한 시대'에 인간 예지가 할 수 있는 최고의 일은 '전통의 비평'에 있다고 최재서는 말한다. 최재서가 전통의 비평에 중점을 두는 이유는 잘못된 전통에 애착을 갖는다거나 맹목적으로 그것에 침전하려는 센티멘탈리즘적 태도를, 이지적 태도인 비판적 태도가 막아준다고 보기 때문이다. 즉 비평적 태도는 '정서의 왁진주사' 역할을 한다고 본다.

풍자 중에서도 가장 중요한 부분은 자기 풍자에 대한 것이다. 그는 현대인이 취할 태도는 우울의 길과 풍자의 길 두 가지가 있는데, 이중 풍자의 태도가 '실재감'을 준다고 평한다. 현대인은 '개성매도'에서 실재성을 발견하는 데 이 개성매도의 방법이 바로 풍자라는 것이다. 이 개성매도는 엘리어트, 헉슬리의 냉소적 지성을 말하는 것으로서 그가 주지주의론을 통해 도입한 것이기도 하다. 그는 루이스, 헉슬리, 엘리어트를 거론하면서 자기 풍자의 방식을 소개하고 윈담 루이스의 '자기 분열'론을 소개[158]한다.

루이스의 풍자문학론은 과학적 냉정성으로 인간을 보려는 지적 방법으로서 인간을 이상적 입장에 두지 않고, 하나의 괴뢰(puppet)로 보는 것이다. 루이스가 철두철미 풍자문학을 주장한 이유 중 하나는 인간을 불완전하고 추한 존재로 봄에 있고, 다른 하나는 현대라는 시대가 풍자가의 천국이라 보는데 있는데, 최재서의 풍자문학론은 루이스의 이론에 헉슬리적인 자기 풍자를 결합한 것이라고 평가[159]된다.

이와 같은 풍자 문학의 방법이 「날개」를 통해 작품 속에서 전개된 것은 이미 살펴본 바이다. 이를 원리로 하여 시작품을 분석한 것으로는 「현대시의 생리와 성격-장편시 <기상도>에 대한 소고찰」(『조선일보』, 1936.8.21～27)이다. 그는 김기림의 기상도에 대해 주제와 기교, 감각과 지성, 비애와 풍자의 관점에서 고찰한다. 이 중 풍자에 관한 고찰은 두 번째와 세 번째 항목에서 이루어진다.

그는 '시는 인습에 대한 영원한 반역'이라는 점에서 시 속에 새로운 인생관이나 철학이 없어도 새로운 감각만은 갖추어야 한다고 본다. 그는 김기림의 시 전반부는 풍자적이고 후반부는 감각적이라고 보는데 이에 대한 설명은 모호하다. 즉 풍자에 대한 설명과 적용보다도 그의 시적 감각이 이지적이라는 점에서 시인의 기교를 높이 평가하고 있을 뿐이다. 또 이 감각에 사상을 '고의로 혹은 무의식적으로' 기피함으로써 현대의 서사시가 되

---

158) 이에 대해 김준오는, 최재서의 풍자이론이 주로 윈담 루이스의 이론에 의존하고 있으면서도, 풍자란 '외부로부터의 접근'이라는 루이스의 정의를 간과한다고 보고, 최재서의 자기 풍자가 이런 '풍자적 투사'의 이론으로 기술되었다면 보다 타당성을 지닌 장르이론이 되었을 것이라 본다. 위의 책, 242면. 루이스의 풍자론은 '풍자적 투사'를 그 본질로 한다. 즉 타인의 악한 행동이나 어리석은 행동을 공격하는 행위는 바로 자신의 악행과 우행을 비판하는 행위가 된다는 것이다. 루이스의 풍자론에 대해서는 Paul Hernadi, 김준오 역, *Beyond Genre*, 문장사, 1983, 34면 참조.

159) 김윤식, 『한국 근대 문예비평사 연구』, 일지사, 1976, 250면.

지 못하고 '풍자적 내지 상징적 서정시'가 되고 말았다고 평가한다. 그는 '비애가 끝나는 곳에 풍자가 생긴다'고 보고 '이 시는 그 구상부터 풍자적'이라고 부언하고 있지만, 이와 같은 풍자시론은 그가 앞서 전개했던 객관적 태도로서의 풍자와는 거리가 있는 것이 사실이다. 또 이는 루이스가 말하는 '외적 풍자'나 헉슬리의 '자기 풍자'와도 거리가 있는 지적이다. 결국 <기상도>에서 그가 발견한 것은 풍자의 정신이라기보다는 새로운 이미지와 기교이다. 그리고 이는 그의 풍자문학론이 주로 소설에서의 객관성, 객관적 태도를 의미한다는 것은 말해주고 있다.

이상 그의 풍자문학론 속에 나타난 의미를 평가해 본다면, 먼저 새로운 '내면적 리얼리즘' 혹은 '프로이드적 리얼리즘'의 방법에 대한 이론적 의미 부여의 측면이다. 그가 「날개」를 통해서 보여주었던 인간 내면의 탐구란, 풍자문학론에서 현대인의 자기 분열에 따른 '자기 풍자'이다. 이것은 기존의 리얼리즘의 방법에 의해서는 드러낼 수 없었던 새로운 영역이었다. 이처럼 그가 풍자의 이론을 통해 이상 소설의 문학적 의미를 발견하고 그 현대적 의의를 높이 평가했다는 점은 풍자문학론의 가장 큰 성과라고 할 것이다.

그러나 헉슬리의 소개에서도 나타난 바 있듯이 그가 이론을 실제 비평에 적용하는 과정에서 아직 조선문단의 상황과 밀접하지 못하다는 점이 문제이다. 가령 김기림이 소위 '기교주의 논쟁'에 참여함으로써 임화, 박용철 등과 논전을 벌이고 이를 통해 상호 긍정적인 성과[160]를 낳았던 것에 비해 최재서의 경우 많은 비평가들이 논쟁적으로 평가했던 김기림의 <기상도>를 다루면서도 문단에서의 일반적인 평가나 논쟁의 내용을 전혀 반영하지

160) 이에 대해서는 서준섭, 『한국 모더니즘 문학 연구』, 일지사, 1988, 198~216면에서 상세한 설명과 해설을 볼 수 있다.

않고 있다. 김기림의 <기상도>에 대한 논의 외에도, 최재서를 발단으로 하여 카프파에 의해서 풍자문학론이 활발하게 전개되는 데[161], 이에 대해서도 그는 아무 반응을 보이지 않는다. 오직 그는 자기가 전개한 이론의 맥락에서 '센티멘탈리즘과 풍자'를 논하고 있을 뿐이다. 그러나 이 역시 외국 비평문에 의존한 것[162]이고 보면 아직 그가 조선 문단과의 거리를 좁하지 못하고 있음을 알 수 있다.

이는 조선의 문학적 현실, 전통에 대한 인식의 부족에서 오는 것이기도 하다. 가령 그가 풍자문학론을 논하면서 현재 가장 필요한 것은 '전통에 대한 풍자'라고 말하고 있으나 부정적인 것이든 긍정적인 것이든 그는 조선적 전통 즉 우리가 풍자해야할 우리의 전통에 대해서 언급하지 않는다. 오히려 이후 그가 조선 작가들을 다루면서 조선에는 계승해야 할 현대적 전통이 없다고 발언[163]하는 것을 보면, 여기서 그가 조선적 전통을 다르지 않은 이유를 미루어 짐작할 수도 있다. 즉 그는 여전히 전 세계적인 현대성의 위기와 이의 극복을 의식하고 있는 것이며 이에 대처하는 하나의 지적 방법으로서 풍자문학론을 제기하고 있는 것이다.

그러나 앞서 아놀드의 경우에서 살펴보았던 것처럼 최재서가 의거하고 있는 서구 지성-특히 영국-이 풍자의 대상으로 하고 있는 속물성이나, 비틀린 현실이란 모두 식민 종주국의 입장에서 근대적 부의 축적과 이의 산

161) 안중언, 「풍자문학론 비판」(『조선중앙일보』, 1935.8.7~11), 한식, 「풍자문학에 대하여」(『동아일보』, 1936.2.21~27), 이운곡, 「풍자문학의 길」(『동아일보』, 1937.7.10, 13,14), 이기영, 「모델과 풍자소설」(『동아일보』, 1938.10.2) 등을 예로 들 수 있다. 이 글의 내용에 대해서는 김준오, 앞의 책, 244~248면에서 자세한 설명을 볼 수 있다.

162) 「센티멘탈론」, 『조선일보』, 1937.10.3~8. 김흥규에 따르면, 이 논문은 리차즈의 『실제비평』(Practical Criticism) 제 6장을 첨삭한 것이라 할 만큼 전폭적으로 그에 의존하고 있는 논문이다. 김흥규, 「최재서 연구」, 『문학과 역사적 인간』, 창작과비평사, 1980, 312면.

163) 최재서, 「문학 작가 지성-조선적 작가와 지성」, 『동아일보』, 1938.4.20~23.

물인 과학주의, 물질주의의 폐해에서 기인한 문제이다. 따라서 그의 논의가 힘을 가지려면, 이 이론이 물적 정신적으로 착취당하고 의식의 왜곡 상태에 놓여있는 식민지 지식인과 식민지 민중의 뒤틀린 지성과 감성에 주목하여 응용될 때 가능할 것이다. 이런 점에서 볼 때 그의 논의가 여기서도 아직 이론적 수준에 머물러 있다는 점을 지적하지 않을 수 없다. 그가 이와 같은 한계를 극복하기 위해서는 오랜 기간 조선문단의 현실을 연구하고 그 안에서 활동해 온 여러 문인들과의 교류와 그들의 창작에 대한 세심한 이해의 과정이 필요했지만 이를 위해서는 몇 년의 시간이 더 필요했다.

3. 비평 개념의 확립과 새로운 이상의 모색

1) 주체 위기극복을 위한 모색

(1) 창작원리로서의 지성과 모랄

1937년 중일전쟁이 시작되었다. 전형기로 지칭되는 이 시기를 대표하는 말은 P.발레리의 '사실의 세기'일 것이다. 이 '사실의 세기'란 용어는 '질서의 세기'를 대체하고 등장한 새로운 시대를 암시하는 것이었다. 최재서는 이 시대를 '상식이 질서를 깨뜨리고 전진하며 행동이 지성을 박차고 나서는데 현세기의 감출 수 없는 풍모가 나타난다'고 보고 '사실이 자동적으로 질서를 파괴하고 행동이 고의로 질서를 멸시하는 세기에 있어 지식인은 어떤 태도를 취하며 어떤 역할을 스스로 가져야 할까?'라고 반문한다.

이처럼 「사실의 세기와 지식인」(『조선일보』, 1938.7.2)에는 더 이상 이론적 인식으로는 감당할 수 없는 현실적 고민이 스며 있다. 그는 이와 같은 시기에 지식인이 창조적 역할을 한다거나 지도성을 확립할 수 없다고 보았다. 창조란 반드시 개성과 시대가 행복하게 일치될 때 생긴다고 보았기 때문이다.

전반적으로 이 시기의 비평은 논리 정연한 과정을 보여주지 않는다. 최재서 역시 기존에 자신이 지녔던 신념과 현실의 괴리, 서구 사회의 몰락, 일본 사상계의 파시즘화 등을 거치면서 혼란을 겪는다. 이 시기에는 무엇이 진보이고 무엇이 보수인지를 판단할 수 있는 기준이 확실히 보이지 않았기 때문이다. 그만큼 전세계 지성이 탄압으로 위축되거나 혹은 적극적으로 파시즘화했던 위기의 시대였다.

마루야마 마사오(丸山眞男)에 따르면 사실의 인정이란 기존의 모든 가치나 사상의 패배를 의미한다. 기독교 신앙이라거나 마르크스주의 철학 등이 '보편자'로서 인간의 행동을 규율하고 가치평가를 하던 시대는 최재서의 분류에 따른다면 질서의 시대라 할 수 있다. 이 모든 보편자가 사라졌을 때, 혹은 존재해 왔다고 생각했던 믿음이 깨어졌을 때, 그 앞에 모습을 드러낸 것은 '어떤 해석이나 의견에도 끄떡도 하지 않는 事實의 절대성'164)이라 할 수 있다. 최재서가 직면한 현실, 그가 직면했다고 믿은 현실은 바로 이와 같은 상황이었다. 최재서는 이 때 조선의 현실에 좀 더 구체적으로 다가가려는 노력을 보인다. 이론과 논리로 사물의 질서를 해명할 수 없었기 때문에, 그의 말대로 사실에 직면하려는 노력이 없이는 발언할 수 없었기 때문이다. 이런 노력은 지성론과 모랄론, 소설론에서 큰 성과를 보인다. 앞 시기의 그가 이론가의 면모를 보인다면 이제 최재서는 조선 문단의 비평가로 자리잡는다.

---

164) 丸山眞男(마루야마 마사오), 김석근 역, 『일본의 사상』, 한길사, 1998, 194면.

최재서는 현실의 위기를 '모랄리티와 모랄의 분열'[165]에 있다고 진단한다. 이는 예술가가 가치체계를 주관적 개인이 아닌 외부에서 발견하는 것이 불가능한 시대에 처해 있다는 것이고 그 원인을 그는 '정치'에 있다고 본다. 최재서는 지성론과 모랄론을 내세워 이와 같은 '문화 단절'의 시대[166]를 헤쳐나가려 한다.

그는 「비평과 모랄의 문제」(『改造』, 1938.8)에서 지금까지 연구해 온 주지주의 이론을 총정리하면서 이들 이론가들에 대한 자신의 태도를 명확히 밝히고 있다. 그가 이들의 이론을 정리하는 기준은 '모랄'이다. 그는 모랄론의 시작을 리챠즈의 가치론에서 발견한다. 최재서는, 리챠즈의 "비평은 모랄을 가져야 한다"는 말이 '비평의 20세기적 전환을 선언한 것'이라 보았다. 그는 이를 칸트에 의해 의미부여된 미학에 대한 현세기의 부정이며 그 부정의 근거는 심리학이라 보았는데 그 이유를 두 가지로 설명한다. 하나는 오늘날의 심리학이 일상적 체험과 종류를 달리하는 미적 체험 혹은 미적 정서라는 것을 인정하지 않는다는 점이고 다른 하나는 미학이 주장하는 미적 예술의 절대적 가치의 옹호는 가치판단을 거부하는 것이 되기 때문에 심리학에 의해 배제되었다는 것이다.

주지주의 이론의 도입기에 최재서가 리챠즈에 공감한 것이 그의 '비행동적 행동으로서의 태도'이며 이것을 지식인이 취해야 할 지성의 내용[167]으로서 수용한 것이었다면, 이제 최재서는 태도론을 낳은 리챠즈의 방법론, 즉 심리학적 방법을 분석하고 비판한다. 심리학의 방법은 언어학과 함께 20세기의 새로운 과학으로서 소개되었고 최재서 역시 I.A.리챠즈, H.리드를 통해 문예학에 응용된 심리학적 방법론을 접한 바 있었다. 또한 그 역

165) 「비평과 모랄의 문제」, 『개조』, 1938.8.
166) 「사실의 세기와 지식인」, 『조선일보』, 1938.7.2.
167) 「현대적 지성에 관하여」, 『조선일보』, 1937.5.15~20.

시 심리학이 관념론 미학의 절대성을 부정하고 현대적 미학을 전개하는 데 선구적 역할을 하였다고 인정한 바 있다. 그러나 이제 심리학적 비평과 심리학적 소설은 그의 관심에서 멀어지는 데 그것은 이 방법론이 사회적 가치에 대해 일정한 거리를 가질 수 밖에 없다는 점, 즉 사회적 모랄을 수용할 수 없다는 점 때문이다.

이런 관점에서 최재서는 리쳐즈의 가치론을 비판하게 된다. 그는, 리쳐즈가 가치론에 있어 일체의 형이상학적 설명을 배척하고 그 근거를 개인 내부에 두어 모랄을 '순심리학적으로 규정'한다고 보고, 리쳐즈의 모랄론에는 인습적인 도덕론과 추상적인 윤리설이 전혀 없이 다만 개인 내부의 생활과 개인 대 개인의 생활에 있어서의 조직과 조정만이 문제되는 '편의적인 모랄론'이라 비판한다. 즉 그의 모랄론에는 행동의 요소가 전혀 없다는 점을 최재서는 이제 문제삼고 있다.

> 모랄은 결국 價値의 문제인데, 價値는 生의 自由와 充實로 向하는 衝動의 累進的組織에 의하여 얻어진다고 그는 말한다. 그러나 이와같이 하여 慾望이 심리의 내부에서 충족되어 정신이 평형상태를 유지하는 한도에서 그것은 行動에까지 발전하지는 않는다. 기회가 오면 곧 行動으로 나갈 준비는 되어 있지만 영구히 그러한 기회를 갖지 못하는 상태-그것이 충분히 발전한 인간의 심리상태이며, 또 그 특질에 있어서 藝術의 세계이다. 藝術의 세계는 想像作用의 활동으로 말미암아 모랄의 발생으로부터 성취까지의 全段階를 제시하지만, 다만 그것은 「행동에 나갈 적절한 기회」를 갖지 못한다는 점에서 실생활의 세계와는 판연히 구별된다. (중략) 여기서 우리는 리쳐-즈가 詩的 體驗의 價値와 日常的 體驗의 그것을 동일한 방법으로 취급한다고 말한 참된 의미를 이해할 수 있는 동시에, 그가 문학적 요소로서 想像作用을 가장 중요시하며, 특히 悲劇을 文學形式으로서 가장 높은 지위에 두는 동기도 알 수 있다.[168]

---

168) 「비평과 모랄의 문제」, 『최재서 평론집』, 17~18면.

리차즈의 '체험의 이론'은 W.제임스의 연상심리학과 J.듀이의 「체험으로서의 예술」(1934)에 기반한 것으로서 감각, 감정, 정서, 정조 등을 고정된 실체로 전제하는 능력 심리학이 아니라 그것의 연상을 바탕으로 하여 체계화한 심리학이다. 리쳐즈의 『문예비평의 원리』(1924)나 『시와 과학』(1926)은 모두 이에 바탕을 둔 것으로 지, 정, 의(知情意)를 구분하여 생각하는 전통적 심리학에 기초를 둔 칸트 이래의 능력 심리학을 비판하고 나온 것이다. 능력 심리학은 인간 능력의 최종 단위로서 감각, 지성, 감정을 가정하고, 그들을 다시 전화할 수 없는 실체처럼 취급하고 있어 그들 사이에 유기적 관계를 맺지 못한다. 예술적 체험과 생활 체험을 분리해서 생각하는 사상이 발생하는 곳은 바로 이 능력심리학에 근거한 것인데, 이에 비해 듀이의 연상 심리학은 양자 사이에 근본적 차이가 없음을 주장한 것[169]이다.

가치의 관점에서 볼 때 리처즈는 미적 경험의 특수성을 인정하지 않는데 그것은 그가 특별히 미적 충동인 것이 따로 있는 것이 아니라고 보기 때문이다. 충동들의 조화로운 변화, 충동들의 강도, 충동들의 자유로움 등은 미적 경험에만 있는 속성이 아니며, 다만 다른 형태의 경험에 비해 더욱 현저할 뿐이라는 것이다. 예술작품은 대부분 무질서한 상태인 충동에 질서를 부여하고 시석 경험은 여러 가지 관심들 간의 균형을 재구축한다. 예술은 두 가지 수단, 즉 배제와 포섭, 종합과 제거에 의해 충동을 조직화한다. 어떤 시작품은 일련의 충동들이 평행, 공존하도록 만들기도 하며, 어떤 경우에는 성격이 전혀 다르거나 모순되기조차 한 충동들이 함께 하도록 한다. 체계화의 과정을 거치면 더욱 안정된 성격을 지니게 되기 때문에 후자의 경우는 더 가치가 있다. 아리스토텔레스가 비극을 카타르시스 개념으

169) 김윤식, 『한국 근대문학 사상연구』 1, 일지사, 1984, 293~294면 참조.

로 분석한 방식과 흡사하게, 리차즈는 이런 견해를 발전시켜 비극에 더욱 높은 가치를 부여한다.[170)]

최재서가 여기서 시적 체험과 일상적 체험을 동일시하는 리쳐즈를 비판한 것은 그것이 행동으로 영원히 나갈 수 없는 평형 상태에 있다는 점에서이다. 이렇게 볼 때 위의 인용에서 최재서가 '예술의 세계가 실생활로 나갈 수 없다는 점에서 실생활의 세계와 구분'된다고 본 것은 실생활의 세계에서는 행동이 요구되고 있다는 최재서의 가치판단에 근거한 것이다. 따라서 리쳐즈가 주장한 충동의 평형에 의한 체험의 동일성 이론은 이 시기 최재서에게 무기력한 것이 된다.

이런 입장은 '심리적 리얼리즘'에도 동일하게 적용된다. 그는 헉슬리로 대표되는 심리적 리얼리즘이 '스켑티시즘'으로 나갈 수 밖에 없다는 점에서 '비평에 있어서 지성의 한계[171)]'를 발견한다. 그리고 이는 풍자의 영역, 즉 嘲笑的 認知를 벗어날 수 없다는 점에서 '사물을 있는 그대로 수용하는 태도'[172)]라 비판한다. 그는 불과 몇 년 전 「풍자문학론」에서 주장했던 '풍자적 지성'과 리쳐즈의 수용으로 표명되었던 '비행동적 행동'으로서의 지성 모두를 전적으로 부정[173)]하는 것이다.

---

170) Y. Basin, 오병남·윤자정 역, 『현대 예술 철학의 흐름』, 예전사, 1996, 72~73면.
171) 『최재서 평론집』, 18면.
172) 『최재서 평론집』, 19면.
173) 그러나 해방 후 그가 다시 서구 비평가의 이론을 재정리하여 자신의 관점에서 집필한 『문학원론』(춘조사, 1957)에서는 리쳐즈를 비롯하여 엘리어트 등의 이론이 다시 소생한다. 특히 연상심리학에 근거한 리쳐즈의 체험이론은 그의 생리학적 예술론의 근간이 되는 이론으로서 재음미된다. 김윤식은 이에 대해, 리쳐즈를 수용함으로써 '창작심리학을 과학적으로 탐구하고자 한 H.리드의 이론에서 최재서가 마침내 벗어'났다고 보았다. (김윤식, 『한국 근대문학 사상연구』 1, 일지사, 1984, 298면) 그리고 이는 그가 낭만주의적 유기체론, 생리학적 예술론을 벗어난 적이 없다는 논거로 제시되기도 한다.(『문학원론』의 생리학적 예술론에 관하여는 김윤식, 위의 책, 283~311면, '생리학적 예술론의 수준'을 참조할 것) 한편 이것은 그의 '친일'을 어쩔수 없는 상황 논리로 간주하는 논거이기도 하다.

이와 같은 비판의 근거는 리드에게서 마련된다. 최재서는 리드에 의거해, 비평은 문학이 가지는 도덕적 사회적 가치를 건전하게 보호하기 위해서, 또 비평이 인간실재 속에 지위를 확보하기 위해 모랄을 확립해야 한다고 전제하고 비평가의 가치의식이 모랄에까지 이르려면 도그마(신념의 결정이자 표백)로 합리화되어야 한다고 강변한다. 앞서 주지주의 이론의 소개 당시 최재서는 리드의 개성론에 주목하여 이를 상세히 소개[174]하였으나, 이제 그는 개성과 성격의 관계 특히 그 중에서도 성격에 주목한다. 이는 모랄에 대한 그의 강력한 열망의 표현이었다. 그는, 모랄이 '지성에 의한 가치의 직관적 파악'인데 이것은 개성과 성격의 종합에 의해서만 실현된다고 정리한 후, 비평가는 감수성에 따라서 작품을 감상하고 싶지만 그것의 허무함을 느낄 때, 과거를 반성하고 전진할 방향을 정하기 위해 정신적 도그마를 구하게 되며 이 때 모랄을 갈망하게 된다고 리드의 견해를 제

그의 국책문학론에 대해서는 후술할 것이나(4장 참조) 여기서는 그의 이론 자체가 절충적 성격을 지녔다는 점에 그 원인이 있다는 점만을 지적하고자 한다. 이는 명확한 정치적 입장을 통해 치열하게 사상논쟁을 하고 이 과정을 거쳐 대중을 끌어 모아 세력화해야 했던, 그래서 항상 자신의 이념적 정결성을 무엇보다 소중히 했던 문화운동가들과는 달리, 그는 학문의 영역에서 다양한 이론적, 지적 호기심을 충족시킨다거나, 학자적 엄밀성을 추구하는 것-가령 춘향전의 텍스트를 확정하는 문제(최재서, 「현대와 비평정신」, 『사해공론』 39, 1938.7, 98면)-등을 무엇보다 우선시하는 학자였다는 기질의 차이에서 오는 것일 수 있다. 그 역시 '호적 없는 외국문학 연구가들'을 혹독하게 비판하였음에도 불구하고(「문단우감」, 『조선일보』, 1936.4.24~29) 그에게는 이론의 논리적 정합성이 사신의 정치적 입장이나 생활 신조보다 우선시 되었던, 학자였던 것이다. 논리란 맞지 않으면 버리고 다시 새것을 추구하면 되는 것이다. 이러한 그의 학자적 기질은 당대에도 역시 지적되었다. 김우철(「작가가 본 평가-최재서」, 『풍림』 6집, 1937.5)은 문단에 한 개의 표석을 세우는 그의 '학자적 쎄스츄어'에 경건을 표하면서도 '그러나 한가지 그에게 不滿한 것은 자기가 서 있는 입장-주관, 인생관, 세계관-을 선명히 윤색하지 않고 어제는 「리아리즘」을 논하고 오늘은 「휴마니즘」에 관심을 갖이는 그의 태도에 대한 일종의 不安이다'라고 그의 '미온적 태도'에 일침을 가한다.

174) 「비평과 과학」(『조선일보』, 1934.8.31~9.7), 「현대 비평에 있어 개성의 문제」,(『英文學硏究』, 1936.4)

시한다.

> 모랄은 늘 主體와 客體, 感性과 知性, 情緖와 思想이 종합하는 곳에 성립한다. 價値는 外在的 일지라도 모랄 에이전트로서 그것을 체득하는 것은 個人으로서의 人間이기 때문이다. 批評家는 作品이 가지는 바 藝術的 傳達을 科學的으로 分析하는 것만으론 부족하다. 그는 그 作品이 속하여 있는 바 보다 넓은 에토스를 제시하는 동시에 또 그것을 행하는 정신적 영역도 명확히 제시하여야 한다. (중략) 또 그는 性格이라는 껍질 속에 갇혀있지 않고 늘 외부세계와 접촉하여 그 시대의 가장 좋은 思想을 섭취하여야 한다. (중략) 그리고 그의 사상은 사상 자체의 論理를 가지는 동시에 그와 병행하는 정서의 흐름이 수반되어야 한다. 사상은 언제나 그것에 수반하는 感受性과의 關聯에 의하여 테스트되며, 반대로 感受性은 사상과의 關聯에 의하여 합리화되어야 한다. 思想의 情緖的 理解, 價値의 直觀的 把握-이 속에서만 모랄은 실현된다.[175]

여기 인용된 것은 최재서가 정리한 리드의 견해이지만 그대로 최재서의 견해라 보아 무방할 정도로 이 때 최재서는 리드의 모랄론을 전적으로 수용한다. 개성과 성격, 주체와 객체, 정서와 사상의 종합에서 모랄이 성립한다는 말은 양자 중 어느 한쪽에 치우치지 않는 중립적 입장처럼 보이지만, 사실은 후자에 더 무게를 둔 발언이다. 리드에 대해, 모랄의 원칙론은 훌륭하지만 '도그마의 性質-모랄의 內容에 관해서는 아무 것도 제시하는 바가 없다[176]'고 불평하는 점이나, 현대사회에 모랄리티가 없기 때문에 모랄'론'이 왕성하다[177]고 보는 점, 스스로 행동하는 인간이 아니라는 점에서 윈담 루이스를 '나치스 친위대'로 규정[178]하는 점등을 통해 볼 때 그가 시대의

175) 『최재서 평론집』, 23~24면.
176) 「비평과 모랄의 문제」, 『최재서 평론집』, 24면.
177) 위의 논문, 24면.
178) 위의 논문, 26면.

사상과 이를 구현하는 성격, 이에 기반한 행동을 무엇보다 강조하고 있다는 것을 알 수 있기 때문이다.

그러나 시대적 사상을 명확히 규명할 수 없고 따라서 모랄 역시 단지 원칙으로서 제시되는 상황에서 '지성'의 중요성이 다시금 부각되는데 이 때의 지성은 '풍자적 지성'이나 '비행동적 행동'으로서의 지성이 아니라 모랄을 파악하는 도구로서의 지성이다.

그는 「작가와 모랄의 문제」(삼천리 문학 1, 1938.1)에서 이와 같은 지성의 필요성을 제기한다. 여기서 최재서는 '모랄은 정치의 개성화'라고 정의한다. 이 말은 '작가는 개성을 통해서만 모랄을 파악할 수 있고 개성 안에서 정치를 생각해야 한다. 모랄은 지성(직각적 이해력)으로써 파악할 수 있을 뿐, 이성으로써 추론하여 도달될 수 없다'는 것으로 설명된다. 즉 감정과 사상, 주관과 객관을 통일하는 것이 지성이라는 것이다. 이에 따라 그는 당대의 작가들을 모랄의 지향을 가진 작가와 모랄의 지향조차 없는 작가, 사상에 치우쳐 모랄 획득에 실패한 작가로 분류한다. 모랄의 지향조차 없는 작가란 '과거로, 자연으로, 신비로, 혹은 자기 자신의 무의식의 세계로 도피한' 자들로서 '로렌스와 牧歌와 동요와 심리 분석'으로 세력을 형성하는 작가군이다. 사상에 치우쳐 있는 작가는 좌익작가들이다. 이들에 대해 최재서는 그 '양심적 태도'를 인정하면서도 '정치학으로 달아난 자', '인간성을 반성할 흥미도 없이 단지 신념과 대중의 힘'만을 추구한 자들이라고 평가한다. 결국 이들 모두 모랄을 획득할 수 있는 지성을 결여하고 있다고 보는 것이다.

그렇다면 이 때 다시 '지성'의 내용을 문제삼을 수 있을 것이다. 지성은 무엇이며 어떻게 획득할 수 있는가? 당시 작가들 중에서 지성과 모랄을 가장 진지하게 추구하는 작가는 누구인가? 이에 대한 일정한 단서를 제공하는 것은 「문학, 작가, 지성-조선적 작가와 지성」(『동아일보』, 1938.4.20~23)이다. 이 논문의 서두에서 그는, 오랫동안 독자적 지성론을 구축하여 온 구라파 정신이 구속받는 마당에서 오늘날 작가는 무엇보다도 지성을 가질 것이 요구된다고 전제한 후 '조선에는 과연 지성을 가진 적이 있는가?'라고 질문한다. 이에 대한 대답은 예상대로 부정적이다. 그는 조선문학은 사상을 가져본 적도 그러한 노력을 한 적도 없다고 단언한다. 프로문학의 경우 '합리주의'와 '비평정신'을 견지하려 노력은 하였으나 그들의 합리주의는 '공식주의'였고 그들의 비평정신은 '개념의 우상 숭배'였다는 것이다. 또한 조선문학에 지성이 없다는 예로 그는 대표적인 조선 작가인 정지용과 이태준을 들어 설명한다. 정지용의 경우, 그의 시 가운데 '현대성'이 없다는 것에서 지성 결여를 발견한다. 이태준의 경우는 그가 그리는 작품의 세계가 '동양적 체관'을 그리는 '청결한 세계'에 머문다는 점에서 지성의 빈곤을 발견한다. 그는 이태준이 동방정취에 순절하기 위해 '외국종의 산문정신'을 버리려 한다고 비판한다.

> 오늘날 지성은 智力의 문제보다는 오히려 태도의 문제이다. 두분이 비상한 지력을 가지고도 드디어 그 문학에서 지성을 획득하지 못한 것은 일면으로 보면 너무도 조선적 전통에 충실하였든 때문이고 타면으로 보면 지적 노력이 부족하였다는 것으로 될 것이다. 정지용 씨가 그 시에서 좀 더 현대의식을 가지고 이태준 씨가 그 소설에 있어서 좀 더 현대적인 문제를 취급한다는 것은 결국 노력의 문제가 아닐까? 이런 점에 있어서 지적 노력-서구적 의미에 있어서의 교양은 우리 작가들의 당면한 가장 중요한 문제가 아니될 수 없다.[179]

정지용이 '의식'면에서 현대성이 부족하다는 것은 그가 결국 카토리시즘

---

179) 『최재서 평론집』, 311면.

으로 귀의했다는 사실을 근거로 한다. 최재서는 '예술에 있어서의 지성이란 자기 내부에 대한 가치 의식을 가지고 그 가치를 실현하기 위해 외부의 소재-언어와 이미지를 하나의 구도 하에 조직하고 통제하는 데서 표시된다[180]'고 보는데, 그가 추구하는 가치의식이 종교에 귀의한다는 점에서 부정적으로 평가하고 있다. 그래서 '두뇌의 시인'인 정지용은 그 才氣를 '유희에 낭비'하였다고 평가된다. 이태준의 경우 그가 취급하는 '문제(세계)'의 비합리성을 문제삼고 있다. 지성이란 '自와 他를 구별하여 양자를 비교 분석 판단 비평하는 데서 표현'되는데 이태준이 동양 전통에 머물러 있는 것은 '지적 노력'의 부족이라는 것이다.

최재서가 동양정취를 형상화하는 이태준을 비지성적이라고 보는 것[181]은 동양에는 합리주의적 전통이 없고 따라서 조선에는 계승할 전통이 없다는 인식의 표현[182]이다. 최재서에게 지성이란 일반적으로는 '합리적 정신'이며, 문학에 있어 그것은 '산문정신'이다. 일반적으로 이 산문정신은 리얼리즘의 정신[183]이며, 동시에 '현실에서 유리하고 현실을 몽상화하려는 로맨스의 정신과 대별되는 정신'[184]이다. 이는 당파성, 계급성으로서의 리얼

---

180) 위의 책, 308면.

181) 물론 이와 같은 인식은 최재서에게만 고유한 것은 아니었다. 가령 이원조 역시 동양문화의 근저에 지성이 빠졌다고 지적한 바 있다. (「조선적 교양과 교양인」, 『인문평론』 2호, 1939.11)

182) 이는 주지주의 소개 당시 최재서가 흄을 통해 보링거의 추상예술론을 수용하면서부터 일관된 태도이다. 흄은 보링거가 말하는 '추상에의 경향'이 나타나는 민족의 정신 상태를, '자연을 대하는 분리의 감정'이라 설명한 바 있다. 즉 동양사람들의 경우에는, 세계로부터의 분리감이 지식에 의해 제거되지 못하였기 때문에 세계에 대한 공포감을 없애지 못했고 여기서 자연을 딱딱한 추상적 형식으로 형상화하였다는 것이다. 이에 반해 서양의 경우 세계와의 부조화의 감정은 '어떤 증대된 지식(합리주의)'에 의해 파괴되었고 이에 따라 인간을 자연과 동일시하게 되고 자연이 자신의 감정에 응하는 것으로 인정하게 되었다는 것이다. 최재서 역시 흄에 동조함으로써 이와 같은 역사관을 공유하였다.(흄, 앞의 책, 82~84면 참조)

183) 「평론가 대 작가-산문정신과 리얼리즘」, 『조선일보』, 1938.1.1.

리즘을 주장해온 사회주의 리얼리즘에 대한 차별화이면서 동시에 리얼리즘적 산문의 정신을 서구의 근대정신 합리정신, 즉 19세기 부르주아 자본주의의 이념에서 찾는다는 점에서 그 뿌리를 달리하는 것이다. 또 이 점은 최재서가 의도하고 있는 것이기도 하다. 그가 세계관이라든가 현실 혹은 전망 등의 개념을 회피하고 지성과 모랄의 개념을 내세우고 있는 점은 그의 이런 의도를 반영하고 있다.

그러나 합리주의 정신, 산문정신, 혹은 리얼리즘 정신으로서의 지성이란 개념은 개성이라든가 상상력, 혹은 당파성이나 세계관 등 낭만주의문학자나 사회주의 예술가들의 창작 원리보다는 더 일반적이고 포괄적인 개념일 수밖에 없다. 이런 의미에서 지성은 서구적 교양과 등가의 개념이 될 수 있는 것이다. '교양'은 창작 과정의 핵심 원리라기보다는 창작 주체의 지적 소양에 가까운 개념이다. 임화의 말을 빌자면, 지식은 궁극에 있어 학문이지만 교양은 지성이기 때문이다.[185] 최재서는 지성과 모랄을 창작 과정의

184) 「소설과 민중」, 『동아일보』, 1939.11.7~12.

185) 임화, 「교양과 조선문단」(『인문평론』 2집, 1939.11) 임화는 최근 문단에서 교양문제가 제기되는 것에 대해, "당시 평자들이 이론 이외에 작품을 알려하지 않고 작가들은 객관성 이외의 주체성이란 것을 체득하고 있지 못했든 경향문학 말기의 정황으로 보아 너무나 지식적인데 대한 하나의 반성으로 제기된 것"이라고 본다. 그리고 그 근저에는 사회심리의 개성화에의 경향이 있다고 보았다. 또한 '경향 문학을 비지성적이라 평하는 오늘날'이라고 최재서를 겨냥하여 운을 떼면서, 경향문학을 반성적으로 평가한다. 즉 경향문학이 그 이식성 때문에 자기를 외래문화에 동화시켜버리려고 한 경향까지도 있었고 이에 따라 외래의 지식을 주체화, 개성화하지 못해 극도의 '지식적인 문학'이 되었다는 것이다. 그는 교양문제, 즉 지성의 문제는 '집단 대신 개성이 생의 단위가 된 시대에 적응한 성격의 이론'이고 이는 우리 사회나 문학이 한 번도 완전히 시민적이 되지 못했다는 특수성에 기인한 부족감의 충족이라 진단한다. 이와 같은 진단은 최재서의 지성론과 경향문학 비판의 긍정적 측면을 수용하고 있는 것이다. 그러나 임화는 "교양있는 작가란, 작가에 있어서의 지식이라는 게 항상 주체화되어야 한다는 의미에서 기다려지는 것이나 교양적인 문학이란 것, 다시 말하면 원만한 문학이란 것은 우리의 시대가 희망하지 아니할 지도 모른다"고 여운을 남기고 있다. 이것은 당대의 정황에서 지성적 문학이 의미하는 정치적 태도를 문제삼고 있는 것으

핵심 원리로 설정함으로써 개성론, 태도론, 계급론 등을 대신할 수 있는 새로운 리얼리즘 문학을 설정하려 하였다. 그리고 이의 토대가 되고 있는 것은 서구 문화 전통에 대한 교양과 근대 서구 사상의 핵심이라 할 합리적 정신이다. 그러나 이것은 창작의 주체가 갖추어야 할 소양의 문제에 머물 뿐 실제 창작과정에서 그것이 기능하는 과정에 대한 탐구로까지 연결되지 못했고 또 그렇게 할 수 없었다.

결국 지성과 모랄을 통해 그가 획득하고자 한 것은 비평의 판단적 기능의 회복, 즉 도그마의 비평이었는데 이는 「취미론」(『조선일보』, 1938.1.8~13)과 「교양의 정신」[186](『인문평론』 2호, 1939.11)을 통해 모색되었다. 그의 논의는 개성에서 모랄로 모랄에서 지성으로 여기서 다시 교양으로 귀결되는 모습을 보인다. 이는 순환적으로 되풀이되는데 그가 여기서 논의를 더 진전시킬만한 돌파구를 어디에서도 발견할 수 없었기 때문이다. 그래서 그는 다시 '민중의 발견[187]'으로 '모랄을 주체화하는 것으로서의 성격'[188]

로 볼 수 있다.

186) 이 평문에 대해서는 김윤식의 저서(『한국 근대 문학 사상연구』, 일지사, 1984)에서 자세한 해설을 읽을 수 있다.(247~251면) 한 편 이 평문에서는 괴테와 함께 토마스만이 언급되고 있는데, 독일시민 계급과 독일 파시즘의 관계는 일본파시즘과 또한 최재서의 문화론의 연구에 많은 시사점을 준다. 즉 이상주의적 전체주의의 성향을 갖는 혁명에 의한 사회개선(합리적 이성에 의한 직접적인 개선, 이는 구체적으로 프랑스 혁명을 지칭한다.)을 부정하고 그 대신 오직 개체의 개별적인 교양에 의해 간접적으로 사회 개선을 이룰 수 있다고 생각한 독일 교양시민 계급의 이념은 토마스만이 초기에 가졌던 문화이념이었다. 후에 토마스 만은 이 독일정신이 파시즘의 논리에 이용당하는 것을 거부하고 망명한 후 파시즘에 대항하여 싸웠으나, 최재서의 경우 이 시기 이와 같은 교양론을 수용하고 있는 것이다. 독일 파시즘에 대해서는 고규진 외, 『유럽의 파시즘-이데올로기와 문화-』(서울대 출판부, 2001)를 참조할 수 있다. 특히 이 책의 5장 '토마스만과 독일 교양 시민문화'에서 독일 교양시민 문화와 파시즘 이데올로기가 자세히 분석된다.

187) 「소설과 민중」, 『동아일보』, 1939.11.7~12.

188) 「성격에의 의욕-현대 작가의 집념」, 『인문평론』 창간호, 1939.10.

으로 이 모든 것의 근원이 되는 교양으로 회귀하였다. 이제 그가 할 수 있는 것은 소설론의 탐구를 통해 역사의 방향성을 모색하는 것뿐이었다.

그러나 최재서의 문제제기는 문단에 새로운 사고의 방식과 반성의 기회를 제공하였다. 임화는 최재서의 문제의식을 이어받아 이를 자신의 과거 문화활동의 연장선에서 심화시킨다. 따라서 이 시기 창작 과정에서 지성의 기능과 역할을 보다 치밀하게 검토하고 있는 것은 오히려 임화이다.

임화는 1938년 2월 「批評의 高度」를 , 4월에 「作家와 文學과 剩餘의 世界-특히 批評의 機能을 중심으로」를 발표[189]하였는데, 여기서 그는 최재서가 제기한 문제에 일정한 답을 하면서 최재서의 '도그마'(모랄)론과 '지성'론을 검토한다.

임화가 말하는 '비평의 고도'란, 창작이 현실에 대한 고도를 유지하면 족한 대신 '비평은 작품과 현실 양자에 대해 한가지로 고도를 유지하지 않으면 판단이 불가능하다'는 것을 전제하고 있다. 그는 비평적 판단이 작품과 현실을 관계시켜 해답을 끌어 낸다는 점에서 '어떤 문예비평이든 그것이 단순히 비평이란 조건만으로' 능히 정치적이고 사회적인 것이라고 본다. 따라서 작품에 대한 고도를 잃은 비평은 현실에 대한 고도를 잃은 것이 되고 그것은 '비평 본래의 기능을 잃은 것'이 된다. 마찬가지로 작품과 작가만을 아는 비평 역시 비판 받는다. 따라서 그는 현대 비평이 '비평이나 평론이라기보다 단순한 해석'[190]이 되었다고 본다. 이에 비하면 과거의 비평은 작품과 이론이 충분히 결합되지는 못하였으나 지금보다는 작품과

189) 『비판』, 1938.4. 後에 「意圖와 作品의 落差와 批評」으로 『문학의 논리』에 재수록 됨.

190) 이원조 역시 비평이 영도성을 상실한 후, 시대의 변화로 인해 문학을 영도하려는 시대의식이 退勢함으로써 비평은 고백적이 아니면 해설적인 것이 되었다(「비평정신의 상실과 논리의 획득」, 『인문평론』 창간호, 1939.10)고 지적한다. 이처럼 영도성(도그마)의 상실은 이 시기 모든 논자들의 관심사였다.

현실에 대해 훨씬 높은 고도를 지니고 있었다는 것이 임화의 주장이다. 따라서 '흔히 그 때를 공식의 횡행시대라고 하지만 (중략) 결코 책임은 공식에 있었던 것이 아니라 공식을 「도그마」적으로 사용했었던 때문'이라 지적하고 이제 다시 공식을 공식으로 살릴 수 있는 길을 탐구해야 한다고 주장[191]한다.

이는 최재서의 비평을 겨냥한 것인데 최재서가 사회주의 문예운동을 '계급주의'로, '네발로 기어 다니는 낭만주의'[192]로 혹은 '앉은뱅이 문학'[193]으로 비판하면서 정신적 도그마로서 '모랄'을 요청한 것에 대한 일종의 답변이라 할 수 있다. 즉 사회주의 문예운동의 정론성은 작품과 현실 양 측면에서 일정한 인식의 높이(고도)를 추구한 것으로 비평의 영도성을 소유했다는 점을 긍정적으로 평가하면서 오히려 해석에 머물러 있는 현대의 비평이 더 문제적임을 지적하고 있는 것이다. 해설적 비평이란 최재서가 행해 온 외국 문학이론의 소개와 적용을 말하는 것이다. 임화는 소개와 해설이 아니라 '수미일관한 체계'를 지닌 '철학적 문예학의 건설'을 주장한다. 즉 공식의 공식다움을 회복하는 것이 도그마의 수립보다 중요하다고 평가하는 것이다.

나아가 임화는 「의도와 작품의 낙차와 비평」에서 '지성'의 문제를 직접 다루고 있다. 그는 작품 내에서 지성의 영역에 해당하는 것과 직관의 영역에 해당하는 것을 구분한다. '지성의 한도 내에 있는 것'은 '작가의 의도'에 해당하는 것이다. 즉 인물 설정, 상황배치, 플롯 등 '창작 주체가 작품을 통하여 표현하려는 특정의 관념'이 바로 그것이다. 이에 반해 지성이 끝나는 곳에서 전개되는 감성계가 있는 데 이것은 작가의 지성이 채 지배해 버

191) 임화, 『문학의 논리』(학예사, 1940), 704면.
192) 「센티멘탈론」, 『조선일보』, 1937.10.3~8.
193) 「빈곤과 문학」, 『조선일보』, 1937.2.27~3.3.

리지 못한 감성계의 여백으로서 바로 '잉여물'이다. 임화는 이 잉여물이 작품과 작가를 갈라놓는다고 보는 데, 그 이유는 직관의 힘 때문이다.

임화는, 직관세계가 지성이 만들어진 애초의 근원임과 동시에 지성을 발달시키고 풍부히 해주고 또 그것을 부단히 갱신하는 활력소라고 본다. 인간의 지성이란 이미 인식된 직관의 결과, 감성계의 산물을 조직화한 것이고 직관의 손이 미치지 못하는 전체의 윤곽을 파악하는 직관 이상의 작용에까지 승화됨에 불구하고 다시 새로운 대상이 보낸 직관의 결과, 감성계의 변화로 와해된다는 것이다. 즉 감성계는 더 새롭고 지성계는 더 낡다는 시간의 차이를 갖게 되는 데 따라서 지성 중에서 의미된 내용은 이미 과거의 것으로 소멸된 감성계가 가져온 낡은 세계이고 감성계는 늘 지성 가운데 정착한 낡은 세계와는 판이한 생성의 신세계이다.

잉여의 영역은 작가가 아직 지성으로 정복하지 못한 영역이면서도 새 지성의 모태가 될 것으로서 그런 의미에서 작가의 지성과 정면으로 대립한다. 따라서 작가의 의도(지성)가 의식적이라면 잉여의 영역은 무의식적이다. 또한 의도가 작품 가운데 현실을 구성하는 '하나의 질서'라면, 잉여의 세계란 작품 중에 포함된 작가의 직관이 초래한 현실이 스스로 만들어 낸 '질서 자체'이다.

임화는 여기서 비평의 영역이 시작됨과 동시에 비평의 기능이 작용한다고 본다. 즉 비평이란 작가의 의도에 '反하는' 잉여 세계의 분석을 통해 작가의 의도를 '넘어서는' 비평세계를 건설한다는 것이다. 이것이 '발견과 새 가치를 창조하는' 비평의 기능이다. 그렇다면 작가의 의도가 의식하지 않고 직관으로 초래한 잉여의 세계, 만일 그것이 의식된다면 작가에 의해 부정될지 모를 새 세계를 작품으로부터 분리하여 그것의 독립적 가치를 승인하는 것은 어떻게 가능할 것인가? 그것은 비평가가 현실에 밀착함으로 가능하다고 본다. 그리고 이때 비평은 현실을 천착함으로써, 새로운 현실과 모순하는 낡은 지성의 무가치를 선언하고 그 와해를 촉진시킴으로써 새 현실에 적합한 지성을 형성하는 데 일조하는 것이라는 점에서, '가치있는 창조적 예술'이 된다.

최재서가 '문학기술의 변화가 문학정신의 변화를 초치[194]' 한다고 보았다면, 임화는 작품의 의도와 결과의 모순에서 새로운 사상이 발생한다고 보았다. 그리고 비평이란 작가가 이를 무의식중에 내적 대립과 모순을 통해 잉여물로 드러낼 때 이를 발견하여 사상의 수준으로 추동함으로써, 작가의 지성을 새 현실에 적합한 새 지성이 되도록 돕는 것이라고 보는 것이다. 이는 리얼리즘 미학에서 '세계관과 창작 방법의 모순'으로 혹은 '리얼리즘 창작 방법의 승리'라는 문제를 지성과 직관이라는 다소 베르그송적인 문제의식[195]을 가지고 설명한 것이다.

이와 같은 임화의 입장은 현실 속에서 상충하는 사상의 대립을 해명함과 동시에 그것이 부정적인 것만이 아니라 새로운 현실을 예비하는 것이라는 긍정적 해석을 가능하게 해준다. 그러나 임화는 이것을 '지성'의 승리가 아니라 아직 지성으로 체계화되지 않은 감성계(직관, 무의식)의 능력으로 보고 있다는 점에서 최재서와 차이가 있다. 이것은 임화가 당시의 지성론이 비판의식을 지니고 못하고 있다는 것을 사상(지성)의 형성원리를 제시함으로써 간접적으로 비판하고 있는 것이다. 실제로 당대 최고의 지성들이 파시즘에 투항하거나 이에 이론적 근거를 마련해 주는 일도 적지않았기 때문이다.

결국 임화와 최재서 양자 모두 '지성'과 '직관'을 통해 창작의 비밀을

---

194) 「현대와 비평정신」, 『사해공론』 39, 1939.7, 99면.
195) 이에 대해서는 2장의 1)-(2)의 ②를 참조할 것.

설명하고 있으나, 최재서가 지성, 전통, 교양, 기교 등 서구의 보주주의적 전통에 기대고 있었다면 임화는 지성을 존중하면서도 직관, 사상, 전망 등 진보주의적 전통에 서서 설명하고 있음을 알 수 있다. 최재서는 이제 본격적으로 교양의 문제를 검토함으로써 돌파구를 마련하고자 하였다.

(2) 이상의 상실과 문화주의-교양의 정신

교양의 문제는 최재서에게 새삼스러울 것이 없는 문제 중 하나였다. 그가 주지주의 이론으로 문단에 데뷔했을 때부터 서구 문학의 전통과 이에 대한 교양의 문제는 누차 강조되어 왔던 바이다. 그러나 이 시기 교양의 문제는 독일과 일본의 '문화주의'에 영향받은 바 크다는 점에서 주지주의 시기의 교양과는 함의를 달리한다.

일본에서 문화주의는 1910년대 말부터 1920년대 초에 걸쳐 크게 유행하는 말이 되었다. 이는 당대 독일 지식인의 가치 이념을 이입한 것이면서 동시에 일본지식인의 자율에 대한 이념이기도 했다. '교양' 계층으로서의 문화인, 즉 지식인이 만드는 문화를 기초로 한 문화 국가라는 이미지는 명치국가를 대신하는 새로운 시대의 이념이었다. 그러나 이는 커다란 반향을 부른 반면 곧 격렬한 비판을 받기도 했다. 민중의 대두를 배경으로 문화주의의 고답성, 관념론적 기반, 選良주의가 비판된 것이다. 그러나 문화의 정신적 가치와, 그 창조와 향수를 담당하는 자의 자격으로 간주된 '교양'의 관념은 문화주의 비판에 의해 상실되는 일 없이, 오히려 더 한층 일반화되어 보급되기에 이르렀다[196]. 이 문화주와 교양의 문제는 이 시기에 전체와 개인, 전체 속의 개인의 교양, 이를 통한 새로운 문화의 창조라는 문제의식

196) 미야카와 토루 외, 이수정 역, 『일본 근대철학사』, 생각의 나무, 2000, 296~297면.

과 함께 제출되었다는 점에서 문제적이다.

일찍이 최재서는 M.아놀드를 통해 '초월의 정신'을 논한 바[197] 있다. 아놀드의 초월의 정신이란 비평가가 당파적 실천적 목적에서 떠나 사물을 있는 그대로 보는 정신이란 의미를 지니고 있었다. 아놀드는 창작 과정보다도 시의 주제에 관심을 표명하였고, 시의 가치는 거기 표현된 인생관의 위대성에 의해 결정되는 것이라는 윤리적 문학관을 가지고 있었다.[198]이런 그의 사상이 잘 나타나 있는 것이 『교양과 무질서』이다. 최재서의 「취미론」과 「교양의 정신」의 논조는 여러모로 아놀드적[199]이라는 것이 중평이다. 그러나 그의 이론이 누구에 의거하는가를 규명하는 것보다 더 중요한 것은 왜 이 시점에서 최재서가 교양론을 발표하느냐를 밝히는 일일 것이다.

최재서의 「교양의 정신」은 『인문평론』 2호(1939년 11월)에 실린 논문이다. 『인문평론』은 2년 여의 준비 끝에 탄생한 잡지로 이를 위해 최재서는 1937년 5월부터 약 3개월 동안 동경에 머물면서 『文藝春秋』, 『改造』지의 편집진과 협의했다고 밝히고 있다.[200] 『인문평론』 창간호에는 최재서 외에도 서인식, 김기림, 이원조, 임화, 정래동, 박영희, 백철, 유진오 등 비평가와 이용악, 채만식, 안회남, 이효석, 이무영 등 당대 이름 있는 문인들을 거의 망라한 필진이 참여하였다.

제일 먼저 게재된 논문은 서인식의 「문화에 있어서의 전체」이다. 서인식

197) 「현대 비평의 성격」, 『영문학 연구』, 1937.4.
198) 최창호, 앞의 책, 20면.
199) 김흥규, 「최재서 연구」, 『문학과 역사적 인간』, 창작과비평사, 1980, 311면.
200) 「사변당초와 나」, 『인문평론』, 1940.7.
최재서는 이 글에서 '出版界의 새로운 知識을 求하러 그해(1937년이다-인용자) 五月에 渡東하여 八月末까지는 그곳에 있을 作定'(96면)이었으나, '歷史的 大事件'의 발발로 일정을 채우지 못하고 7월 25일 밤 歸鮮을 위해 동경역으로 나왔던 일(98면)을 회고하면서, 이 시기에 「문예춘추」, 「개조」의 편집인들과 회동했던 사실을 간략히 언급하고 있다.

은 당대 횡행하는 전체주의의 논리를 일본의 동아협동체 이념과 '대질'시킨다. 일본이 당면한 과제를 日滿支[201]를 一體로 한 동아협동체로 설정하고, 이 과제 수행에 필요한 지도원리로 전체주의가 설정되어 있다는 것이 서인식의 설명이다. 그는 이 전체주의가 <직분국가>라는 소수자 사관에 근거한 일종의 신분체제를 요구하는데, 이것은 한편으로는 개인 일반의 존재를 완전히 부정하는 반면 다른 한편으로는 특수 개인의 올마이티(전능성)을 긍정하는 모순적 원리라고 비판한다. 또 한가지 이것이 인종사관이며 민족적 쇼비니즘이라는 점에서 폐쇄적이라는 것 역시 비판된다. 따라서 서인식은 개인주의가 현대생활을 파탄시킨 책임은 있으나 그 역사적 공적은 평가해야 한다는 것과, 그 공적이란 개성과 인격의 가치를 발견하는 동시에 자발성과 책임감을 창조하였다는 것에 있다고 보았다.

그럼에도 불구하고 그는 '현대는 전체주의의 시대'라고 보기 때문에 장래할 전체주의는 개인주의를 기계론적으로 부정하는 것이 아니라 변증법적으로 지양해야 한다[202]고 당부한다. 즉 근대 개인주의나 현대의 전체주의가 모든 개성과 전체를 기계적으로 대립시키고 있다는 점에서 추상적이며 이점에서는 동일하다고 보고 이를 비판하는 형식을 취하고 있다. 따라

201) 이미 조선은 일본과 하나로 보아 조선에 대한 언급은 빠져있는 것이 일반적이다.

202) 서인식, 「문화에 있어서의 전체」, 『인문평론』 창간호, 1939.10, 11면. 여기서 서인식은 개인(부분)과 전체를 상관 개념으로 파악하면서, '多가 多로서 특수성을 유지하면서 그대로 곧 一이 될 수 있는 일종의 無的 普遍의 성격을 가진 세계, 이 세계는 무한대의 원과 같이 도처가 중심이 될 수 있다. 그것은 한말로 말하야 個가 곧 普遍이 될 수 있기 때문이다. 따라서 이러한 구조를 가진 세계에는 中心과 周邊이 있어가지고 支配와 隷屬의 關係를 形成하는 일이 생길 수 없다. 이러한 세계구조 안에서만 個人을 超越한 全體가 곧 個人에 內在할 수 있으며 民族을 超越한 世界가 곧 民族에 內在할 수 있는 것이다'(14면)라고 정리하는데 이는 니시다 기타로의 '無의 論理'를 그대로 인용하는 것에 다름 아니다. 니시다 기타로의 철학이 대동아공영권의 합리화임은 주지의 사실이다. 이에 대해서는 4장 2절 참조.

서 그는 전체주의에 개인성을 접목시키는 것, 즉 현대 전체주의, 특히 일본의 동아협동체에 인간적 향기를 가미하는 것을 목적으로 하는 데 이것은 당대 일본 지식인들의 일반적 경향과 같은 것이라 할 수 있다.

최재서의 「교양의 정신」은 이런 맥락에서 집필되었다. 이 논문이 실린 『인문평론』 2호의 특집은 바로 교양론이었다. 이에 대해서는 「卷頭言」에서 그 사정을 설명하고 있다. 권두언의 제목은 '문화인의 책무'인데 여기서는, 문화의 가치가 그 저항성에 있다는 것을 몰각해서는 안되지만 극단주의가 되어서는 안된다는 것, 문화는 결국 개개인의 주관을 떠나서 그 자체의 논리를 가지고 형성되고 발전되고 소멸된다는 것이 근래에 유행되는 사상임을 지적하고 있다. 또 문화 전체가 개인의 주견이나 희망에 따라서 일일이 좌우되지 않는 것이 사실인 동시에 그 문화는 그 문화권을 형성하는 개인의 질과 의사에 따라 결정된다는 것, 이같이 전체적인 문화의 운명에 대하여 개인의 책임과 운명에서 생각하는 것이 교양의 정신[203]이라고 본다. 이 글에서는 개인과 문화 전체의 문제를 '책임과 운명'으로 다룬다는 것이 강조되어 있다.

이처럼 최재서의 글로 추정되는 이 권두언에는 앞서 서인식이 제기한 문제를 연이어서 해명하고 있다. '현대는 무엇보다도 개개인의 교양이 문제되는 시대'[204]라는 말은 개인의 인권이라든가 개성의 중요성을 강조하는 말과는 거리가 멀다. 여기서 '현대'란 전체주의를 피할 수 없는 시대적 사명으로 받아들인 현대이며 또한 개개인의 교양, 역시 전체 속에서의 개인, 전체와의 조화를 도모하는 개인으로서 전체의 한 부분으로서의 개인의 의미이다. 이를 서인식은 '個人의 創意와 自由가 確立되는 데 依해서만

203) 「문화인의 책무」, 『인문평론』 2호, 1939년 11월, 3면.
204) 위의 글, 3면.

全體의 統一과 調和가 强化될 수 있으며 全體의 統一과 調和가 增進되는 데 依해서만 個人의 創意와 自由가 確保될 수 있을 것'[205]이라 설명하고 있다. 이것은 미키 키요시(三木清)의 협동주의 논리의 핵심이기도 하다.

프롤레타리아 문학에서의 개인의 발견이 넓은 의미의 전향문학 단계에서 나타났다는 일본 문단에서의 평가[206]와 마찬가지로 최재서가 여기서 '새삼 개성 문제를 들고 나온 것이 아니라, 개성 문제를 비로소 본격적으로 다루고자 했다'[207]는 것은 프롤레타리아 문학의 전향에 버금가는 의미를 지니고 있다.

『인문평론』 2호의 교양론 특집에는 총 5편의 논문이 제출되었다. 최재서의 「교양의 정신」이 선두이고, 「교양의 현대적 의의」(박치우), 「조선적 교양과 교양인」(이원조), 「구라파적 교양과 작가」(유진오), 「교양과 조선문단」(임화) 등이 그것이다.

제목에서 알 수 있듯이 이 중 최재서의 글은 총론에 해당하는 것이다. 이 글에서 최재서는 교양의 정신을 4가지로 설명한다. 첫째는 '고독의 정신으로서의 교양'이다. 고독의 정신이란 교양이 개성 내부에서 개발, 배양된다는 의미를 함축한다. 교양의 씨와 거름은 문화와 사회적 자극이지만 그것을 자신의 것으로 만드는 데는 오랜 고독의 시기가 필요하다는 것이

205) 『인문평론』 창간호, 1939.10, 12면.

206) 마루야마 마사오(丸山眞男), 김석근 역, 『일본의 사상』, 한길사, 1998, 174면.

207) 김윤식, 『한국 근대문학 사상 연구』 1, 일지사, 1984, 247면. 김윤식은 『인문평론』 2호의 권두언에서 <문학>이 아니라 <문화>를 문제삼았다는 것에 주목하여 이 문화란 것이 낭만주의가 표방하는 유기체(생명) 이론이라고 본다. 또 최재서가 리드를 소개할 당시 그의 개성론의 의의를 자각하지 못하였으나 이 시기에 이르러 리드의 주장에 자신을 세움으로써 최재서가 낭만주의(적 개성론으)로 회귀하였다고 본다. 그러나 낭만적 개성이 개성의 불가침적 절대성을 주장하는데 반하여 여기서 최재서가 다루고 있는 개성은 전체 문화와의 관계 속의 개성이라는 점에서, 표면적으로 드러나는 것은 '개성'이지만 이보다는 오히려 '사회', '전체'의 중요성을 강조하기 위한 것으로 보인다.

그 요지이다. 여기서 최재서는 괴테의 아포리즘을 인용한다.「개성은 고독 속에서 길러지고, 성격은 세류 속에서 형성된다」는 괴테의 말은 그의 인생의 중요한 시기마다 등장한다고 의미부여[208]된 바 있다. 최재서는 괴테의 말 중 개성의 양성이란 '말할 것도 없이 敎養'이며 따라서 교양은 집단적 생활과는 양립되기 어려운 성질을지고 있다[209]고 본다.

이런 맥락에서 토마스 만의 연설이 인용된다.「현대의 근본적인 문제가 무엇이냐 하면 고상하고 심원한 의미에 있어서의 克己와 個人的 責任과 그리고 個人的 奮鬪라는 의미에 있어서의 敎養에 대하여 아무것도 모르고, 그 대신 集團的 生活 가운데서 일신의 안심을 얻고자 하는 점이다.」이 연설의 인용된 맥락을 이해하기 위해서는 토마스만에 대한 보충설명이 필요하다. 개성과 성격에 대한 괴테의 말과 마찬가지로 토마스만 역시 각 시기별 그의 주요 논문에서 세 번 이상 등장한다.

「지성옹호」(1937)에서는 토마스만의 서한을 통해 몰락해 가는 서구적 지성의 옹호를 주장하고 그가 심혈을 기울여 쓴 논문「교양의 정신」에서 역시 괴테와 함께 토마스만을 언급한다. 장편소설 연구에서는 그의 가족사 연대기 소설 붓텐부르그 일가를 연구하였다.(「토마스만의 붓덴브로오크 일가-가족사 소설의 이념」,『인문평론』, 1940.2) 이외에도 그는「작가의 다양성-토마스 만의 작품에 나타난 연애」(『조선일보』, 1940.2.29일자) 와「작가의 운명관-토마스 만의 작품에 나타난 임종」(『조선일보』, 1940.3.2일) 등을 잇달아 발표하였다. 이는 그가 서구 장편소설 연구의 대상이었던 말로나

208) 위의 책, 248~249면. 김윤식은 이 구절이「현대 비평에서의 개성의 문제」(1936.4)와「현대 비평의 성격」(1937.4)에서 처음 등장한 후,「교양의 정신」을 통해 다시 언급되며『문학원론』에서 세 번째로 반복되고 있음을 지적하면서, 이 세 번의 시기가 최재서의 인생에 있어서 중요한 고비에 대응되는만큼 이 말이 최재서에게 '결정적 대목'이 됨을 지적한다.

209)『최재서 평론집』, 166면.

헉슬리보다 토마스 만의 소설에 더 관심을 기울였다는 사실을 보여준다. 그가 국책문학을 주장하면서 가장 앞에 내세운 개인주의·서구주의 비판의 대상이 된 것 역시 토마스 만[210]이었다.(「문학자와 세계관의 문제」, 『국민문학』, 1942.9) 여기서 그는 코스모폴리탄의 비국적성을 비판하면서 토마스만을 그 예로 들고 '이제부터 인류는 각자 특정한 국민적 세계관을 파악해야 한다'고 주장한다.

이는 그가 괴테와 함께 토마스 만을 대표적인 서구의 지성으로 간주하고 있음을 드러내고 있는 것이다. 그러나 최재서의 경로는 토마스만과 정반대의 방향으로 진행되었다는 데 역사의 아이러니가 있다. 토마스 만이 국수주의에서 자유주의 옹호로 방향전환을 하였다면, 그는 자유주의의의 옹호에서 시작해서 전체주의로 나가고 있는 것이다.

토마스 만은 1차대전때만 해도 보수민족주의자로서의 면모를 지니고 있었다. 1차 대전 당시 발표한 「어떤 비정치인의 고찰」이라는 에세이에서, 그는 민주공화주의 노선에 서 있는 소위 '문명인사'에 대항하여 독일적인 것의 옹호를 외치는 민족주의적 국수주의자의 성향을 보인다. 보수민족주의자로서 토마스 만이 파악하고 있는 독일의 정체성은 바로 독일의 시민성이었으며, 동시에 이와 동일한 의미를 지니면서 민족이 당위적으로 실현해야 할 과제인 교양 시민문화였다. 이 시민성과 교양은 다시 계몽주의 시대

210) 그가 토마스만에 특별히 주목한 이유가 있을 것이다. 당시 일본은 독일과는 동맹국이었고 영, 미와는 전쟁을 수행하고 있었다. 상식적으로 본다면 그는 영미의 문학가를 비판의 대상으로 해야 마땅할 것이다. 토마스만이 비록 미국으로 망명하여 나치즘 비판의 선봉에 섰다 하더라도 굳이 그가 비판의 대상이 될 이유로는 충분치 않다. 한가지 가능한 추측은 다음과 같은 것이다. 그가 서구의 지성 옹호를 소개할 당시 그가 길게 인용하며 예로 든 것이 토마스 만이었기 때문에 자기 자신의 논리의 일관성을 위해 토마스만을 다시 비판의 대상으로 세웠을 가능성이다. 또 다른 가능성은 당시 독일 문단에서 토마스만을 비판의 대상으로 했을 것이고 이를 일본 문단에서 수용했을 가능성이다. 그러나 이것도 충분한 해명이 될 수는 없을 것이다. 이는 향후 연구해 볼 문제로 남겨둘 수밖에 없다.

의 레싱으로부터 오늘날의 하버마스에 이르기까지 독일 시민계급의 독특한 성향으로 진술되고 있는 윤리성으로 표현되는데, 토마스 만은 이 윤리성을 수단으로 하여 교양시민 문화의 비정치성을 강조하는 한편 정치참여를 주장하는 '문명인사'를 비판한다.

독일시민 계급 윤리의 비정치적 정치성이란 18세기말 프랑스 혁명에 대한 독일의 평가와 수용에서 표현된 것이다. 독일 시민계급은 프랑스 혁명으로 대변되는 합리적 이성에 따른 정치적 변화의 시도가 결국 이상주의적 전체주의에 빠져 개인에 대한 테러리즘으로 타락하였다고 판단하였고 그 결과 '이상주의적 전체주의'의 성향을 갖는 혁명에 의한 사회 개선을 부정하였다. 대신 그들은 오직 개체의 개별적인 교양에 의해 간접적으로 사회의 개선을 이룰 수 있다고 생각한다. 즉 혁명을 통한 사회의 개선은 그 사회와 정치의 주체인 개체의 자기 소외로 인해 결코 실현될 수 없다는 것이, 정치를 교양으로 대체한 교양 담론의 기본틀을 이룬다.

토마스만 역시 「전쟁중의 사색」에서 정치와 윤리라는 이분법적 대립쌍을 통해 독일적 특수성을 규정하려 시도한다. 그것은 문명과 문화를 대립적인 개념으로 정의하는 것으로 시도되었다. 즉 문명은 프랑스적이고 이성적이되 정치적이며 수사적(rhetorisch)인 본질을 갖는 것으로, 문화는 독일적 비합리주의적이며 윤리적이고 인본적인 것으로 정의된다. 이처럼 정치에 대한 반감은 서구 민주주의에 대한 거부와 직결되고 있다. 대신 정치의 반대 극으로서 토마스 만이 제시하는 윤리성은 오직 개체의 차원에서 실현되는 것으로, 이 개체 윤리는 그 개체가 속한 사회 영역에서 개체가 실현해야 하는 노동 윤리 내지 행위의 철저성만을 그 내용으로 소유하는데 이를 그는 '태도윤리'와 '복종윤리'로 설명한다. 그리고 이는 히틀러의 국가사회주의 이데올로기와 일체성을 지닌다[211]

최재서가 인용하고 있는 토마스만의 연설의 출처를 확인하지는 못하였으나 위의 인용에서 표현되는 '극기'와 '개인적 책임', '개인적 분투'는 개인적 자유가 허용되지 않는 사회에서 강조된다는 점에서 초월성을 의미한다. 이 초월성은 이미 아놀드적인 초연성과는 달리 역설적 의미에서 정치적인 것 혹은 정치적으로 이용되고 있는 것이며 또한 이것은 신칸트철학의 문화론과 독일 교양시민계급의 보수성에 연결[212]되는 것이다. 최재서 역시 교양의 정신을 '초월의 정신'[213]으로 규정한다. 이 초월성은 '현실 생활에 대해 초월하는 태도'이자 실리관념을 떠나는 것으로 '문화를 목적으로 추구하는 것'으로 설명된다. 여기서 최재서는 아놀드의 교양론을 거론하면서, 교양의 목표는 '사회적 유용성과는 딴문제'라고 못박는다.

또한 교양의 정신은 '일반적인 것'이며 '포용적인 것'이다. 최재서는 교양의 정신이 관용의 정신이며 이 때 중요한 것은 '교양의 다양성'과 '신념의 통일성'을 양립시키는 것이라고 본다. 신념이 없는 교양은 천박하고 교양이 없는 신념은 편협하다고 보기 때문이다. 이 점에서 「교양의 정신」은 미키 키요시(三木清)의 「교양론」[214]과 비교할 수 있다. 미키 키요시[215]는

211) 토마스만과 독일 교양 시민문화에 대해서는 고규진 외, 『유럽의 파시즘』, 서울대 출판부, 2001, 127~138면 참조.

212) 헤겔의 법철학에 따르면 교양의 정치적 기능은 주관적 의지를 객관성으로 변화시키는 데 있었다. 여기서 객관성이란 윤리의 이념적 현실화, 즉 국가를 의미한다. 이로써 교양이란 개체가 자신을 국민으로 해방하는 실천적인 과정을 의미한다. 따라서 교양이란 헤겔에게는 국가에 대한 주체의 당위적인 순응의 과정이다. 스스로를 교양하는 개체는 시민의 의무에 대한 이성의 통찰에서 필연적으로 국가의 일원이 되어야 하기 때문이다. 시대적 배경에서 볼 때 이러한 교양론은 실제로 봉건국가로 존재했던 프로이센에 대한 합리화이며, 이 때 교양과 시민의 무의식은 복종의 다른 이름일 뿐이었다. 독일 교양시민 계급의 보수주의로의 경도는 이처럼 헤겔의 교양 개념에 의해 이론적으로 준비되어 있었다. (위의 책, 143~144면)

213) 『최재서 평론집』, 167면.

214) 三木清, 「教養論」, 『學問と人生』, 東京: 中央公論社, 昭和 17(1942) 이 책에는 「교양론」 외에도 「세스토프적 불안에 대하여」, 「행동적 인간에 대하여」 등 총 13편

'인테리겐차가 사회적 정치적 관심을 잃고, 대중으로부터 유리되어 자기 자신으로 퇴각하였을 때, 거기서 자기의 특수한 문제로서 보기 시작한 것이 교양'[216]이라 보고, 교양에 있어 중요한 것은 그 지도적 이념이라고 단언한다.

일찍이 대정시대에 교양이라는 말이 유행했을 때 동시에 표어가 되었던 것은, 문화라 하는 다른 하나의 말이었다. 게다가 이 경우, 문화는 문명이라는 것과 구별되었을 뿐만 아니라, 또 특별히 정치와 대립시켰다. 예컨대 당시 역사학의 이념으로서 정치사나 문화사라는 것이 문제로 되었으며, 정치사를 물리치고 문화사를 탐구한다는 것이 새로운 경향이었다는 사실을 나는 상기하는 것이다. 교양이라 하여도 어떤 것이나 다 교양으로 생각되었던 것이 아니라. 문명적인 것, 즉 기술이나 과학에 관한 것은 폄하되고, 목표로 된 것은 주로 정신적 문화, 특히 철학과 예술이고, 그 즈음 정치에 관한 사항은 의식적으로 배제되었던 것이다. 이것을 다시 계보를 소급하여 생각하여 보면, 이러한 문화라든가 교양이라든가의 이념은 특히 도이치적인 것이고 이 도이치적 이념은 계몽사상의 극복이라 불리는 입장과 밀접하게 관련되어 있다. 계몽사상이라는 것은 17세기의, 영국과 프랑스에서 꽃피운 근대적 사상이지만, 그것은 이들 나라에서 본질적으로는 정치적 성격을 지니고 있다. 계몽은 무엇보다도 정치적 계몽을 의미하며, 모든 계몽은 정치적 목적에 봉사해야 하는 것이었다. 이러한 계몽에 대항하는 교양은, 정치에 대항하는 문화와 근본적으로 관련되어 있다. 거기서 교양이란 말이 그 역사적 함

의 평문이 실려 있는데, 교양론은 소화 11년(1936년)에 발표된 것으로 명기되어 있다.

215) 미키 키요시(三木淸)는 신칸트주의의 영향을 받은 철학자로 자유주의 좌파의 사상적 입장을 보인 것으로 평가된다. 그러나 중일 전쟁을 계기로 자유주의에서 후퇴하여 개인보다 전체의 이익을 강조하기 시작했으며, 이것을 기존의 억압적 전체주의와 구별되는 협동주의로 명명하였다. 다른 전향자들과는 달리 미키 키요시는 자신의 철학적 신념에 따라 전향했다는 점에서 주목된다.
미키 키요시에 대해서는 미야카와 토루, 아라카와 이쿠오 엮음, 이수정 옮김, 『일본 근대 철학사』, (생각의 나무, 2001)와 함동주, 「중일 전쟁과 미키 키요시(三木淸)의 동아 협동체론」(『동양사학연구』 56, 1996)을 참조하였다.

216) 三木淸, 앞의 논문, 48면.

> 축에 있어서, 따라서 또 그 감정적 가치에 있어서, 정치적 계몽 혹은 정치적 교양에 대하여 저절로 반발할 것은 분명할 것이다. 오늘날 인테리겐차의 정치적 관심의 쇠약이 언급되는 때, 교양이라는 말이 하나의 유행어로서 나타날 수 있었던 것도 우연은 아닐 것이라고 생각된다.217)

위 인용에서 미키 키요시가 교양론이 대두된 사회적 환경을 독일과 일본의 경우를 예로 들어 설명하고 있는 부분이 토마스만의 경우처럼 근대 계몽사상의 배격으로 정리된다는 점에서 두 사람 모두 동일한 논지를 전개하고 있다는 사실을 알 수 있다. 최재서가 처한 현실 또한 마찬가지였다. 그는 문화나 교양의 이념이 계몽사상의 극복에서 성립된다는 점에서 그것의 비정치성을 설명하고 있는 데, 이것이 표명하고 있는 의미와는 달리 그 자체가 지극히 정치적이라는 점에 역사의 아이러니가 있다. 토마스만의 경우에서 알 수 있듯이 이 비정치성은 민주주의와 혁명에 대한 거부로, 민족의 역사와 전통을 이상화하는 전통적 민족주의로 발전하여 독일 파시즘의 이론적 토대가 되었기 때문이다.

미키 키요시는 이어서 '일정의 문화 이념'과 인간의 이상을 가지지 않은 교양은 단지 박식에 그치며 이는 역사적 상대주의로 빠지게 된다고 전제하고 '평형론'을 제시하면서 한편으로는 이를 비판한다. 이 평형론이란 오늘날 일본 인텔리겐차의 교양이 몹시 서양적이기 때문에 이 과도함에 대응하기 위해 일본의 전통적 문화에 관한 교양을 쌓음으로써 평형을 도모하자는 것이다. 그러나 이는 생산적 이론이 될 수 없다는 점에서 비판된다. 여기서 그가 비판하는 것은 이와 같은 '평형론'이 함의하고 있는 정치적 성격이라는 점에서 일본주의로의 위험을 암시하고 있는 듯하다.

그러나 미키 키요시 자신도 곧 이어 협동주의218)사상을 전개했다는 점

217) 위의 논문, 49~51면.

을 고려하면 그가 말하는 '일정한 문화 이념'이라는 것이 무엇을 의미하는지 문제삼지 않을 수 없다. 최재서가 말하는 교양과 신념의 관계 역시 마찬가지이다. 최재서가 이 평문을 읽었는지는 확인할 수 없지만 교양의 정신이 비평의 정신이며, 교양의 다양성과 신념의 통일성을 추구해야 한다는 그의 주장 속에서 미키 키요시의 평론과 유사성을 찾을 수 있다.

2) 소설양식의 탐구와 서사성의 추구

(1) 소설론과 리얼리즘

최재서의 소설 양식론은 과거의 문학 전반에 대한 비판의 의미를 담고 있다. 즉 기존의 사회주의 리얼리즘 소설의 비속성과 감상주의, 또 한편 현실성이 결여된 경박한 모더니즘 문학 양자에 대한 새로운 문학적 대안의 모색이란 의미를 담고 있는 것이다. 그러나 이와 같은 문제의식은 점차 새로운 현실의 모색이라는 실제적인 문제의식과 맞물리게 되면서 변모하게 된다. 중편소설에서 장편소설론으로 여기서 다시 서사시 지향으로 나아가는 것이 그것이다.

중편소설론은 1937년에 제시되었다. 이는 당대의 문단에 대한 문제의식과 고민 속에서 제시된 것으로 당대 사회주의 문예에서 주장했던 사회 역사적 장르비평과는 구별되는 장르인식을 보여주는 글이다. 한편 장편소설에 대한 연구는 범위를 넓혀서 서구의 대표적 소설가들에 대한 본격적 연구를 통해 조심스럽게 진행된다. 이렇게 범위를 확대한 것은 자신의 논지에 일반성을 부여하려는 노력으로 볼 수 있는 데, 이는 이론적 연구라 할 「서사시, 로만스, 소설」로 귀결된다. 여기서 최재서는 루카치가 사용했던

218) 이에 대해서는 4장에서 후술할 예정임.

역사적 장르비평을 원용하면서도 루카치의 해석과는 다른 방식으로 역사적 전망을 설정한다. 이 장에서는 문단의 현실적 문제 의식에서 야기된 소설 양식의 탐구가 시간이 흐름에 따라 서사시 이론으로 나아가는 논리적 과정을 분석하려 한다.

일찍이 최재서가 「날개」와 「천변풍경」을 논하면서 새로운 리얼리즘론을 전개한 것, 또 이러한 '객관적 태도로서의 리얼리즘'에 부합하는 문학 양식으로서 '풍자문학론'을 전개한 것 모두 넓게 보아 소설 양식에 대한 문제 제기라 할 수 있다. 또한 그가 사회주의 리얼리즘 소설의 비속성(Vulgarity)과 감상주의(Sentimentalism)가 이들 문학의 내용우위·사상우위에서 기인한다고 비판하고 이의 극복을 주장한 것은, 새로운 소설 양식에 대한 탐색을 암시하는 것이라 볼 수 있다. 즉 내용이나 사상이 아닌 태도와 기법으로서의 리얼리즘을 모색하는 것은 새로운 소설의 내적 형식을 탐색하는 과정이라 볼 수 있기 때문이다.

이와 같은 관심은 일찍이 「중편소설에 대하여-그 양과 질적 개념에 관한 시고」(『조선일보』, 1937.1.29~2.3)에서 전개된 바 있다. 여기서 최재서는 영국에는 없지만 불란서와 일본에는 존재하는 장르인 중편소설이 조선에서도 발표되고 있다는 점 때문에, 그리고 이러한 경향이 문학적 감수성의 측면에서 바람직한 현상이라는 사실 때문에 중편소설 옹호론을 펼친다. 그는 중편이 장편도 아니고 단편도 아닌 중간적 형태로 양적으로 보아 잡지 3회분 50페이지 이상(원고지 180매에서 300매 정도의 길이를 가진 것)이라고 규정한다. 그의 중편에 대한 관심은 당시 문단에서 장편과 중편의 구별이 애매하게 처리되고 있다는 사실에 대한 불만도 그 원인이 되었다.

다음으로 문제의 中篇이나 그 칭호에 있어 아직도 엄밀한 규정이 없는 모양이다 『朝光』에 실리는 朱耀燮 氏의 『未完成』은 처음 몇회는 中篇이라 하였드니 금년 정월호부터는 장편소설이라고 개칭하였다. 그리고 嚴興燮 氏의 『情熱記』도 중도에 몇번씩 칭호가 달라졌다. 그러나 대강 3회 이상 계속되는 作品을 中篇이라고 부르는 모양이다. 예를 들면 朴泰遠 氏의 『川邊風景』은 三回 완결 五十七페이지였다. 그 중에서 삽화를 뺀다면 五十二,三페이지 될 것이다. 中篇小說로선 좀 빈약한 분량이라 하겠다. 二十페이지 전후가 短篇의 본격인 현상에 있어서 六十페이지 전후로부터 八十페이지 전후까지를 中篇으로 친다면 短篇 分量의 三회 내지 五회가 되니 적당한 기준이 될가 한다[219].

여기서 알 수 있는 것은 우리 문단에도 일본 문단의 영향으로 '중편소설'이라는 형식이 도입되었으나 아직 그것의 명확한 규정이 없다는 점, 중편이 단편도 아니고 장편도 아니라는 점은 그 나름의 독자적 미학이 있을 법한데 작가나 작품을 싣는 측 모두 이에 대한 자각 없이 그 용어를 사용하고 있다는 점이다. 그의 문제의식은 이와 같은 '현상'에 논리를 부여하고자 하는 욕망에서 시작되었다.

최재서는 우선 중편의 '질적 특징'을 단편과 장편의 특성을 통해 간접적인 방식으로 규정한다. 그의 견해에 따르면, 단편은 단일한 기분 정서 관념 혹은 인생관의 한 단면 등을 긴밀한 수법으로 표현하는 것이다. 그러나 환경의 세밀한 제시, 성격 발전에 대한 묘사, 사건과 갈등에 대한 분석, 인생관이나 사회적 주장의 표출 등을 자유롭게 할 수 없는 약점이 있다.

이와 반대로 장편은 인물의 성격과 사건의 추이를 전체적으로 추구하고 묘사함으로써 스페이스와 노력을 필요로 할 뿐 아니라 더구나 소설의 내용을 끝까지 이끌고 가기 위해서는 독자들의 관심과 흥미를 고려하지 않을 수 없다고 본다. '短篇이 作家 자신의 小說이라면 長篇은 讀者 大衆의 小說'이기 때문이다. 따라서 그는, 작가가 장편을 기도할 때 외부적 고려가

219) 『최재서 평론집』, 342면.

우선적이기 때문에 그 자신의 '藝術的 센시비리티'를 손상하는 경우가 많다고 평가한다.

이처럼 최재서의 중편소설론은 단편소설과 장편소설의 문제성에 대한 대타적 인식에서 비롯된 것[220]이고 이런 점에서 그의 한계를 지적할 수 있을 것[221]이다. 그러나 보다 중요한 것은 최재서가 중편 양식을 우리 문단 혹은 우리 작가들이 처한 현실적 조건을 고려하여 설정하고 있다는 점이다. 최재서는 그동안 우리 문단에서 '단편으론 처리할 수 없는 재료를 억지로 단편에 짜놓은 작품'이 많았다는 점, 즉 '長篇小說의 概要나 備忘錄에 지나지 못하는 미숙하고 무리한 작품이 제법 단편의 명칭을 가지고 통용'되었던 조건이 있었다는 점을 지적[222]한다. 그것은 저널리즘이 작가들

220) 권영민, 「최재서와 소설 장르론의 한계」, 『한국 민족문학론 연구』, 민음사, 1988, 346면. 최재서 역시 '중편소설은 결국 중간적 존재에 지나지 못하니 그 성질이 모호하지 않을 수 없다. 作家들이 어떠한 의도를 가지고 이 形式을 이용하며 또 독자들이 어떠한 태도로써 이 形式을 대접할는지 전연 장래에 속한 일이다.'(『최재서 평론집』, 345면)고 함으로써 그 절충성을 시인하고 있다.

221) 권영민은 최재서의 단편소설에 대한 논의가 애드가 알렌 포우(Edgar Allan Poe)의 견해에 기대어 있는데 '효과의 단일성'이라는 단편소설의 본질에 대한 규정 자체의 편협성 때문에 최재서의 논리가 실제 작품 분석에서 제대로 적용되지 못한다고 비판한다. 최재서가 「단편작가로서의 이태준」(『조광』, 1937.11)에서 이태준을 비판하는 내용이 그가 설정하는 단편의 본질과 일치하지 않는다는 것인데, 그래서 권영민은 최재서의 단편소설론이 단편의 특질을 해명하기 위한 것이라기보다는 그 장르적 한계를 지적하는 것으로 일관되었다고 비판한다. 위의 논문, 346~347면 참조.

222) 이와 같은 지적은 당대 다른 비평가들에게서도 찾아볼 수 있다. 예를 들어 임화는 「단편소설의 특성-9월 창작평에 대신함」(『인문평론』, 창간호, 1939.10)에서 김남천의 「어머니」(『농업조선』, 1939.9)를 평하면서, '이 소설들에서 취급된 사건과 설립된 주제는 장편이라야 능히 소화할 내용들이 대부분'이라 평하고 그 이유에 대해 '이는 조선의 장편소설이 발달치 아니하고 단편소설에도 순문학의 모든 과제를 부과하는 데서 오는 모순이거니와, 또 한편으로는 조선 현대문학의 긴 전통인 교훈적 정론적 내용을 직접으로 단편소설에서 해결코자 하는 데서 오는 결과'라고 설명한다. 또 같은 글에서 임화는 최정희의 「地脈」(『문장』, 1939.9)에 대해서도, 쓰기에 따라서는 장편도 단편도 될 작품인데, 소설적 사건이 중층적으로 疊積한 이런 작품은 암만 늘이고 또 줄여도 장편도 단편도 안되는 종류

에게 단편 이상의 지면을 제공하지 않았기 때문이었는데 최근에는 발표기관이 다소 정비되었다고 본다.

이것이 외적 장애였다면 보다 중요한 것은 내적인 조건일 터인데 그는 이것을 역시 단편과 장편을 생산할 수 있는 작가적 조건에서 구한다. 그는 조선의 현상태에서는 '短篇이 그 본령으로써 요구하는 人生의 觀照라든가 心境의 透視'가 현재 우리 처지에 그리 적합치 않다는 점을 지적하는 한편, 장편 창작을 위해서는 인물이나 사건이나 암시되는 삽화를 철저히 추구하고 묘사하는 것이 필요한데 이를 위해서는 '작가의 기술이나 인생관의 원숙함'이 필요하다는 점을 지적한다.

단편이 요구하는 인생의 관조나 심경의 투시가 현재 우리에게 그리 적합치 않다는 말은, 조선의 사회적 현실이 그러하다는 것이 아니라 그것을 창조할 수 있는 작가적 역량이 부족하다는 지적이다. 이것은 그가 1937년까지 전개했던 작가론 혹은 작품론[223]을 통해 간접적으로 확인해 볼 수 있다. 장편이 요구하는 기술적 인생관적 원숙함의 문제 역시 우리 작가적 역량이 그에 미치지 못하고 있다는 평가라 할 수 있다. 역량의 결여는 흥미위주의 상업주의와 쉽게 결탁할 수밖에 없는데, 이런 점에서 현재의 조건을 고려할 때 최선의 양식은 중편소설이라고 최재서는 보고 있는 것이다. 최재서가 중편소설에서 일종의 '타협정신'이 나타나 있다고 본 이유는 여기에 있었다. 그리고 이 문제는 다시 현대성과 현실성의 문제로 귀결된다.

의 것이라 혹평한다. 문학적 현상에 대한 지적은 동일하나 임화는 이를 조선소설사의 관점에서 분석하는 한편 이를 내용의 문제로 접근하는 점에서 최재서와 차이를 보인다.

223) 그의 「<천변풍경>과 <날개>에 관하여」(『조선일보』, 1936.10.3-11.7)를 비롯하여 「단편작가로서의 이태준」(『조광』, 1937.11), 「斷層파의 심리주의적 경향」(『조광』. 1937.1) 등을 참고할 것.

> 그러면 우리는 중편소설 가운데서 어떠한 것을 조화시킬 것인가? 스토오리의 흥미와 성격의 진실성을 조화시키는 것도 중대한 임무이다. 나는 여기서 現實性과 現代性의 조화를 말하고 싶다. **現實 가운데서 現代性을 보지 못한다는 것은 모순에 틀림이 없으나 그것은 사실이다.** 더욱이 現代에 있어서 그러하다. 現實性이란 과거의 유물이고 작일의 연장이다. 現代性이란 늘 명일을 암시하고 있다. 현 사회 생활에 있어 현실성이 늘 다대수의 생활을 지배하고 현대성은 (그 참된 의미에 있어서) 극소수인의 생활을 지배하고 있음은 사실이다. 이것은 保守的 精神과 進步的 精神과의 관계에 비교될 것이다. 현실성은 개성적이고 안정적이니 만큼 작가로서 포착하기 쉽고 또 사회인 대다수의 기질에 부합되니 독자의 흥미를 끌기도 쉬울 것이다. 大衆小說家가 늘 비속한 現實性에만 부심하는 것은 이 까닭이다. 그러나 作家가 만일 現實性에서만 국척한다면 드디어 그의 예술은 고갈할 것이다. 그와 반대로 현대성만을 추구하는 작가가 자칫하면 浮華한 모더니스트가 될 것도 명백한 사실이다. **현실을 이해하고 그에 대한 일종의 비판으로서 현대성을 창조할 때 그것은 비로서 實驗的인 藝術이 될 수 있다.**[224](강조-인용자)

이에 따르면 원칙적으로 단편소설이 구현하는 것은 '현대성'이며 장편이 구현하는 것은 '현실성'이다. 그것은 또한 여기서 '진보적 정신'과 '보수적 정신'으로 표현된다. 그러나 진보와 보수가 의미하는 것이 정치적 의미를 갖는 것이 아님은 명백하다. 여기서 최재서는 '현대성' 혹은 '진보적 정신'에 대한 명확한 규정 대신 '명일을 암시하는 것'이라고 설명하고 있을 뿐이다. 단편소설에서 구현되는 현대성이 진보적인 까닭은 '극소수 人'만이 생활 속에서 느낄 수 있는 내일에 대한 암시이기 때문이다. 이 미래는 현실 가운데서 볼 수 있어야 하지만, 현재로선 그럴 수 없는 것이며, '현실을 이해하고 그에 대한 일종의 비판으로서'만 드러날 수 있는 것이라 본다.

현실 가운데서 현대성을 보지 못한다는 것은 조선의 현실이 현대성을 구현할 물적 조건을 갖추지 못한 데서 기인한 것으로 해석[225]할 수 있다.

---

224) 『최재서 평론집』, 345～346면.

따라서 현 시점에서는 이와 같은 조선의 현실을 '이해'하고 그를 비판하는 것으로서의 현대성을 그가 요구하고 있다는 사실을 알 수 있다. 즉 위 인용에서 '현대성만을 추구하는 작가가 자칫하면 浮華한 모더니스트가 될 것'이란, 우리 현실에 걸맞지 않은 현대성 추구의 공허함을 지적하는 말이라 할 수 있다.

이런 조건에서 이제 중편소설은 그 '타협정신'에도 불구하고 현재로서는 어쩔 수 없는 것이라는 의미에서 최선의 소설 양식으로 제시되는 것이다. 이는 그가 「<천변풍경>과 <날개>에 관하여」에서 제시한 리얼리즘론, 특히 李箱 소설의 성과에 대한 설명에 상응하는 것이기도 하다. 또한 그가 이태준 단편의 매력이 '유머와 페이소스 그리고 선명한 수법'임을 지적하면서도, 그 작품에 현대인의 사색적 고민이 없고 생활적 의욕이 없고 사회적 고민이 없으며 이를 벗어나려는 작가의 노력에도 불구하고 그의 작품이 신비와 아이러니와 시니시즘으로 나아갈 뿐[226]이라고 보는 이유도 여기에 있다.

그가 비평활동의 초기부터 획득하고자 했던 '현실성'과 '현대성'의 문제가 기존의 이론 비평에서는 상대적으로 분리된 것으로 추구되었다면, 여기서는 이것의 획득이 결코 단계적이거나 분리된 상태로 이루어질 수 없다는 인식에 그가 도달했음을 알 수 있다. 이와 같은 성과는 그가 작품을 자신의 이론에 비추어 해석하려는 꾸준한 노력을 통해 획득한 것이기도 하다. 그리고 이는 <날개>와 같은 작품이 '리얼리즘'이라는 용어를 빌어 해석될 때 그 인식의 단초를 보인 것이기도 하다.

일반적으로 1937년에 접어들면서 문학의 위기의식은 장편소설의 위기의

225) 2장 1절 1항 참조.
226) 「단편작가로서의 이태준」, 『문학과 지성』, 180면.

식으로 집중되는 경향을 띠었는데 이것은 그대로 장편소설의 본질에 대한 관심을 불러일으켰다. 보다 중요한 것은 장편소설의 본질에 대한 이런 탐구 자체가 장르 인식이 되고 있다는 점이다. 다시 말하면 장편 소설의 위기의식이 도리어 장르 의식을 촉발시켰던 것[227]인데, 이런 점에서 최재서의 중편소설론은 '소설의 위기'라는 당대 문단의 중심 화제를 자신이 일관되게 주장해온 이론적 관점에서 구체화하고 나름의 대안을 제시한 것이라 볼 수 있다. 또 이는 루카치의 장르비평과 이에 영향을 받은 사회주의 문예론자들의 사회 역사적 장르 비평과 구별되는 관점이기도 하다.

그러나 이와 같은 의의에도 불구하고 그도 인정하였듯이 중편소설이 절충적 성격을 갖고 있기 때문에 그것의 새로운 소설적 대안으로 제시되기에는 미흡한 것이 사실이다. 중편의 등장이 어쩔 수 없는 작가적 조건에서 생산된 것이라면 그것의 극복은 어떤 방향으로 이루어져야 하는가? 또 장편 혹은 단편 중 어느 양식의 생산에 중점을 두어야 할 것인가의 문제가 여전히 남기 때문이다. 여기서 최재서는 장편 창작의 방향으로 나가게 된다. 이것은 앞서 지적하였듯이 당시 문단의 문제의식에 닿아 있는 것이다.

중편의 모호한 미학적 특징에도 불구하고 중편을 옹호하였던 것은 이처럼 당시의 작가적 조건 때문이었다. 그렇다고 그가 장편 혹은 단편양식을 폄하한 것은 아니었다. 단지 당시의 상황이 그와 같은 양식을 생산할 수 없다고 보았을 뿐이다. 따라서 그가 장편에 관심을 갖게 된다면 그것은 위에서 지적한 장편 생산의 조건, 즉 묘사의 기술과 인생관의 원숙함을 갖춘 작가의 등장, 그리고 장편에 걸맞는 스페이스와 현실성의 발견 때문일 것이다. 이러한 장편을 그는 김남천의 『대하』에서 발견한다.

최재서는 「문예수감-단상」[228]에서 헉슬리의 「비극과 전체적 진리」를 소

---

227) 김준오, 앞의 책, 139~140면.

개하면서 '리얼리스틱한 진실성'의 문제를 다루는 데 이는 헉슬리의 견해임과 동시에 최재서의 견해이다. 그의 정리에 따르면, 헉슬리는 문학의 진실성을 두 종류로 구분한다. 그것은 전체적 진실성과 부분적 진실성이다. 호머의 서사시가 전자라면 비극은 후자에 속한다. 비극이 부분적 진실만을 담고 있는 까닭은 인간의 체험 중에서 한 요소만을 따다가 그것에만 집중하기 때문이다. 그러나 전체적 진실성를 담고 있는 서사시 등은 '비극 이전, 이후, 혹은 그와 동시에 생겨나는 모든 일을 우리에게 보여주'기 때문에 그 효과가 비록 비극에 비해 급격하지는 못하지만 영속적인 감동을 준다는 것이다.

최재서는 이를 대중소설과 예술소설과의 구별에도 적용시킨다. 「중편소설에 대하여」에서 전개한 그의 논지를 고려한다면, 이 때 대중소설이란 장편소설(당시 장편이 거의 신문 연재소설이었던 만큼 이는 신문장편소설[229])이고 예술소설이란 단편소설을 의미하는 것[230])이다. 그에 따르면 대중소설은 대중의 흥미에 부합하기 위해 사필귀결의 원칙을 따른다고 보는데 그 예로 '메로드라마'를 들고 있다. 이에 대비되는 것으로 최재서는 김남천의 『대하』를 예로 들어 리이리스틱한 진실의 문제를 다룬다. 이를 통해 그가 전작 장편을 리얼리스틱한 진실성을 담을 수 있는 새로운 장편의 형식으로 설정하고 있음을 일 수 있다. 전작 장편이란 최재서가 주재한 인문사의 기획에 의한 것[231])으로서 이것은 기존의 신문 연재 장편소설의 한

228) 『비판』 69호, 1938.11.
229) 이에 대해서는 이원조, 「신문소설 분화론」, 『조광』 28, 1938.2을 참조
230) 예를 들어 최재서와 이태준 사이의 「평론가 대 작가 대담-장편 소설에 대하여」(『조선일보』, 1938.1.1)에서 이태준은, 그의 소설에는 예술적 완성의 흔적이 보이는 데 이점이 신문 소설과 충돌하지 않는가라는 최재서의 질문에 대해 '신문소설이란 문학적이 아니라 신문기사적이고 시사적으로 더 제한을 받는 것'이고 단편은 '문학적인 것'이므로 신문소설을 쓸 때와 단편 소설을 쓸 때의 태도가 다르다고 밝히고 있다.

계(대중추수의 상업성)를 극복하고 본격적인 서구 장편의 형식을 조선 문단에 도입하고자 시도한 것이다. 여기서 최재서는 그가 '중편소설'을 통해 실현하고자 했던 소설 양식의 개량을 전작 장편을 통해 시도하고 이것이 일정한 성과를 얻었다고 자부하고 있다.

> 人生의 眞實은 귀결업는 귀결-事件의 밋흘 흐르고 잇는 歷史性가운데 잇는 것이 아닐까? 未發表原稿를 이야기하기는 좀 안됏지만 金南天씨의 力作『大河』를 읽으면서 나는 作品 結末의 문제를 다시금 한 번 反省할 機會를 가젓다. 거기엔 結末업는 이야기가 수두룩하다. 물론 小說이 人生의 描寫인 이상 事件이 업는 법은 업다.『大河』에도 허다한 사건이 잇다. 大衆作家이면 그것 하나만을 가지고 一代의 美文을 써노흘만한 장면도 잇다. 그러나 씨는 결코 이길을 취하지 안엇다. 어디로? 그것은 아마도 눈에 보히지안는 歷史의 흐름 속으로일 것이다.[232]

이 인용을 통해 최재서가 장편 소설의 '역사성'에 주목하고 있음을 알 수 있다. 이는 그에게 새로운 인식의 변화라고 할 만한 변화이다. 지금까지 그가 소설론이나 문예이론 혹은 실제비평을 통해 주목한 것은 '현실성' 혹은 '실재성' 혹은 '리얼리스틱한 진실성'의 문제였을 뿐, '사회성' 혹은 '역사성'의 문제는 아니었기 때문이다. 이 세 개념은 표현을 달리할 뿐 동일한 의미내용을 지니고 있는 것이었다. 또 이 현실성의 문제도 현대성을 구현하기 위한 필요조건의 하나였을 뿐 그것 자체가 목적이 된 것은 아니었다. 그러나 전작 장편을 기획하는 시점에서 그는 '事件의 밋흘 흐르고 있

---

231) 『인문평론』 창간호(1939.10)의 말미에 실린 <출판부 소식>에 의하면 '조선출판계에서 처음으로 시험된 <全作 長篇小說 叢書>'에 대한 언급이 있다. 이 글에서 일회는 김남천의 『대하』가 2회는 이효석의 『花粉』이 선정, 이미 발간되어 발매 개시되었음을 알리고 있다. 또 제3회작으로 유진오의 『民謠』가 발간예정임을 밝힌다. (『인문평론』 창간호, 229면)

232) 「文藝隨感-斷想」, 『비판』 69호, 1938.11, 84면.

는 歷史性'에 주목하게 된다.

물론 이러한 인식의 변화는 당대 문단에서 활발히 모색되고 있었던 소설의 위기 혹은 소설 개조론의 반영일 수도 있다. 임화는 「사실주의의 재인식」(『동아일보』, 1937.10.8~14)을 비롯하여 「世態小說論」(『동아일보』, 1938.4.1~6), 「通俗文學의 擡頭와 藝術文學의 悲劇」(『동아일보』, 1938.11.17~27), 「長篇小說論의 核心」(『조선일보』, 1939.1.3) 등을 통해 리얼리즘론에 입각한 '본격소설론'을 제시한 바 있다. 김남천 역시 일련의 고발문학론에 대한 논의[233]를 거쳐 「朝鮮的 長篇小說의 一考察-現代 저나리즘과 文藝와의 交涉」(『동아일보』, 1937.10.19~23), 「장편소설에 대한 나의 이상」(『청색지』, 1938.8), 「世態와 風俗-長篇小說 改造論에 寄함」(『동아일보』, 1938.10.14~25) 등에서 관찰문학론과 장편소설론을 개진[234]하였다.

그러나 이들의 장편소설론은 그들이 일관되게 유지해 온 사회주의 리얼리즘론의 심화, 혹은 구체화 과정의 하나였으며, 이는 루카치의 역사철학적 방법론과 엥겔스의 발작크론 등 당대 사회주의 문예론을 조선 현실에 맞게 적극적으로 수용하는 방식으로 개진된 것이기도 하다. 임화가 '성격과 환경의 조화'를 본격소설의 요건으로 설정[235]한 것이나 김남천이, 장편

233) 「고발의 정신과 작가-신창작 이론의 구체화를 위하여」(『조선일보』, 1937.6.1~5)를 비롯하여 「창작방법의 신국면-고발의 문학에 대한 재론」(『조선일보』. 1937.7.10~15), 「현대에 대한 작가의 매력-지식인의 자기 분열과 불요불굴의 정신」(『조선일보』. 1937.8.14), 「유다적인 것과 문학-소시민 작가 출신의 최초 모랄」(『조선일보』, 1937.12.14~18), 「자기분열의 초극-문학에 있어 주체와 객체」(『조선일보』, 1938.1.26~2.2) 등이 있다. 김남천의 소설론에 대해서는 채호석, 『한국 근대문학과 계몽의 서사』(소명출판, 1999)를 참조할 것.

234) 이들 외에도 한효는 「조선적 단편 소설론」(『동아일보』, 1938.1.26~1.30)을 5회에 걸쳐 연재하였고 김광섭 역시 「장편소설의 개조 논의」(『동아일보』, 1938.11.30)와 「세태소설과 내성소설 논의」(『동아일보』, 1938.12.3) 등을 발표하였다.

235) 임화의 소설론에 관하여는 신두원, 「임화의 현실주의론 연구」(서울대 석사, 1991)를 참조.

소설이란 장르 자체가 시민사회의 전형적인 문학형식이어서 장편소설은 시민사회의 발전과 불가분의 관계에 놓인다고 보고 장편 소설의 위기와 근원이 시민사회의 정신적 위기에 뿌리를 두고 있다고 진단[236]한 것은 이를 증명한다.

따라서 이들은 기존의 사회주의 리얼리즘 소설은 물론이고 저널리즘에 의해 일상성과 통속성에 머물고 있는 신문장편소설 등 기형적 소설을 '개조'하는 것에 그 목적을 두고 있었다. 김남천이, 조선에서는 로만 발전의 기형적 토대와 문화의 후퇴성이 있을 뿐이라 보고 작가 자신이 로만의 이론을 정당히 파악하여 그 개조를 시도하여야 할 것과 리얼리스트는 로만이란 장르 자체의 변질과 개조에 노력해야 한다[237]고 주장한 것은 이를 가장 전형적으로 보여준다.

그러나 최재서는 이 문제를 헉슬리에 의거하여 논하고 있다는 점에서 이들 논자들과의 차이를 선명하게 볼 수 있다. 앞서 「문예수감-단상」(『비판』 69호, 1938.11)에서 설명하였듯이 그는 헉슬리의 「비극과 전체적 진리」(tragedy and the whole truth)를 통해 리얼리스틱한 진실성의 문제를 다룬다. 앞장에서 분석한 바 있지만[238] 헉슬리가 구분하는 민중과 지식인, 그리고 지식인의 자기분열의 문제는 조선적 현실과 일정한 거리가 있는 것이다. 헉슬리가 말하는 민중이란 식민지에서 착취한 물질적 부를 공리주의 이념으로 합리화해 가면서 정신적으로 타락해가는 영국 중산계급을 의미할 뿐 근로계급 혹은 무산계급을 지칭하는 것이 아니었다. 또한 헉슬리는 이에 따른 지식인의 자기 분열을 표현하는 전형적인 문학양식으로서 풍자

236) 김남천, 「世態와 風俗-長篇小說 改造論에 寄함」, 『동아일보』, 1938.10.14.
237) 김남천, 朝鮮的 長篇小說의 一考察-現代 저나리즘과 文藝와의 交涉, 『동아일보』, 1937.10.23.
238) 본 논문의 2장 2절의 2항과 3항을 참조할 것.

문학론을 주장하였고 최재서 역시 그의 풍자적 지성에 공감하여 풍자문학론을 주장하였던 것이다. 그리고 여기서 세계관이나 전망 전형으로서의 리얼리즘이 아닌 '태도와 기법으로서의 리얼리즘론'이 제시되었고 이를 최재서는 「<천변풍경>과 <날개>에 관하여」[239]를 통해 피력한 바 있다.

이와 같은 이해를 전제하고 보면, 최재서의 리얼리즘론과 소설양식론은 상호 밀접한 관련 속에서 진행되었음을 알 수 있다. 양식적 측면에서 볼 때 최재서는 단편→중편→장편→서사시로의 지향을 보인다고 할 것이다. 단편소설 양식은 초기 주지주의 이론의 전개와 병행하여 드러난 관점이었다. 이 때 그의 문제의식이 현대성의 획득에 있었던 만큼 예술성과 현대성 혹은 진보적 정신으로 설명되는 단편소설의 양식이 그의 주된 관심사였다. 이는 풍자문학론으로 혹은 단편소설에 대한 작품평으로 드러난 바 있다. 따라서 그가 단편소설에 나타난다고 본 '진보적 정신'이란 그것이 서구문학이 탐구하고 있는 것과 같은 현대성의 인식이라는 점, 즉 문학적 진보성을 의미하는 것이며 이는 구래의 것이 아닌 새로운 것이라는 의미 또한 내포하고 있다는 추측이 가능하다.

중편소설 양식은 이와 같은 문제의식과 더불어 조선적인 현실을 고려함으로써 모색된 것이다. 초기 비평에서 최재서는 '현실성'이라는 개념보다는 '실재성'이라는 용어를 주로 사용하였고 현실성에는 비속한 것이라는 수사가 동반되었다. 이는 기존 사회주의 리얼리즘논자들의 용어를 의도적으로 기피한 것임은 물론 그에 대한 비판의 의미를 담고 있는 것이기도 하였다. 그러나 중편 소설론에 오면 '현실을 이해하고 그에 대한 일종의 비판으로서의 현대성'을 추구해야만 비로소 실험적인 예술이 된다고 봄으로써 조선 문단의 주관적 객관적 조건을 고려하게 된 것이다.

239) 『조선일보』, 1936. 10.31~11.7.

전작 장편을 기획하고 이를 통해 새로운 장편 소설을 논하게 되는 1938년 말에서 1939년에 이르면 이에 더하여 소설 속에서 '역사성'과 '사회성'을 추구하게 되지만 이것이 임화나 김남천 등이 말하는 것과 동일한 것이 아님은 말 할 것도 없다. 이를 자세히 보여주는 논문이 바로 「장편소설과 단편소설」[240]이다. 이 논문은 그가 지금까지 논의해온 단편소설과[241]장편소설에 대한 정리와 함께, 「문예수감-단상」에서 그가 간략히 언급했던 헉슬리의 「비극과 전체적 진리」[242]를 다시 한 번 논하면서 문학적 진실성의 문제를 다루고 있는 글이다.

> 短篇小說과 長篇小說를 비교할 때에 우리의 목표는 언제나 文學的 形式으로서의 그것이 어느 정도까지 실재성을 담을 수 있는가. 또 실재성 전달의 효과를 어

240) 『동아일보』, 1939.3.9.

241) 1938년 발간된 『최재서 평론집』에는 「단편 소설의 특질」이 실려 있다. 이 논문의 말미에 소화 12년이라 명기되었으므로 이것은 1937년에 쓴 글이다. 이 글은 모파상의 「山幕」이라는 작품을 단편소설의 수법에 주목하여 분석한 글이다. 후에 최재서는 이를 확대하여 「단편소설론」을 쓴다. 『최재서 평론집』에 실려 있는 이 글은 언제 쓴 글인지 확인할 수는 없다. 다만 이 논문이 6개의 장으로 구성되어 있는데 그중 한 장이 모파상의 『산막』에 대한 분석인 것으로 보아 37년에 쓴 「단편소설의 특질」을 보다 체계적으로 정리한 글임을 알 수 있다. 두 논문의 서두는 에드가 알란 포의 단편 소설 개념으로 시작한다. 그는 근대 단편소설을 창시한 사람은 에드가 알란 포이며, 이를 문학적 형식으로 완성시킨 작가는 모파상이라고 본다.(「단편소설의 특질」) 한편 『최재서 평론집』에 실린 「단편소설론」 말미의 註에서 그는 Brander Mattews의 『The Philosophy of Short Stories』, Clayton Hamilton의 『Materials of Fictions』, Ford Madox Ford의 『Return to Yesterday』를 참고하였음을 밝히고 있다.

242) 최재서는 헉슬리의 이 논문을 여기서 논하고 있는 「문예수감」, 「장편 소설과 장편소설」외에도 「비평가로서의 헉슬리」(『최재서 평론집』, 197~209면 참조)에서 다시 한 번 다루고 있다. 「비평가로서의 헉슬리」는 헉슬리의 논문 7편을 각각 한 장씩 할애하여 소개하고 있는 글이다. 최재서의 주석에 따르면(『최재서 평론집』, 209면) 그가 참조하는 헉슬리의 논문은 다음과 같다. 제1장 「one and many」 제2장 「beliefs and actions」 제3장 「writers and readers」 제4장 「words and behavior」 제5장 「historical generalizations」 제6장 「tragedy and the whole truth」 제7장 「vulgarity in literature」

> 느 정도까지 나타낼 수 있는가 하는 점에 두어야 할 것이다. 그 이외의 비교론은 모두 文學 講義室에서나 논의할 煩鎖哲學의 일부이다. 그리고 실재성의 容器-사실은 실재성의 창조-로서의 두 文學 形式을 생각할 때에 우리는 일단 모더니스트 小說家들의 주장을 들어 볼 필요가 있을 듯하다. 원래로 모더니즘은 실재성을 파악, 재현, 창조하는 수단으로서 傳統的 手法이 부적당 불충분하다는 자각에서 출발했기 때문이다. 傳統的 小說手法을 분석하여 가면 우리는 드디어 意匠論에 부닥친다. 작가의 意匠[243](이것은 대부분 작자의 인생관에서 결정된다)에 의하여 재료가 취사되고, 인물이 설정되고, 풀롯이 구성된다. 作品이란 意匠이 끝나는 데서 시작된다. (중략-인용자) 그러나 우리가 일단 그 作品의 意匠을 떠나서 그 意匠을 관찰할 때 「과연 이것이 진실한 인생인가?」하는 의문을 거의 필연적으로 느끼게 된다. (중략-인용자) 眞實性에 대한 現代人의 무한정한 욕망은 드디어 이 意匠의 한계를 넘어서 「人生을 모주리 그리자」는데까지 갔다. 죠이스의 『유리씨즈』는 그러한 기도의 성공작인 동시에 실패작이다. 그것은 최초의 實驗인 한도에서 성공작이었지만. 인간은 결국 인생의 전부를 묘사할 수는 없다는 의미에서 실패작이다. 이러한 모더니스트의 성공과 실패는 短篇小說과 長篇小說의 可能性과 限界를 생각하는 데도 도움이 되지 않을까?[244]

언뜻 보아선 쉽게 이해할 수 없는 위 인용문은 우선 모더니스트들의 문제의식에서 시작하고 있다는 점이 시사적이다. 모더니즘이 작가의 인생관에서 출발하는 의장론에 대한 회의에서 시작하고 있다는 지적에 우선 주목할 필요가 있다. 의장이 끝나는 데서 작품이 시작된다는 것은 작가의 의도에 의한 작품평가가 아니라 작품 자체의 논리에 주목하는 관점이다. 또 의장론에 의해서는 진실성을 완전히 드러낼 수 없다고 보는 점, 이에 주목한 모더니스트들이 그 한계를 극복하려 했으나 절반의 성공에 그쳤다는 점, 이 절반의 성공과 실패가 단편과 장편의 가능성과 한계에 해당한다는 점을 그 요지로 정리할 수 있겠다.

243) 意匠이란 생각, 고안, 디자인을 의미하는 일본어 'いしょう'의 한자표현이다.
244) 「장편소설과 단편소설」, 『최재서 평론집』, 335~336면.

여기서 최재서는 단편과 장편이라는 소설의 형식을 논하면서 이를 다시 의장이 앞선 문학과 의장의 한계를 넘어선 문학이라는 비유적 표현을 사용하는데 이는 단편과 장편에 해당하는 것이면서도 리얼리즘과 모더니즘으로 읽히기도 한다. 물론 이 때의 리얼리즘이란 작가의 의도가 앞선 사회주의 리얼리즘을 의미할 것이다. 그렇다면 다시 리얼리즘 단편과 리얼리즘 장편, 모더니즘 단편과 모더니즘 장편으로 나누어질 법도 한데 이를 논하지 않고 그는 장편소설 옹호론으로 논의를 진행한다.

즉 단편은 단일한 효과를 위해 의장을 내세우기 때문에 '단편의 성패는 대부분이 그 意匠에 달려 있'[245]는데 그 의장이란 것이 인생의 진실성을 표현하기에 충분치 못하므로 단편은 그 한계를 드러낸다는 것이다. 이에 반해 장편은 한 스토리를 중심으로 그에 부수된 모든 사건을 취급하고 주요한 인물에게 그 성격을 충분히 전개시키기 위해 긴 스페이스를 요구한다는 점, 이것이 바로 소설의 역사성이며 그 역사성이야말로 장편소설의 본질이라 규정한다. 그리고 그는 이것이 '문학적 **형식**으로서 실재성을 전체적으로 완전하게 파악하자는 기도[246]'(강조-인용자)라고 본다.

여기에 이르면 그가 리얼리즘과 모더니즘에 각각 단편과 장편의 양식을 결합하여 논하지 않은 이유를 알 수 있다. 그는 '형식'이 일정하게 실재성을 담보할 수 있다고 보는 입장에 서 있기 때문에 그에게 방법의 문제는 부차적인 것이 되기 때문이다. 이것은 그가 비평활동의 초기부터 일관되게 견지해 온 입장[247]이기도 하다. 따라서 여기서 보다 중요한 것은 장편이 부여하는 공간의 확대가 작품에 사회성과 역사성을 부여하고 이것이 바로 전체적 진실성을 담보할 수 있다고 보는 점일 것이다. 이것이 그가 1937년

245) 『최재서 평론집』, 336면.
246) 『최재서 평론집』, 337면.
247) 2장 1절 2항을 참조할 것.

「중편소설론」에서 전개했던 이론적 입장과 차이를 갖는 부분이다.

헉슬리의 「비극과 전체적 진리」를 재론하는 「비평가로서의 A. 헉슬리」에서는 그가 생각하는 모범적인 서구 장편이 무엇인지가 드러난다. 그는 이 논문에서 다시 한 번 호머의 서사시와 비극을 대비하여 전자를 전체적 진실성에 후자를 부분적 진실성으로 파악하는 헉슬리의 관점을 소개하면서, "호머에 의하여 그 典型을 제시한 全體的 眞實性의 文學은 그보다 불완전한 형태이지만 필-딩의 小說에도 나타나 있다. 그런데 주의해야 할 것은 現代文學이 이 방향으로 흐르고 있다는 점이다. 푸르-스트, D.H.로렌스, 앙드레 지드, 카프카, 헤밍웨이-이 五大作家가 그 스타일과 모랄에 있어서 서로 다름에도 불구하고 모두 全體的 眞實性을 제시하려고 하는 것은 우리에게 깊은 암시를 준다"[248]고 함으로써 그가 주장하는 전체적 진실성의 문학이 현대 서구 문학의 최신 흐름에 닿아있는 것[249]임을 보여준다.

임화 역시 이 시기에 「본격소설론」을 통해 '서구적 의미의 장편'을 주장하였으나 그 전범이 되는 대상으로 발작, 졸라, 톨스토이, 딕킨즈를 설정하고 있다는 점[250]에서 루카치의 리얼리즘론에 가까운 입장을 보인다. 임화는 최재서의 문제제기에 대해 정식으로 언급하고 있지는 않지만, 그가 다루고 있는 작가나 작품에 대해서는 수차에 걸쳐 간단히 논평함으로써 이에 대한 그의 입장을 피력하고 있다. 가령 「세태소설론」에서는 죠이스와 딕킨

248) 『최재서 평론집』, 206면.

249) 이 시기 이들 소설가들은 여러 지면을 통해 활발히 소개되었다. 「로렌스의 작품과 사상」(김영석, 『조광』, 1940.3)을 비롯하여 「제임스 죠이스」(이양하, 『문장』, 1941.3), 「앙리 베르그송의 예술이론」(『문장』, 1941.3), 「봐레리-연구 단편」(신응식, 『문장』, 1941.3) 외에도 버지니아 울프의 「성격묘사와 심리묘사」(『인문평론』, 1940.7~8월)가 2회에 걸쳐 번역되었다.

250) 『문학의 논리』, 367면.

즈를 비교[251]하고 있고 「본격소설론」에서도 푸르스트, 죠이스, 울프, 로렌스를 간단히 언급[252]하고 있다.

그러나 임화는 이들에게서 '性格의 運命에 依하여 「시츄에슌」을 連續시키지 못한 致命的 缺陷'이나 '環境과 作家와의 漸漸커가는 不調和'를 발견한다는 점에서 최재서와 차이를 보인다. 임화에게 '본격적인 서구적 의미의 장편'이란 건강한 시민성 혹은 이를 지향하는 시대의 리얼리즘 장편이라면, 최재서에게 '예술적 장편'이란 시민성이 붕괴된 시기에 새롭게 모색되는 장편이라는 점에서 보다 실험적이고 동시대적인 것이라 할 수 있다. 양자 모두 리얼리즘이라는 용어를 사용한다는 점에서 동일시하는 경우가 많았으나 이를 엄밀히 구별해 내는 것이 필요하다고 본다.

즉 최재서는 리얼리즘을 현실성을 드러내는 전형적인 양식으로 보았으며, 이 현실성이란 서구의 불안사조까지를 모두 포함하는 가장 최신의 지적 흐름을 의미했다. 이 때 이 양식을 규정하는 것은 다양하고 실험적인 새로운 기법이다. 이에 비해 임화 등은 '방법'으로서의 리얼리즘을 추구하였다고 할 수 있다. 철학적 반영론에 기초한 이 리얼리즘은 서구의 비판적 리얼리즘의 전통에 닿아있다는 점에서 양자의 차이를 명확히 알 수 있다.

일반적으로 모더니스트로 평가되는 이들의 작품에 대해 최재서는 일찍이 그들의 새로운 소설 기법에 주목하여 이를 문학의 현대성 혹은 진보성으로 평가한 바 있었다. 다만 여기서는 이들의 작품이 소설 양식의 관점에서 다시 한 번 재론될 뿐이다. 그는 이들이 '현대 리아리즘의 일면을 말하는 것'[253]이라 함으로써 이들을 리얼리스트로 보는데 이 역시 그의 독특한 리얼리즘론일 뿐 사회주의 문예론자들의 리얼리즘에 그가 동조해 가는 것

251) 『문학의 논리』, 360면.
252) 『문학의 논리』, 368면.
253) 「문예수감」, 『비판』 69호, 1938.11, 83면.

이 아니다. 이는 헉슬리의 『historical generalizations』을 소개하는 장[254)]에서 "학슬리는 심리적 리알리즘의 입장에서 역사적 일반론을 신용하지 않는다. 역사적 일반론은 사회가 동질적이며 인류가 정신적으로 동일한 類에 속한다는 것을 전제로 삼지만 그것은 사실이 아니었다" 라거나 "역사적 일반론은 항상 과거에 있었던 어떤 일부의 사실을 기초로 하기 때문에 일면적이 되지 않을 수 없다. 중대한 것은 전면적 진실성이다"라고 보는 데서 더 선명히 그의 입장을 보여주고 있다. 여기서 헉슬리가 비판하는 역사적 일반론이란 역사 발전의 법칙성을 물적 토대에서 발견하는 유물사관을 의미[255)]한다. 최재서는 이를 빌어 사회주의 문예학을 비판하고 있는 것이다.

최재서가 장편 소설의 중요성을 주장하면서 장편의 형식이 사회성과 역사성을 보여준다는 점을 강조하였지만 그것이 임화나 김남천의 장편 소설 개조론과 일정한 차이를 지닐 수밖에 없음은 여기서 명백히 드러난다. 이들이 마르크스 혹은 루카치가 역사철학적 관점에서 고대 서사시를 언급할 때 취했던 경제적 토대에 대한 분석과 이에 조응하는 상부구조로서의 예술이라는 관점[256)]을 취했다면, 헉슬리와 그리고 이에 의거하는 최재서는 토

254) 「비평가로서의 A. 헉슬리」 5장 '理論의 欺瞞性', 『최재서 평론집』, 202~203면.

255) 이의 논거로 최재서의 「사상가로서의 학슬리」를 들 수 있다. 이 글의 서두에서 최재서는 학슬리의 『신낭만파』(The New Romantics)의 내용을 직접 인용하고 있는데 그 내용은 나음과 같다. 「골윈이나 셸리는 순수한 개인주의를 믿었지만 오늘의 볼세비키는 순수한 집단주의를 믿고 있다. 셸리 일파의 순연한 관념론은 인간의 생리학적 경제학적 사실을 무시하고, 레닌일파의 순연한 유물론은 인간의 직접적 정신적 체험에 관한 명백한 사실을 무시한다. 전세계의 혁명적 자유주의자들은 인간이 개인적 영적인 동시에 사회적 동물이라는 사실을 인정하지 않은 점에 있어서 낭만적이었지만, 현세기의 볼세비키는 인간이 단순한 사회적 동물 이상의 것이라는 사실을 무시하고, 따라서 적당한 훈련만 가한다면 인간을 완전한 기계로 만들 수 있다고 생각하는 점에 있어서 낭만적이다. 그 어느 것이나 말할 수 없이 낭만적이다」(『최재서 평론집』, 210면). 여기서 헉슬리는 '볼세비키', '집단주의', 또는 '레닌일파의 순연한 유물론'이라는 표현을 통해 자신이 반대하는 역사적 일반론이 사회주의자들의 유물사관임을 명시하고 있다.

256) 임화는 "文學이 哲學, 科學 等과 같이 客觀的 現實 或은 眞理를 認識 表現하는

대에 대한 분석을 사상한 채 그것이 인생의 단면이 아니라 전면성을 보장해 준다는 점에만 주목하고 있는 것이다. 이러한 분석의 방법은 사회주의 리얼리즘 논자들과 비슷한 구도를 취하면서도 '역사적 일반론'을 거부한다는 점에서 그들과 차이를 드러낼 수 밖에 없고 따라서 '형식'에 보다 중요한 의미를 부여할 수밖에 없는 것[257]이다. 그리고 이와 같은 형식의 강조는 소설의 내용보다는 '기술적 측면'의 강조[258]를 의미하는 것이기도 하다.

그렇다 해도 기존의 신문장편에서 보이는 한계를 극복하기 위해서는 단지 장편이라는 규정만으로는 그 내용을 한정하는 데 어려움이 생긴다. 이를 해결하기 위해 그는 '실재성'을 확보하기 위한 최소의 조건을 제시하는데 그것은 '시간'과 '성격'이다. 최재서는 헉슬리가 「비극과 전체적 진리」에서 논했던 비극과 서사시의 대비를 단편소설과 장편소설 사이에도 볼 수 있다고 전제하고 장편이 구현하는 실재성을 설명한다.

> 실재성을 정확하게 포착하려면 人物에게 충분한 시간을 주어서 역사적으로 그 자신을 전개시키게 하지 않으면 아니 된다. 이리하여 파악되는 歷史性이 長篇小說의 특징의 둘째 항목이다. 근래에 유롭에서 家族史小說이 연속 발표되고 우리

「이데올로기」的 上層建築의 一部分이란 見解에 到達한다"고 함으로써 문학의 객관성에 대한 그의 입장을 밝히고 있다. 임화, 「文藝理論으로서의 新「휴매니즘」에 對하여-文藝學의 基礎問題에 빛어본」, 『문학의 논리』, 학예사, 1940, 188면.

257) 가령 임화의 경우 이 시기 '묘사로서의 의식'을 통해 현실과 사상을 통일하고 리얼리즘의 개념을 예술적으로 한 차원 높여서 인식하고 있다. 임화의 본격소설론 역시 묘사와 표현의 통일로서의 지향, 즉 작가 의식의 문제에 초점을 맞추어 제출하고 있음을 생각하면 그 차이는 명확할 것이다. 임화의 소설론에 대하여는 신두원, 「임화의 현실주의론 연구」, 서울대 석사, 1991, 47~56면 참조.

258) 「현대와 비평정신」(『사해공론』 39, 1938.7)에서 최재서는 문학 기술의 중요성을 강조하면서, 산업기술이 세계문명을 변혁시키는 것과 마찬가지로 문학기술의 변화가 문학정신의 변화를 초치할 것은 의심할 여지가 없다고 보고 "한 문학이 다른 문학의 모방만을 일삼지 않고 자기 독자의 문학을 갖이랴고 할 때 그것은 새로운 기교를 發見치 안으면 않이된다"고 주장한다. 이에 따라 그는 실험적 작품이 일정한 문학적 장르가 되려면 기술적으로 검토되어야 할 것(99면)이라 본다.

> 文壇에서도 그 첫 시험으로서 金南天의 『大河』를 갖게 된 것은 모두 이 歷史的 관심의 표현이라고 볼 수 있다. 사실 한 가족의 전통이라든가 운명과 같은 중요한 문제는 사람의 한 대만을 가지고서는 불충분하고, 적어도 삼대쯤은 걸려야 그 충분한 전개를 보일 수가 있다. 물론 이러한 作品들은 다만 시간적으로 역사성을 추구할 뿐 아니라 옆으로 벌어져서 그 사회성까지를 확보하려고 한다. 그러기에 그들 작품의 인물은 언제나 社會的 典型的 性格으로서 묘사되는 동시에 산 인간으로서 변화한다. 여기서 우리는 실재성을 비로소 그 완전한 상태에서 파악할 수 있다.[259]

이 인용문에는 그가 실재성을 그 형식으로써 담지할 수 있다고 보는 구체적인 예가 등장한다. 그것은 가족사 소설인데 여기서 강조되는 것은 적어도 三代가 등장하는 만큼의 역사적 시간이며 인물의 전형적 성격이다. 여기서 삼대에 걸친 시간이란 단지 시간의 길이를 의미하는 것이 아니라 작품의 형식을 결정적으로 규정하는 형식적 요소임을 알 수 있다. 인물의 성격 역시 '전형적 상황에서의 전형적 성격'과는 다르다. 엥겔스와 루카치에 의거한 임화나 김남천에게 인물이 처한 전형성은 그 시대의 역사적 본질을 현상하는 것이라면 최재서의 성격은 '모랄의 주체'로서의 성격[260]이다. 이 '모랄'이 지극히 가변적이고 타협적 성격을 지니고 있음은 앞 장에서 논증한 바이다. 따라서 그는 이제 새로운 장편, 역사성과 사회성을 담지함으로써 실재성을 구현하는 것으로서 가족사 연내기 소설에 큰 의미를 부여한다.

일찍이 최재서는 현실성과 현대성을 타협적으로나마 구현할 수 있는 유일한 소설 양식으로 중편 소설론을 제시했다. 그러나 이 중편 소설론은 당시의 열악한 문단상황을 반영하는 양식일 뿐이었고 정작 그가 추구하고자

259) 「장편소설과 단편소설」, 『최재서 평론집』, 339면.
260) 최재서, 「성격에의 의욕—현대 작가의 집념」, 『인문평론』 창간호, 1939.10.

한 것은 서사성을 구비한 장편이었다. 중편소설을 주장한 것이 1937년이고 그가 몸담고 있던 <인문사>가 기획한 전작 장편을 통해 장편을 모색하기 시작한 것은 1938년 후반이다. 최재서가 「중편소설론」에서 단편의 특질을 현대성으로 설명하고 이를 또한 예술성으로 표현한 것을 상기한다면, 1938년 이후 최재서가 추구한 전작 장편과 이를 통한 서사성의 확보라는 것은, 조선적 조건에서 단편양식을 통해서는 구현할 수 없는 '현대성'을 역사성과 서사성을 통해 극복하려는 노력이라 보아도 무방할 것이다. 즉 우리가 도저히 구비할 수 없는 물질적 현대에 매달리기보다는 이를 역사적 안목에서 넘어서려는 의욕이 소설론을 통해 반영된 것이다. 최재서가 이와 같은 의미를 부여하고 있는 것은 종래 조선 문단의 대중적이고 통속적인 장편과 구별되는 '예술적 장편소설[261)]'이다.

당대 문단의 일반적 인식을 고려해 보면[262)]이와 같은 장편은 외국문학의 현실, 나아가 앞으로 실현해야 할 원칙과 같은 것이다. 당시 '서구적 개념으로서의 장편소설'이 실현되지 않고 있다는 지적[263)]은 일반적인 것이었다. 최재서는 전작 장편에 그가 서구 현대 소설가들을 전범으로 하여 모색한 '예술적 장편소설'이라는 의미를 부여하고자 하였으나 전작 장편의 두 번째 기획인 이효석의 『花粉』이 그에 미치지 못한 사실에서 알 수 있듯이 이런 시도는 요원한 것이기도 하였다. 이처럼 예술가의 창조적 정신을 통해 현실의 제약을 뛰어넘으려는 최재서 소설론의 근저에는 자유주의적

---

261) 「현대 세계문학의 동향」, 『조선일보』, 1938.4.24.

262) 이원조, 「직업으로서의 문학」(『인문평론』, 1940.11), 「장편소설의 형태」(『조광』, 1940.11)를 참조.

263) 임화, 김남천 외에도 이원조의 글에서도(「신문소설 분화론」, 『조광』 28, 1938.2) 이러한 언급을 찾을 수 있다. 소설가 이태준 역시 장편소설에는 행동하는 사람이 있어야 하는데 우리 현실에는 행동하는 사람이 없어 쓰기 어렵다. 이런 행동인을 찾으려면 역사에서 구할 수 밖에 없다면서 그 예로 「임꺽정」을 들고 있다. (「평론가 대 작가 대담-장편소설에 대하여」, 『조선일보』, 1938.1.1)

정신이 깔려 있었다. 그러나 당시의 정치적 상황은 예술가들의 내면적 자유마저도 억압하고 통제하려 하였고 최재서는 역사철학을 통해 이 난관을 극복하려 하였다.

따라서 이제 이와 같은 시도는 서구 장편소설의 연구와 서사시에 대한 지향으로 전개된다. 이는 최재서가 「중편 소설론」에서 언급하였듯이 '현실을 이해하고 그에 대한 일종의 비판으로서 현대성을 창조'함으로써 '명일을 암시'하는 작업이기도 하다. 다만 1937년 「중편소설론」에서는 그것을 타협과 절충을 통해 소극적으로 해결하려 하였다면, 이제는 서사시에 대한 역사철학적 의미부여를 통해 그 한계를 적극적으로 극복하려 하는 점에 차이가 있을 뿐이다. 이처럼 그의 비평론의 변화가 소설 양식론에서도 동일한 구조로 드러나고 있다는 사실을 여기서 다시 한 번 확인할 수 있다.

(2) 가족사 연대기 소설의 현실적 의미

이 절의 목적은 최재서가 수행한 일련의 서구 장편소설 연구의 의의와 한계를 점검하는 것이다. 최재서가 서구 장편소설의 탐구에 몰두한 것은 조선 문단이 처한 주 객관적 조건을 탐색한 결과물이다. 그는 그가 비평활동 초기부터 견지해 왔던 관점대로, 조선 문단의 현실을 세계사적 일반성에서 해석해 낸다. 이에 따르면 기존의 리얼리즘 방법으로 해결할 수 있는 것은 아무 것도 없다는 게 그의 입장이다. 서구사회가 직면한 위기와 이에 대응하고 있는 서구적 지성의 대처 방식을 검토해 볼 때 역사적 일반성이란 이미 흔적도 없이 사라진 것이고 진실을 담보해 주는 것이란 오직 철저하게 의심하고 회의하고 비판하는 것뿐이다. 그러나 이것 역시 조선에서는 제대로 수행될 수 없었는데 그 이유는 우리 작가들이 이를 수행할 수 있을 정도의 교양이나 문제의식 또는 작가적 기교를 갖추지 못하고 있다고 판단[264])하였기 때문이다.

이를 극복하기 위해 그는 소설양식의 측면에서 단편, 중편을 거쳐 예술적 장편을 추구하기에 이른다. 이 예술적 장편이란 조선에서 아직 실현되지 못한 것이었다. 이 예술적 장편의 예로 그는 보고문학과 가족사 연대기 소설을 들고 있는 데 주로 1940년을 전후하여 이루어진 이 연구의 관점은 미묘한 변화를 겪는다. 현상을 타개하기 위한 소설적 대안이라는 문제의식이, 전 세계적으로 파시즘이 급격히 대두함에 따라 파시즘 사상과의 대결이라는 문제에 봉착하게된 것이다. 이전에 그가 가지고 있었던 문제의식이 주로 사회주의 문학을 대타적 존재로 설정하고 이를 통해 진전된 것이었다면, 이 시기에 이르면 그 대타적 대상이 전체주의로 옮겨가게 된다. 이런 상황의 변화는 그의 소설론과 비평에 깊은 흔적을 남기는 데 그 흔적은 파시즘을 비판하면서도 개인주의를 대신할 수 있는 새로운 모랄을 추구하는

264) 최재서에게 이것이 무조건적으로 서구의 소설을 흉내내는 것이 아니었음은 물론이다. 문제는 그것을 자기 문제의식으로 취하여 재창작해낼 수 있는 주체성의 확립일 터인데 최재서 역시 이에 무관심하지 않았다. 다만 당대의 작가 혹은 평가들이 이런 능력에 미치지 못한다는 사실을 지적하는 것이다. 단편에서 중편으로 다시 장편으로 이행하는 과정에서 보여준 문제의식 외에도 그는 헉슬리 연구에서 다시 한 번 조선문단의 허위의식을 비판하는 데 그것을 인용하면 다음과 같다. "우리가 외국 비평가의 이론을 수입할 때에 특히 주의해야 할 것은 이 점이다. 비평가는 특히 그가 논쟁적일 경우에는 어느 특정한 공격대상을 가지고 있기 마련이다. 한동안 문단을 풍미한 앙드레 지이드를 예로 든다면 그의 매력은 주로 모랄에 관련되는 것인데, 지이드의 모랄이란 현대 구라파의 지식계급 전체를 지배하고 있는 정신적 고민-그리스도교적 전통에 반항하여 새로운 도덕을 건설하려는 데서 생겨나는 고민이다. 거기에 도덕적 실천성과 정신적 미가 들어 있어서 우리의 가슴을 친다. 이러한 미덕에 감동된다는 것은 물론 필자만이 아니다. 그러나 또 한편 우리는 타도해야 할 그리스도교적 전통을 처음부터 가지고 있지 않다는 사실을 잊어서는 안된다. 우리가 지이드의 이론을 추구하기 위하여 있지도 않은 장애의 환영을 설정해 놓고 그것을 향하여 칼을 휘두르는 것은 생각해 보면 우수운 일이다. 우리 평론계에 있어서 이러한 환영과의 격투가 얼마나 되풀이되었는가는 반성해 볼 필요가 있다"(「사상가로서의 학슬리」, 『최재서 평론집』, 219~220면의 脚註 내용).

것으로 드러난다.

그리고 '양식'의 측면에서 본다면 이는 서사시로 귀결된다. 이 때 그가 서사시를 지향한 이유는 서사시의 정신이 개인보다 집단을 중시하는 정신이며, 용기와 저항력, 영웅적 자질을 내포한 것이라 보았기 때문이다. 서사시의 지향은 그가 전체주의 사상의 수용으로 나아가는 과정으로서의 의미를 함축한다. 그러나 이 과정은 아주 논리 정연하게 진행된 것은 또한 아니었다. 심리주의 소설에 대한 평가를 예로 들어보면, 1938년에는 죠이스의 자아탐색의 문학 대해 '시대적인 것이 아니[265]'라 하여 폄하하다가도, 그 내면적 리얼리즘에 대해 고평[266]하는 관점을 보이기도 한다. 이는 역사의 방향에 대한 그의 신념이 아직 명확하게 정리된 것이 아님을 보여주는 한 증거라 볼 수 있을 것이다.

이 절에서는 이 과정을 동시대 문인들과의 비교를 통해서 그의 역사 이해 방식과 그에 따른 문학론의 변화를 추구하는 방법을 통해 규명하려 한다. 이 작업은 또한 그의 국책문학론과 밀접한 관련 하에서 진행되는 것이기도 하다.

소설의 서사적 지향, 행동주의에 대한 경도를 보여주는 글로 가장 주목할 것은 「현대 세계문학의 동향」(『조선일보』, 1938.4.22~24)이다. 여기서 그는 H.리드의 『현대소설』의 한 대목을 직접 인용하면서 '남성적인 힘의 문학-서사시와 서사극과 행동소설'을 요망한다. 이 때 힘의 문학이란 '어떤 단체적 정신을 구체화하여 일정한 목적 아래 결성되는 행동을 나타내'는 문학이다. 그가 이와 같은 인식에 도달하게 된 것은 당시의 세계정세

265) 「현대 세계문학의 동향」, 『조선일보』, 1938.4.22~24.
266) 「現代小說 硏究 (1)-죠이스 <젊은 예술가의 초상화>」, 『인문평론』 4호, 1940.1.

때문이었다. 문학을 심리와 의식의 세계에서 사건과 행동의 세계로 전개시키는 것이 현대의 요망이라 파악하였기 때문이다. 이와 같은 행동의 세계를 보여주는 것의 예로는 프랑스의 행동주의 문학과 독일과 이탈리아의 국민주의 문학, 그리고 전세계에 팽배한 보고문학, 헤밍웨이와 포크너의 육체주의 문학 등이 거론된다.

이처럼 행동의 세계를 보여주는 문학 속에는 다양한 경향들이 포괄적으로 수용되는 데, 이들에 대해 최재서는 아직 전적으로 긍정하지도 그렇다고 전적으로 부정하지도 않고 있다. 다만 심리주의 예술의 퇴폐성이 윈담 루이스의 경우에서처럼 극단적인 외면묘사를 주장하는 객관예술-이를 최재서는 '예술에 있어서의 힛트러리즘'[267]이라고 표현한다-즉 반동적 급진주의를 낳았다는 점에서 간접적으로 비판하는 태도를 취한다.

최재서가 깊은 관심을 보이는 것은 오히려 연대기 소설과 보고문학이었다. 그는 '현대 작가로서 예술적인 장편소설을 쓰려는 야심을 가진 사람이라면 연대기 소설이나 보고소설밖에는 쓸 수 없지 않은가'라고 반문하고 "서사적 소설을 쓰려면 인간의 가능성을 최대한 발휘시키고 혹은 강조하는 큰 사건이 있고 또 인물들이 행동할 만한 충분한 시공간적 여유가 있어야 할 것이다. 전자가 보고문학이고 후자가 연대기 문학이다. 이 두 소설이 왕좌에 오르게 되는 것은 정치적 사회적 이유가 있다[268]"라고 덧붙인다. 그리고 유럽의 대표적 연대기 소설로 영국의 골즈워디의 <포어싸이트사가> 독일 토마스만의 <붓덴부르그일가>, 프랑스 로맹롤랑의 <쟝 크리스토프>를 든다. 보고문학에 대하여는 앙드레 말로의 일련의 작품들을 '보고문학의 전형'이라 평가한다.

267) 『최재서 평론집』, 380면.
268) 「현대 세계문학의 동향」, 『조선일보』, 1938.4.22~24.

이어서 그는 이들 장편 연구를 시도하는데, 「현대소설 연구 1-조이스 <젊은 예술가의 초상화-예술의 탄생>」(『인문평론』 4, 1940.1), 「현대소설 연구 2,3-토마스 만[269] <붓텐부르크 일가>」(『인문평론』 5-6, 1940.2~3), 「현대소설 연구 4-A.헉스레이 <포인트 카운터 포인트>」(『인문평론』 7, 1940.4), 「현대소설연구 5-소설의 서사시적 성격-말로의 작품성격>」(『인문평론』 10, 1940.7) 등이 그것이다.

이 중 제일 처음에 쓰여진 죠이스 연구는 가장 소략한 것으로, 그가 지금까지 피력해온 심리적, 내면적 리얼리즘과 '의식의 흐름' 방법의 의의를 「젊은 예술가의 초상화」라는 작품을 통해 논증한 글이다. 앞에서 밝혔듯이 1938년에 이미 최재서는 심리주의 문학의 표본으로 죠이스를 설정하고 그 한계를 지적했던만큼, 이 논문에서는 기존에 자신이 부여한 심리적 리얼리즘의 의의 외에 이 작품에 대한 특별히 새로운 인식은 별로 찾아볼 수 없다.

일반적으로 죠이스의 『젊은 예술가의 초상화』는 예술가 소설이며 교양소설로 평가된다. 근대 소설이 발생하여 바야흐로 무르익어 가기 시작할 무렵 탄생한 교양 소설[270]은 한 젊은이의 성장을 작품의 주요 틀로 하여, 개인과 그가 속한 현실과의 긴밀한 관계를 보여주는 소설이다. 교양소설에서 드러나는 것처럼 인간이 자신의 자아를 온전한 모습으로 형성시켜 타고난 어떤 자질들을 도야하는 것, 즉 buildung을 이룩한다는 것이 다만 개인적 차원의 인간적 성숙이 아니라 사회의 주요가치들을 적극적으로 내면화

269) 「토마스 만에 대한 글로는 5편이 더 있다. 「토마스 만의 가족사 소설」(『동아일보』, 1938. 12.1), 「作家의 多樣性-"토마스 만"의 作品에 나타난 戀愛(一)」(『조선일보』, 1940.2.29)와 「作家의 유모어-"토마스 만"의 作品에 나타난 教訓(二)」(『조선일보』, 1940.2.30), 「作家의 運命觀-"토마스 만"의 作品에 나타난 臨終(三」)(『조선일보』, 1940.3.2), 「토마스 만의 時代의 요구」(『조선일보』, 1940.8.3)가 그것이다.

270) 교양소설의 개념에 대해서는 M.M. Bakhtin, "The Buildingsroman and It's Significance in the History of Realism", *Speech Genre and Other Late Essays*, ed. Caryl Emerson and Michael Holquist, U.P. of Texas, 1986, pp.18~25을 참조.

하는 과정과 밀접한 관계 속에 놓이게 된 점은 특별히 근대 부르주아 세계의 요구가 만들어 낸 역사적 상황이다. 이런 맥락에서 18세기 말 탄생한 교양 소설의 핵심 주제는 '개인과 근대세계 사이의 관계맺음과 화해 가능성에 대한 탐색'이라는 말로 요약할 수 있다는 것[271)]이 일반적인 평가이다.

그러나 20세기에 들어서면서 세계의 부정성은 한층 심화되고 이처럼 부정성이 압도적인 세계에서의 진정한 화해 모색이란 남다른 자질과 위치의 소유자가 아니면 할 수 없는 과제가 된다. 소설의 주인공이 직업적 예술가가 되는 것은 이 이유에서이다. 따라서 20세기 초반 들어 예술가 소설의 시도가 본격화되었다는 것은 세계와 개인 모두 부정성이 한층 견고해진 증거인 반면, 그런 남다른 인물들을 통해서야 비로소 사회에 대한 일정한 비판이 가능하고 진정한 화해가 시도될 수 있다는 점을 반증[272)]한다.

최재서의 죠이스 연구는 '교양소설'의 관점을 취하고 있지는 않은 반면, 이와 같은 20세기의 부정성을 드러내고 있는 점과 이 부정성에 대해 작가가 새로운 예술 방법으로 대응하고 있는 점을 높이 평가한다. 바흐친에 있어 교양소설이 근대 리얼리즘 소설의 발전을 이끌어 낸 결정적 계기라는 의미를 지니고 있으며, 루카치 역시 교양소설을 19세기 사회소설의 前段階로 파악한다는 점을 생각한다면 최재서가 죠이스 소설의 의미를 교양소설이 아닌 심리적 리얼리즘의 측면에서 다루고 있다는 점은 여전히 그가 모더니즘의 기법과 그 형식적 의의를 고평하고 있음을 알 수 있다. 즉 중편소설론과 장편소설론에서 보여준 관점과 마찬가지로, 그가 사회주의 문예론자들과는 다른 입장에 서 있다는 것이 죠이스 연구에서도 드러난다고 평가할 수 있을 것이다.

---

271) 최선령, 「20세기 초반 교양소설 연구」, 서울대 영문과 박사논문, 2002, 8면.
272) 위의 논문, 56면.

그가 고평하는 심리적 리얼리즘의 기법은 '자유연상'수법이다. 그는 죠이스가 철없는 공상 속에서도 일찍부터 종교와 정치의 생각에 뛰어 든다는 것은 그 예술의 근저에 있는 모순의 불안을 보여준다고 보면서도, 주인공 스티븐의 내면생활이 아름다운 것은 '생활자체가 아름다운 때문이 아니라 그 묘사가 리알하고 詩味를 갖추었기 때문[273]'이라 평가한다. 최재서는 이 작품에서 죠이스가 묘사와 설화 외에도 자연주의적 수법, 혹은 도스토엡스키의 수법, 말라르메의 수법 등을 자유로 구사하면서 자기 자신을 파헤치고 있다고 본다. 이 작품의 의의는 이와 같은 수법을 통해 인간의 내면생활을 발견해냈다는 점인데, 이에 대해 최재서는 "20세기인이 자기 자신으로 돌아와 보았을 때 거기서 놀람으로써 발견한 것은 무의식 세계였다. 그들이 소설 가운데서 정신분석학자들의 방법을 이용하였다는 것은 그들의 정신이 리알리스틱하다는 것을 표시하는 외에 아무 것도 아니다."[274]라고 함으로써 심리적 리얼리즘의 진실성을 확신한다. 앞서 지적하였듯이 이는 행동주의 문학을 요구하는 시대의 흐름을 주장하면서 심리적 리얼리즘을 비판했던 것과는 상충된 것으로 볼 수 있다. 또한 이를 통해 그가 죠이스, 헉슬리의 예술성을 끝내 부정하지 않았다는 사실[275]을 알 수 있다.

헉슬리의 <포인트 카운터 포인트>는 '심리적 리알리즘'을 다루고 있다는 점에서 죠이스 연구와 동렬에 놓고 평가해 볼 수 있다. 그러나 헉슬리

273) 『최재서 평론집』, 223면.

274) 『최재서 평론집』, 232면.

275) 4장에서 검토할 것이지만, 최재서가 국책문학론을 이론적으로 정초하면서 비판한 개인주의 문학에 대한 비판은 죠이스나 헉슬리가 아니라 토마스 만이었다. 직접적인 이유는 토마스 만의 소설이 가족 간의 '분열과 항쟁'을 묘사하고 있다는 점 때문이었다. 즉 당시 그는 가족을 국가 혹은 사회와 개인의 관계 즉 전체와 부분의 관계를 축소하여 보여주는 모델로 인지하고 있었기 때문에 이를 용납할 수 없었다. 프로이드의 심리학 역시 비판되지만 헉슬리나 죠이스의 예를 들지는 않는다. 여기서 알 수 있듯이 최재서는 끝내 죠이스와 헉슬리, 그리고 이들의 예술방법에 대한 공감을 버리지는 않았던 것으로 보인다.

에 대해 비평활동의 초기부터 깊이 공감[276]해 온 최재서는 헉슬리를 쉽게 비판하지 못한다. 여기서 그는 헉슬리의 심리적 리얼리즘이 회의주의에 빠지게 됨을 지적하고 이를 비판하는 태도를 취하면서도 헉슬리가 그에 이르는 과정에 대한 상세한 설명과 해석을 덧붙임으로써 이를 오히려 옹호하는 듯한 모습을 보이기도 한다.

먼저 최재서는 思想小說과 觀念小說을 구분한 후, 헉슬리가 주장한 관념소설의 적극적 의의를 피력한다. 관념소설이란 인물보다는 관념, 생활보다 사상이 더 작가의 흥미 대상이 되는 소설을 의미한다. 이런 점에서 이것은 혹종의 사상을 옹호하거나 배격하기 위한 思想小說과 다르다. 최재서의 정리[277]에 의하면 헉슬리는 관념을 '욕망의 합리화'라고 본다. 감정은 인간 생활의 원동력이 되는 것이지만, 오래 지속될 수 없기 때문에 인간은 이를 관념으로 합리화하여 감정을 정당화하고 행동을 자극하며 또 감정을 지속적으로 각성시킨다는 것이다. 최재서는 이것을 헉슬리의 심리적 리얼리즘의 요체로 보고 그 한계를 지적하기에 이른다.

> 이러한 심리적 리아리즘이 학슬리의 사상을 스켚티시즘으로 몰아 넣는다는 것은 차라리 당연한 일이라 하겠다. 왜 그러냐 하면 모든 관념이 욕망의 합리화인 이상, 그리고 욕망과 욕망사이에 하등 진위의 차별이 있을 수 없는 이상 관념과 관념 사이에도 진위의 차별은 있을 수 없다. 모든 형이상학과 인생철학은 어떠한 전제에서 일정한 결론에 도달하기까지의 방법론이 과학적일 뿐이다. 그러나 그 전제란 결국 인생과 자연에 대한 인간의 태도이니까, 철학이란 결국 그 인간의 욕망의 합리화가 되고 만다. 따라서 인생에 대한 한 태도와 다른 태도(예를 들면 비관적 태도와 낙관적 태도) 사이에 아무런 진위의 차별이 없는 이상 그 결론인 철학 자체에도 과학적인 우열은 없다. 이리하여 학슬리는 스켚티시즘에 빠지고

---

276) 이에 대해서는 2장의 2절 3항을 참조할 것.

277) 이를 소개함에 있어 최재서는 자신이 헉슬리의 『신념과 사상』을 요약하고 있음을 밝히고 있다. 『최재서 평론집』, 261면.

만다.[278)]

인용문 중 괄호 속의 내용은 그가 일찍이 「풍자문학론-문단 위기의 타개책으로서」(『조선일보』, 1935. 1. 21)에서 다룬 것이기도 하다. 단 「풍자문학론」에서는 여기에 '비판적 태도'를 하나 더 설정하여 그 긍정적 기능을 부각시켰던 데 반해, 이 글에서는 이를 '스켑티시즘'으로 부정적 언사를 통해 설명한다는 차이가 있다. 그러나 곧 이어 그는 「대위법」의 수법을 상세히 분석하면서 그 내용과 구성과 수법에 있어서 '관념 소설은 현대 소설 중에서도 가장 현대적인 소설[279)]'이라 고평한다.

더 중요한 논문은 「사상가로서의 학슬리」에서 다루어진 내용이다. 이 글에서 최재서는 헉슬리가 『一과 多』(One and Many)에서 주장한 인간의 다양성에 공감하는데 이는 당시의 시대적 조류라 할 전체주의와 상충될 수도 있는 것이므로 상세히 검토해 볼 필요가 있다. '一 과 多'란 인간성이 단일한 동시에 다양하다는 의미이다. 최재서는 헉슬리의 말을 빌어 "우리가 존재하는 이상 우리는 결코 단일하지 않다. 또 한편 우리는 내면적 혹은 외면적인 모든 변화를 통하여 항상 우리 자신인 것을 의식하는 이상 결코 완전히 다양하지는 않다. 이리하여 우리는 단일한 동시에 다양하다는 것을 알 수 있다"[280)]고 정리한 뒤, 현대 구라파인은 이 사실을 무시하고 그 중 어느 하나의 자아만을 진실한 것으로 규정한다고 비판한다. 또 이는 본능, 정렬, 직관과 같은 능력을 무시하는 태도이기도 하다고 본다.

현대에 있어 이처럼 존대를 받고 있는 主知的 科學的 知識은 세계의 多樣性으

278) 「현대소설 연구-학슬리 <포인트, 카운터 포인트>」, 『최재서 평론집』, 261면.
279) 『최재서 평론집』, 270면.
280) 『최재서 평론집』, 211면.

로부터 추상된 간접적 지식인데, 일반적으로는 직접적 지식보다도 더 진리에 가까운 것이라 생각된다. (중략) 따라서 이 多樣性을 직접 지각하는 지식-예컨대 藝術家의 體驗-은 사회적 과학적 표준을 좇을 때에 과학적 지식보다도 유용하지 못할 뿐이지 어느 것이 더 진리이고 어느 것이 덜 진리란 법은 없다. 直接的 知識은 우리의 생명에 자극과 영양을 주는 데 그 가치가 있다. 直接的 知識과 科學的 知識과의 차이는 음식물과 도구와의 그것과 흡사하다. (중략) 現代의 경향은 도구의 가치를 과대시하고 음식물의 가치를 과소시하는 데 있다. 일반적이고 통일적인 것에 관한 추상적 지식을 偏愛하는 現代의 경향은 미래를 예언하고 현재를 조직하고 기타 여러 가지로 유용한 작용을 하지만 우리들이 의지해서 살만한 생명력을 주지 못한다. (중략) 영혼의 음식물은 세계의 多樣性으로부터 획득되는 直接的 知識이다.[281)]

이 인용은 헉슬리의 『一과 多』(One and Many)의 한 부분을 요약한 것이다. 여기서 헉슬리가 주지적 과학적 지식을 비판적으로 보고 이에 대립되는 직관과 본능의 세계, 즉 직접적 지식의 문제를 다룬다는 점과 최재서가 이 부분에 주목하고 있는 것은 매우 흥미롭다. 최재서 역시 일찍이 주지주의론을 연구할 때 T.E.흄과 H.베르그송을 통해 이 문제를 연구[282)]한 바 있다. 헉슬리가 여기서 직접적 지식을 과학적 지식과 비교하면서 그 중요성을 말할 때 이는 베르그송이 말하는 직관의 세계와 상통한다는 점에서, 또한 현존 질서에 대한 근원적 비판의 가능성을 지닌 것이기도 하다. 한편 직관의 세계는 또한 비합리주의로 이 비합리주의는 당시의 시대적 흐름에서 파시즘과 조류를 같이할 가능성을 지녔다는 점에서 역시 문제삼을 수도 있을것이다. 그러나 이 글만으로 본다면 최재서의 논지는 「풍자문학론」을 썼을 당시의 문제의식에서 크게 벗어나지 않은 것으로 보인다. 개성의 다양성에 평형을 통해 통일성을 부여해야 한다는 헉슬리의 말에 동의함

281) 『최재서 평론집』, 212~213면.
282) 이에 대하여는 본 논문의 2장 1절을 참조할 것.

으로써, 부르주아의 전통적 교양의 중요성을 언급한다는 점에서 그가 헉슬리를 대표적인 서구적 지성으로 인정하고 그 지성의 효용을 의심치 않고 있다는 것은 명백하다.

문제적인 것은 토마스만의 가족사 연대기 소설에 대한 연구이다. 그는 토마스 만에 대한 6편의 글을 통해 비교적 상세한 연구를 시도한다. 최재서의 토마스 만에 대한 관심에 대해서는 서구 지성의 옹호나 교양론을 다룰 때 이미 한차례 검토[283]한 바 있다. 토마스 만의 「붓텐부로크 일가」 역시 이 관심의 연장에 서 있는 논문이다.

먼저 그는 가족사 소설의 이념을 규정한다. 가족사 연대기 소설이란 '한 크로니클로서 어떤 한 가족의 역사를 삼 세대 내지 사 세대에 걸쳐 취급하려는' 소설이다. 한편 연대기 소설의 특징으로는 형식이나 구성이 명확하지 않은 점을 들고 있는데 그 이유는 연대기 소설의 작가가 추구하는 것이 논리적 인과관계가 아니라 세대의 교대를 통하여 본 시간의 흐름과 그것이 주는 인생의 의미이기 때문이라고 정리한다. 따라서 연대기 소설은 논리적 진행이 아니라 무수한 에피소드의 연결을 통해 본 우주적 진행을 준다고 평[284]한다. 보다 의미심장한 것은 연대기 소설이 현대에 유행하게 된 동기에 대한 분석이다. 그는 골즈워지의 『포어 사이트 싸가』를 예로 들어 이 작품이 民族史譚에서 영향을 받았고 이 민족사담이 영웅 속에 구현된 민족의 성격과 운명을 노래하는 일종의 서사시라는 점에 주목한다.

> 現代에 와서 이러한 藝術的 感興이 家族史를 통하여 表現된다는 것은 흥미있는 일인 동시에 우리 앞에 여러 가지 問題를 제기한다. 위선 小說은 그 최고의 精神에 있어 에픽의 性格을 가지려고 한다는 사실, 그리고 <u>市民**화된 캐피타리스**</u>

283) 3장 1절 2항을 참조할 것.
284) 『최재서 평론집』, 237면.

> 트가 古代의 英雄에 대신하고 그 家族은 古代의 民族에 對應한다는 두 사실을 생각할 필요가 있다.(중략) 만과 골즈워지는 그 사회의 대표적인 資本家 家族을 취급하면서 社會政勢와 더부러 隆盛, 絶頂, 沒落의 過程을 밟는 한 家族 전체의 運命을 그리려 하였다. 이리하여 그들은 소설에다 古代 敍事詩다운 偉大性-人間性의 探求와 社會律의 嚴肅性-을 賦與하려고 하였다. 그러나 그들의 英雄들 속에 自己 分裂이 보이고 家族 全體의 運命이 衰滅의 코-스를 밟아 고대 서사시와 같은 健康性과 明朗性을 갖지 못하는 것은 現代文明 그 자체의 性格을 表現하는 것으로서 볼 수 있으리라. 한 가족은 각 가족원의 總和일 뿐 아니라 각 가족원을 包容하는 동시에 그들을 超越하는 그 무엇, 각 가족원을 존재케 하고 또 그들의 성격을 규정하는 그 무엇이 있다. 그것은 그 가족의 傳統이다. 그것은 전체와 부분의 관계이다. 그리고 전체는 原子論的으로 부분을 총합하야 파악되는 것이 아니라 전체적 직관적으로 파악될 것을 오늘의 全體主義者들-오토말 슈팡, 파펫트 등은 가르친다. 물론 토마스 만이나 골즈워지가 이들과 같이 전체주의자거나 비합리주의자는 아니다. 그러나 그들이 사회를 파악하는 방법은 슈팡이나 파렛트가 사회를 파악하는 방법과 일맥상통하는 데가 있다. 그것은 결국 이들 作家의 藝術的 直觀力의 소치이고 하등 정치적 고려에서 나온 것은 아니지만, 하여튼 가족을 한 전체로서 파악하려고 한 것은 종래의 個人主義的 小說 手法에 비하여 퍽 주목할 만한 일이다.[285](강조-인용자)

여기서 최재서는 시민화된 자본가를 고대의 영웅에 그 가족을 고대의 민족에 대응시키고 있는 데, 이는 그가 구상하고 있는 새로운 서사시의 주인공들이라 할 수 있을 것이다. 한편 그는 이 자본가와 그 가족이 쇠멸하는 것을 현대문명의 표현으로 본다. 이것은 루카치가 주장한 소설론의 구도와 유사한 형식을 취하는 것으로 보이지만, 이를 다시 전통과 전체주의 사상과 연결시킨다는 점에서 차이를 갖는다. 오히려 루카치류의 소설 이론의 형식적 구성을 모방함으로써 자신의 논리를 합리화하는 것으로 볼 수도 있을 것이다.

285) 『최재서 평론집』, 238～239면.

또한 최재서는 예술가의 직관력의 소치인 이와 같은 일련의 작품들이 정치적 고려 없이도 자연스럽게 시대의 흐름이라 할 전체주의적 사회인식에 근접하고 있다는 점을 부각시키고 있는 데, 여기서 두 가지를 지적할 수 있을 것이다. 하나는 그가 개인과 사회의 관계, 조화, 사회 속의 개인이라는 문제로 암시되는 전체주의적 사회인식에 공명하고 있다는 점이며, 다른 하나는 그것이 예술가들의 '직관'을 통해 합리화되어 있다는 점이다.

직관이란 임화의 말을 빌리면 지성이 파악할 수 없는 잉여의 부분을 파악할 수 있는 능력286)에 해당할 것이다. 최재서 역시 헉슬리를 통해 직관에 의한 '직접적 지식'의 유용성을 지적한 바 있으므로, 개인과 사회의 문제가 예술가의 직관에 의해 감지되며 이것이 당대 전체주의 사상가들과 맥락을 공유한다는 지적은 앞으로 전개될 사회에 대한 간접적 암시를 하고 있는 것으로 보인다. '초월', '전체', '전통' 등은 이러한 경도를 보여주는 용어들이다. 그러나 아직 이것을 '낙관적 전망'으로 파악하고 있지 않다는 점이 이후 국책문학론과의 차이라면 차이일 것이다. 여기서 이것은 서사시를 낳은 고대의 건강성, 명랑성과 대비되는 어쩔 수 없는 현대 문명의 부정성에서 기인하는 것으로 파악한다는 점에서 그러하다.

그의 변모가 한층 두드러지는 것은 '전통'에 대한 인식이다. 그는 가정을 전체로 볼 때 가족과 개인은 어떤 관계인가를 자문하면서 다시 한 번 괴테의 말을 인용하는 데 개성과 성격에 관한 괴테의 말 중 '세파' 즉 사회적 현실이 이 글에서는 혈통으로 바뀌어 있다. 이를 설명하기 위해 유전학이 거론되기도 하는 데 이를 통해 그는 전통을 "血統의 意識化이고 理念化이고 制度化"로 본다 그리하여 한 家族 속에는 "男女, 老少, 同輩, 교육

286) 임화, 「작가와 문학과 잉여의 세계」, 『비판』 60, 1938.4 (「의도와 작품의 낙차와 비평-특히 비평의 기능을 중심으로 한 감상」이라는 제목으로 『문학의 논리』에 수록됨) 이에 대해서는 3장 1절 1항에서 상술한 바 있다.

자와 피교육자, 지배자와 피지배자, 권위와 신뢰, 명령과 복종의 모든 관계가 축도적으로 나타나기 때문에 성격 형성의 기초사업은 거지반 가족 속에서 행하여 진다"[287]고 본다. 따라서 이제 가족사 소설은 성격탐구의 새로운 경지를 개척한 문학이 된다는 것이다.

혈통과 민족에 대한 강조, 각 사회 단위에서 위계질서를 강조하는 것, 민족의 근원을 탐구하는 것, 이를 통해 전통에 대한 자부심을 앙양하는 것 모두 당대 독일과 일본의 파시즘적 사상의 흔적들이다. 그는 애써 토마스 만이 전체주의자는 아니라 강변하고 있으나 토마스 만의 작품을 대할 때 최재서는 전제주의 사상을 긍정하는 관점에서 이를 해석하고 있다.

교양소설의 관점에서 토마스 만의 작품을 해석한 최근의 연구에 의하면 토마스만의 첫 장편인 『붓텐부르크 일가』에서 붓텐부르크 가문은 교양의 전통 없이 경제적 상승만을 이룩한 부르주아 집안이 아니라 상류시민계층에 가까운 집안이다. 이들을 전통적 시민 계층(the traditional burgher)이라 부를 수 있는데, 이들은 과거로부터의 문화적, 철학적 가치들을 보존해왔고 개인의 '정신계발'이라는 이상을 가꾸어 온 주역들이라는 점에서 buildung의 담지자들이다. 중간계급으로서 귀족계급적 가치를 부정하는 한편 이를 일정하게 흡수해 온 것이 서구 부르주아의 일반적 행로였다면 귀족 전통과 부르주아적 합리성의 이상적 조화를 이룩하고 긍정적으로 보존해 온 붓텐부르크 가문의 주인공 토니오는 교양소설의 주인공이라 볼 수 있다고 평가[288]된다.

그러나 독일 교양소설은 국가 권력이라는 낯선 권력 앞에서 내면적 자아를 추구하는 것이면서 동시에 개인 생활의 관심영역으로 제한된, 독일문

287) 『최재서 평론집』, 239면.
288) 최선령, 앞의 논문, 58~59면 참조.

화의 개체주의를 독일적 영혼으로 추구하는 것이라는 평가[289]는 교양 소설의 독일적 특징을 규정해준다. 이런 독일적 특성에서 교양 소설의 이념을 절충주의로 파악하는 관점도 주목할 만 하다. 헤겔에 따르면 소설적 인물의 사회적 저항이란 기존의 사회 현실에 개인이 적응해 가는 교육의 과정에 수렴되며, 그런 점에서 교양소설의 대표격인 괴테의 『빌헬름 마이스터의 수업시대』의 종말은 결국 '기존의 사회적 관계와 그 합리성'을 받아들이는 것이다. 따라서 애초에 이상주의적 지향을 품었던 소설 주인공도 종국에는 다른 사람과 똑같이 속물이 되지만, 헤겔의 관점에서는 그러한 사회적 타협이 결코 타락이 아닌 사회적 성숙의 지표가 된다는 것[290]이다.

헤겔의 관점을 따르는 딜타이 역시 사회적 교양과 예술적 교양을 추상적으로 분리시켜, 사회적 교양에서 현실주의를 취하고 예술적 교양에서 이상주의를 취하는 절충적 입장을 취한다. 이는 독일 근현대사에서 이른바 교양시민층의 역사적 운명과 친화성을 가진 것으로 평가된다. 즉 개인의 행복이 보장되는 한에서 현실을 용인하고, 규범적 강제에서 오는 불편한 의식은 예술을 통해 순화하는 딜타이의 관점은 근대 사회의 시민적 주체에 강요되는 거짓된 주관성을 정당화하는 논리가 된다는 것[291]이다.

최재서가 간과하고 있는 것은 이와 같은 독일적 특성, 즉 문화의 후진성에서 기인하는 절충성과 타협성[292]이다. 지금까지 최재서가 강조해온 교양

---

289) 오한진, 『독일 교양소설연구』, 문학과지성사, 1989, 13면.
290) 헤겔과 딜타이의 미학에 관하여는 임홍배, 「괴테의 『빌헬름 마이스터의 수업시대』에 나타난 사회의식」, 서울대 박사, 1996, 7면 참조.
291) 위의 논문, 6면.
292) 이에 대해 임홍배는, 19세기 독일사를 통해 입증되었듯이 프로이센이 추진했던 위로부터의 개혁은 단지 소극적인 의미에서 '혁명의 예방'에 성공했을 뿐 아니라 독일의 시민정신을 비정치적 보수적으로 길들이는 데 결정적인 몫을 수행하였다고 설명한다. 즉 독일의 시민계급은 영국이나 프랑스의 시민계급이 시민혁명기에 보여주었던 건강하고 진취적인 시민의식 즉 '시트와이엥 citoyen'의 의식을 제대로 체화할 겨를도 없이 국가의 요구에 순응하는 체질에 길들여진 것인

과 지성은 주로 A.헉슬리와 M.아놀드에 근거한 것으로서 서구의 근대 합리적 전통에 근거한 것이었다. 또한 이는 지식인에게 고유한 자질이었기에 전통에 대한 교양의 유무를 통해 이들은 지식인과 민중을 구별하였던 것이다. 최재서가 '학슬리 자신도 관념소설은 전 인류의 90퍼센트를 독자에서 제외한다고 말하였다. 그러나 나머지 10퍼센트가 그렇게 무의미한 존재는 아니리라'[293]고 했을 때 그 '나머지 10퍼센트'가 바로 교양 지식층을 의미한다. 그러나 이제 그와 같은 교양이나 전통은 혈통과 의식으로 후퇴하고 만다. 그리고 민중 역시 민족의 영웅을 추종하는 수동적 존재에 불과할 뿐이다. 이전에 최재서가 설정하였던 민중 개념은 앞서 분석하였던 것처럼 피억압자로서의 민중이 아니라 새로운 계급으로 부상한 부르주아에 가까운 개념이었다. 그러나 이 부르주아란 프랑스 혁명기의 시투와엥이 아니라 속물화된 존재로서의 그것이다. 최재서는 헉슬리와 아놀드에 기대어 이들의 속물성을 비판하고 이들과 대비된 존재로 지식인의 교양과 전통계승자로서의 역할을 강조하였던 것인데, 이제 민중의 개념 역시 변화된다. 즉 파시즘의 주장과 동일한 '민족의 구성원으로서의 민중'에 가까운 개념이 된다.

현대소설연구 연작의 마지막 논문인 「소설의 서사시적 성격-마르로-의 작품성격」은 이 연장선에서 파악할 수 있다. 여기서는 A. 말로의 「정복자」와 「인간의 조건」, 「왕도」가 분석의 대상이 된다. 그것에 흥미를 갖게 된

데, 시민에 해당하는 독일어가 '공민Staatsburger'이라는 것도 이와 무관하지 않다는 것이다. 공민이라는 말은 '국가의 주인된 시민'이라는 자부심보다는 '국시에 충실한 신민'이라는 열패감이 짙게 배인 말이기 때문이다. 그는, 프랑스 혁명기에 '인본주의적 교양'을 중시했던 훔볼트나 피히테의 경우도 18세기 말 이후로는 국가의 요구를 충실히 따르느냐 마느냐 하는 적법성의 기준을 보편적 교양의 요구보다 우위에 두게 된다는 사실을 통해 독일 시민계급의 불행한 역사를 볼 수 있다고 설명하고 있다. 위의 논문, 81~82면 참조.

293) 「현대소설 연구-학슬리 <포인트 카운터 포인트>」, 『최재서 평론집』, 270면.

가장 중요한 원인은 이들 작품이 '1925년에서 27년까지 南支와 北支에서 과감히 전개된 排英運動을 취급한 작품'이라는 점에서이다. 즉 르포르타주의 형식을 취한 점에서 문제적이라 평가되었다.

이들 작품에는 수많은 인물이 등장하는 데, 최재서는 이들 혁명가들을 '들린 사람들'로 표현한다. '들렸다'란 말을 최재서는 '육체상의 신령, 요괴, 귀신 등이 인간 육체 내에 들어와서 인간의 정신을 점령해 인간을 마음대로 통제한다는 관념[294]'으로 즉 마술적 세계관의 유물로 정의한다. 최재서에 따르면 말로의 작품에 등장하는 인물은 신념에 들리고, 악마에 들리고, 국가에 들리고, 지적 흥분에 들린 자들이다. 최재서는 이런 들린 자들의 행동을 무동기 행동으로 설명한다.

> 나는 여기서 불란서 네오 휴마니스트들 사이에 특별한 관심을 사고있는 無動機行動(혹은 無償行動)을 연상한다. 지드와 그의 영향을 받은 젊은 휴마니스트 작가(말로도 그 중의 한 사람이다.)들이 탐구하고 있는 무동기 행위란 이것을 일상적 각도에서 관찰할 때엔 광인의 짓으로밖에는 볼 수 없으리라. 그러나 문명에 의하여 인간이 인간성을 거세 당하고 모든 행동이 지적으로 궤변화된 현대에 있어서 이러한 순수행동의 탐구는 결코 의미가 없는 일은 아니다. 다만 이것을 소설의 유지라는 좁은 범위에 한하고 본대도 성격창조가 극도로 곤난하게 된 이때에 행동을 그 협잡물로부터 유리하야 일종의 순수상태에서 그것을 실험하고 탐구한다는 섯은 퍽 의의있는 일이라 하겠다.[295]

최재서가 이 무동기 행동에 주목한 이유는 그것이 서사적 자질을 갖추고 있다고 보았기 때문이다. 고대 서사시 영웅들의 초인간적 능력에 비교할 수 있는 이들의 행동은 '민중을 초월하는 동시에 그 일상성에 있어 끝

---

294) 『인문평론』, 1940.7, 47면.
295) 위의 책, 62면.

까지 인간으로서 민중과 운명을 가치하였'다는 것이다. 이런 점에서 최재서는, 말로의 작품을 현대소설이 서사시적 성격을 획득하려는 한 시험으로 볼 수 있다고 평가[296]한다. 이는 그가 토마스 만의 소설 분석을 통해 도달한 결론과 동일한 것이다. 다만 전자의 경우 주인공이 전통적 시민 계급이고 끝내 몰락할 운명을 지녔다는 점에서 과거의 시대를 그리고 있다면 말로 작품의 주인공들은 미래의 성격, 영웅적 서사시적 성격을 구비하고 있다는 점에서 더 강조될 뿐이다.

또 한가지 이들 성격 분석에서 두드러지는 점은, 지나 혁명에 참여하고 있는 다양한 주인공들의 출신 배경을 분석하고 설명하는 과정에서 최재서가 구라파 대 동양이라는 이분법적 사유를 하고 있다는 점이다. 이 글에서 최재서는 '구라파'로 지칭되는 서구 사회의 각 나라별 고유성이나 차이에는 전혀 주목하지 않고 다만 이들이 본국에서 좌절하고 새로운 것을 찾아 지나로 혹은 캄보디아로 찾아올 수밖에 없었던 과정을 구라파와 동양을 비교하는 관점에서 설명한다. 이는 '동양'에 대응되는 인종적 문화적 역사적 차이를 지닌 존재로서의 '구라파'의 의미를 보여주는 것이라 할 수 있는데, 이 역시 파시즘 특히 일본 파시즘의 논리의 반영이 아닐 수 없다.

이상에서 살펴보았듯이 최재서의 현대소설연구는 근대소설, 더 나아가 인류의 역사가 나아갈 방향을 나름대로 가늠해보려는 시도이다. 그는 이를 통해 분열된 주체의 담론인 소설에서 부르주아 가족의 몰락과정을 다룬 가족사 소설, 세계대전 이후 신념을 잃은 지식계급의 내면을 그린 관념소설, 마지막으로 개인보다 집단을 중시하는 서사시에 가까운 말로의 소설[297]

296) 위의 책, 63면.

297) 지금까지 분석한대로 헉슬리 혹은 조이스에 대한 최재서의 연구와 토마스만이나 앙드레 말로의 작품에 대한 최재서의 연구 사이에는 약간의 태도의 차이가 존재한다. 말로연구에서 그는 일본 파시즘에 동조하는 경향을 가장 적나라하게 보이고 있는데, 1961년에 발간된 『최재서 평론집』에 현대소설 연구 연작 중 앙

등을 차례로 고찰한다. 이 과정에서 그는 자신이 전범으로 삼았던 보편 세계의 병적 징후들과 그런 병적 징후에 무기력한 서구적 지성을 추출해내며, 결론적으로 인류가 현대라는 이 극도의 무기력에서 벗어나 새로운 서사시적 단계로 접어들기 위해서는 '용기와 저항력, 영웅적 자질'과 같은 새로운 덕목이 필요함을 제시한다. 이를 역사적으로 정당화하는 것은 「서사시, 로만스, 소설」(인문평론 11호, 1940.8)이다.

4. 동양, 조선의 발견과 계몽의 정치성

1) 동양주의 사상의 배경

(1) 일본 파시즘의 형성과 근대의 초극론

일본의 근대화는 서양의 충격에서 시작되었다. 서양의 충격에 대응하는 과정을 겪으면서 다원적이었던 일본의 봉건적 민족체(nationality)는 천황을 정점으로 하는 민족주의로 변형되었다. 메이지 이래 전통적 국가주의는 '사상'이라기보다 '제도'에 가까운 것이었으며 이 제도를 만든 것은 이토 히로부미를 지도자로 하는 메이지기의 원로였다. 천황이 정치적 권력과 정신적 권위를 함께 획득함으로써 국민은 정치적으로 천황의 신민이 될 뿐 아니라 정신적으로 천황 신자가 되었다. 이 결과 윤리와 권력, 공과 사가 보기 좋게 융합되었으며, 권력은 윤리를 겸하고 윤리는 권력에 뒤따르게 되었다.

그러나 천황이 역사상 절대군주와 달라야 한다고 생각한 이토는 국민의

드레 말로를 다룬 논문만 빠져있는 것은 아마 이 때문일 것이다.

주체성을 고민하게 되고, 여기서 이토는 국민이 천황의 대정을 익찬 한다거나 천황의 친정을 보필한다는 형식을 고안해 내어 국민의 주체적 활동을 이 형식 속에 유입하는 한편, 천황의 지배 권위를 상징화하고 형식화하여 실패나 오류의 책임이 천황에게 있지 않고 오히려 익찬의 방향이나 보필의 방법에 있다는 시스템을 만들었다. 이리하여 국민이라는 절대 객체는 천황에 대한 반역자가 되지 않는 한 그 주체적 활동성을 얼마든지 회복할 길이 마련되었다. 이토의 체계는 천황을 역사의 중심에 세우고 국민과 일본을 천황을 중심으로 통일하는 것이었다.[298)]

이는 문명화된 서구의 국가에 대응하는 주체로서의 국가를 형성하는 과정으로 볼 수 있다. 마찬가지로 일본 지도층이 '서구 열강에 의해 식민지화될지도 모른다는 위기적인 상황'에서 마치 자발적인 의지인 것처럼 문명개화의 슬로건을 내걸고 서구 열강을 모방하는 상황, 스스로가 문명이라는 것을 증명하기 위해 주변에서 '야만'을 발견하고 이를 차지하는 행위, 이들을 동화와 배제의 이중성을 통해 경계짓는 것[299)] 역시 국가 형성의 과정이었다.

무솔리니에 의하면, 국가란 '윤리적 이념'의 구현체이기 때문에, 파시즘은 마르크스주의자들의 유물론과 대비되는 숭고한 정치적 관념론의 형태로 표현될 수 있으며 또 단순히 이기적이고 반사회적인 개인주의로 묘사되는 정치적 자유주의나 계급투쟁과 비교해서 사회에 대한 도덕적 혹은 종교적 개념을 빌어 표현될 수 있었다. 그러므로 파시즘은 '인간으로 하여금 특정한 개인을 초월하여 정신적인 사회의 의식 있는 구성원이 되게 하는 지고의 법칙, 즉 객관적인 의지와의 내재적인 관계와 만나게 하는 종교적

298) 鶴見俊補, 久野收, 심원섭 역, 『일본 근대 사상사』, 문학과지성사, 1995, '4장 일본의 초국가주의 : 소화 유신의 사상'을 참조.
299) 小森陽一, 송태욱 역, 『포스트 콜로니얼』, 삼인, 2002, 32면.

인 개념'이 된다. 그리고 이러한 정신적인 사회를 창조하고 구현하는 것은 민족이라기보다는 국가다.[300] 이와 동일한 논리로 일본은 봉건적인 관계로 느슨하게 결합되어 있던 민족체를 문명화의 명목 하에 경계를 만들어 강력한 제국주의 국가로 형성하였고 이때 국가 형성의 이념이 되었던 것은 천황이데올로기였다.

일본은 메이지 유신이라는 위로부터의 근대화를 통해 산업의 발전과 군사력의 증강을 빠른 속도로 진행시켰으나 사회개혁을 수반하지 않은 근대화는 심각한 내적 위기를 양산 시켰다. 일본의 근대화란 구체적으로 제국주의와 결부되어 있는 기계와 기술(Technology)을 의미[301]했을 뿐 민주주의나 시민권 혹은 자유의 사상과 무관한 것이었다. 이는 '국민' 내부의 갈등과 모순을 심화시켜 심각한 위기 상황을 초래했을 뿐 아니라 이에 힘입어 사회주의 사상이 기층 민중들에게 호소력을 띠기 시작하였다. 서구의 모방과 그들과의 경쟁이라는 국외문제와 사회의 계층 갈등 해소라는 국내문제를 해결하기 위해, 해외진출의 방안이 제시되었고 이런 맥락에서 '동아시아', '동양'과 같은 새로운 개념이 창출되었다.

이를 논리적으로 기초한 사람은 기타 잇키[302](北一輝)였다. 그는 1919년 『일본 개조 법안 대강』을 기초하였는데 이에는 '혁명 일본의 건설', '아시아 민족의 해방' 등 초국가주의 사상이 명시되어 있으며 이 책의 출간과 더불어 군대를 조직적 폭력 수단으로 사용하는 길이 열리게 된다. 그는 '영국은……대부호이며 러시아는 ……대지주이다……국제적으로 무산자라

300) George H. Sabine, 성유보, 차남희 역, 『정치 사상사』 2, 한길사, 1983, 1120~1121면.

301) 丸山眞男, 김석근 역, 『일본의 사상』, 한길사, 1998, 80면.

302) 기타 잇키의 약력 및 활동내용에 대해서는, 鶴見俊補, 久野收, 심원섭 역, 『일본 근대 사상사』, 문학과지성사, 1995, '4장 일본의 초국가주의:소화 유신의 사상'을 참조.

는 지위에 있는 일본이 정의의 이름으로 그들의 독점을 분쇄할 개전의 권리가 어찌 없겠는가…… 국내의 무산계급이 조직적으로 결합하여……유혈에 호소하면서 부정의한 현실을 타파하자는 것이 그들의 주장이라면, 국제적 무산자인 일본이……전쟁에 호소하여 부정의한 국제적 획정선을 바로잡는다는 사실 또한 무조건 인정되어야 한다"고 주장[303)]했는데, 이러한 '프롤레타리아 국가론'은 파시스트당의 국가론에서 중심적 지위를 차지하는 것이었다.

이탈리아의 파시스트 Enrico Coradini에 의해 처음 도입된 이 개념은 공산주의적 계급 혁명론과 국수주의적 국가관을 연계하고 있다. 그는 '진정한 계급의 차이는 이태리와 같이 허약한 후진국 사회 내의 계층 간에 존재하는 것이 아니라, 발전되고 제국주의적이며 자본주의적인 부강한 국가들의 국민과, 뒤떨어지고 식민지화되어 착취당하는 국가의 국민들 사이에 존재한다'고 주장함으로써 무산계급과 유산계급의 계급 투쟁을 선진국과 후진국 사이의 국가적 투쟁으로 변형시켰다[304)]. 이처럼 파시즘은, 기존의 정치세력들이 특정한 하나의 사회계층에 기반을 두고 있는 것과는 달리 범계층적 공동체로서의 '국가'를 지향점으로 삼았다. 즉 총체적 공동체로 '국가'를 정립함으로써 계급 갈등으로 야기된 위기를 극복하려 하였다.

이때 권력의 무제한적 행사를 위해 필요한 모든 이데올로기를 기능적으로 선택하였기 때문에 내부에 서로 상충되는 주장이 드러날 수밖에 없는데 이러한 논리적 모순을 은폐하기 위한 장치가 필요하였다. 독일 나치즘의 경우 상충되는 이데올로기적 모순을 용해하기 위한 것으로서 반 유대주의(Antisemitismus)가 있었다면[305)] 일본은 동양과 서양의 대립이라는 이데올

303) 기타 잇키의 『일본 개조 법안 대강』의 일부. 위의 책, 152면에서 재인용.
304) 고규진 외 『유럽의 파시즘-이데올로기와 문화』, 서울대 출판부, 2001, 14~15면.
305) 위의 책, 20~28면.

로기로 이 모순을 해결하였다. '동아시아론'은 일본식 오리엔트로 발명되었다. 서구가 오리엔탈리즘이라는 담론을 통해 동양과 서양을 구별하고, 이런 구별을 통해 동양을 지배하고자 한 것과 마찬가지로, 일본은 '동아시아론'을 통해 아시아와 차별성을 지닌 자신을 만들어 부각시킴으로써 동아시아에서 자신들의 제국주의 지배를 정당화하는 논의를 폈다. '脫亞入區'와 '大東亞共榮'의 이율배반은 일본 근대화의 특수성을 반영하는 것이었다. 따라서 서구(근대)를 극복한다는 것은 그들이 이미 이룬 근대를 짧은 시간 안에 획득하고자 하는 근대의 기획이라고 할 수 있다.

여기서 일본 사상계, 문화계의 동향을 검토할 필요가 있다. 이들은 일본 국가주의의 팽창과 그 소산인 초국가주의 논리에 어떻게 대응하였는가? 이 시기에 현실적 난관을 사상적으로 극복하는 방법으로는 먼저 헤겔적 방식으로 모순을 실천적으로 지양해가는 변증법이 있을 수 있다. 이 변증법은 끊임없이 실현해야 하는 목적을 가지며 또 현실적 변혁과 진보를 주장하는 것이다. 그러나 당시 일본의 사상계에서 공산주자들은 거의 대부분 전향하거나 학살당한 상황이었다. 가장 심한 탄압 하에 있었던 아나키스트306) 역시 이미 1923년 간토 대지진으로 그 지도자인 오스기 사카에(大杉榮)가 학살되는 등 그 명맥이 거의 끊긴 상황이라 해도 과언이 아니었다.

두 번째는 일본 낭만파의 야스다 요주루(保田與重郞)가 말하는 「낭만적 이로니」이다. 야스다는 현실적 이해관계를 거부하는 것이 미를 실현하는

306) 일본의 아나키스트들은 대부분 마르크시스트에서 아나키즘으로 이행하는 모습을 보인다. 일본에서 20세기 초기에 사회주의 운동이 시작된 것에 아나키즘 서적의 발간도 한 몫을 했다는 점, 이즈음 일본에는 아나키스트가 대부분이었던 러시아 혁명가들이 차르의 압제를 피해 망명활동을 하고 있었다는 점이 그 배경이 되었다. 일본 아나키스트의 대표라 할 고토쿠 슈스이(幸德秋水)는 러·일 전쟁부터 시작된 일본의 제국주의 침략과 애국주의를 철저하게 비판한 사람이다. 그는 사회진화론을 비판하고 천황제를 비판하였다. 이에 대해서는 조세현, 『동아시아 아나키즘 그 반역의 역사』, 책세상, 2001, 1장을 참조할 것.

것으로 본다. 예컨대 그에 의하면 다양한 이데올로기가 말하는 전쟁의 목적과 실현은 부정되어야 하지만, 다만 詩가 실현된다면 일본이 전쟁에 진다 해도 상관하지 않는다. 현실적인 것은 詩 혹은 美의 「機會原因」일 뿐이다. 즉 무엇인가를 실현하는 자-이들을 야스다 요주로는 변증법의 신봉자들로 본다-에게는 반드시 '인테리스트'가 영향을 주기 때문에 불순하며, '美的'이지 않다는 것[307]이다. 잡지 『문학계』를 주도한 문학평론가 고바야시 히데오(小林秀雄)가 <근대의 초극>좌담회[308]에서 한 발언에서도 이와 같은 문맥을 읽을 수 있다.

> 사회적 역사적 조건이 어떤 문학을 성립시켰는가를 아무리 찾아봐도, 그것은 대문학자가 승리하고 버린 찌거기, 형해를 조사하는 것에 지나지 않으며 승리한 정신을 붙잡는 것은 불가능합니다. 우리는 근대에 살면서 근대의 초극을 말합니다만, 확실히 어떤 시대에도 그 시대의 일류의 인물들은 모두 그 시대를 초극하고자 하는 데서 삶의 보람을 발견했습니다. 그 점을 눈여겨보면, 우리들이 지금까지 많은 영향을 받아 온 역사관을 어떻게든 근본적으로 바꾸지 않으면 안됩니다. 근대의 사관을 개략적으로 말하면, 역사의 변화에 관한 이론이라고 말할 수 있습니다. (중략-인용자) 역사의 힘에 관한 다이나믹에 발목을 붙잡혀, 역사의 힘의 스태틱한 것을 망각하는 곳에 근대인의 약함이 있다고 저는 생각해왔습니다. (중략-인용자) 예술문학은 언제나 조화나 질서라는 모습으로 나타나는 것입니다. 그것은 힘이 변화하는 모습이 아니라, 힘이 평균하는 모습으로 나타나는 것입니다. 그런 조화나 질서는 언제나 한 작가가 어떤 시대와 대결하여 양방의 힘이 균

---

307) 柄谷行人 (「近代の超克」, 『<戰前>の思考』, 東京, 2000)은 이에 대해 1942년 행해진 근대의 초극 회의에서 대동아 공영권과 일미전쟁의 철학적 기초를 확고히 하는 것과 같은 '명해한 결론'에 도달하지 않은 것은, 일본적 좌담회의 병폐라기보다는 오히려 이 회의를 주재한 사람들의 적극적 의도였다고 지적한다. 즉 '확고한 결론'과 같은 행위는 이들의 철학에 어울리지 않는다는 것이다.

308) <근대의 초극>이란 태평양 전쟁을 계기로 하여 여러 분야에 종사하는 문화계 인사가 1942년 7월 23일과 24일에 걸쳐 토론한 회의를 말한다. 잡지 『文學界』 1942년 9월호와 10월호에 게재되었다.

> 등하게 맞아떨어지는 운 좋은 경우라고 생각되지 않습니까.(중략-인용자) 그런 입장에서 보면 역사를 언제나 변화, 진보라고 생각하는 것은 아주 잘못된 것이라고 생각됩니다. 언제나 똑같은 것이 있으며 언제나 인간은 같은 것과 싸우고 있다.-그 똑같은 것-바로 그것을 꿰뚫은 사람이 즉 영원한 것입니다.[309]

여기서 고바야시가 변증법적 역사이해를 비판하는 도구는, 굳이 표현하자면 시간의 흐름에도 불구하고 변하지 않는 '영원한 본질'이라고 할 수 있을 것이다. 이를 그는 '보편적인 인간학' 혹은 '하나의 미학'이라고 뒤이어 부언하고 있는 데, 이 때 그가 주장하는 미학의 내용은 야스다의 미학과 상통한다. 고바야시는 여기서 자신은 역사의 변화에 휘둘리지 않고 불변하는 본질인 미학에 종사하겠다고 표방한다. 그리고 그것을 문학 예술의 본질로 설명하고 있다.

모순을 극복하는 또 다른 사상은 니시다 기타로(西田幾多郎)의 「無의 論理」이다. 이는, 모순으로 보이는 양자가 이미 「절대 모순적 자기 동일」로서 통합되어 있다는 의미에서 모순을 부정하는 것[310]이다. 니시다는 순수 경험 (pure experience)을 유일한 실존으로 인식하여 순수 경험을 그의 철학적 토대로 삼았다. 순수경험이란 의식에 의한 반성을 경험하지 않고 직접적으로 경험하는 것을 의미한다. 순수라고 하는 것은 의식에 의한 반성을 배제하는 것으로서 역사적으로 이것은 반성적 의식을 중시하는 主知主義적 입장을 비판하는 이론에 기초한 것이다. 이것은 주지주의적 의식에 기초한 주객의 二元論을 극복하려는 관점에 서있다.

---

309) 이경훈 역, 「근대의 초극 좌담회」, 한국문학연구회 편, 『다시 읽는 역사문학』, 평민사, 1995, 250~251면.

310) 니시다 기타로(1870~1945)의 「無의 論理」에 대해서는 미야카와 토루, 아라카와 이쿠오 엮음, 이수정 옮김, 『일본 근대 철학사』(생각의 나무, 2001) 중 4장 '헤겔 철학의 수용과 니시다 기타로의 철학'과, 구견서, 『일본 지식인의 사상』(현대 미학사, 2001)을 참고

니시다는 순수경험을 物과 心, 객관과 주관 등의 대립 이전의 직접적 소여로서 인식하였다. 니시다는 하나(一つのもの: universe: 一般者)가 점차 분화해 발전해 가는 것, 즉 통합된 것이 점차 분해되어 개체로 발전한다고 보았는데, 이때 일반자가 자기를 분화하고 발전시키는 과정은 일반자의 자기 한정으로서 발현된다. 실재의 근본적 방식은 하나(一)가 되는 동시에 다(多)가 되고 多가 되는 동시에 하나가 되는데, 하나(一)란 전제된 전체를 의미하고 다(多)란 분화된 내용을 의미한다. 니시다에 있어서 '하나와 다'는 '통일과 모순'이라는 도식과 같은 것이다. 여기에서 현실세계를 하나와 다의 '모순적 자기 동일(矛盾的自己同一)'이라는 니시다의 사고가 나타난다.[311] 이 원리에 의하면 자기를 부정하는 것이 자기를 긍정하는 것을 의미하는 것으로 부정이 곧 긍정이다. 또한 통합체로서의 천황과 개체로서의 일본국민은 하나가 된다. 그는 이런 철학적 사고에 기초해서 일본에서의 개인관, 국가관[312], 천황관 등을 규정하였다. 이 '모순되는 것의 동일성' 논리는 헤겔의 변증법에 대항하는 것이며, 또 동양사와 서양사, 동양의 미와 서양의 미를 구분하는 논리가 된다.

한 일본인 평론가는 이들을 모두 '문화적 자유주의자'로 평가[313]한다.

---

311) 西田幾多郎, 『善の硏究』, 岩波文庫, 1950, 구견서, 위의 책, 203면에서 재인용.

312) 그는 1943년 5월 하순 정부 수뇌의 비공식적 의뢰로, 도조(東條英機)내각의 동아공영권 대책의 지침이 된 『세계 신질서의 원리』를 작성하였는데, 여기에 그의 국가관이 드러나 있다. 여기서 그는 세계적 지각의 입장을 세계적 세계형성주의라고 하고 이것을 실현하기 위해서 국가 및 민족이 각자 자기를 초월해서 각자의 지역, 전통에 따라 하나의 특수한 세계 즉 공영권을 구성하고 다시 이것이 결속해서 세계적 세계를 이루는 것이 필요하다고 주장하였다. 이 때 문제는 세계국가와 일본 국가와의 관계이다. 당시 일본은 아시아의 통합을 일본 중심으로 구성했고 그 연장선에서 벌어진 것이 태평양전쟁이다 이렇게 본다면 니시다 철학의 신세계주의는 아시아뿐 아니라 세계를 일본 중심적 세계로 재통합하는 것을 정당화하는 이론으로 작용했다는 가능성이 충분히 있다. 이상의 내용에 대해서는 구견서, 위의 책, 210~213면을 참조할 것.

313) 柄谷行人, 앞의 논문, 122면. 고진은 토사카 준(戸坂潤)의 말을 빌어(『일본 이데

문화적 자유주의란 현실적으로 자유주의를 실현하는 것이 불가능하기 때문에 상상적으로 실현하는 것이며 이는 현실적 모순을 '실천적'으로 극복하는 것이 아니라 '논리적'으로 극복하는 논법이기 때문에 어떤 모순이 있을 지라도 그것은 「이미」 지양되어 있다는 것이다. 예컨대 국가 통제 경제는 자유주의와 공산주의, 혹은 개인주의와 전체주의의 양 축을 극복하는 「협동주의」(미키 키요시)로 '해석'되고, 대동아 공영권은 근대국가와 소비에트 연방형 국제주의의 양측을 극복하는 것으로 '해석'됨으로써 결국 이 '논리'는 모든 기성 사실을 긍정하는 것이 된다.

이들의 논리는 이처럼 현실에 대한 긍정과 부정이 묘한 조화를 이루고 있다. 영원한 어떤 것, 영원히 실현될 수 없을 수도 있는 어떤 것을 상정한다는 점에서는 현실의 부정처럼 보이지만, 이들의 대응논리가 당시의 정치적 상황에서는 현실 긍정으로 읽혔다는 점에서는 그렇지도 않다. 야스다와 고바야시가 미학을 말하고 니시다 기타로 역시 종교와 철학을 통해 현실을 초월하려 하였으나 이 초월의 논리는 고스란히 국가와 개인의 관계에서 국가의 윤리와 개인의 도덕으로 전환되었기 때문이다. 이런 점에서 볼 때 이들에게 '문화적 자유주의'란 칭호를 부여하는 것은 과도한 의미부여라 할 수 있을 것이다.

실제로 고바야시 히데오가 일제 말기 중국과 조선을 방문하면서 쓴 기행문이나 강연록314)에는, 그의 이와 같은 미학이 식민지 조선과 당시 제국

올로기론』), 정치적 경제적 자유주의에 기초하여, 혹은 대응하여 제3의 자유주의 부면이 생기는데 이 자유주의의 의미를 문화적인 것으로 본다. 이는 필연적으로 민주주의의 추구에까지 갈 여정을 지니고 있는 정치 행동상의 자유주의로부터 결정적으로 구분되는 자유주의라는 의미를 지닌다. 이 자유주의가 초정치적인 이유는, 이 세기의 자유주의가 '문화적 자유주의에서밖에 정말로 존재할 수 없다는 것'을 의미하기 때문이다. 결국 여기서의 '자유'는 현실적인 자유주의가 불가능했다는 점에서 그것을 상상적으로 실현하는 것이고 따라서 마땅히 미학적인 것이라고 그는 평가한다(111~113면 참조).

주의 열강의 침략에 허덕이던 중국의 현실에서는 유지되지 않고 있음을 알 수 있다. 일본의 제국주의적 팽창과 천황제에 대한 가장 철저한 비판자였던 아나키스트 고토쿠 슈스이 역시 피압박 민족의 반제국주의 투쟁을 강조하기는 했지만 식민지 국가의 민족해방과 독립투쟁에 대한 인식이 부족했다는 평가[315]를 받는 것을 고려하면, 이들 모두 일정한 한계를 벗어나지 못하고 있다는 것을 알 수 있다.

이처럼 일본 사상계 역시 근대의 초극론, 역사의 초월이론을 벗어나지 못했고 이와 같은 상황은 조선의 사상계에 큰 영향을 미쳤다. 일본과는 달리 조선의 경우 지금까지는 '계급'의 문제와 함께 '민족'의 문제가 진보적 흐름을 지키는 힘이 되었지만 민족과 국가와 역사 전체를 초월해야 한다는 철학적 문화적 형식논리에 적극적으로 대응하지 못했기 때문이다. 1940년을 전후로 시작된 이와 같은 혼란은 1943년에 이르면 거의 절정에 이르게 된다.

(2) 민족문제에 대한 인식의 차이와 사상계의 혼란

1940년 6월 15일 파리의 함락은 세계의 지식인들에게 '근대의 종언'으로 인식되었고 전체주의가 더 이상 막을 수 없는 시대의 흐름임을 재확인하게 된 결정적인 계기였다. 일반적으로 이 시기에 지식인들이 취할 수 있었던 것으로는 먼저 내적 망명(inner imigration)의 태도가 있을 수 있다. 이는 신질서를 경멸하면서도 공개적으로는 그것과 투쟁할 수 없었기 때문에, 단지 저술을 통해 간접 비판만 시도하면서 정신적으로 은둔하는 것[316]

314) 이에 대해서는 이한정, 「고바야시 히데오(小林秀雄)의 아시아 체험」(『일어일문학 연구』 32집, 한국일어일문학회, 1998)을 참조할 것.

315) 조세현, 앞의 책, 51면.

316) 제임스 D.윌킨슨 저, 이인호 · 김태승 역, 『지식인과 저항-유럽, 1930~1950년』, 문학과지성사, 1984, 189면.

으로서 확고한 사명감이나 저항의식을 표현할 수 없는 소극적인 것이다. 이것은 히틀러 체제하 독일 지식인들의 모습이었다. 프랑스의 레지스탕스처럼 철저히 투쟁하는 길도 있을 수 있다. 또 다른 하나는 새로운 시대에 적극 동참하면서 그 속에서 자기의 영역을 극대화하는 방식이 있을 수 있다. 이것은 위장된 것이든 신념에 의한 것이든 '전향'으로 인정되었다.

전향의 일차적 계기는 일제로부터의 탄압과 회유이며, 이와 같은 권력의 강제에 굴복하여 사상의 변화를 일으킨 것을 의미한다. 일제의 전향제도는 1930년대 초 파시즘 체제의 진전에 따라 강화[317]되어 갔는데 1936년 사상보호 관찰법의 시행과 중일전쟁의 발발로 일제의 전향 정책은 단순한 '혁명사상의 포기'에 머물지 않고 '일본 사상의 체득과 실천'으로 나갔다. 당시 일제 당국의 조사에 따르면, 조선인 사상 운동가의 주된 전향동기는 이른바 '시국 인식'이었다. 시국인식이란 만주사변, 중일전쟁을 계기로 나타난 일제의 국력에 대한 굴복이자 그에 따른 조선 독립에 대한 절망감의 직접적 반영으로 볼 수 있다. 일제에 대한 패배의식이 강화되면 마침내 '전

317) 1933년 일본 공산당 최고 간부인 사노 마나부(佐野學)의 전향을 필두로 일본 공산당 내부에서는 전향 붐이라 할 정도로 사회주의자의 전향이 줄을 이었다. 그 결과 조선에서도 전향이 속출했는데 조선의 경우는 僞裝轉向의 양상이 두드러지게 나타났다. 이에 일제는 사상범의 재범과 위장전향, 역전향을 방지하기 위한 제도적 보완 장치로 1936년 '사상범 보호관찰법'을 공포하여 전향 제도의 문제점을 보강해 갔다. 이 법은 보호(전향자에 대한 대책)와 관찰(비전향자, 준전향자에 대한 대책)을 일원화하여 종래의 경찰감시를 강화, 사상범의 일상적 동태를 철저히 파악함으로써 재범을 사전에 봉쇄한다는 것이다. 이에 대해서는 리차드 H. 미첼, 김윤식 역, 『일제의 사상통제』(일지사, 1982)를 참조. 치안 유지법 및 전향에 대해서는 김현숙, 「사노 마나부의 전향 연구」(연대 석사, 1990), 鶴見俊補, 강정중 역, 『일본 제국주의 정신사 1931-1945』(한벗, 1982), 金石範, 「轉向と親日派」(岩波書店, 1993), 조국, 「한국 근현대사에서의 사상통제법」(『역사비평』, 1988년 여름호), 김민철, 「일제하 사회주의자들의 전향논리」(『역사비평』, 1995년 봄호), 지승준, 「일제하 사회주의 진영의 전향과 대동민우회」(중앙대 석사, 1997), 안소영, 「해방 후 좌익진영의 전향과 그 논리」(『역사비평』, 1994년 봄호)를 참조할 수 있다.

황제 이념'을 일본 자본주의의 특수한 힘의 근원으로 인식하게 되고 그럴 경우 조선 문제는 일제의 '아세아 경륜'의 일환으로서 조선 민족과 일본 민족 사이에 존재하는 일체의 차별을 없애고 양 민족의 완전한 통합을 실현한다는 공소한 내선 일체로 제기될 수밖에 없었다.

일제하 사회주의 운동가이자 농촌 경제 이론가였던 인정식의 전향론을 통해 당대 제기되었던 내선일체의 사상적 수용의 예를 살핀 최근의 연구[318]에 의하면, 당시 사회주의자들이 전체주의=일본주의에서 일말의 희망을 걸었던 이유는 반자본주의적인 동시에 반사회주의적인 것으로 간주된 파시즘의 정책적 측면 때문이었다. 특히 사회주의자로서 의식에 내재화되어 있던 자본주의 체제나 지주, 자본가에 대한 적대감은 그와 같은 파시즘의 사회정책, 이념 속에서 희석되었다. 개별 자본가의 무제한적인 이윤추구를 국가, 공익의 명분하에 통제함으로써 사실상 거대 독점체의 이익을 최대한 보장했던 파시즘의 통제 경제는 그런 환상을 현실로 믿게 했던 요인이었다.[319] 이에 따라 인정식은 '동양적 근대화'를 추구하기 위해, '퉁구스적 인종 통합'이라는 일본주의 = 동아 협동체의 이상 속에서 '조선이 일제의 식민지'라는 객관적 사실을 공식적으로 철회[320]하였다. 그러나 그의 경우 조선의 전근대성 극복이라는 조선 문제의 해결을 위해 조선의 농촌 현실을 다루면서, 반봉건적인 지주-소작관계의 철폐나 고율 소작료의 조정이라는 '농민적 입장'을 주장한다. 이는 '식민지 반봉건 사회론'이라는 마르크스주의 경제학의 기본 개념에 의한 것으로서 그는 일제 파시즘의 정치 논리에 내선일체 = 농업문제라는 매개항을 통해 신체제 농업론을 전

318) 이수일, 「일제 말기 사회주의자의 전향론: 인정식을 중심으로」, 『국사관논총 79집』, 1998.

319) 위의 논문, 107면.

320) 인정식, 「內鮮一體の 必然性について」, 『東洋之光』, 1939.7.

개[321])하였다.

이는 내선일체의 논리를 이용한 제국주의 정책의 비판의 측면이 없지 않는 것이었으나[322]), 근본적으로는 동경제국 대학 중심의 일본 국사학파의 관학을 그대로 수용한 결과로서 원천적으로 파시즘적 성격을 지닐 수밖에 없는 것[323])이었다. 동경제대를 중심으로 한 일본 국사학파는 이미 명치시기부터 일선 동조론, 만선사관, 임나일본부설(任那日本府說) 등을 통해 한국사의 주체성을 말살하고 일제의 한국 침략을 합리화 하는데 첨병 역할을 한 오랜 전통의 관학으로 이 시기에는 식민주의 역사학의 부식작업과 함께 일본보다는 오히려 식민지 조선에서 번성하였다.[324]) 이들 역사학파의 경제사학은 한국의 봉건제 결여와 정체성을 주장함으로써 한국사를 특수화하였는데, 인정식의 식민지 반봉건 사회론 역시 이 범주를 크게 벗어나지 않는 것으로 보인다.

한편 한말에 수용된 사회진화론과 자유경쟁주의에 연원을 두고, 미국식 자본주의 정치제도를 추구한 다이쇼데모크라시의 자유주의 민본주의에 영향을 받은 민족 개량주의[325])의 실력 양성론은 1930년대 말 자치운동의 연

321) 이수일, 앞의 논문, 117면.

322) 이수일은 이를 일제 체제 내의 농업근대화라는 측면에서 합리화시킬 수는 없다(134)고 보면서도 인정식의 농업 정책에 대해서는 대체로 긍정적으로 평가하고 있다.

323) 宮田節子, 「일제하 한국에서의 농촌진흥 운동-1930년대 일본 파시즘의 한국에서의 전개」, 안병직 외 『한국 근대 민족 운동사』, 1980, 221~224면 참조.

324) 방기중, 『한국 근현대 사상연구』, 역사비평사, 1992, 139면. 조선사 편수회, 청구학회, 경성제대 사학과 등을 기반으로 한 이들은 식민지 지배기구의 방대한 조직력을 앞세워 '일본사의 일환으로서의 조선사' 정리에 박차를 가하여 1932년부터 『조선사』를 간행하였다. 또 이 시기 일본의 문화사학을 기반으로 하여 한국사의 내재적 발전을 부정하고 식민주의적 조선관을 부식시킨 일본 관학이 도입되었다. 일본 문화사학은 신칸트학파의 보수적 입장을 대변한 독일 서남학파(빈델반트, 리케르트)를 철학적 배경으로 하여 람프레히트, 마이어 등의 역사학 방법론을 추종하였다.(140면)

325) 위의 책, 68~69면.

장선에서 일제 황민화 정책에 편입[326]되었다. 민족 개량주의 운동이 친일로 전락되는 이면에는 신간회로 결집된 비타협적 민족주의 진영의 변화가 있었다. 코민테른 6차 대회에서 정식화된 <사회파시즘>론은 파시즘을 부르주아 지배 일반으로 확대하여 파시즘과 부르주아 민주주의의, 파시즘과 사회민주주의를 동일시하였다. 이에 따라 조선 공산당은 비타협적 민족주의자들을 '좌익 민족 개량주의자'로 규정하고 신간회를 해소하여 그들을 고립시켰을 뿐 아니라, 합법공간에서 평론활동에 종사하는 사회주의자나 사회과학도들을 대개 사민주의자로 간주하여 비판하였는데 이는 결과적으로 비타협적 민족주의자들을 민족 개량주의로 전환시키는 계기가 되었다.[327]

이들의 현실인식의 근원에는 민족문제에 대한 인식의 차이가 존재[328]하였는데 학문의 영역에서 이는 '조선학'의 성격으로 드러났다. 민족 개량주의의 조선학은 1920년대에 최남선(1890~1957)이 '지나학'을 모방하여 처음 사용하였다. 그는 1931년 『조선 역사』에서 자신의 '조선학'을 총정리하면서 열등하고 불구적인 民族性論을 통해 민족 개량주의의 패배적 민족주의, 민족 개조, 정신 개조의 본질을 노골적으로 드러내었다.[329] 한편 1933년 후반부터 안재홍, 정인보 등 비타협적 민족주의자들이 주도한 조선학 운동은, '조선의 후진적 특수성'을 주체적으로 극복하고 세계 속의 조선을 알기 위한 '문화 특수 경향'의 탐구를 목표로 하였으며 주로 정다산 연구

---

326) 이에 대해서는 박찬승, 『한국 근대 정치 사상사 연구-민족주의 우파의 실력 양성 운동론』(역사비평사, 1992) 343~384면 참조.

327) 방기중, 앞의 책, 93~95면.

328) 이에 대해서는 『역사문제 연구』 4호(역사 비평사, 2000)에 실린, 윤해동 (「한국 민족주의의 근대성 비판」)과 류준범 (「1930~1940년대 사회주의 운동가들의 '민족 혁명'에 대한 인식」) 의 논문을 참고할 수 있다.

329) 김용섭, 「우리나라 근대 역사학의 성립」, 이우성・강만길 편, 『한국의 역사인식』 下, 창작과비평사, 1984, 447~449면.

를 통해 전개되었다. 이는 일제 관학의 식민주의적 조선 인식 및 이를 뒷받침하는 민족 개량주의에 대한 문화적 대응인 동시에 마르크스주의 학문의 발달에 대한 대책이라는 두 가지 의도를 동시에 내포한 것이었다.330)

마르크스주의 내부에는 두 가지 경향이 존재하였는데 첫째는 민족적 표지 일체를 모두 국수적인 것으로 매도하고 '조선학', '조선인식'의 의의 자체를 무시하는 극도의 계급주의적 경향이다. 이는 조선역사의 주체적 발전을 무시하는 타율적이고 정체적인 조선인식을 동반하였다. 이는 아시아적 생산양식론331)이 도입되면서 더욱 구체화되었다. 즉 계급주의적 민족관이 그 저류를 이루면서 조선학 운동에 대한 비판을 통해 이른바 마르크스주의 '조선 특수성론'이 형성되었다. 민족을 자본주의 형성과정의 산물이라고 보는 스탈린의 민족이론에 근거한 이들은 '민족주의'를 파시즘 이데올로기의 일면인 국수주의의 반복에 불과한 것으로 보아 '조선인식'을 부정하였

330) 한영우, 「민족 사학의 성립과 전개」, 『20세기 초의 역사인식』, 1988, 12면 (방기중, 앞의 책, 114면에서 재인용), 김용섭, 「우리나라 근대 역사학의 발달-1930, 1940년대의 민족사학」, 이우성·강만길 편, 『한국의 역사인식』 下, 창작과비평사, 1984.

331) 마르크스는 1850년대 들어 『뉴욕 데일리 트리뷴』에 인도 및 중국에 관한 기사들을 집중적으로 기고하면서 '아시아적 생산양식론'을 도입하였다. 아시아 사회에 대한 마르크스의 지식은 주로 존 스튜어트 밀, 아담 스미스 등 고전파 경제학자로부터 얻은 것이었는데 이에 기초하여 마르크스는 사적 토지소유의 부재, 농업과 수공업의 단단한 결합, 촌락 공동체의 자급 자족적 성격, 개인이 공동체에 대해 독립적이지 못한 상황 등을 아시아 사회의 정체성을 설명하는 물질적 기초로 해명하였다. 그 결과 동양적 체제는 외부로부터 가해지는 자본주의의 충격으로 파괴될 때까지는 해체에 대해서나 경제적 발전에 대해 저항하는 성격을 지니는 것으로 파악되었다. 이는 서양의 식민주의가 정체된 아시아 사회에 자본주의적 진보를 가져올 것이라는 논리적 결론에 도달하게 된다. 이런 관점에서 영국의 인도 지배와 아편전쟁을 야기한 영국의 중국침략, 구소련에서 복지 식민주의(Welfare Colonialism)의 이름 하에 행해진 중앙아시아에 대한 모스크바의 통제가 합리화되었다. 즉 자본주의의 물질적 토대를 이식시켜 주는 식민주의가 진보성을 담보하는 한, 이에 저항하는 식민지의 전근대적 민족운동은 부정적으로 평가될 수밖에 없었다. 이에 대해서는 임지현, 「마르크스-엥겔스의 민족문제」, 『이론』 10호, 1994년 가을·겨울호, 125~133면을 참고할 것.

고, 이런 문제의식은 세계 사회주의 혁명이 달성되면 민족이 해소될 것이라는 인식을 낳기도 하였다.[332] 그러나 마르크스의 아시아적 생산양식론이 아시아 사회도 반드시 자본주의를 거쳐야 한다는 한정적 단계론 즉 '자본중심적' 시각을 취함으로써, 세계시장에 통합된 아시아 사회가 자본주의 세계체제의 주변부에 머문다는 사실을 간과하였던 것과 동일한 오류[333]를 이들 역시 반복할 수밖에 없었다.

또 다른 경향은 백남운, 신남철, 김태준, 홍기문 등으로서 조선학 운동의 관념론적 과학관이나 방법론에 대해서는 명백히 반대하면서도 '조선학'의 중요성을 인정하고, '비판적 조선학'의 진흥을 주창하는 입장이었다. 특히 백남운은 엥겔스가 말한 바 있는 자본주의 성립 이전의 민족체 개념[334]의 조선적 의의를 중시하였다. 그러나 이들의 '내재적 발전론 입장의 조선인

---

332) 한흥수, 「조선 문화연구의 특수성」, 『비판』 30, 1936.7, 4면.

333) 마르크스주의의 이와 같은 오류는 제국주의론을 통해 극복된다. 실제로 마르크스 자신은 제국주의라는 용어를 사용하지 않았으나 이에 버금가는 인식에 도달한 것으로 평가된다. 그 계기가 된 것은 아일랜드의 민족문제와 러시아 사회의 이행논쟁이었다. 마르크스와 엥겔스는 아일랜드가 후진적이고 경제규모도 작기 때문에 영국으로부터의 독립을 지지하지 않았으며 이런 전제하에 아일랜드의 해방은 독자적인 민족운동에 의해서가 아니라 영국의 사회주의 혁명에 의해 완수될 것으로 기대했다. 그러나 1860년대 들어 영국 노동자 계급의 개량화로 영국에서 사회주의 혁명의 기대가 무산되자 이런 입장을 바꾸어 1867년에는 아일랜드의 민족해방을 영국혁명의 전제조건으로 설정하게 된다. 그 계기가 된 것은 영국의 식민통치가 아일랜드의 산업발전을 왜곡시켰다는 사실과 다른 한편 아일랜드 등의 식민지 수탈로 얻어지는 초과이윤이 영국의 프롤레타리아를 부르주아화시키는 현상이 나타났기 때문이었다. 이에 따라 그들은 모든 식민지의 독립을 영국혁명의 전제조건으로 삼았는데 이는 이후 레닌의 민족 자결론으로 귀결된다. 임지현, 앞의 논문, 134~136면 참조.

334) 근대적 민족의식을 결여하였지만 국가 형성의 기초를 이루면서 역사적으로 형성된 민족으로서 '사회학적', 혹은 '인종적' 민족체를 의미하는 엥겔스의 개념이다. 엥겔스는 민족(Nation)과 민족체(Nationalitat)를 구별하였는데 이에 따르면 민족이 자본주의 사회구성체의 발전에 상응하는 공동체적 존재형태라면, 민족체는 종족이라는 자연적 기초 위에서 성립한 것으로 봉건적 사회구성체에 조응하여 나타난 것이다.

식' 역시 사회주의 진영 내부의 비판과 상황의 압력으로, 해방 후에야 체계적으로 규명할 수 있었다.[335]

결국 이시기 조선 학계의 일반 경향[336]을 살펴볼 때 최남선의 계몽사학과 사회주의 좌파의 민족인식은 그 정치적 태도의 차이에도 불구하고 일본 관학파의 조선인식[337]과 동일한 것을 알 수 있으며 이것이 일본 파시즘논리가 조선에 수용될 수 있는 논리적 구조를 형성하고 있는 것을 알 수 있다.

이것은 일본 사상계의 분화와 맥을 같이 하는 것이기도 하다. 일본 사상계 역시 1927년 금융공황과 함께 급격한 분화양상을 보이는데, 자유주의와 사회 개량주의를 필두로 한 학자들은 사상적 기반이나 방법론의 다양한 입지에도 불구하고 일본 자본주의의 모순이 심화되고 사회주의 사상이 확대되자 공공연히 일본 자본주의의 발전을 옹호하면서 체제에 편입되기 시작하였으며 이 경향은 만주 침략이후 국가주의, 민족주의의 발흥과 함께 더욱 확대되었다. 특히 파시즘 체제의 성립에 따라 자본주의 제국주의 국가의 절대성과 영속성을 강조하기 위한 국가론에 논의가 집중되었다. 이런 경향은 사회주의자들에게도 마찬가지였다. 1933년 일본 공산당 지도부의 전향선언 (佐野學, 鍋山貞親, 「共同被告同志に告ぐる書」, 『改造』, 1933.7)을 계기로 내부의 동요와 개량화 현상이 증대하였는데 이는 일본 사회주의 운동의 관념성[338]에서 기인하는 것이기도 하였다. 마루야마 마사오는 이를

335) 마르크스주의 내부의 조선인식의 두 경향과 백남운의 민족관념에 대해서는 방기중, 앞의 책, 118~125면을 참조할 것. 방기중에 의하면 백남운이 진단학회가 표방하는 실증주의를 일제 관학과 동일한 것이라 하여 비판하면서 비타협적 민족주의자들의 '다산제'에 참석한 데 반하여, 당시 여타의 마르크스주의자들은 진단학회에 동정적이었다고 밝힌다. 해방 후 백남운은 『조선민족의 진로』(1946)에서 민족과 민족체에 대한 이론을 전개한다.

336) 1930년대 학계의 동향에 대해서는 위의 책, 99~100면을 참고할 것.

337) 일제 관학파의 조선인식에 대해서는 이만열, 「일제 관학자들의 식민사관」, 이우성, 강만길 편, 『한국의 역사인식』 下 (창작과비평사, 1894)를 참조할 것

338) 당시 사노 마나부나 도쿠다 규이치를 포함한 당 최고 수뇌부들은, 유물변증법을

일본 사상 전반의 문제로 진단한다.

> "메이지 유신 이래 일본이 추구하는 진화의 목표는 '선진' 유럽이었으므로, 거기서 사상을 평가하는 데서도 서양 콤플렉스와 진보콤플렉스는 떼놓을 수 없게 결부되어 사상 상호간의 우월이, 일본의 지반에서 현실적으로 갖는 의미라는 관념보다는 흔히 서양사에서 그들 사상이 생겨난 시대의 先後에 의해 정해진다. 게다가 그것이 반드시 '진보의 관념'에 입각한 자유주의자나 사회주의자만이 아니라, 그 반대 진영에 의한 비판 양식 속에도 빈번히 등장하는 것이다. (중략) 가토 히로유키 (加藤弘地)가 진화론을 내걸고 천부인권론의 '망상'을 공격한 것이 그 빛나는 선구였다. (중략) 변증법이 일본에서 '유행'하기 시작한 무렵에는 이미 '서양의 몰락'이 운위되고 있었으므로 세계사적 도식은 진화론의 경우만큼 단순하지 않았으며, 동서 문화의 종합이라든가 자본주의와 사회주의 대립의 지양이라는 형태로 이론적 사명과 결부되었다. 진화론이 제국주의의 현실을 우승열패(優勝劣敗), 적자생존(適者生存)이라는 그야말로 살풍경한 논리로 합리화한 데 대해 변증법은 현실의 모순이 심각해진 시대를 짊어졌던만큼 보다 도의적인 색채를 띠었던 것이다. 그럼에도 불구하고 양자의 논리 구사에 공통되고 있는 것은, 온갖 이데올로기를 일본의 현실이라는 장(場)에서 검증하는 절차를 거치지 않고 사회적 문맥을 빼버린 채 사상의 역사적 진화나 발전을 도식화하는 것이었는데, 그로 인해서 '초(超)진보적' 사상이 정치적 초(超)반동과 결부된다는 아이러니가 생겨나게 되었던 것이다."[339]

즉 일본이 개국한 19세기 후반의 국제 사회란 모든 면에서 유럽적 근대가 위기적 징후를 보이고 있는 때였기 때문에 일본이 '근대'를 이해하는데

순수하게 논리적인 형식으로 파악한 후, 그것을 일본 자본주의 전체에 기계적으로 작용한 결과로 인해 일본 자본주의가 급격히 몰락하는 중이라 믿게 되었다. 鶴見俊補는 또 이들이 권력자들에게뿐만 아니라 반권력 진영의 다양한 세력에 대해서도 무차별적인 부정으로 일관함으로써 1940년 이후 조직의 붕괴를 초래하게 되었다고 본다. 이에 대해서는 鶴見俊補, 久野收, 심원섭 역, 『일본 근대 사상사』, 문학과지성사, 1995, 2장 '일본의 유물론: 일본 공산당의 사상'을 참조할 것.

339) 마루야마 마사오(丸山眞男), 김석근 역, 『일본의 사상』, 한길사, 1998, 77~79면.

-모방의 측면에서나 반발의 측면에서 모두-복잡한 상황이 되었고 그로 인해 일본에서는 서구화주의와 더불어 근대 초극의 사상이 동시에 등장하게 되었다[340]는 것이다. 이러한 사상적 혼란은 일본을 통해 서구사상과 근대의 이념을 사유한 조선의 경우도 마찬가지였다. 다만 조선의 경우 일본과는 달리 사상의 의미를 민족 해방과 계급 모순의 해결을 위한 실천 수단이라는 점에서 구했으므로 보다 실천적이었으나 1940년을 전후하여 외적 상황이 악화되자 그 실천성마저 상실하고 혼란에 빠지고 말았다.

2) 국민문학론의 계몽적 성격

(1) 국민문학의 이념 : 문화의 국가성과 윤리성

최재서는 1940년 후반부터 본격적으로 국가시책에 협력하게 된다. 이 때 그는 일본 국가주의 문학이념인 국민문학을 이론화하는 한편 잡지 『국민문학』을 발간하는 등 당시 일본의 제국주의를 합리화하는 적극적 역할을 수행한다. 당시 급속한 위로부터의 근대화의 부작용으로 산적한 국내외의 모순을 제국주의적 침략으로 모면하고자 한 일본국가주의자들은, 소위 '동아시아' 담론을 통해 자신들의 침략성을 은폐하고자 하였는데 국민문학론은 이의 문학적 표현이었다.

이 시기 최재서가 국민문학론을 수용하였던 이유를 외적인 상황에서 보자면, 진보적 성향을 지녔던 좌익활동가들의 대거 전향과 전세계적으로 전체주의가 거역할 수 없는 시대정신으로 부각되었던 점을 들 수 있다. 그러나 보다 중요한 것은 그가 이 시기 더 이상 문학만을 자신의 사고의 중심에 둘 수 없었다는 점이다. 이 때 그는 더 이상, 문학 기술의 변화를 통해

340) 위의 책, 79면.

문학정신을 변화시키고 나아가 이를 통해 근대화를 달성할 수 있다고 보았던 과거의 신념을 유지할 수 없었다. 그는 역으로 근대국가를 형성하고 이를 통해 근대적 국민이 되는 것이 당시의 상황에서는 필연적이라 보았다. 그 결과 그는 과거에 자신이 가장 혐오하였던 정론적이고 계몽적인 문학이론을 전개하였던 것이다.

그러나 그 과정은 그리 순탄하지 않았다. 국민문학론의 이론적 근거가 되었던 동아시아론 자체가 모순적 이론이었기 때문에 그 역시 '제국의 국민'과 '민족의 일원'사이의 모순을 첨예하게 의식하게 되었기 때문이다. 이를 그는 일본 문학 안에서 지방문학의 형식을 취하는 것으로 해결하려 하였으나 이 문제는 쉽게 해결할 수 없는 문제로 남았다. 그가 우리 민족의 역사에서 소재를 취해 소설을 창작하는 등 이 문제를 논리적인 방법이 아니라 소설적 방법으로 해결하려 했다는 사실은 이 어려움을 짐작하게 해준다. 이 장에서는 최재서 국민문학론의 이론구조를 동시대 문인들과 비교하는 방법을 통해 구명하고자 한다.

1931년 9월 18일 일본 관동군이 일으킨 만주사변은 이 후 1945년 8월 15일까지의 15년 전쟁의 시작이었다. 일본의 대륙침략은 점차 적극화되면서 1937년 7월 중일전쟁으로 확대되고 1941년 12월 8일부터 태평양전쟁으로 이어진다. 그간 한국에서는 병참기지화가 진전되었으나 중일전쟁을 계기로 동화정책이 극한화된 '내선일체'가 추진된다. 이는 문화계에도 큰 영향을 미쳤다. 1937년 1월 12일부터 한국어 신문인 『매일신보』가 국어(일본어)난을 창설하게 되는데, 『매일 신보』의 자매지로서 일어 신문인 『경성일보』가 이미 있었음에도 불구하고 이처럼 일본어가 강조된 이유는 따로 있었다. 전선의 확대와 더불어 한국인 병력자원이 요청되었고 이 때 한국인 병사들을 교육하려 할 경우 무엇보다 언어의 훈련이 우선시되었다. 그러나 반면에 식민지하의 사람들을 '군'이라는 국가권력의 폭력장치 속으로 끌어들이는 데 대한 불안, 공포도 존재하고 있었기 때문에, 이러한 상반된 이중의 요구가 보다 완전한 일본인화=황민화를 지도하고 언어를 말살하는 정책을 취하게 된 것[341]이다.

이와 병행하여 문학의 이념으로 국민문학론[342]이 제시되었는데 이의 선두에 선 것이 최재서가 주간으로 있었던 『國民文學』[343]이었다. 국민문학이란 그 용어에서도 알 수 있듯이 무엇보다도 '국가'의 이념 실현에 우선적인 가치를 부여하는 문학이라 할 수 있다. 최재서가 밝히고 있는 『國民文學』 誌의 편집요강은 1.국체관념의 명징 2.국민의식의 앙양 3.국민사기의 진흥 4.국책에의 협력 5.지도적 문화이론의 수립 6.내선문화의 종합 7.국민문화의 건설 등 총 7가지[344]이다. 첫째 항목인 '국체의 명징'에 대한 설명으로 최재서는 국체에 반하는 민족주의적, 사회주의적 경향을 배격하는 것은 물론이고, 개인주의적이고 자유주의적 경향도 '絶對 排除'한다고

341) 布袋敏博, 「일제 말기 일본어 소설 연구」, 서울대 석사, 1996, 49면.

342) 동경문단에서 국민문학 논의는 淺野晃(1901~1990)이 작성한 평론집 『國民文學の 根本問題』에 의해 비롯되었는데 이를 중심으로 『일본 낭만파』와 『문학계』 소속의 林房雄, 保田與重郞, 龜井勝一郞 등에 의해 황국신민문학으로서의 국민문학론이 정리되었다. 조선에서도 『國民文學』誌의 발간을 전후하여 서구 근대 시민문학에 대립되는 일본 국가주의 문학으로서의 국민문학 논의가 도입되었다. 이에 참여한 문인으로는 이광수, 박영희, 정인섭, 최재서, 안함광, 김팔봉, 김오성, 이효석, 김용제, 김종한, 백철 등이다. 이들의 평론 목록은 성윤자, 앞의 논문, 38면에서 찾아볼 수 있다. 淺野晃(아사노아키라)의 『國民文學の根本問題』(1937)와 「國民文學への道」(『新潮』, 1940.11)에 대해서는 정창석, 「'戰爭文學'에서 '받들어 모시는 文學'까지-日帝下 所謂 '國民文學'論議-」, 『일어일문학연구』 35집, 한국일어일문학회, 1999.12, 343~346면을 참조할 것.

343) 『國民文學』은 1941년 11월에 창간되어 1945년 5월까지 계속되었던 월간문학잡지였다. 창간당시 편집 겸 발행인은 최재서이고, 발행소는 京城府 光化門通 210번지였다. 마지막 호로 추정되는 5권 5호는 1945년 5월에 발행되었는데 역시 편집 겸 발행인으로는 石田耕造(최재서의 일본이름)이었지만 발행소는 경성부 종로구 이화정 26-1번지로 되어 있다.

344) 최재서, 「朝鮮文學の現段階」, 『轉換期の朝鮮文學』, 人文社, 1938, 83~84면.

설명하고 있다. 여기서 알 수 있듯이 국민문학이란 이념이라기보다는 하나의 실용적 개념, 현재 당면하고 있는 정치적 목적을 달성하기 위한 구체적인 행동강령과도 같은 것이라 보아도 무방할 것이다.

기존의 학계와 문화계에서 이념적으로 좌, 우로 나뉘어 민족 혹은 계급을 중심에 놓고 사고해 왔으면서도 그 사고의 단위가 조선 민족이라는 단일한 언어공동체였다는 점에서 동일한 것이었다면 이제 그와 같은 사고는 이러한 폭력적인 상황에서 더 이상 지속될 수 없었다.

민족이란 국가보다 더 포괄적인 개념이다. 유물론적 관점에서 민족(Nation)이란 고대사회의 부족(Stamm) 혹은 부족연합(Stammverein)에서 준민족체(Volkwrschaft)를 거치고 난 후, 봉건제 사회의 민족체(Nationalitat)를 통해 형성된 근대 자본주의 사회구성체에 상응하는 공동체[345]라 할 수 있다. 마르크스의 견해를 따르면 국가와 민족은 시민사회의 두 조직형태이다. 시민사회는 국가와 민족이라는 일정한 존재적 매개틀을 빌려서만 역사 속의 구체적 실재로 현상한다. 그러나 국가가 시민사회의 대내적 조직 형태라면 민족은 대외적 조직형태이다. 즉 민족이 사회구성체의 존재 형태라면, 국가는 '민족의 정치적 현상태'에 불과한 것이다. 이렇게 볼 때 민족은 국가에 대해 규정력을 지니는 더 본원적인 기초개념으로 규정된다. 즉 국가가 시민사회의 반영물이자 상부구조라면, 민족은 시민사회의 존재형태인 것[346]이다.

345) 엥겔스는 『가족, 국가, 사유재산의 기원』에서 근대 민족의 형성에 이르기까지의 전과정을 사회구성체의 발전법칙 속에서 구명하였는데 원시사회의 공동체로 부족을, 고대 노예제 사회의 공동체로 준민족체, 중세 봉건제 시대에 민족체, 근대 자본주의 사회에 각각 민족을 대응시켰다. 이런 관점은 사회주의 혁명이라는 실천적 관점에서 이루어진 것인데, 그는 민족 역시 자본주의가 몰락하면 곧 소멸할 운명이라고 보았다. 즉 고도로 발전된 자본주의 생산력이 국내적 분업을 국제적 분업으로 확대시킴으로써 민족 소멸의 물질적 기반이 마련된다는 것이다.

346) 임지현, 「마르크스-엥겔스와 민족문제」, 『이론』 10호, 1994년 가을 · 겨울호, 118

이러한 설명에 근거한다면 당시 식민지 조선과 제국주의 일본의 상황은 상부구조와 사회구성체의 존재형태가 자연스럽게 형성되지 못한 상태라 할 수 있다. 시민사회의 성숙을 통해 자연스럽게 근대적 민족국가를 형성해 온 서구와 달리 근대화의 후발 주자인 일본과 그 식민지로 전락한 조선은 인위적인 상부구조의 구축을 통해 하나의 존재형태를 만들고자 하였으니 그것이 내선일체였던 셈이다. 이는 근대화를 위해 국민국가의 권력이 나타난 것이 아니라 국민국가의 권력을 강화하기 위해 근대화가 추진되었던 것[347]으로서, 조선이나 일본 모두 시민계급의 성장은 물론 그 형성조차 미비했기 때문에 국가 구성원의 합의에 의한 국가 이념의 구축이라는 것은 사실상 불가능한 것이었다. 그러므로 소수의 군국주의의 지배층이 생산하는 국가이념[348]을 합리화하여 국민에게 주입하는 것이 중요하게 되는데

면 참조. 임지현은 이 논문에서 마르크스의 『독일 이데올로기』를 인용하여 마르크스의 민족 개념을 설명하고 있다.

347) 즉 시민 혁명을 통해서가 아니라 '위로부터의 혁명'을 통해 이룩한 일본의 국민국가는 결국 그 권력을 밖으로 확장하기 위해 제국주의로 나갔고 그 전략이 동아시아 담론이었다는 점에서 이는 동아시아 근대화의 역사적 비극이라 할 수 있다. 김기봉, 「동아시아 담론 어디서 왔으며 어디로 가야 하는가」, 『동아시아 문화와 사상』, 열화당, 2001, 29면.

348) 일본의 근대 민족주의는 막부 말기 유럽의 충격에서 시작되었다. 이처럼 외부세력의 반작용에 의해 발생된 민족주의는 '前期的'민족주의라 불리는 데 이 전기적 민족주의의 특징은 지배계급에 의해 그들의 신분적 특권유지의 욕구에서 나타났기 때문에 국민적 연대의식이 희박하고 오히려 국민의 대다수를 차지하고 있는 서민을 소외, 적대시한다는 특징이 있다. 일본은 메이지 유신 이후 동양의 정신문명과 서양의 기술, 물질문명을 종합하고 거기에 일본 고유의 '상무'문화를 덧붙임으로써 국민적 사명감을 '국체'로 통합하였는데, 이 때 메이지 정부의 지도자들은 민중의 자발적이고 능동적인 국민적 연대의식을 성장시키지 못하면서도 대외적 위기감에 따라 애국심을 불러일으켜야 할 필요성 때문에 국가교육을 통해 그것을 위로부터 만들어내었다. 그 결과 국민은 정치적 책임의 주체적 담당자라 할 근대적 公民이 되는 대신에, 모든 것을 위쪽에 맡겨서 선택의 방향을 오로지 권위의 결단에 기대는, 충실하지만 비열한 從僕이 되었다고 평가된다. 이에 대해서는 丸山眞男, 김석근 역, 『현대정치의 사상과 행동』(한길사, 1997)중 제5장 '일본에서의 내셔널리즘-그 사상적 배경과 전망'을 참고할 것.

이 역할의 담당자들이 당시 문화계 인사였던 셈이다.

따라서 이 시기 국가와 국민이 민족과 시민이라는 용어 대신 빈번하게 등장하게 된 것은 당시 제국주의적 침략을 날로 확장해 가고 있던 일본 국가주의 이념의 반영이다. 그러나 당시 일본 사회 내에서도 '혼합 민족론'과 '순혈 민족론'이 대립될 정도로 일본민족의 본질이 자명하지 못한 상태였으며, 국어로서의 일본어 역시 표준어가 확립되지 않아 일본어가 해외로 진출하면서 동시에 표준어가 정립되어야 하는 상황이었다. 이런 상황에서 일본에서는 해외의 일본어와 내지의 일본어를 분리해야 한다는 주장과 일치시켜야 한다는 주장이 대립되었는데 이런 양상들은 모두 제국으로서의 일본과 민족으로서의 일본의 대립, 분열, 요동이라 평가[349)]된다.

내선일체와 황국신민화를 통해 논리적으로는 하나의 국가 안에 포함되었지만 조선의 사정이 더 복잡하리라는 것은 쉽게 짐작할 수 있다. 앞서 검토하였듯이 당시 조선의 학계와 문화계는 이런 혼란에 속수무책이었다 해도 과언이 아니었는데 이는 근대화의 실현경로에 대한 복잡한 논쟁 때문이었다. 민족문제보다 계급문제를 우선시하였던 좌파 활동가들은 '아시아적 정체성론' 때문에 논리적으로는 식민지 근대화론에 이미 저항할 수 없는 상태였고, 민족주의 우파는 물론 민족주의 좌파 역시 개량화 되어 일본제국 안에서 2위적 지위를 획득하는 것을 당면 목표로 설정하고 있는 상황이었다.

---

349) 윤대석, 「일본의 그늘」, 『작가』 27호, 2002년 여름호, 47면, 이에 대해 윤대석은 호미바바의 논의를 빌어, 제국으로서의 일본이 통합적 성격을 지니고 민족으로서의 일본이 배제적 성격을 가지는 것은 식민지 종주국의 양가성과 일치한다고 본다. 즉 식민지 종주국은 피식민지인들에게 자신을 모방하도록 권장하지만 동시에 모방할 수 없는 차이를 항상 설정해 둔다는 것이다. 또 그는 이 제국으로서의 일본과 민족으로서의 일본의 대립이 조선문단에서는 국민문학그룹과 녹기연맹 그룹사이의 대립으로 나타난다고 보았다.

일본 사상계는 이러한 모순을 극복하기 위해 서구 근대적 질서를 비판하는 동아시아론을 제시하였고 조선에서도 1940년에 들어서면 동경문단의 동아시아론을 검토하면서 동아협동체의 가능성에 대해 논의하기 시작한다. 즉 동경문단이나 조선문단 모두 산적한 논리적 모순을 해결하기 위한 것으로 동아시론을 제시한 것이다. 그러나 이 논의는 뚜렷한 성과를 낳지 못하였는데 그 이유는 동아시아론이 일본의 정체성을 끊임없이 이중적으로 만들었기 때문이었다. 동아시아에 대한 제국주의적 지배를 정당화하기 위해서는 자신의 정체성을 동아시아에서 탈피한 '脫亞入區'에 두어야 했던데 반하여 서구열강과의 전쟁에서 동아시아 인민을 동원하기 위해서는 '대동아 공영'을 주장해야 했기 때문[350]이다.

이를 해결하기 위한 것이 국가윤리[351]였다. 대동아공영체란 서양문명의 물질주의적이고 개인주의적인 한계를 넘어서서 근대화를 실현한다는 점에서 근대를 초극하는 것으로 설명한다. 이는 미키 키요시(三木淸)의 동아협동체[352]나, 혹은 니시다 기타로의 '無的普遍'을 통해 그 논거를 마련[353]

350) 김기봉, 앞의 논문, 21~22면.

351) 일본에서 국가가 윤리적 가치의 실체가 된 과정과 의미에 대해서는 丸山眞男, 김석근 역, 『현대정치의 사상과 행동』(한길사, 1997) 중 제1장 '초국가주의의 논리와 심리'를 참고할 것.

352) 미키 키요시(三木淸)의 협동주의의 가장 큰 특징은 기존의 사상들에 대한 비판을 통해 새로운 사상원리를 구축하고자 한 데 있었다. 그는 기존의 사상들을 대립적 관계로 구분한 후, 이의 변증법적 종합으로 협동주의를 규정하였다. 그는 동양과 서양을 대립적 개념으로 사용하면서 양자의 차이를 본질적인 것으로 이해했다. 그는 동양사회를 게마인샤프트 서양을 게젤샤프트로 보았고, 서양의 휴머니즘이 근대 개인주의에 기반한 것이라면 동양의 휴머니즘은 공동사회 내의 인륜적 관계가 그 기반이라 보았다. 이처럼 동양과 서양이 사회적 문화적으로 이질적 존재라는 주장은 양자의 정치적 문화적 분리의 근거로 이어졌고 또 이는 동양을 사회문화적으로 하나의 통일적 존재로 보는 것을 의미한다. 이러한 동, 서 대립구조는 일본의 역할에 대한 규정과 불가분의 관계에 있었는데 미키 키요시는 일본의 역할을 지도자의 이념을 통해 설명하였다. 즉 역사 발전에 지도자의 역할이 필요하다는 것을 국가 간의 관계에 적용한 것이다. 이에 따라 그는 동

한 바 있다. 여기서 개인과 사회, 부분과 전체는 상호 배제가 아닌 상호 조화를 추구하는데 이 조화의 근원이 되는 것이 바로 윤리의식이다. 독일[354]과 마찬가지로 일본 파시즘 역시 자국 문화의 정신적이고 윤리적인 우월성에 기초한 이론을 생산하였는데 일본 파시즘은 이를 자국 전통을 넘어서서 동양의 미, 동양의 윤리로 확대함으로써 동양 사상의 강한 윤리성으로 서양의 물질주의와 개인주의에 대항하고자 하였다. 이 시기의 비평에서 윤리, 모랄, 태도, 신념 등이 강조되었던 것은 바로 이와 같은 동아시아 담론의 반영이었다고 하겠다.

최재서가 자신의 비평의 한 축이었던 '모랄'을 한층 강화함으로써 현실의 변화에 적극적으로 대처하고자 했던 배경에는 바로 이와 같은 시대적 흐름이 있었다. 이 때 비평의 기준이 되었던 모랄은 '태도와 신념'으로 제시된다. 이 문제를 제기하는 글에서 그는 이원조의 「비평정신의 상실과 원리의 획득」(『인문평론』, 1939. 10)을 거론하면서 비평의 기준을 확립해야

아 협동체에서 일본의 역할을 도출하였다. 함동주, 앞의 논문 참조.

353) 이에 대해서는 본 논문의 4장 1절을 참고할 것.

354) 독일 근대 지성사는 서유럽과는 다른 독특한 특성을 갖는데 이는 계몽주의 수용에서도 찾아볼 수 있다. 영국과 프랑스의 계몽주의는 그들 시민 계층의 상승하는 정치 경제 사회 문화의 에너지와 깊이 관련되어 있었던 반면에, 독일의 경우 그것은 사회의 지적 계층에 국한되어 대체로 순수한 '정신적인 것'을 지향하는 지식인의 사상운동으로서 나타났다. 독일의 전근대적 현실은 부유하고 지적인 시민의 존재를 불가능하게 했기 때문인데, 따라서 독일에서 계몽주의는 하나의 통일된 이데올로기로서 받아들여지지 않았을 뿐 아니라 어느 계층 속에서도 근거지를 발견하지 못하였다. 이성에 대항하여 초월적인 것, 혹은 감성적인 것의 우월성을 전통적으로 지켜온 독일의 정신 풍토 하에서 계몽주의의 합리적 사유는 극복되어야 할 것으로 배제되었다. 1770년에서 1830년까지 전개된 '독일운동'은 자연법 위에 뿌리박은 세계 시민적 정치문화에 대한 반정립으로서 '민족'의 개별성에 기울어진 독특한 정치문화를 요청하였고 그리하여 서유럽과의 사이에 사상적 정치적 단절과 이질성을 구축하는, 근대적 시민 사회와 근대문명에 대한 거부 현상이 점차 체계화되었다. 이 독일주의가 독일 파시즘의 대중적 토대가 되었음을 말할 것도 없다. 독일 지성사에 대하여는 이광주, 『지식인과 권력-근대 독일 지성사 연구』, 문학과지성사, 1992, 192~199면을 참조할 것.

한다는 '지극히 당연한 일'이 지금도 해결되지 않은 이유를 지적한다.

이원조는, 현재 활동하는 중견 평론가들이 교양에 있어서나 경력에 있어서나 사회주의는 말할 것도 없고 자유주의까지도 망각하지 않으면 안 되는데 그렇다고 해서 새로운 시대의식이나 사회의식이 수립되지도 못한 상황에 있다고 보고 이 때 비평이 '고백적' 아니면 '해설적'으로 변모된 것을 비평정신의 상실로 보았다. 이를 극복하기 위해 그는 비평가가 제3의 입장에 서야 한다고 말하는데 이 제3의 입장이란 역사적인 시대의식 혹은 사회의식에서 구해지는 '시대의 논리'이다. 최재서는 이 시대의 논리를 획득하는 방법에 대하여 말하고 있다.

> 이원조씨 자신이 명료하게 발견이라는 말을 사용했던가 어쨌든가는 지금 기억하고 있지는 않지만 새로운 원리란 발견하는 것이 아니라 체득을 통해서 얻어지는 것임이 지금에 와서 분명해졌다. 즉 새로운 비평원리를 발견하려고 추상적 이념 속에서 탐색을 시도한 모든 노력이 무로 돌아가고 이제야 지도 원리는 국민적 입장에 있어서만 체득할 수 있다는 것이 판명되었기 때문이다. 이 간단한 진리에 왜 오늘날까지 도달하지 못했던 것일까? 그것은 결국 연구와 인식의 문제가 아니고 태도와 신념의 문제였기 때문이다. 국민적 입장을 솔직하게 받아들여 국민의식을 확고히 파악하는 것은 오늘날 연구나 인식보다는 신념과 용기를 필요로 한다. (중략) 비평가는 어떤 종류의 지도 원리에 따라서 일정한 신념을 갖지 않고서는 비평이 실제적으로 되지 않는다. 개개 작품에 대해서 기분내키는대로 好惡나 임기응변의 의견을 서술할 수 있겠지만, 그러나 일정한 질서와 가치판단을 갖춘 진짜 비평은 가능하지 않다. 비평가의 감수성이 예민하고 그 교양이 풍부할수록 어느 정도 엄정한 비평원리가 필요하게 된다. 생각건대 그러한 내면적인 지각을 유효하게 합치기 위해서는 신념에 의해서 뒷바침된 원리를 필요로 하기 때문이다. ……개인주의적 입장으로는 그러한 원리가 절대로 주어질 수가 없게 되었다. 아무리 감수성을 연마하고 문학적 수련을 쌓는다 해도, 길을 타개할 여지가 없는 것이다. 그것은 근본적인 태도와 신념의 문제인 까닭이다.[355] (밑줄-인용자)

최재서는 비평의 기준을 확립해야 한다는 이원조의 말이 추상적인 것에 불과하다고 비판하고 있지만 실상 이원조의 이 글도 '시대의 논리'를 획득할 것을 주장함으로써 당시 시대적 흐름이었던 전체주의에 대한 경도를 보이는 글이다. 이원조는 이 평론의 말미에서 동경문단의 상황을 거론하면서 '세계사론'이나 '협동체론'이 이러한 논리를 획득하기 위한 내부적 요청의 일단이라고 평가하고 있기 때문이다. 그리고 이런 입장은 문학정신의 문제로 재론되는 데,[356] 이 글에서 이원조는 문학정신이란 시대의식에 의해 뒷받침되는 것이라 보면서 이를 위해서는 문학인이 현대와 동화되는 것을 통해 시대정신을 체득할 수 있다고 본다. 이런 관점에서 그는 '조선문학의 본격적 수립은 차라리 1940년대에서 바랄 것'이며 따라서 1930년대란 그런 시기를 준비하는 데 면치 못할 한 개의 과정이었다고 평가하고 있다.

그러나 이원조가 시대정신을 말하고 문학인에게 현대와의 '동화'를 요구하면서도 그것이 '논리'에 불과한 것이라 보았다면, 최재서는 이를 신념의 문제로 한층 강도 높게 말하고 있다. 여기서 최재서가 새로운 비평원리란 '연구와 인식의 문제가 아니라 태도와 신념의 문제'라 한 것은 과거의 그라면 결코 할 수 없을 발언이었다. 그는 누구보다도 이론적이고 체계적인 논리를 지향하였으며 새로운 과학에 가장 먼저 눈뜬 사람 중 하나였기 때문이다. 이런 점에서 새로운 비평원리가 연구와 인식의 문제가 아니라는 것은 신념을 강조하는 말이라기보다는 현 시기에 이 문제는 더 이상 연구와 인식을 통해 도달할 수 없다는 체념에 더 가까운 말이다. 그리고 이것은 현정세에서는 문학을 포기할 수밖에 없다는 것으로 읽히기도 한다.

일찍이 이원조 또한 '태도의 문학'[357]을 주장한 적이 있었다. 여기서 그

355) 「國民文學の要件」, 『轉換期の朝鮮文學』, 人文社, 1943, 62~63면.
356) 이원조, 「1930년대를 검토한다」, 『조선일보』, 1940.1.26~30.
357) 이원조, 「비평의 잠식-우리의 문학은 어디로 가나?」, 『조선일보』, 1934.11.6~11.

는 프로문학을 '행동의 문학'으로 규정하고 이 행동의 문학이 오늘날 함정에 빠진 원인을 분석한다. 그 결과 주관적으로는 이지와 감정의 이원적 갈등에서 항상 감정의 세계가 금단되어 왔다는 부자연성과, 객관적으로는 이런 부자연성을 초극하는 유일한 방도인 비평의 행동성 상실에서 온 것이라 판단하였다. 이를 극복하는 태도의 문학이란 '주관성에서 출발하면서 일찍이 행동의 문학이 가졌던 객관성을 한 개 동경의 세계로 그리려 하는 것'이다. 즉 이 때 태도란 작가의 모랄 혹은 양심의 의미를 가진 것으로 과거의 이데올로기적 지향을 내면화하여 문학 속에서 실현한다는 의미를 지닌다.

태도와 신념의 문제는 최재서가 비평활동 초기부터 작가들에게 계속 요구해 왔던 것이었으나 과거의 그것이 이원조의 '태도의 문학'에서처럼 프로문학이 정론성을 상실한 시대에 이데올로기를 대신하는 태도(모랄)로서 그 미학적인 측면을 강조한 것이라면 이 시기의 그것은 정치적인 태도로서 시국에 대한 적극적 인식과 미래에 대한 확신의 차원에서 이루어진다는 점에서 차이를 갖는다. 이전의 태도로서의 모랄이 '정치의 개성화[358]'로서의 의미를 갖는다면 이 시기의 그것은 국민적 모랄이 된다. 이는 그가 비평활동의 초기에 강조해 마지않았던 객관성에 대한 포기라 할 수 있을 것이다.

그의 비평에서 객관성이란 곧 현실성의 획득을 의미했다. 이것은 '카메라와 같은' 작가의 객관적인 눈을 통해 획득하는 것인데 여기에는 문학의 진실성에 대한 나름의 고민이 있었다. 일찍이 「빈곤과 문학」(『조선일보』, 1937.2.27~3.3)에서 그는 리얼리즘이 대세임을 인정하면서도 리얼리스트들이 실재성과 비속성을 혼동하고 있다고 판단한 바 있다. 즉 '빈곤'을 말할 수 있으나 그것이 단순히 소재적 차원에 그쳐서는 비속한 것 외에는 아무것도 될 수 없다는 것이다. 그는 도시/농촌, 지식인/농민, 부유/빈한, 소비

358) 「작가와 모랄의 문제」, 『삼천리 문학』 1, 1938.1.

/생산, 향락/수난을 구분하여 후자에 집착하는 문학적 경향을 실재적이라 칭하고 이를 폄하한다. 즉 비속한 것의 묘사만으로는 리얼리즘을 이룰 수 없다는 것이다. 즉 그는 현실의 실제성과 그것의 실제적 제시 즉 표현의 실제성을 구분하여, 후자에 중요성을 부여하고 있다. 그는 조선의 경우 생활선 이하의 빈곤이 문제되고 있으나, 정작 형상화의 빈곤이 더욱 문제임을 지적하면서 이를 앉은뱅이 문학으로 규정했던 것이다.

그러나 이제 표현의 실재성이라는 문학적 진실은 문학의 윤리성과 교육성으로 대치된다. 그는 '국가의 존망이 위태로운 비상시에 있어서 문학이 쾌락의 수단에서 번연히 그 본래의 윤리적 사명에 되돌아간다는 것은 지극히 당연한 이야기'라고 전제한 뒤, 작가는 우선 '문학이 표현이라는 관념을 버리고 문학은 아니 문학이야말로 교육이라는 신념을 붙잡지 않으면 안 된다'[359]고 강변한다. 이는 그가 과거 비판했던 비속한 리얼리스트들의 정신이 아닐 수 없다.

그가 이와 같은 비속성으로 자신의 논리를 세울 수밖에 없었던 것은 그가 당시의 상황에서 더 이상 문학의 가치를 통해 새로운 이상을 실현하는 것이 불가능했다고 파악했기 때문이다. 그가 일본주의 동양주의에 내심 얼마나 공감하였는지는 정확하게 알 수 없으나 적어도 이 시기에 그가 세계의 신질서의 형성과 새로운 공동체의 구성, 이 공동체에서의 조선의 운명을 문학의 운명보다 더 우선적 과제로 설정하였다는 것은 확실하다. 그리고 이 세계사적 과제의 해결을 위해서는 문학이 모든 것을 희생할 수도 있다는 본 점에서 그는 과거 그가 비판하였던 사회주의 문예운동가들의 공리주의[360]적 문예관, 그 비속성을 답습하고 있는 것이다. 즉 이 시기 그는 더

---

359) 「國民文學の要件」, 『轉換期の朝鮮文學』, 人文社, 1943, 68면.

360) 1930년대를 풍미했던 경향문학에 대한 비판은 1930년대 후반에는 사회주의 문예운동 측에서도 활발히 이루어졌다. 이는 사회주의 문예운동 자체의 평가와 반

이상 문인이 아니라 문화정책을 담당하는 정치인으로서의 역할에 충실하였던 것이다. 이런 점에서 이 시기의 비평은 과거 그의 이론과 단절될 수밖에 없었다.

이를 좀 더 복잡한 상황에 처했던 작가들의 경우와 비교해 볼 수 있을 것이다. 작가들은 자신의 존재 근거를 허물지 않는 이상 작품을 통해 발언할 수밖에 없었고 이것은 현실의 압력에 대응하는 자기의 내면을 구체적으로 드러내는 것이었기에[361], 삶의 구체성에 직면하지 않고 관념이나 사상으로 도피하는 것이 이들에게는 근본적으로 불가능했다. 근대적 이성의 구현체로 믿어 의심치 않았던 서구 사회가 파시즘에 의해 '통일'되어 가고 일본 역시 그 전체주의적 성격을 노골적으로 드러내고 있던 당시, 문인의 발언은 어느 정도 현실과 타협하지 않고서는 이루어질 수 없는 것이었다. 그러나 이와 같은 타협은 자기 분열적일 수밖에 없었다. 이 시기 작가들의 자기 분열 양상에 대해서는 주로 김사량에 대해 집중적으로 검토되어 왔다.[362]

성에서 나온 것이기도 하지만 한편으로는 최재서를 비롯한 모더니스트들의 적극적 비판과 새로운 대안의 제시에 촉발된 바 크다. 이것은 리얼리즘론과 소설론에서 일차 검토한 바 있다. 경향문학 전반에 대한 평가로는 임화의 「교양과 조선문단」(『인문평론』 2호, 1939.11)을 한 예로 들 수 있다. 이 글에서 그는 경향문학이 그 내용의 국제성 때문에 민족적 주체성까지 포기하고 아예 자기를 외래문화에 동화시켜 버리려 한 경향까지 있었다고 평가하고 있다. 임화는 '주체화란 곧 개성화인데 경향문학엔 내용의 국제성과 더불어 객관성이 존중되었던 만큼 문학이 개성의 의장을 입을 수가 없었다. 결국 극도로 지식적인 문학으로서 경향문학은 발전하게 된 것'(50면)이라고 평하는 데, 그러나 이는 최재서의 비판을 부분적으로는 수용하면서도, 이와 같은 지식적 문학의 토대 위에서 그것의 주체화와 개성화를 요구한다는 점에서, 이를 비속한 것으로 보는 최재서와 차이를 보인다.

361) 일제 말기 작가들이 처했던 이와같은 곤란한 처지에 대하여 해방 후(1945.12) 봉황각 좌담회에서 임화, 이태준, 김사량 등의 좌담 내용을 상기해 볼 수 있다. 이에 대해서는 김윤식, 『한국 현대 문학사론』(한샘, 1988) 2장 1절 '문인들의 자기비판'을 참조.

작가인 김사량이 인공어로서의 일본어를 발견하고 이를 통해 민족문학이라거나 국민국가를 부정하는 국제적 입장[363]에 섬으로써 현실에 맞서려 했다면, 이 시기에 유진오는 '시정편력'의 문학을 제시[364]하였다. 여기서 유진오는 김남천의 고발문학을 '자조의 문학'으로, 한설야의 소설을 이상주의 문학으로 비판하는 한편, 세대 논쟁을 통해 비판하였던 신세대 작가들(김유정, 정비석)을 여기서는 '적어도 비뚤어진 방향으로 빗나가지는 않으며, 또 유유히 사실에 즉해 있다'고 평가해준다. 이를 통해 그가 제시하려는 것은 '사실 위에 서서 인간상을 조탁하려는 것'이다. 그는 발레리의 말을 빌어, 이것은 이론보다 사실이 앞서는 현대에 있어 피할 수 없는 일이라고 본다. 이처럼 소설가인 유진오가 그 '소극성'을 감수하면서까지 '片片한 事實' 속으로 침잠하려 한 것[365]은 현대를 '통일적인 원리를 찾아내는 것이 원칙적으로 불가능한' 시대로 보기 때문이었다. 그는 각개의 분산적인 사실과 사실 사이에 통일적인 연락을 붙이고, 그곳에서 어떠한 새로운 근본 원리를 찾아내는 것은 유해한 독단에 빠질 뿐이라고 경고하면서

---

362) 김사량의 작품에 대해서는 김윤식, 「'내선 일체' 사상과 그 작품의 귀속 문제」(『한국 근대 문학 사상사』, 일지사, 1984.)를 비롯하여 정백수, 『한국 근대의 식민지 체험과 이중 언어 문학』(아세아 문화사, 2000)의 연구를 대표적인 것으로 들 수 있다. 최근 김응교의 「김사량 '빛 속으로'의 이름, 지기미, 도시유람」(『민족 문학사 연구』 20호, 2002, 소명 출판)에는 일본과 북한에서 김사량의 「빛 속으로」가 실린 중요 출판물의 서지 사항이 정리되어 있다.(386면)

363) 김윤식, 「민족어와 인공어 틈에 낀 암흑기 글쓰기의 어떤 표정」, 『체험으로서의 한국 근대문학 연구』, 아세아 문화사, 1999.

364) 「조선 문학에 주어진 새길-세계문학의 계열에로」, 『동아일보』, 1939.1.10~13.

365) 강삼희는 이에 대해 "파시즘에 대항하는 여러 가지의 방법 중에서 유진오가 택한 것은 직접적으로 그것을 비판하지 않으면서 비판을 감행하는 방법이었다. 즉 파시즘이 피할 수 없는 과학의 힘이라면, 이를 받아들일 수밖에 없는 데, 다만 머리나 가슴으로 대하지 않고 시정편력으로 받아들이기가 그 방법이었다. 다시 말하자면 일상적 삶만을 문제삼고 그 속에 들어감으로써 파시즘의 힘을 극소화시키는 방식이었던 것이다."라고 평가한 바 있다(「유진오 문학연구」, 서울대 석사, 1994, 45면).

그 예로 미키 키요시(三木淸)의 「신화」론을 들고 있다.

이 시기 최재서의 주장은 유진오가 비판하고 있는 미키 키요시의 논리에 닿아있는 것이다. 그러나 미키 키요시가 변증법의 이름을 빈 형식논리를 통해 새로운 원리를 추구하였다면 최재서의 경우는 논리를 버리는 논리, 즉 모든 것을 정치의 논리로 귀결시키는 단순한 기준을 취했다는 점에서 구별할 수 있을 것이다. 그리고 이것이 여타의 문인들과 그를 구별짓는 차이이기도 하다. 그는 과감히 문학의 옷을 벗어버리고 정치의 영역으로 옮겨가는 행위를 통해 이 시대를 견디려 했던 것이다.

이에 따라 이제 그는 과거 자신이 지녔던 모든 이상적 기준들을 철저히 비판하는 데 최재서는 과거의 모든 가치들을 '문화주의'로 칭하고 이를 '국가의 이념'을 기준으로 비판한다. 「전환기의 문화이론」[366]은 앞서 그가 표명했던 '태도와 신념'이 무엇을 기준으로 해야 하는지를 잘 보여주는 글이다. 이 글에서 그가 문화주의로 칭하는 것은 문화를 '수단으로 보지말고 목적 그 자체로 볼 것을 주장'하는 것으로서 한편으로는 문화적 가치의 절대성을 의미하는 동시에 다른 한편 문화발전의 자율성을 의미하는 것을 말한다. 이를 최재서는 낙관주의적 진화론에 근거한 근대 개인주의 사상으로 보고 이것은 인간이 자기 완성을 통해 신의 경지에 도달할 수 있다고 보는 낭만주의와 비슷하다고 본다.

그는 경제의 자율화가 경제공황을 초래하고, 학문을 위한 학문이 추상적 국제성으로 귀결되는 것과 마찬가지로 문화의 자율화 역시 '국민적 생활'과 연결하기보다는 '추상적 인간성'과 연결되기 쉽다는 점에서 이를 비판

366) 『인문평론』, 1941년 2월호. 최재서는 『인문평론』에 발표하였던 이 글을 1943년 평론집 『轉換期の朝鮮文學』의 첫머리에 수록하였다. 그만큼 이 논문은 이 시기에 구상하였던 그의 문화이론을 가장 집약적으로 보여주는 대표 평론이라고 볼 수 있을 것이다.

한다. 그는 문화가치가 역사적 법칙에 의해 변동된다고 보는데 이 역사의 법칙에 대해 '각 국민은 또 다시 **정치의 우위**를 깨닫고 **비합리적 권력**으로서 각자의 생존을 결정치 않으면 안되게 되었다'(강조-인용자)고 설명한다. 그리고 '이 **혼란을 극복**하는 데에서만 현대 문화인은 **갱생의 길**을 발견할 수 있으리라'[367](강조-인용자)고 부언하는데, 이 말에서 그가 이해하는 당대의 역사성을 추측해 볼 수 있다.

우선 그 역시 당대의 국가를 '비합리적 권력'으로 파악하고 있다는 점이다. 그리고 당연하게도 이 비합리적 권력층이 행사하는 정치우위의 논리 역시 마찬가지로 이해할 수 있을 것이다. 그러나 그가 이를 어쩔 수 없는 '역사의 법칙'으로 수용한다는 점이 중요할 것이다. 그리고 보다 중요한 것은 이 비합리주의의 시대 즉 혼란의 시대가 극복된다면 '갱생의 길'이 다시 열린다고 본다는 점이다. 즉 그는 이후에 열릴 갱생의 길을 위해 지금은 이 고통과 혼란을 참고 비합리적 권력에 복종하지 않을 수 없다[368]고

367) 『인문평론』, 1941년 2월호, 22면.

368) 이와 같은 역사인식은 일본 군국주의자들의 그것과 유사한 것이라 볼 수 있다. 일본 초국가주의의 논리와 그 심리를 연구한 마루야마 마사오(丸山眞男)는 일본 군국주의자들의 정신형태를 나치 지도자와 비교한 바 있다. 그는 파시즘의 이상 심리구조나 발현형태에서 독일과 일본 차이를 발견하는 데, 예를 들어 나치 최고 간부의 대부분이 학력도 없고 권력도 없던 '본래의 무법자'였다면, 일본 범법자들은 일본 제국의 최고 지위를 차지한 고관들이었다는 것이다. 마루야마 마사오는 이들이 하급장교들이 일으킨 군사정변과 그들의 파시스트적 야욕에 말려 들어갔다는 점에서 그들에게 본래적인 것은 나치즘 그 자체가 아니었다고 분석한다. 따라서 독일에 비해 일본의 파시즘은 관념과 행동 사이에 괴리가 심했고, 그들은 공공연하게 결단의 원칙을 드러내기는커녕 도리어 그것은 은폐할 뿐 아니라 皇道, 皇軍의 정신을 표방함으로써 이를 도덕화하려 했다는 것이다. 전후 일본 전범들의 자기 변호의 논리 중 하나는 기정사실에 대한 굴복이며, 다른 하나는 권한으로의 도피인데, 전자는 '이미 현실이 형성되었다는 것'이 결국에는 그 현실을 시인하는 근거가 된다는 것이다. 마루야마는, 이들이 스스로 현실을 만들어 내는데 기여하면서, 현실이 그렇게 만들어지면 이번에는 거꾸로 주위나 대중의 여론에 기대려 하는 태도를 문제삼는데, 결국 이들은 현실이라는 것을 이미 '만들어진 것' 혹은 '어디선가 일어난 것'으로 생각하고 있었다는 점에서

고백한 셈이다. 이를 교묘한 화술에 의한 자기 합리화라고 비판할 수도 있겠으나 적어도 이 대목은 그가 자신이 소중하게 지녀왔던 가치를 비판할 때 느꼈던 일말의 주저와 고통을 보여준다고 할 수 있을 것이다.

그가 이와 같은 주저 끝에 국민문화를 제시하는 이유는 국민을 통일할 필요성 때문이다. 그는 국민문화는 '國民全體에 統一을 주고 國民的 團結을 더욱 堅固하게 맨드는 文化'이기 때문에, 국민적인 분열과 항쟁의 의식을 고취하는 문화는 단지 그 이유만으로 국가적 입장에서 거부될 것이라고 단언하면서 그 예로 좌익문학, 심리주의 소설, 가정 비극소설 등을 거론한다. 이런 경향의 문학은 모두 코스모폴리탄을 지향하고 있다는 점에서 특히 비판되는데 여기에는 그가 서구 장편소설 연구를 통해 극찬하였던 토마스 만의 「부텐부르크 일가」도 포함되어 있다.

> 코스모폴리턴은 나라가 없다. 그것은 물론 유태인이라는 의미가 아니다. 그들은 어떤 특정한 국적에 속박되기를 스스로 거부한다. 어떤 특정한 국민성의 낙인이 찍히는 것은 달가와하지 않는 것이다. 그것은 현실적인 국적과 국민성이 그들이 품고 있는 세계주의 및 인류동포의 이상과 합치하지 않기 때문이다. 코스모폴리탄은 예외없이 교양인이다. 그런데 그 교양이라는 것이 반드시 어떤 특정 나리의 전통에 뿌리박힌 것이 아니라, 아니 오히려 국적과 국민성을 초월하여 자유롭게, 마치 새가 맘에 드는 나뭇가지에 머물 듯, 자기의 성향에 맞는 문화에서 고향을 찾는 그런 유의 교양이다. 그는 피와 땅에 묶인 현실적 세계에 살기 보다, 모든 교양인들과 자유롭게 교제할 수 있는 관념의 세계에 살고 있는 것이다. 그곳에서 그들이 생산한 대표적 문학은 메가로폴리터니즘의 문학이다.(중략) 코스모폴리턴은 한마디로 무책임하다. 국적을 거부하니까 정치적 책임관념이 없다. 또

주체성을 결여하고 있었다고 평한다. 이를 그는 일본 파시즘의 왜소성으로 규정하고 있다. 최재서의 논리 역시 이와 같은 분석에 걸맞은 현실추수적 행동으로 자기를 변호하고 있다는 점에서 이들의 정신세계를 공유하고 있다고 볼 수 있을 것이다. 이에 대해서는 丸山眞男, 김성근 역, 『현대정치의 사상과 행동』(한길사, 1997) 중 제3장 '군국지배자의 정신형태'를 참고할 것.

도덕적 전통으로부터 절연되어 있으므로 윤리적 책임관념을 갖지 않는다. 그들은 단지 혁명적 이론가로서 정치적 정세를 비판하면 되는 것이고, 악마적 풍자가로서 인간의 타이프를 냉소하면 그만이다.[369]

여기서는 교양과 교양인 세계주의와 풍자, 냉소 등이 모두 무국적이라는 점에서 정치적 책임과 윤리적 책임이 결여되어 있다고 비판되는 데, 비판의 대상이 되는 항목들이 과거 그가 현대문학의 성격으로 적극 옹호하던 것들임을 생각할 때, 이제 그가 지속적으로 모색해왔던 현실성이나 현대성은 근대의 종언을 통해 흔적도 없이 사라지고 대신 '국민적 입장'이 모든 것을 용해하는 용광로가 된다는 것을 알 수 있다. 이 국민적 입장은 다시 '일본적 세계관의 수립'으로 귀결된다. 그는 인류일반에 통하는 보편, 타당한 세계관이라는 것은 진정한 의미의 세계관이 아니라 보고, 이제부터 인류는 그런 추상적 세계관 대신 각자 특정한 국민적 세계관을 파악해야 한다[370]고 본다. 이에 따라 그가 주장하는 국민의식이란 '자신은 한 사람의 개인이 아니고 한 사람의 국민이라는 의식, 따라서 자기 하나만으로는 의미나 가치가 없는 존재로서 국가에 의해 비로소 자기는 의미와 가치를 부여받는다는 자각[371]'이 된다. 이처럼 이시기 최재서의 논리는 모든 가치를 국가의 이념에 귀속시키는 정치적 결단으로 이루어져 있다. 이 결단의 논리가 그의 왜곡된 역사의식에 근거하고 있음은 앞서 살펴본 바이다.

당시 학계와 문화계의 많은 인사들이 이와 같은 일본의 '근대의 초극'에 경도되어 있음을 부인할 수 없다. 그러나 당장 눈앞에 뚜렷한 전망이 보이지 않더라도 역사를 파악하는 방법의 모색을 통해 간접적인 방식으로 이와

---

369) 「文學者と世界觀の問題」, 『轉換期の朝鮮文學』, 人文社, 1943, 107～109면.
370) 위의 논문, 112면.
371) 「國民文學の要件」, 『轉換期の朝鮮文學』, 55～56면.

같은 시대적 흐름을 비판하는 경향도 없지 않았다. 「歷史, 文化, 文學-혹은 時代性이란 것에의 一覺書」[372]에서 임화는 역사에 있어 행위는 가능성과 현실성을 실현하는 계기라 보고, 가능한 것만이 현실화되며 합리적인 행위만이 현실적이라는 역사의 규정력을 필연성으로 명명한다. 그는 이처럼 역사를 구성하는 인간의 행위를 추상화한 것이 문화이기 때문에 정신의 역사는 바로 문화사라고 보고 이 문화사는 물질의 역사라 할 정치사와 함께 역사를 구성한다고 본다. 이 때 그가 주목하는 것은, 일반적으로 물질과 정신 즉 정치사와 문화사는 흔히 날카롭게 대립되는 것인데도 불구하고, 현재 그 표현의 양식에 있어 예기하지 않았던 동일성을 발견할 수 있다는 사실이다.

> 文化와 政治는 그것이 具體的으로 存立하기 爲해서는 個性的인 形態로 表現되지 아니할 수 없다. 質에 있어서 勿論 政治도 文化도 한가지로 世界的이다. 그러나 世界的이란 抽象的인 境遇이고, 구체적으로는 언제나 地方的이다. 現實的으로는 國家的 혹은 民族이란 것의 內容을 빌어 表現된다. 그러므로 文化와 政治가 世界的 性質이라는 것은 經濟와 社會가 그 動力이 되는 技術과 生産力에 있어서 世界的이란 말과 비슷한 것이다 經濟와 社會는 國家에까지 높아져서 政治가 된다. 또한 經濟와 社會는 民族에까지 높아져서 文化가 되지 않을까? 正否는 뒤로 미루고, 우리는 우선 政治와 文化가 自己 同一的이고 이것들을 媒介하는 生産과 經濟에 있어 世界的임에 불구하고, 그것의 個性的으로 表現된다는 一面을 굳게 붙잡을 必要가 있다. 왜 그러냐하면 行爲의 歷史로서의 人間의 歷史가, 具體的 더구나 典型的으로 表現되는 政治와 文化가 우리가 여태 歷史過程의 恣意的인 偶然的인 그리고 現象的인 表現形態인 點을 부여잡기 爲함이다.[373]

이 글에서 임화는 정치와 문화의 세계성과 지방성의 문제를 다루고 있

372) 『동아일보』, 1939.2.18～3.3.
373) 임화, 『문학의 논리』, 학예사, 1940, 746～747면.

다. 언뜻 보아서는 최재서의 논리와 상통하는 것처럼 보일 수도 있을지 모르나, 임화가 의도하는 것은 세계성과 지방성의 외화형식이다. 즉 이는 보편과 특수의 문제로서 오히려 그는 세계적인 성질, 보편성을 담지하고 있는 특수한 지방성으로서의 민족문화를 의미한다는 점에서 최재서가 기대고 있는 이분법적 사고를 비판하고 있는 것이다. 이런 점에서 정치와 문화가 '개성적으로 표현'된다는 임화의 설명은 일본주의, 동양주의가 세계주의와 대척적 관점에서 이항대립적으로 구축하고 있는 논리와는 다른 차원의 것이라 할 수 있다. 따라서, 문화와 정치는 단일행동의 두 면의 분열이지만 지금 우리에게 문제되는 것은 양자의 예기치 않았던 동일성이라는 임화의 말은 당시의 상황을 우회적인 방식으로 비판하는 것이다. 그는 또 이번 전쟁이 만일 서구의 19세기를 청산한다 해도 그것이 게르만 문화의 지배가 될 수 없다는 것은 '민주주의가 혈족주의에 의해 교대될 수 없다는 사실과 방불'한다고 보고 만일 이 전쟁에서 전체주의가 승리한다면 아메리카가 구라파 문화의 최후의 서식지가 될 것[374]이라 보았는데 이 역시 이와 같은 역사적 전망에 대한 확신[375]이라 할 것이다.

(2) 지방문학으로서의 조선문학

국민문학의 이념을 논리화하고 체계화하는 과정에서 최재서는 조선어, 조선문학의 문제에 봉착하게 된다. 이것은 최재서를 비롯한 국민문학론자들만의 문제는 아니었지만, 국민문학의 이념을 정초하고 이를 통해 제국의 국민이 되고자 했던 그에게 조선어, 조선문학의 문제는 국민문학론을 완성하기 위해서도 반드시 해결해야 할 문제였다.

---

374) 임화, 「문화의 신대륙」, 『조선일보』, 1940.6.29.
375) 류보선, 「1930년대 후반기 문학비평 연구」, 서울대 박사, 1996, 99면.

당시 조선어, 조선문학의 독자성 여부의 문제는 두 가지 측면에서 제기되었다고 볼 수 있다. 하나는 내선일체[376]의 실천을 모색하던 중 그것을 구체화하는 방법에 대한 논란을 통해서 제기된 것이고, 다른 하나는 일본의 대륙침략전쟁의 확대로 일본에서 한국문학이 소개되던 중 조선 문학의 독자성 여부가 논란이 되면서 이루어진 것이다. 1940년을 전후하여 이루어진 일본에서의 한국문학 소개가 일본의 대륙진출을 계기로 타국에 대한 이해를 넓히려는 의도에서 이루어졌다는 점을 상기한다면, 결국 이 문제는 조선문학의 독자성을 확보하기 위해 시작되었던 것이 아니라, 조선의 황민화를 실천하는 과정에서 이 과제를 효율적으로 수행하기 위해 시작된 문제였다고 볼 수 있다.

내선일체에 논리적 틀을 제공한 것은, 조선 총독부의 식민지 지배정책에 이데올로기를 제공하는 역할을 담당했던 綠旗聯盟[377]이었다. 녹기연맹은 1933년 2월 11일 결성[378]되었다. 이들이 상징으로 삼았던 '綠'이란 공산주

376) 내선일체에 대한 연구로는 宮田節子, 『朝鮮民衆と皇民化』, 未來社, 1992 (이영랑 역, 『조선민중과 황민화정책』, 일조각, 1997)과 최유리, 「일제 말기 (1938~1945) '내선일체론'과 전시동원체제」, 이대 박사, 1995를 대표적 연구로 들 수 있다. 기타 국내외 연구성과에 대해서는 최유리의 논문을 참조할 것.

377) 녹기연맹에 대한 최근의 연구로는 박성진, 「일제말기 녹기연맹의 내선일체론」(『한국 근현대사 연구』 10집, 1999)와 정혜경, 이승엽, 「일제하 녹기연맹의 활동」(『한국근현대사 연구』 10집, 1999) 이승엽, 「내선일체 운동과 녹기연맹」(『역사비평』, 2000년 봄호) 이승엽, 「녹기연맹의 내선일체 운동」(한국 정신문화 연구원 석사, 2000) 등을 참고할 수 있다. 녹기연맹에 대한 일본측 자료는 정혜경, 이승엽의 논문 330면에서 그 서지사항을 찾아 볼 수 있다.

378) 녹기연맹의 전신은 津田榮이 경성제대 예과를 중심으로 1925년 2월 결성한 京城天業青年團이었다. 이 단체는 법화경 연구와 수양을 그 목적으로 표방하였지만 순수 종교단체는 아니었다. 1930년 이 단원 중 졸업생이 배출되면서 청년단체의 성격을 벗어날 필요가 제기되었고 그 후 동호회 성격의 몇 모임을 거쳐 1933년 녹기연맹으로 결집되었다. 津田榮은 1924년 5월 경성제국대학 예과교수(26년부터는 동대학 의학부 강사를 겸임)로 부임하면서 조선과 인연을 맺게 되었다. 경성천업청년단의 결성과정이나 활동내용에 대해서는 구체적으로 알 수 없지만 이광수의 친일소설 「그들의 사랑」(『신시대』, 1941.1~3월)은 津田榮과 경성천업

의를 상징하는 '赤'과, 아나키즘을 상징하는 '黑'에 대항하는 일본주의의 표상으로 내세워진 것이었다. 이들의 활동이 획기적 도약의 계기를 마련한 해는 1936년이었는데 이 해부터 월간 『녹기』를 발행하는 한편 '綠의 생활운동'을 전개하였다. 녹기연맹의 활동은 1936년까지는 在朝鮮 日本人과 그 2세들에게 국체정신을 함양시키고 일본인으로서의 자각을 일깨우는 데[379] 있었지만 1937년 조선인 내선일체론자인 현영섭[380]이 녹기연맹에

청년단의 활동을 모델로 한 것으로 알려져 있다. 그는 1938년 동생 津田剛에게 실질적 주도권을 넘겨줄 때까지 녹기연맹을 실질적으로 이끌었으며 1942년 일본으로 돌아갔다. 이에 대해서는 정혜경, 이승엽, 위의 논문, 330~331면 참조. 律田榮, 현영섭 등 녹기연맹의 주요 활동가들에 대해서는 341~356면을 참조.

379) 1942년 경성에는 경성인구의 15% 정도인, 약 17만명의 일본이 거주하고 있었다고 한다. 이들은 본국과도 격리되고 조선인과도 왕래가 없는 환경에 살면서 그 존재조건에서 비롯된 특유의 아이덴티티를 지니고 있었다. 이들은 상반된 두 측면을 지니고 있었는데, 우선 식민지 지배민족으로서의 오만함을 지적할 수 있다. 이들은 조선사회에서 방약무인하게 행동했기 때문에 이것이 마침내 통치당국에 의해 심각한 문제로 인식될 정도였다. 그러나 호적상 분명히 내지인임에도 불구하고, 조선에 거주하고 있다는 이유만으로 제국헌법의 직접적용을 받지 못한다거나 참정권이 없는 등, 차별을 감수해야 했고 이는 혼사장애로까지 나타났다. 말하자면 이들은 일본 본국과 식민지 조선 사이의 경계에 서 있는 존재였다. 본국으로부터의 소외에 대한 불안의 한편에는 피지배 민족인 조선인에 대한 우월감이 있었고, 또 다른 한편 자신의 삶이 영위되는 조선이라는 공간에 대한 愛執이 자리하고 있었다. 식민지 출신 2세의 경우 특히 일본문화와 전통에 무지하고 일본인으로서의 자각과 국체관념이 결핍되어 있다는 지적을 받았다. 녹기연맹의 최초의 활동이 불교적 수양과 茶道 등 일본문화의 체득과 청년층지도에 중점을 두고 있었다는 사실은 이 단체가 在朝鮮 日本人 사회의 현실문제로부터 출발하고 있음을 말해준다. 이승엽, 「내선일체 운동과 녹기연맹」, 『역사비평』 50호, 2000년 봄, 210~211면 참조.

380) 경성제대 예과 3년생으로 최재서와 동기였던 현영섭(1906~?)은 한 때 아나키스트로 활동했던 인물이었으나 1935년 치안유지법 위반으로 검거된 후 전향하였다. 그가 전향을 밝힌 글 「정치론의 한토막」(1936.8)에서 그는 문명발전에 대한 논구를 통해 조선어 폐지와 일본어 상용을 주장하였다. 그가 내선일체론자로 사회적 지명도를 높이게 된 계기는 1938년 1월 간행된 『조선인이 나아갈 길』이었다. 그는 이 글에서 조선역사에 대한 반성, 민족주의, 공산주의에 대한 비판 등을 통해 조선인의 완전한 일본으로의 동화를 위해 시급하게 조선어의 전폐가 이루어져야 한다고 주장하며 그 구체적 방도까지 제시한 바 있다. 이후 녹기연맹, 국민정신총동원 조선연맹, 황도학회, 조선어 언론보국회 등에 관여하며 해방직

가입하여 내선일체론을 주도하면서 획기적 전환[381])을 맞게 된다.

내선일체는 1910년대 조선총독들의 구호였던 내선융화를 일보 전진시킨 것으로, 1931년 宇桓一成 육군대장이 사용하기 시작하는데, 그 후임인 南次郎이 총독이 되면서 강력하게 추진되었다. 이 시기부터 내선일체의 대외적 기능 속에는 중국에 대한 침략전쟁에 조선을 어떻게 동원시킬까 하는 점이 핵심과제로 설정되고 있었고, 이에 따라 중일전쟁은 내선일체의 외연확장의 기점[382])이 된다.

중일전쟁 이후 권력측에서 주도한 내선일체론의 실제 내용은 빈약한 것이었을 뿐 아니라, 일본인 사이에서도 내선일체론을 둘러싼 입장의 차이가 있었다. 조선총독부에서 완전한 일체론을 주장하였다면, 이와 다른 입장으로는 동아연맹의 내선연합론[383])이 있었다. 이들은 지배와 피지배의 관계는 유지하되 식민지 조선에 자치권을 부여하자고 주장하였다. 동아연맹론자들의 주장은 중일전쟁 이후, 일제가 만주, 중국, 몽고 등을 염두에 두었던 포석으로 생각되는 데, 이들의 주장은 많은 지식인들에게 호응을 받고 있었다.

당시 조선 내부에서도 내선일체의 방법을 둘러싸고 일본과 조선의 관계 속에서 '조선적인 것'을 어떻게 설정해야 하는가를 둘러싸고 또 다른 내선일체론이 존재하고 있었는 데 이는 1939년 잡지 『東洋之光』에 실린 三木治夫의 글을 통해 짐작할 수 있다. 그는 식민지 조선에서의 내선일체론을 두 가지로 나누고 각각의 차이점을 설명하고 있다. 하나는 현영섭의 『조선

전까지 내선일체와 전쟁 협력의 이데올로그로 활동하다가 해방 후 일본으로 도피하여 주일 미대사관에 근무했다고 알려져 있다. 정혜경, 이승엽, 앞의 논문, 350~352면 참조.

381) 이승엽, 「내선일체운동과 녹기연맹」, 『역사비평』, 2000년 봄호, 204면.

382) 박성진, 앞의 논문, 380~381면.

383) 天野道夫, 「内鮮聯合か内鮮一體か」, 『内鮮一體』, 1941년 2월호, 박성진, 앞의 논문, 384면에서 재인용.

인이 나아갈 길』에서 제시되는 방법으로서 조선의 재래의 것을 신랄하게 비판하고 조선어의 완전폐지를 주장하는 입장으로서 '조선의 민족주의자들로부터 많은 반향이 일었으며, 젊은 일본적 조선 청년으로부터 절대적 지지'를 받은 것이다. 다른 하나는 윤치호의 「내선일체에 대한 소신」에 서술된 것으로 윤치호의 주장은 조선 재래의 것에 대해서 자신을 잃지 않고 조선 그 자체에 대한 사랑 속에서 내선일체를 세우려고 하는 것으로서, 민족주의 감정 그 자체 위에 구축되는 내선일체론으로 '많은 조선인이 마음 속으로부터 깊이 공명'하는 내선일체론384)이다.

녹기연맹의 이론가였던 津田剛385)은 당시 내선일체론에 관한 논의를 平行提携論과 同化一體論으로 정리386)하고 있다. 평행제휴론은 조선의 독특한 역사와 문화를 인정하는 것으로 조선적인 것을 유지하면서 일본을 동아시아의 지도자로 인정하고 일본의 정책을 따른 입장이다. 그는 이 입장이 '일찍이 마르크시즘, 민족주의를 지지했던 지식층'이 마침내 역사의 필

---

384) 三木治夫, 「內鮮一體 東亞協同體の問題」, 『東洋之光』, 1939.2, 27~28면(宮田節子, 『조선민중과 '황민화' 정책』 일조각, 1997, 172면에서 재인용)

385) 津田剛(1906~1990)은 녹기연맹의 전신이었던 경성천업청년단을 조직한 형 津田榮을 따라 1926년 조선에 와 경성제대 예과에 입학하였다. 예과 3년 생인 그는 최재서, 현영섭과 동기였고 특히 최재서와 친하게 지낸 것으로 알려졌다. 그는 국제 정치 및 내선일체론 등에서 논리 개발을 통해 녹기연맹의 정치적 지향점을 명확히 했다. 1938년 이후로는 녹기연맹의 주간이 된다. 그가 조선의 문화계에 직접 영향을 미치기 시작한 것은 1939년 조선문인협회에 참여하면서부터이다. 이후 그는 일제말기 조선의 문단 및 문화계의 재편에 중심역할을 담당한다. 1942년 동경에서 개최된 대동아 문학자 대회에 이광수, 유진오, 박영희 등과 함께 참여하였고, 1943년 제2회 대회에는 유진오, 유치진, 최재서, 이석훈, 김용제 등과 함께 조선 대표로 참석하였다. 최재서 주재하의 『國民文學』에도 활발히 참여하였다. (정혜경, 이승엽, 앞의 논문, 346~348면)

386) 이하 津田剛의 주장은 『內鮮一體の基本理念』(1939.11)의 내용임. 이 책은 『今日の朝鮮問題講座』의 제1권으로 발행되었다. 총6권으로 발간된 이 강좌는 내선일체 논의에 방향을 제시하는 데 핵심 역할을 한 것으로 평가된다. 이승엽, 앞의 논문, 206면. 이 강좌의 각 권의 제목은 이승엽 글의 215면을 참고할 것.

연을 깨닫고 적극적으로 이 대업에 참가한 데서 생긴 것으로 보면서도, 일본문화의 권내에서 민족이 영구불변하는 것인가, 또 그럴 필요가 있는가에 대해 재비판해야 한다고 평가한다.

이에 비해 반도의 내지인측 및 소수 일본의 국체 및 문화를 이해하고 있는 반도출신자에 의해 제기되는 동화일체론은, 조선을 이미 일본의 일부로 보는 것으로 조선의 문화를 일본의 문화에 완전 동화하여 동일한 입장을 얻자는 것이다. 이에 대해서도 그는 이들이 '반도가 실로 오랜 특수한 역사와 문화를 가지고 있다는 사실에 대해서 인식하는 데 애매한 점이 있다'고 비판하면서, 한 사회의 문화의 기준이 근본적으로 변경되고 그것이 사회의 구석까지 침투하는 데는 오랜 세월이 걸리지 않으면 안된다고 주장하였다. 결국 그는 장기간에 걸친 사업으로 내선일체[387]를 정리하면서 그 기초로 조선인들에게 '일본 국체의 본의'를 분명히 하는 것을 핵심으로 제시하였다.

당시 녹기연맹이 통치 당국의 애매한 내선일체론을 논리화하고, 이론적 정책적으로 통치권력측의 정책방향을 선도하는 한편, 권력 측에 의해 입안 추진된 정책에 대해 독자적인 내용과 활동을 수행함으로써 이를 구체화시켰다는 점, 또 정책의 실현에 인적자원을 공급함으로써 운동의 실질적 추진력까지 제공하는 막상한 권력[388]를 자랑했다는 것을 상기해볼 때 津田剛의 이 저서는 내선일체론에 관한 한 가장 권위 있는 것이라 보아도 무방할 것이다. 지금까지 검토한 내용에서 알 수 있듯이 津田剛의 내선일체론은 현영섭[389]으로 대표되는 '동화일체론'과는 미묘한 차이를 갖고 있다.

---

387) 당시 내선일체의 중요성이 강조된 이유는 일본이 대륙침략의 전진기지로 조선을 설정하였다는 것으로 설명된다. 이에 따라 내선일체는 동아블록의 전진기지와, 문화기지론, 병참기지론의 성격을 띠게 된다. 이에 대해서는 박성진, 앞의 논문을 참조할 것.

388) 이승엽, 「내선일체 운동과 녹기연맹」, 『역사비평』, 2000년 봄호, 210면.

이는 녹기연맹이 결성될 당시의 존재조건에 기반하고 있으면서도 조선의 민심과 사상계의 동향에 대해 상대적으로 잘 인지하고 있는 입장이기도 하다. 내선일체의 중심에 '일본 국체의 본의'를 설정하면서도, 이를 장기적 과제로 설정하고 있다는 것, 이는 민족주의적 제휴론과 일본주의적 동화론의 절묘한 절충이 아닐 수 없다. 최재서의 입장 역시 현영섭보다는 津田剛의 입장에 닿아 있는 것이라 볼 수 있다.

한편 일본의 대륙침략의 확대는 일본에 있어서 한국문학을 소개하는 계기를 만들었는 데 이는 물론 전쟁을 계기로 하여 그들의 민족을 포섭하기 위해 그 민족을 이해하려는 일반적 이해를 반영하는 것이면서, 동시에 또 다른 이유로는 일본문학 내부의 문제로서 일본문학이 일종의 침체기에 들어서서 무조건 어떤 신선하고 특이한 것, 자극적인 것을 요구하는 흐름이 있었다[390]는 점 때문이기도 하다.

일본에서 한국문학 작품이 번역되거나, 한국인의 일본에서의 작품활동은 1920년대부터 시작되었으며 또 프로 문학시대에는 많은 작가와 평론가들이 일본에서 작품을 발표하였던 경우가 있었다. 그러나 1940년을 전후하여 『모던 일본 한국판』(1939.11, 1940.8), 『문예』(1940.7)에서의 한국 문학 번역소개와 『朝鮮小說代表作集』(1940.2), 『朝鮮文學選集』(1940.3~12) 등에 소개된 작품은 한국 국내에서 생산된 작품의 일본진출 移出文學이라는 특징이 있다[391]. 이 작품을 수용한 일본측의 반응은 한국인의 독자적인 문

---

389) 현영섭은 일찍이 1936년 8월에 발표한 「정치론의 한 토막: 조선어를 어떻게 할 것인가」에서 최초로 조선어 전폐를 주장하였을 뿐 아니라, 창씨개명의 원형적 발상을 한 것으로 알려졌다. 그는 이 글에서 창씨 개명을 할 때 조선인의 이름을 音讀이 아니라 訓讀하자고 주장했다고 한다. 위의 논문, 215면 참조.

390) 임화, 「동경문단과 조선문단」, 『인문평론』, 1940.6, 42면.

391) 三枝壽勝, 「상황과 문학자의 자세」, 경희대 석사, 1976, 47~48면. 이 논문에서 연구자는, 이출이란 말이 임화의 「移出文學」(『매일신보』, 1940.4.27)에서 쓰인 말로 당시 식민지에서 본국으로 수출함을 가리켜 이출이라 했다고 밝힌다.

학의 존재를 부정하거나 의문시하는 것이었는데, '조선문학에는 물론 그 나름대로의 민족적인 성격은 있지만, 그것을 일본 문학이란 큰 범위에 포함되는 하나의 지방문학으로 보는 것이 옳을 것'[392]이라는 것이 그것이다. 일본의 이와 같은 한국문학 수용의 분위기는 창작자측과 수용자측의 전도된 관계를 만들었다고 평가[393]된다.

최재서가 조선문학의 영역에 대해 명확한 입장을 세우려 한 것은 이와 같은 당대의 분위기 즉, 대륙진출을 계기로 확대된 내선일체의 문제가 문학의 영역에서도 해결될 필요가 있었기 때문이었다. 그는 「內鮮文學の交流」(『國民文學』, 1942.8), 「朝鮮文學の現段階」(『國民文學』, 1942.8)에서 이 문제를 다루고 있다. 1942년 이후로 조선에서 일본어로 된 작품, 혹은 전쟁이나 내선일체 정책에 협조하거나 이를 찬양한 작품이 많이 나오기 시작했다[394]는 것을 고려해볼 때 결국 최재서의 이 글들을 통해 일본문학과 조선문학의 관계가 일단 정리된 것임을 알 수 있다.

최재서의 「朝鮮文學の現段階」는 1940년부터 1942년까지 일어난 조선문단의 여러 상황들을 총괄적으로 정리하는 글이기도 하다. 그는 우선 만주사변이나 지나사변에도 충격을 받지 않았던 조선문단이 소화 15년(1940) 6월 15일 파리 함락의 소식을 듣고 비로소 반성의 빛을 드러내었던 것은 '부끄러운 이야기지만, 다른 한편 조선문학의 특수성을 말하는 것'[395]

392) 「內鮮文學の一體化について」, 『新潮評論』, 新潮, 1941.5, 2~3면(三枝壽勝, 위의 논문, 51면에서 재인용)

393) 三枝壽勝은 이에 대해, 문화의 교류란 서로간에 주체의 인정이 성립되어 자기 문학을 남에게 강요하는 일도 남의 문학에 간섭하는 일도 없는 것이지만, 당시의 실상을 보면 한국인의 문학은 그 독창적인 존재가치를 인정받지 못하고 부정되었다고 평가한다. 한국문학에 일본어가 강요되었다는 점과 번역의 주체가 한국인이었다는 점 역시 주체성의 결여를 보여주는 예이며, 이처럼 한국문학은 이출문학을 거쳐 국민문학의 길을 걸어가게 되었다는 것이 그의 결론이다.

394) 윤대석, 「식민지인의 두가지 모방방식」, 『한국학보』 104, 2001년 가을호, 일지사, 45면.

이라고 평한다. 이것은 최근 오로지 유럽문학의 유행만을 쫓았던 조선문학이 파리함락이라는 이른바 '근대의 종언'을 계기로 해서 '처음으로 새로운 사태에 눈을 뜨게 된' 것이라는 의미이기도 하다.

그는 김기림의 「조선문학의 반성」(『인문평론』, 1940.10)을 거론하면서 이것은 '특히 모더니즘의 경향을 좇아 왔던 시인들에게 심각한 반성의 기회를 주었다'고 본다. 이를 계기로 일어난 문화주의의 청산과 국가주의로의 전환을 그는 '조선문학의 전환기'로 부른다. 다음으로 그가 해명하는 것은 문예잡지의 통폐합문제이다. 그는 『國民文學』이 『문장』, 『인문평론』의 '통합'임을 밝히면서, 이것을 '조선문단의 혁신을 단번에 해결해 보려는 (당국의) 의도'로 설명한다.

김기림은 「조선문학에의 반성」에서 우리 신문학사 30년을, 르네상스에서 현재에 이르는 서구 5-6세기에 걸친 근대 문학의 압축적 발전으로 보았다. 이처럼 그는 서구의 근대화 과정이 우리에게 시간차를 가지고 그대로 반복되는 것으로 판단함으로써 근대를 부인할 수 없는 현실로 수용하는 한편 동시에 서구적 근대의 한계를 인식했다. 그가 한계에 달했다고 보는 근대는 서구의 문명이며 동시에 서구의 근대정신이다. 여기서 그는 신질서의 필요성을 도출해 낸다. 그가 말하는 신질서란 민족을 내포하면서도 민족을 초월하는 것인데, 그는 그것이 상호 문화 접촉과 포용과 존경이라는 노력을 수단으로 한 민족 상호간의 융합을 통해 가능하다고 본다. 결국 그는 근대문학의 완성을 위해 매진했던 30년의 체험을 무화시키지 않으면서 새 질서로 나가는 방법을 모색하고 있는 데 이 방법을 그는 과학정신으로 본다. 그는 서구에서 기원한 과학정신으로 동시에 서구적 근대를 극복할 수 있다고 보는 것이다.

---

395) 『轉換期の朝鮮文學』, 人文社, 1943, 81면.

여기서 김기림이 '과학정신'을 논하고 있기는 하지만 그것은 그 원래적 의미보다도 일본제국주의 근대화 담론이었던 '東道西器'의 의미가 더 큰 것이라 할 수 있다. 따라서 그가 '민족을 내포하면서도 민족을 초월'한다는 신질서를 제시할 때, 이 역시 일본 사상계의 '근대의 초극론'과 맥락을 공유하는 것이면서 앞서 살폈던 녹기연맹 측의 내선일체론과 동일한 인식을 보이고 있는 것이다. 최재서가 이 논문을 거론하면서 자신의 논리에 힘을 싣고자 한 것도 이와 같은 이유 때문일 것이다.

최재서는 '국민문학적 체제란 무엇인가?'고 반문한 후, 반도의 작가들도 내지의 작가들과 공통의 이상과 목표 밑에 같은 국어(일본어-인용자)를 사용하여 이 시대를 살아나가려는 것이라고 답한다. 여기서 용어의 문제가 제기되는 데 최재서가 정리하고 있는 당시 조선문학에 대한 논란은 두 가지이다.

하나는 '조선 문학 멸망의 절망론'으로서, 조선문학의 개념을 확대하지 않는 한 조선문학은 존재할 수 없다는 주장이다. 이에 대해 최재서는 이를 '보수적인 조선문학관'으로 비판하고 있다. 국민문학은 국어로 쓰이는 것이 원칙이되, 집필자는 內鮮人 공동이라는 것, 또 독자 역시 반도 2천만이 아니라 1억의 전 국민이며 10억의 대동아 제 민족이라는 점이 그 논거로 제시된다. 그는 이와 같은 절망론은 '일본으로부터 분리된 조선을 구상하는 모든 사고가 절망론에 빠지는 것과 같다'고 본다.

다른 하나는 국민문학의 체제를 볼 때 그것은 일본문학에 불과한 것이지 조선문학이 될 수 없다는 것으로 '조선문학 空名論'이다. 이에 대해 최재서는 '아직도 대립에 사로잡힌 사고 방식'으로 못박은 뒤, 일본문학과 대립한 조선문학이란 없다. 일본문학의 一環으로 조선문학이 있을 뿐이라고 강변한다.

> 조선문학을 논할 적에 그것을 九州文學이나 北海道文學에 견주는 사람들이 많다. 물론 일본의 지방문학으로서 보는 이야기겠으나, 그런 한에서 잘못된 생각은 아니다. 그러나 양자는 결코 같은 줄에 세워질 성질이 아니다. 조선문학은 구주문학이나 東北文學 또는 臺灣文學이 갖는 지방적 특이성 이상의 것을 가지고 있는 것이다. 그것은 풍토적, 기질적으로, 따라서 사고형식으로도 내지와는 다를 뿐 아니라, 장구한 독자적 문학전통을 짊어지고 있고 또한 현실에서도 내지와는 다른 문제와 요구를 가지고 있는 것이다. 앞으로도 조선의 문학은 이러한 현실이나 생활감정을 그 소재로 삼을 터이므로, 내지에서 생산되는 문학과는 상당한 차이가 나는 문학이 이루어지리라. 굳이 예를 들어본다면 그것은 영문학에 있어서의 스코틀랜드의 문학과 같은 것이 아닐까? 그것은 영문학의 한 부분이지만 스코틀랜드적 성격을 견지하며 많은 공헌을 하고 있는 것이다. 그 다음 언어문제가 왈가왈부되었을 때, 조선문학을 아일랜드 문학에 비유하는 경향도 있었던 것 같으나, 그것은 위험천만이다. 아일랜드 문학은 물론 영어를 사용하고 있지만, 정신은 처음부터 反英的이며 영국으로부터의 이탈이 그 목표였다.[396]

여기서 지적할 수 있는 것은 두 가지 정도일 것이다. 하나는 최재서가 설명하는 지방문학으로의 조선문학의 성격에 대한 것이며, 다른 하나는 이 연장선에서 이해되는 것이기는 하지만 언어의 문제이다. 먼저 조선문학이 일본문학의 한 지방문학이기는 하지만 구주문학이나 동북문학, 대만문학과 다르다는 점은 조선문학의 독자성을 인정하는 듯이 보인다. 이를 최재서는 '지방적 특이성 이상의 것'이라 설정하는 한편 조선문학이 '장구한 독자적 문학전통을 짊어지고 있고 또한 현실에서도 내지에서와는 다른 문제와 요구를 가지고 있'다고 설명한다.

그러나 이 설명은 앞서 검토했던 津田剛의 내선 일체론과 동일한 맥락일 뿐 그것이 조선문학의 독자성에 중점을 두고 있는 발언이 아님은 명백하다. 최재서는 구주와 동북, 대만 문학과 비교하여 그 독자성을 설명하고

396) 『轉換期の朝鮮文學』, 人文社, 1943, 88~89면.

있지만 실상은 그와 반대이기 때문이다. 만주문학이라 불리는 작품에는 중국어, 노서아어로 된 것이 들어있을 뿐 아니라, 그 번역이 모두 일본 사람의 손에 의해 이루어졌던 것에 반해 조선의 경우 한국사람의 손에 의해 일본어로 번역, 소개되는 이출문학이었다는 사실 때문에, 일본측이 상호 동등한 자격으로 문화교류를 했다기보다는 '한국인을 수단이나 도구로 이용했다'고 평가되기 때문이다. 이런 상황은 독자성은커녕 만주문학에 비해 그 주체성이 인정되지 못한 것이라 평가[397]받은 바 있다.

이런 정황을 고려해 볼 때 최재서가 말하는 독자성 혹은 '내지 문학과 다른 문제와 요구'란 당시 조선문학이 다른 지역의 문학과는 달리 일본의 대륙진출을 위한 모범적 사례로서 문화적 전진기지로서 설정되었음을 의미할 뿐이다. 녹기연맹은 내선일체의 완성을 '일본사활의 문제'로 중시하고 있었고 이런 입장에서 그들은 내선일체의 완성을 '동아블록 내 유기화의 최고 최종의 단계'와 '동아 신질서 건설'의 전제로, '세계사 건설의 성스런 출발점'으로 위치 짓고 있다. 일본적 질서의 세계 재편성, 그에 앞선 동아블록의 완성을 위한 최대의 급선무로서 내선일체가 표방되고 있었기 때문에, 식민지 조선인은 '일본의 세계적 이상'을 동아의 다른 나라 국민들보다 앞서서 선도적인 적극적 실천가가 되어야 한다는 것[398]이다. 즉 일제 말기의 내선일체론은 식민지 조선에 지역적 중요성을 부여한 논리에 불과했다. 이런 의미에서 津田剛은 만일 '내선일체가 완성되지 않는다면 동아협동체의 건설은 처음부터 불가능하며, 동아협동체는 그 근저에서부터 붕괴 되 버리고 말 것'이라 본 것[399]이다.

따라서 최재서가 말하는 구주문학과 다른 특수성이란 구주문학과 달리

397) 三枝壽勝, 「상황과 문학자의 자세」, 경희대 석사, 1976, 52~53면.
398) 津田剛, 「內鮮一體の基本理念」, 72면. (박성진, 앞의 논문, 391면에서 재인용)
399) 津田剛, 위의 책, 81면. (박성진, 위의 논문, 392면에서 재인용)

조선문학에 부여된 막대한 사명을 말하는 것이며 이런 점에서 그는 자신있게 조선문학의 독자성을 주장하면서도 '일본문학과 대립된 조선문학이란 없다'고 말할 수 있었던 것이다. 그러므로 조선문단에서 국민문학그룹과 녹기그룹 사이의 대결의식 혹은 대립의식[400]을 발견한다거나, 이와 동일한 관점에서 최재서와 김종한의 '신지방주의론'을 확대하면 일본이라는 민족의 본질로 전 아시아 인민을 다스린다는 팔굉일우 사상의 부정으로까지 나갈 수 있었다[401]는 평가는 녹기 연맹의 내선일체론에 대한 이해의 부족이라 볼 수 있을 것이다. 이것은 최재서의 적극적 의도였다기보다는 팔굉일우 사상과 천황귀일 사상의 자체 모순에 불과한 것이기 때문이다. 더구나 이후 최재서가 '민족과 민족의 결혼'이라는 내선일체의 논리를 수필[402]이나 소설을 통해 구체화한 것을 보면 그의 의도가 '독자성'의 부각에 있다고 보기는 더 어려워진다.

물론 최재서가 녹기연맹 측의 내선일체론을 문학론으로 구체화하면서 민족과 국가의 모순적 이해관계에 전혀 무관심했다고 볼 수는 없을 것이다. 그가 이어 '나치스류의 민족 순혈론'을 비판하면서 문화의 다양성을 강변하고 있는 것이 그 좋은 예일 것이다. 여기서 그는 조선문학의 독창성은

---

400) 김윤식, 『한국 근대문학 사상연구』 1, 일지사, 1984, 270~273면 참조.

401) 윤대석, 「일본의 그늘」, 『작가』 27호, 2002년 여름호, 49~50면.

402) 「徵兵誓願行」(『國民文學』, 1943.8), 「大東亞意識の目覺め-第二回大東亞文學者大會より」(『國民文學』, 1943.9), 「まつろふ文學」(『國民文學』, 1944. 4) 등을 그 예로 들 수가 있다. 앞의 두 글에는 일본의 성덕태자와 고구려 혜자 법사의 이야기가 『일본서기』를 근거로 펼쳐진다. 여기서 혜자법사는 성덕태자의 스승이 되어 고구려의 불교문화를 일본에 전파하는 한편 성덕태자에게 헌신했는데, 고구려에 귀국한 후 성덕태자가 죽었다는 소식에 추모의 정을 이기지 못해 순사했다는 것이다. 이에 대해 최재서는 '혜자법사의 순사는 꽃처럼 피어난 내선일체의 遺芳을 1천 3백년 후의 오늘에 풍겨주고 있는데, 이와 같은 헌신적 몰아적 일본에의 귀의는 비단 혜자만의 점유가 아니'었다고 주장하면서, 일본에 귀화했던 문화인들의 예를 나열하고 있다. 「まつろふ文學」 역시 일본의 역사와 고전인 『고사기』, 『일본서기』, 『만엽집』 등을 통해 천황을 받드는 문학의 필요성을 강변하는 글이다.

일본문학의 질서를 흐트리는 것이 아니라, 그 내용을 풍요롭게 하는 것이라고 주장한다.

> 이제부터 일본문학은 한편으론 그 순수화의 度를 더욱 더 높이는 동시에, 다른 한편 그 광대한 범위를 점점 더 넓히리라 본다. 전자는 전통의 유지와 국체의 명징과 관련되는 측면이며, 후자는 異民族의 포용과 세계 신질서의 건설과 이어지는 면이다. 전자를 천황귀일의 경향이라고 말한다면, 후자는 팔굉일우의 나타남이라고 할 수 있을 것이다. 두 면의 운동은 아무런 모순 당착도 없이 동시적으로 이루어져야 함은 물론이다. (중략-인용자) 일본은 어떻게 이민족을 포용하면서 게다가 일본문화의 순수성을 유지해야 할 것인가? 이 어려운 문제에 대하여 끊임없이 자극이 되고 또한 그 試植田이 되는 것은 금후의 조선문학이 아니겠는가? 일본의 문화가 조선에 건너와서 이른바 반도의 사투리가 되고 옛날의 코이네(コイネ)의 전철을 밟기라도 하면 큰일이다. 그러나 내지적 형식 그대로의 일본문화를 가져와서도 그것은 과연 대륙의 땅에 뿌리를 박을 수 있을까? 여기에 문제의 핵심이 있다고 생각되는 것이다. 여하튼 내지에서 순수화의 면이 보다 강하게 추구될 터이지만, 반도에 있어서는 확대의 면이 열렬히 시도되리라는 것은 자연적 흐름이라 하겠다.[403]

그러나 천황귀일과 팔굉일우의 성격이 자기 모순 없이 동시에 실행된다는 것이 사실상 불가능하다는 것을 이해한다면, 여기서 최재서가 말하는 일본문학의 순수성과 이민족 포용의 다양성 역시 자기 모순에 빠지고 만다는 것을 알 수 있을 것이다. 이것은 영, 미와 대결하고 있다는 점에서는 민족적 입장을 강조하면서도, '대동아'를 주장할 때는 민족과 국가의 초월을 강변하는 일본 파시즘의 논리적 모순과 동일한 구조를 갖는 것이기도 하다. 최재서가 주장하는 '제국 안에서의 다양성'이란 이처럼 그 모순적 측면까지도 당시 일본 사상계의 흐름에 완전히 일치한다는 점에서 추상적 관념

403) 『轉換期の朝鮮文學』, 94~95면.

에 불과한 것이었다. 그리고 이 추상성을 절실하게 느낄 수밖에 없었던 작가들과 비교하면 최재서의 형식논리가 얼마나 현실과 괴리되어 있는 공론인가를 더 잘 알 수 있을 것이다.

국가의 상실에 이어진 민족의 상실, 나아가 고유어의 상실을 눈앞에 둔 절박한 현실은 그의 존재 자체를 위협하는 것이었기 때문에, 민족의 구성원도 국가의 구성원도 될 수 없을 지 모르는 이 위기의 상황에서, 그는 민족적 차별을 넘어서서 일본 제국의 국민이 되기를 욕망했으며 '조선인'과 '조선문학' 역시 국민, 국민문학의 지위를 획득해야 한다고 생각했다.

이런 노력은 「非時の花」(『國民文學』, 1944.5~8), 「民族の結婚」(『國民文學』, 1945.2) 등 역사적 소재를 통해 내선일체의 내용을 담은 소설 창작[404]으로 이어진다. 일반적으로 파시즘 이데올로기에서의 민족 개념이 '타민족을 배척하는 정치적 이데올로기로 발전하였다[405]'는 것을 상기해 보면 최재서의 소설 창작은 민족과 민족의 결합을 통해 일본 민족과 조선 민족의 결합, 즉 내선 일체를 이룩함으로써 타민족과의 차별을 꾀한 것이라 볼 수 있다. 국민국가의 아이텐티의 형성이 전통 속에서 수립된다는 점[406]을 고려해 볼 때 이는 새로운 전통의 발견(발명)을 통해 국민국가의 틀 안으로 진입하려는 노력의 소산이었다. 그러나 이와 같은 그의 노력은 애초부터 실현 불가능한 것이었다.

애국이 인종을 초월하여 인간이 가질 수 있는 가장 고귀한 것으로 여겨

404) 그밖에 호테이 도시히로는 『일본 부인 조선판』(1944.5)에 「新年」이라는 兵隊小說이 최재서의 이름으로 실려있다는 사실을(『매일 신보』 1944년 5월 5일자 일면 광고) 발견하였지만 내용을 확인할 수 없었다고 밝히고 있다. 布袋敏博, 「일제 말기 일본어 소설 연구」, 서울대 석사, 1996, 61면 참조. 위의 일본어 소설에 대해서는 三枝壽勝의 앞의 논문과 이은애, 「친일문학에 관한 일고찰: 최재서를 중심으로」(『덕성여대 논문집』, 1996)를 참조할 것.

405) 김수용 외, 『유럽의 파시즘』, 서울대 출판부, 2001, 106면.

406) 鈴木貞美(스즈끼 사다미), 김채수 옮김, 『일본의 문학개념』, 보고사, 2001, 446면.

지고, 애국자들이 동료시민을 사랑하는 것은 도덕적 사회관계를 맺는 것이지 인종적 동질성을 확인하는 것이 아니라는, '자유의 공동체'로서의 민족 개념은 근대 초기 프랑스 혁명의 이념 속에서나 가능한 것이었다. 서구에서는 프랑스 혁명을 거치면서 민족개념이 혈통이 아니라 '시민권(civitas)' 개념 또는 '공민(citoyen)'개념과 결합되었고 이 공민들의 민족은 공동의 합의에 구성된 자유로운 결사체를 의미했다. 그것은 인간의 집단적 정체성이 출생이 아니라 자유로운 의지에 따른 선택의 문제라는 것을 의미했다.

프랑스 혁명의 민족 담론은 그러므로 특정한 집단 정체성을 위에서부터 덧씌우는 것이 아니라 모든 형태의 자연적 소속감으로부터 인간을 해방시켜 개개인의 자율적 선택권을 근원적으로 보장하는 것이었다. 이처럼 수직적이고 종적 혈연관계로부터 해방된 민족은 시민들의 자유로운 수평적 결사로서의 의미를 지니게 되었다.

이와 같은 민족 해방의 담론은 사실상 중세부터 독자적 법률과 문화전통을 완강히 고수하던 랑그독, 뚤루스, 생말로 등의 지역들을 프랑스의 기치 아래 단일 민족으로 통합시켰다. 교황령인 아비뇽과 베네신, 게르망 혈통이 대다수인 알사스-로렌, 켈드족의 이성인 브르따뉴 등도 주민투표를 통해 민족 자결의 기초 위에서 혁명 프랑스로의 통합을 자청했다. 이 때 민족이란 이처럼 혁명의 모든 성과를 집약한 용어이자 일반의지의 표현이었으며, 혈통, 언어 등 집단의 자연적 경계를 뛰어 넘어 자신의 틀 속에서 다양한 민족체들을 진보적으로 통합시켰던 것[407]이다.

그러나 최재서와 내선일체론자들이 주장한 '민족의 결혼'이란 이처럼 근대 계몽주의의 긍정적 성과물에 기초한 것이 아니었다. 그들이 주장한 결

407) 임지현, 「'전지구적 근대성'과 민족주의」, 『역사문제 연구』 4호, 역사비평사, 2000, 18~20면 참조.

합이란 '자유의지'나 '자율성' '수평적 결사', '민족 자결' 등 인류의 보편적 이념에 기초한 것이 아니라, 역으로 '혈통'과 '지연', '언어', '획일성', '복종'의 윤리에 기초한 '낭만주의적 민족담론'에 기반한 것이었다.

이 낭만주의적 민족담론은 독일과 러시아의 슬라브주의자들에게서 절정에 달한 것으로서, 동유럽 사회의 후진성을 반영하고 있는 것이다. 혁명을 겪지 못하고 봉건적 질서가 지배적이었던 중 동부 유럽에서는, 계몽주의적 이성에 대하여 감성과 상상력의 가치를 높이 들었다. 자기 중심성과 자아에 대한 낭만주의적 강조는 곧 집단적 자아에 대한 강조로 이어졌고 그 결과 민족적 과거를 이상화하고 민족을 신의 창조물인 유기체적 인격으로 보는 유기체적 민족이론이 등장했는데 여기서 중요한 것은 언어, 문화 등 민족의 원초적 요소들이었다. 전통은 이렇게 근대를 해체했던 것이다. 이 이론에서 민족적 정체성이나 소속감은 개인의 자율적 의지에 따른 선택의 결과가 아니라 이미 존재하는 공동체에 의해 비인격적으로 결정된다. 따라서 개개의 구성원은 유기적 공동체인 민족과 분리될 수 없는 세포가 되고 이것은 전체에 대한 개인의 예속관계를 전제하는 것408)이다.

일반적으로 피억압 민족주의(Subaltern Nationalism)에서 한 국민은 더 강한 국민들의 경제적 정치적 이데올로기적 외부 세력들의 지배에 대항하는 방어선으로 복무하는 한 진보적인 것으로 보인다. 따라서 반식민투쟁은 적을 쳐부수고 쫓아내는 무기로 국민개념을 사용했으며, 또한 피지배 주민

408) 임지현, 위의 논문, 21~22면. 한편 필자는 프랑스에서도 1794년 떼르미도르의 반동 이후 국가와 관료제가 민족의 이름으로 인민과 민주주의를 몰아내었다는 사실을 제시한다. 이처럼 반동기의 민족주의는 원초적 감정에 호소함으로써 민족적 연대감을 확보하려 하였는데, 이것은 중심부에서도 전통적 근대성이 시민적 근대성과 함께 근대의 한 축을 형성하고 있는 예로 설명된다. 즉 시민적 근대성이나 전통적 근대성이 각각 중심부와 주변부의 전유물은 아니라는 것이다. (23면)

과 문화를 열등하다고 묘사하는 지배담론을 물리칠 이데올로기적 무기로 이용했다. 여기서 국민은 강력한 외부세력들에 대항하는 보강된 방어벽이 될 때 진보적 성격을 띤다. 그러나 이런 방어벽들은 외세의 지배에 대해 진보적인 만큼 자신들이 보호하는 내부에서는 쉽게 역기능을 수행할 수 있다. 내부에 대해서는 국민적 정체성, 통일, 그리고 안전의 이름으로 내적인 차이와 반대를 억압하는 지배 권력이 되기 때문409)이다.

일본 국가주의는 실제로는 자신들의 제국주의적 침략을 합리화하기 위해 이와 같은 민족주의 이데올로기를 이용하였다. 서구를 제국주의적 침략세력으로, 자신들은 그 침략에 항거하는 진보적 방어세력으로 묘사하였다. 그리고 국민을 성스러운 존재로 부각시켜 이 제국주의 전쟁에 동원하였다. 그러나 당시 일본이 피억압 민족주의에 해당하지 않음은 물론, 당연히 진보적 성격도 찾을 수 없다는 것은 명백한 사실이다. 서구사회의 변방이었던 독일과 역시 시민의 힘을 갖지 못했던 일본은 '전통적 근대성', '낭만주의적 민족담론'에 기대어 제국주의적 침략을 감행하였다. 그러면서도 피억압 민족주의와 계급투쟁론 등을 수사적으로 동원하여 자신들의 본질을 호도 하였던 것이다. 이늘은 빈중을 동원하여 근대 민족주의를 유도한 '인민주권'의 사상을 '국가주권'으로 전도시켰다. 그리고 이 과정 중 특히 일본은 조선을 민족적으로 통합하려함으로써 자신들의 역사와 언어와 혈통과 문화를 강요하였던 것이다. 이를 진보로 가장하여 대중을 호도 했던 것은 국내의 제반 모순을 외부로 발산시켜 해결하려는 전형적인 군사 파시즘의 이데올로기에 불과한 것이었다.

409) Antonio Negri, Michael Hardt, *Empire* (윤수종 역, 『제국』, 이학사, 2001), 154~155면 참조. 역자는 'Subaltern Nationalism'를 '하위 민족주의'로 번역하였으나, 우리말에서 '하위'라는 말의 어감이 본래의 의미를 제대로 전달하지 못한다고 판단하여 여기서는 이 단어만을 '피억압 민족주의'로 수정하였다.

피억압 민족주의의 이데올로그가 되어야할 식민지 지식인 최재서가 역으로 제국주의의 옹호자가 되었다는 사실을 합리화할 수는 없는 것이지만, 이에는 최재서가 일찍이 지녔던 국제주의자로서의 면모가 그 한 원인으로 작용하지 않았나 추측할 수는 있을 것이다. 최재서가 국제주의자로서 세계 시민을 꿈꾸고 이 세계 시민의 이상을 척박한 조선의 현실에서 실현하고자 하였을 때 그는 문화적으로 국경 없는 세상-조선의 청년들이 파리, 런던의 청년들과 격의 없는 대화를 나누는 세상을 지향한 바 있다. 그리고 그는 한 때 조선 문화의 현대화를 통해 이와 같은 이상을 실현할 수 있다는 소박한 신념을 갖고 있었다. 이것은 마르크스주의자들이, 계급 없는 세상의 실현을 통해 마침내 민족이 소멸되고 나아가 세계가 하나가 되는 이상을 꿈꾸었던 것과, 내용과 방법은 다를지 모르지만 적어도 그 국제주의적 이상만큼은 동일한 수준의 것이었다. 그의 문화적 국제주의는 당시 문화적 민족주의와 계급주의적 국제주의가 타협점 없이 공전하고 있던 조선 문단에 신선한 충격을 주었을 뿐 아니라, 계급주의적 국제주의 측에게는 '주체화'의 과제를 부여하는 성과를 낳기도 하였다.

그러나 그가 봉착한 현대세계, 그가 한때 이상으로 설정하였던 서구 유럽은 이미 정신적으로 타락하고 붕괴의 조짐마저 보였다. 그 병적 징후에 맞서 새로운 국제주의 이념으로 무장한 전체주의는, 비록 형식논리에 불과한 것이었지만 민족의 초월과 계급의 철폐를 주장하였고 나아가 서구적 근대의 병적 징후들을 개인과 사회의 조화를 통해 극복할 것을 강변했다. 그는 이것을 자유주의를 대신하여 새로운 역사를 만들어 갈 사상으로 수용하였던 것이다. 이와 같은 전체주의 세상에서 문화의 영역은 정치에 종속될 수밖에 없거나 심지어 '문예는 정치의 도구가 아니라 높은 뜻에서 정치 그 자체'[410]라는 말을 승인하는 것을 의미했지만, 그는 이를 한시적인 것으로 보았고 이를 극복하고 나면 새로운 '갱생의 길'을 찾을 수 있을 것이라 믿었다.

그는 국제주의적 이상을 전파했던 마르크스주의가 1920년대 중반 이후 전체주의로 흐르는 것을 보았고 이것의 폐해를 몸소 비판하였음에도 불구하고, 새로운 전체주의의 폭력성에 대항할 수 있는 내적 근거를 스스로 폐기해 버리는 길을 택했다. 그는 '문화'를 버리고 '정치'를 선택했다. 그에게 가장 부족했던 것은 역사의식이었다.

당시 유럽 역시 독일의 강점에 의해 '통일'되어 있었다. 최재서가 '조선'을 인식하자마자 그 조선이 민족국가로 독립할 가능성은 전혀 없는 것으로 보였다. 따라서 그는 공영권 안에서 제2의 위치를 요망했고 이는 계몽의 언어로 서술되었다. 민족과 국민을 새로운 사회로 인도하는 이 계몽주의는 정치적인 것인데 그것은 새로운 정신을 민족과 국민에게 불어넣어 국가를 형성하고자 하는 것이 이 계몽주의의 목적이었기 때문이다.

5. 결론

본고는 최재서 비평을 대상으로 하여 1930년대 우리 문단의 한 흐름이었던 주지주의 문학론의 전개과정과 그 성과, 그리고 이 흐름이 일제 말기 소위 '국책문학'으로 경도되었던 과정을 해명하고자 했다. 우리 문학사에서 1930년대의 중요성은 새삼 언급하지 않아도 될 정도이지만 정작 이 시기를 사상사의 관점으로 해명하는 연구는 선구적인 몇몇 업적을 제외하고

410) 「文學者と世界觀の問題」, 『轉換期の朝鮮文學』, 100면. 이 말은 정보국 차장 奧村喜和男의 「大東亞戰爭と文學者の使命」(『新潮』, 1942.7)에서 사용된 것으로 최재서가 자신의 논문에서 요약하고 있는 4가지 논점 중 하나이다.

는 많지 않은 것이 사실이다. 더구나 최재서와 같이 친일파로 간주된 문인들의 활동은 그동안 큰 주목을 받지 못했다.

본 논문의 2장은 최재서 모더니즘의 이론적 토대를 밝히고 이를 동시대 비평가들과의 비교를 통해서 그 비평사적 의미를 규명하는 것을 목적으로 하였다. 지금까지 최재서 연구는 그의 비평에서 몇 개의 중심개념을 정리해 내고, 그 개념들의 원전을 찾아 비교, 분석하는 관점을 취하여 왔다. 그러나 이는 연구의 기초라 할 수 있을 뿐이지, 최재서가 특정한 시기에 특정 개념을 도입하는 과정에 대한 면밀한 분석과 해석에는 상대적으로 미흡했던 것이 사실이다. 특히 최재서가 영문학자로서 조선문단에 선진적 이론을 도입하고 이를 통해 문학적 인식틀의 변화를 도모했던 비평가였던 것을 고려한다면 이에 대한 관심은 보다 본질적인 것이라 보아도 무방할 것이다.

최재서의 이론은 T.E.흄(T.E.Hulme: 1883~1917), T.S.엘리어트(T.S.Eliot: 1888~1965), I.A.리쳐즈(I.A.Richards: 1893~1979), H.리드(H.Read: 1893~1968) 등 당대 영국 문단에 참신하게 등장하였던 주지주의 비평가들의 이론을 큰 시간 차이 없이 도입, 소개하는 과정에서 형성된다. 이들 외에도 그는 이들의 이론에 영향을 주고 이들에 의해 소개된 여타의 비평이론을 광범위하게 소개하는 한편 이를 자신의 문학론 형성의 기초로 삼았다. 여기에는 H.베르그송(H.Bergson: 1859~1941), W.뵈링거(Wilhelm Worringer), I.배빗(I.Babbit: 1865~1933), S.스펜더(Stephen Spender), A.헉슬리(Aldous Huxley: 1894~1963), M.아놀드(Mattew Arnold: 1822~1888), W.페이터(Walter Pater:1839~1894) 등 수많은 비평가와 시인 소설가 등이 포함되어 있다. 이들은 각각 서로 다른 인식론과 예술론의 소유자들이다. 본장에서는 이를 역사관과 예술론, 인식론과 지성론으로 구분하여 그 이론적 토대를 검토한 후, 최재서가 이를 조선의 비평에 활용하고자 했던 개념 틀-전통, 개성, 지성, 모랄-을 중심으로 이들과 최재서의 지적 교류의 과정을 정리하고 그 내용을 평가하였다.

최재서의 주지주의론이 이론적 작업이었다면 그의 비평론은 그가 이와 같은 이론을 문화 현장에서 검증하기 위한 과정의 하나로 검토되었다. 2장 2)절에서는 최재서가 실제 비평활동을 통해서 정립해 나가는 비평 방법이 그의 주지주의론과 어떤 이론적 맥락을 공유하고 있는가, 또 비평활동을 통해 그가 새롭게 획득해 낸 성과는 무엇인가를 규명하였다. 최재서는 실제 비평과정에서 의식적으로 '리얼리즘'이란 용어를 사용하면서도 자신의 리얼리즘론이 기존에 문단에서 주도권을 장악하고 있던 사회주의 리얼리스트들의 그것과 다른 것임을 누누이 강조한다. 이런 의식적 노력은 사회주의 문예론자들의 용어를 의도적으로 기피하는 것으로 드러나는 데, 이와 같은 그의 의도가 단지 용어 사용의 문제에만 그치는 것이 아니라는 점을 밝히는 것이 본장의 목적이기도 하다.

그의 리얼리즘론은 주지주의론, 특히 헉슬리 연구의 성과인 풍자적 기법과 이의 결과물인 풍자문학론에 전형적으로 드러난다. 이를 그는 '객관적 태도로서의 리얼리즘'이라 명명하였다. 이에 대해 지금까지의 연구는 리얼리즘의 입장에서, 혹은 모더니즘의 입장에서 각각 평가해 왔다. 혹은 이에 대해 모더니스트인 최재서가 당대 문단의 주도적인 흐름이었던 리얼리즘론을 절충적으로 수용한 것이라는 평가를 내리기도 하였다.

그러나 이와 같은 관점이 놓치고 있는 점은 당대 문단-리얼리즘 측이나 모더니즘 측 모두를 포함하여-전체가 리얼리즘과 모더니즘에 대해 각각 심화된 인식을 추진해 가고 있었다는 사실이다. 이를 최재서의 영향으로 볼 수도 있으나 그보다 더 중요한 것은 기존의 리얼리즘론으로는 당대 독자들은커녕 문인들 자신에게도 설득력을 갖지 못하게 되었다는 당대적 상황일 것이다. 1936년과 1937년을 전후로 하여 사회주의 문인들이 소설개조론 혹은 리얼리즘 논쟁을 통해 이와 같은 난관을 타개하려는 지난한 노력을 경주하였다는 것은 주지의 사실이다. 최재서의 문제제기는 이런 점에서 신선한 충격을 주었고 이후 그의 문제의식은 사회주의 비평가들에게도 부분적으로 공유되는 성과를 낳기도 하였다.

최재서는 리얼리즘론을 주장하기 이전에 현대 영문학의 다양한 비평론을 두루 섭렵하여 소개한다. 이 과정은 그가 지금까지 연구해 온 주지주의론에 대한 총결산의 의미를 지닌 것이기도 하다. 이를 통해 그는 새로운 리얼리즘론을 제시하기에 이르는 데 이때 리얼리즘이란 용어의 의미는 '문학적 진실성'과 동의어라 보아도 무방할 정도로 포괄적인 개념이다. 그의 리얼리즘론의 요체는 '기법'에 대한 것인데 이는 풍자로 대표된다.

최재서의 리얼리즘론은 철학적 반영론이나 역사의식에 기반한 것이 아니라 대상을 대하는 태도와 기법에 주목한 것이었고 이 때 최재서가 리얼리즘의 기법 중에서 가장 높이 평가하고 있는 것은 '풍자'이다. 그것은 현대에 가장 적합한 기법이자 정신으로 간주되는데 이런 관점은 적어도 1930년대 말까지 그가 국책문학론으로 전환하기 전까지는 일관되게 유지하고 있는 것이란 점에서 중요하다. 최재서의 문제제기를 수용한 사회주의 문예가들은 이에 대해 활발한 논의를 펼쳤으나 최재서 자신이 이에 대응하지 않음으로써 이 문제는 더 이상 진전을 볼 수 없었다. 이 후 그의 리얼리즘론은 소설 장르론을 통해 보다 명확해 진다.

1937년 중일전쟁이 시작되었다. 전형기로 지칭되는 이 시기를 대표하는 말은 P.발레리의 '사실의 세기'일 것이다. 이 '사실의 세기'란 '질서의 세기'에 대응하는 새로운 시대를 암시하는 용어이다. 최재서는 이 시대를 '상식이 질서를 깨뜨리고 전진하며 행동이 지성을 박차고 나서는데 현세기의 감출 수 없는 풍모가 나타난다'고 보고 '사실이 자동적으로 질서를 파괴하고 행동이 고의로 질서를 멸시하는 세기에 있어 지식인은 어떤 태도를 취하며 어떤 역할을 스스로 가져야 할까?'라고 반문한다.

이처럼 「사실의 세기와 지식인」(『조선일보』, 1938.7.2)에는 더 이상 이론적 현실인식으로는 감당할 수 없는 현실적 고민이 스며 있다. 그는 이와 같은 시기에 지식인은 더 이상 창조적 역할을 한다거나 지도성을 확립할 수 없다고 보았다. 창조란 반드시 개성과 시대가 행복하게 일치될 때 생긴다고 보았기 때문이다. 그는 '금일의 사실을 지식인은 인정치 않을 수 없다'고 단언한다.

전반적으로 이 시기의 비평은 논리 정연한 과정을 보여주지 않는다. 최재서 역시 기존에 자신이 지녔던 신념과 현실의 괴리, 서구 사회의 몰락, 일본 사상계의 파시즘화 등을 거치면서 혼란을 겪는다. 이 시기에는 무엇이 진보이고 무엇이 보수인지를 판단할 수 있는 기준이 확실히 보이지 않았다. 그만큼 전 세계 지성이 탄압으로 위축되거나 혹은 적극적으로 파시즘화 되었던 위기의 시대였다.

사실의 인정이란 기존의 모든 가치나 사상의 폐배를 의미한다. 기독교 신앙이라거나 마르크스주의 철학 등이 '보편자'로서 인간의 행동을 규율하고 가치평가를 하던 시대는 최재서의 분류에 따른다면 질서의 시대라 할 수 있다. 이 모든 보편자가 사라졌을 때, 혹은 존재해왔다고 생각했던 믿음이 깨어졌을 때, 그 앞에 모습을 드러낸 것은 '어떤 해석이나 의견에도 끄떡도 하지 않는 事實의 절대성'이라 할 수 있다. 최재서가 직면한 현실, 그가 직면했다고 믿은 현실은 바로 이와 같은 상황이었다. 최재서는 이 때 조선의 현실에 좀 더 구체적으로 다가가려는 노력을 보인다. 이론과 논리로 사물의 질서를 해명할 수 없었기 때문에, 그의 말대로 사실에 직면하려는 노력이 없이는 발언할 수 없었기 때문이다. 이런 노력은 지성론과 모랄론, 소설론에서 큰 성과를 보인다. 앞 시기의 그가 이론가의 면모를 보인다면 이제 최재서는 조선 문단의 비평가로 자리잡는다.

전형기에 이르면 그의 문제의식은 급박한 현대 세계의 정세에 대한 관심과 함께 조선의 현실에 관심을 갖게 된다. 「비평과 모랄의 문제」(『改造』, 1938.8)는 최재서가 지금까지 연구해 온 주지주의 이론을 총정리하면서 이들 이론가들에 대한 자신의 태도를 명확히 밝히고 있는 글이다. 그가 이들의 이론을 정리하는 기준은 '모랄'이다. 그는 모랄론의 시작을 리쳐즈의 가치론에서 발견한다. 최재서는, 리쳐즈가 비평은 작품에 대한 가치판단이며 이를 위해 비평은 모랄을 가져야 한다고 말했을 때 이것은 '비평의 20세기적 전환을 선언한 것'이라 보았다. 모랄론과 함께 지성론은 그의 비평에서 구체적으로 탐색되는 데 이 때 이 두 개념은 작품 속에서 창작 원리의 의미까지도 포함한 포괄적인 것이었다.

이 시기 소설양식에 대한 탐구는 현실과 타협점을 찾으려는 조심스러운 모색이었다. 그는 서구 장편 소설의 분석을 통해 가족사 연대기 소설의 의미를 찾아내고 이는 실제로 인문사가 주관하는 전작 장편의 기획으로 실현되는 성과를 낳기도 하였다. 장편소설에 대한 관심은 최재서만의 문제가 아니었다. 일반적으로 1937년에 접어들면서 문학의 위기의식은 장편소설의 위기의식으로 집중되는 경향을 띠고 이것이 그대로 장편소설의 본질에 대한 관심을 불러일으켰던 것이다.

최재서의 소설 양식론은 과거의 문학 전반에 대한 비판의 의미를 담고 있다. 즉 기존의 사회주의 리얼리즘 소설의 비속성과 감상주의, 또 한편 현실성이 결여된 경박한 모더니즘 문학 양자에 대한 새로운 문학적 대안의 모색이란 의미를 담고 있는 것이다. 그러나 이와 같은 문제의식은 점차 새로운 현실의 모색이라는 실제적인 문제의식과 맞물리게 되면서 변모하게 된다. 중편소설에서 장편소설론으로 여기서 다시 서사시 지향으로 나아가는 것이 그것이다.

중편소설론은 1937년에 제시되었다. 이는 당대의 문단에 대한 문제의식과 고민 속에서 제시된 것이며 한편으로는 당대 사회주의 문예에서 주장했던 사회 역사적 장르비평과는 구별되는 장르인식을 보여준다. 장편소설에 대한 연구는 범위를 넓혀서 서구의 대표적 소설가들에 대한 본격적 연구를 통해 조심스럽게 진행된다. 이렇게 범위를 확대한 것은 자신의 논지에 일반성을 부여하려는 노력으로 볼 수 있는 데, 이는 이론적 연구라 할 「서사시, 로만스, 소설」로 귀결된다. 여기서 최재서는 루카치가 사용했던 역사적 장르비평을 원용하면서도 루카치의 해석과는 다른 방식으로 역사적 전망을 설정한다. 여기서는 문단의 현실적 문제 의식에서 야기된 소설 양식의 탐구가 시간이 흐름에 따라 서사시 이론으로 나아가는 논리적 과정을 분석하였다.

최재서가 서구 장편소설의 탐구에 몰두한 것은 조선 문단이 처한 주 객관적 조건을 탐색한 결과물이다. 그는 그가 비평활동 초기부터 견지해 왔던 관점대로, 조선 문단의 현실을 세계사적 일반성에서 해석해 낸다. 이에 따르면 기존의 리얼리즘의 방법으로 해결할 수 있는 것은 아무 것도 없다는 게 그의 입장이다. 서구사회가 직면한 위기와 이에 대응하고 있는 서구적 지성의 대처 방식을 검토해 볼 때 역사적 일반성이란 이미 흔적도 없이 사라진 것이고 진실을 담보해 주는 것이란 오직 철저하게 의심하고 회의하고 비판하는 것뿐이다. 그러나 이것 역시 조선에서는 제대로 수행될 수 없었는데 그 이유는 우리 작가들이 이를 수행할 수 있을 정도의 교양이나 문제의식 혹 작가적 기교를 갖추지 못하고 있다 판단하였기 때문이다.

이를 극복하기 위해 그는 소설양식의 측면에서 단편, 중편을 거쳐 예술적 장편을 추구하기에 이른다. 이 예술적 장편이란 조선에서 아직 실현되지 못한 것이었다. 이 예술적 장편의 예로 그는 보고문학과 가족사 연대기 소설을 들고 있는 데 주로 1940년을 전후하여 이루어진 이 연구의 관점은 미묘한 변화를 겪는다. 현상을 타개하기 위한 소설적 대안이라는 문제의식이, 전 세계적으로 파시즘이 급격히 대두함에 따라 파시즘적 사상과의 대결이라는 문제에 봉착하게 되는 것이다. 이전에 그가 가지고 있었던 문제의식이 주로 사회주의 문학을 대타적 존재로 설정하고 이를 통해 진전된 것이었다면, 이 시기에 이르면 그 대타적 대상이 전체주의로 옮겨가게 된다. 이런 상황의 변화는 그의 소설론과 비평에 깊은 흔적을 남기는 데 그 흔적은 파시즘을 비판하면서도 개인주의를 대신할 수 있는 새로운 모랄을 추구하는 것으로 드러난다. 그리고 '양식'의 측면에서 본다면 이는 서사시로 귀결된다. 이 때 그가 서사시를 지향한 이유는 서사시의 정신이 개인보다 집단을 중시하는 정신이며, 용기와 저항력, 영웅적 자질을 내포한 것이라 보았기 때문이다. 서사시의 지향은 그가 전체주의 사상의 수용으로 나아가는 과정으로서의 의미를 함축한다. 그러나 이 과정은 아주 논리 정연하게 진행된 것은 또한 아니었다. 심리주의 소설에 대한 평가를 예로 들어보면, 1938년에는 죠이스의 자아탐색의 문학 대해 '시대적인 것이 아니'라 하여 폄하하다가도, 그 내면적 리얼리즘에 대해 고평하는 관점을 보이기도 한다. 이는 역사의 방향에 대한 그의 신념이 아직 명확하게 정리된 것이 아님을 보여주는 한 증거라 볼 수 있을 것이다.

이 과정은 동시대 문인들과의 비교를 통해서 그의 역사이해의 방식과 그에 따른 문학론의 변화를 추구하는 방법을 통해 분석되었다. 이는 또한 그의 국책문학론과 밀접한 관련 하에서 진행되는 것이기도 하다.

최재서는 1940년 후반부터 본격적으로 국가시책에 협력하게 된다. 이때 그는 일본 국가주의 문학이념인 국민문학을 이론화하는 한편 잡지 『국민문학』을 발간하는 등 당시 일본의 제국주의를 합리화하는 적극적 역할을 수행한다. 당시 급속한 위로부터의 근대화의 부작용으로 산적한 국내외의 모순을 제국주의적 침략으로 모면하고자 한 일본국가주의자들은, 소위 '동아시아' 담론을 통해 자신들의 침략성을 은폐하고자 하였는데 국민문학론은 이의 문학적 표현이었다. 이 시기 최재서가 국민문학론을 수용하였던 이유를 외적인 상황에서 보자면, 진보적 성향을 지녔던 좌익활동가들의 대거 전향과 전 세계적으로 전체주의가 거역할 수 없는 시대정신으로 부각되었던 점을 들 수 있다.

그러나 보다 중요한 것은 그가 이 시기 더 이상 문학만을 자신의 사고의 중심에 둘 수 없었다는 점이다. 이 때 그는 더 이상, 문학 기술의 변화를 통해 문학정신을 변화시키고 나아가 이를 통해 근대화를 달성할 수 있다고 보았던 과거의 신념을 유지할 수 없었다. 그는 역으로 근대국가를 형성하고 이를 통해 근대적 국민이 되는 것이 당시의 상황에서는 필연적이라 보았다. 그 결과 그는 과거에 자신이 가장 혐오하였던 정론적이고 계몽적인 문학이론을 전개하였던 것이다. 그러나 그 과정은 그리 순탄하지 않았다. 국민문학론의 이론적 근거가 되었던 동아시아론 자체가 모순적 이론이었기 때문에 그 역시 '제국의 국민'과 '민족의 일원' 사이의 모순을 첨예하게 의식하게 되었기 때문이다.

국민문학의 이념을 논리화하고 체계화하는 과정에서 최재서는 조선어, 조선문학의 문제에 봉착하게 된다. 이것은 최재서를 비롯한 국민문학론자들만의 문제는 아니었지만, 국민문학의 이념을 정초하고 이를 통해 제국의 국민이 되고자 했던 그에게 조선어, 조선문학의 문제는 국민문학론을 완성하기 위해서도 반드시 해결해야 할 문제였다.

당시 조선어, 조선문학의 독자성 여부의 문제는 두 가지 측면에서 제기되었다고 볼 수 있다. 하나는 내선일체의 실천을 모색하던 중 그것을 구체화하는 방법에 대한 논란을 통해서 제기된 것이고, 다른 하나는 일본의 대륙침략전쟁의 확대로 일본에서 한국문학이 소개되던 중 조선 문학의 독자성 여부가 논란이 되면서 이루어진 것이다. 1940년을 전후하여 이루어진 일본에서의 한국문학 소개가 일본의 대륙진출을 계기로 타국에 대한 이해를 넓히려는 의도에서 이루어졌다는 점을 상기한다면, 결국 이 문제는 조선문학의 독자성을 확보하기 위해 시작되었던 것이 아니라, 조선의 황민화를 실천하는 과정에서 이 과제를 효율적으로 수행하기 위해 시작된 문제였다고 볼 수 있다.

이를 그는 일본 문학 안에서 지방문학의 형식을 취하는 것으로 해결하려 하였으나 이 문제는 쉽게 해결할 수 없는 문제로 남았다. 그가 우리 민족의 역사에서 소재를 취해 소설을 창작하는 등 이 문제를 논리적인 방법이 아니라 소설적 방법으로 해결하려 했다는 사실은 이 어려움을 짐작하게 해준다. 논문의 4장에서는 최재서 국민문학론의 이론구조를 동시대 문인들과 비교하는 방법을 통해 구명하였다.

피억압 민족주의의 이데올로그가 되어야할 식민지 지식인 최재서가 역으로 제국주의의 옹호자가 되었다는 사실을 합리화할 수는 없는 것이지만, 이에는 최재서가 일찍이 지녔던 국제주의자로서의 면모가 그 한 원인으로 작용하였다고 볼 수 있다. 최재서가 국제주의자로서 세계시민을 꿈꾸고 이 세계 시민의 이상을 척박한 조선의 현실에서 실현하고자 하였을 때 그는 문화적으로 국경 없는 세상, 조선의 청년들이 파리, 런던의 청년들과 격의 없는 대화를 나누는 세상을 지향한 바 있다. 그리고 그는 한 때 조선 문화의 현대화를 통해 이와 같은 이상을 실현할 수 있다는 소박한 신념을 갖고 있었다. 이것은 마르크스주의자들이, 계급 없는 세상의 실현을 통해 마침내 민족이 소멸되고 나아가 세계가 하나가 되는 이상을 꿈꾸었던 것과, 내용과 방법은 다를지 모르지만 적어도 그 국제주의적 이상만큼은 동일한 수준의 것이었다. 그의 문화적 국제주의는 당시 문화적 민족주의와 계급주의적 국제주의가 타협점 없이 공전하고 있던 조선 문단에 신선한 충격을 주었을 뿐 아니라, 계급주의적 국제주의 측에게는 '주체화'의 과제를 부여하는 성과를 낳기도 하였다.

그러나 그가 봉착한 현대세계, 그가 한때 이상으로 설정하였던 서구 유럽은 이미 정신적으로 타락하고 붕괴의 조짐마저 보였다. 그 병적 징후에 맞서 새로운 국제주의 이념으로 무장한 전체주의는, 비록 형식논리에 불과한 것이었지만 민족의 초월과 계급의 철폐를 주장하였고 나아가 서구적 근대의 병적 징후들을 개인과 사회의 조화를 통해 극복할 것을 강변했다. 그는 이것을 자유주의를 대신하여 새로운 역사를 만들어 갈 사상으로 수용하였던 것이다. 이와 같은 전체주의 세상에서 문화의 영역은 정치에 종속될 수밖에 없거나 심지어 '문예는 정치의 도구가 아니라 높은 뜻에서 정치 그 자체'라는 말을 승인하는 것을 의미했지만, 그는 이를 한시적인 것으로 보았고 이를 극복하고 나면 새로운 '갱생의 길'을 찾을 수 있을 것이라 믿었다.

그는 국제주의적 이상을 전파했던 마르크스주의가 1920년대 중반 이후 전체주의로 흐르는 것을 보았고 이것의 폐해를 몸소 비판하였음에도 불구하고, 새로운 전체주의의 폭력성에 대항할 수 있는 내적 근거를 스스로 폐기해 버리는 길을 택했다. 그는 '문화'를 버리고 '정치'를 선택했다. 그에게 가장 부족했던 것은 역사의식이었다.

참고문헌

1. 자료

최재서, 『문학과 지성』, 인문사, 1938.
______, 『轉換期の朝鮮文學』, 人文社, 1943.
______, 『최재서 평론집』, 청운출판사, 1961.
______, 『문학원론』, 춘조사, 1957.
______, 『셰익스피어 예술론』, 을유문화사, 1963.
______, 『교양론』, 박영사, 1963.
______, 『인상과 사색』, 연세대 출판부, 1977.
이원조, 이동영 편, 『오늘의 문학과 문학의 오늘』, 형성출판사, 1990.
임 화, 『문학의 논리』, 학예사, 1940.
『조선일보』, 『동아일보』, 『매일신보』, 『청량』, 『신흥』, 『삼천리 문학』, 『비판』, 『청색지』, 『조선문학』, 『문장』, 『인문평론』, 『국민문학』, 『사상』, 『개조』

2. 국내 논저

강은교, 「1930년대 김기림의 모더니즘 연구」, 『한국 근대문학 비평사 연구』, 세계, 1989.
강창일, 「일본의 우익과 조선지배」, 『한민족 독립운동사 5』, 국사편찬 위원회, 1989.
고규진 외, 『유럽의 파시즘-이데올로기와 문화』, 서울대 출판부, 2001.
구견서, 「교토학파와 신교토학파」, 『일본지식인의 사상』, 현대미학사, 2001.
구중서, 「친일문학」, 『한국 근현대 문학 연구 입문』, 한길사, 1990.
권성우, 「1930년대 한국 모더니즘 소설 연구」, 서울대 석사, 1989.
권순긍, 「知村 金龍濟와 친일문학의 논리」, 구중서, 최원식 편, 『한국 근대문학 연구』, 태학사, 1997.
권영민, 『한국 민족문학론 연구』, 민음사, 1988.
권영민 편저, 『월북 문인 연구』, 문학사상사, 1989.
권일경, 「1930년대 모더니즘 소설의 실재관과 '재현'개념에 관한 고찰」, 『관악어문 연구』, 1996.

김기봉, 「동아시아 담론, 어디서 왔으며 어디로 가야 하는가」, 『동아시아 문화와 사상』 6호, 열화당, 2001.
김길웅, 「이상과 현실 그리고 우울」, 『독일문학』 79집, 2001.
김대행, 「암흑기의 친일문학」, 『한국문학 연구 입문』, 지식산업사, 1982.
김동식, 「최재서 문학비평연구」, 서울대 석사, 1993.
김민철, 「지금 친일파 청산을 거론하는 이유」, 『역사비평』 59, 2002년, 여름호.
김병걸, 김규동, 『친일 문학 작품선집』, 실천문학사, 1986.
김병철 외, 한국 영어영문학회 편, 『영미 소설론』, 신구문화사, 1981.
김상선, 「최재서론-국민문학지를 중심으로」, 『한국 근대문학과 그 미래상』, 중대출판부, 1992.
김상태 편역, 『윤치호 일기 : 1916-1943』, 역사 비평사, 2001.
김성보, 「친일파 청산 : 분열의 치유, 그리고 한국적 근대의 반성을 위하여」, 『작가』 27, 2002년, 여름호.
김승환, 「친일문학의 논리와 사상」, 구중서, 최원식 편, 『한국 근대문학 연구』, 1997.
김용권, 「뉴크리티시즘과 한국 비평문학」, 『자유문학』, 1960.
김용섭, 「우리나라 근대 역사학의 성립」, 이우성, 강만길 편 『한국의 역사인식』下, 창작과비평사, 1984.
김우창, 「전통과 방법-엘리어트의 예」, 『T.S.엘리어트』, 민음사, 1978.
김유중, 『한국 모더니즘 문학의 세계관과 역사의식』, 태학사, 1996.
김윤식, 「최재서론」, 『현대문학』, 1963. 3.
_____, 『한일 문학의 관련 양상』, 일지사, 1974.
_____, 『한국 근대문학 양식론고』, 아세아 문화사, 1980.
_____, 『한국 근대문학 사상연구 1』, 일지사, 1984.
_____, 『한국 현대 소설비판』, 일지사, 1988.
_____, 『한국 현대 문학 사상사론』, 일지사, 1992.
김윤재, 「모더니즘 비평에 나타난 근대문학과 현대문학의 성격」, 민족문학사연구회편, 『민족 문학과 근대성』, 문학과지성사, 1995.
김재용, 「친일문학의 성격 규명을 위한 시론」, 『실천문학』 65, 2002년, 봄호.
김정현, 「일제의 '대동아 공영권' 논리와 실체」, 『역사비평』, 1994년, 가을호.
김종길, 「한국 현대시에 끼친 T.S.엘리어트의 영향」, 『진실과 언어』, 일지사, 1974.
김종길 외, 한국 영어 영문학회 편, 『영시 개론』, 신구 문화사, 1981.
김준오, 『한국 현대 장르 비평론』, 문학과지성사, 1990.
김진성, 『베르그송 연구』, 문학과 지성, 1985.
김채수, 『일본 사회주의 운동과 사회주의 문학』, 고려대 출판부, 1997.

김춘식, 「최재서 비평 연구」, 동국대 석사, 1992.
김학면, 「최재서의 실제 비평연구」, 홍대 교육대학원 석사, 1995.
김　한, 「파시즘의 특성에 관한 연구」, 연세대 석사, 1984.
김　활, 『모더니즘 문학론과 질서』, 한신문화사, 1993.
김흥규, 「최재서 연구」, 서울대 석사, 1972.
　　　『문학과 역사적 인간』, 창작과비평사, 1980.
남송우, 「1930년대 전환기 비평의 해석학적 연구」, 부산대 박사, 1990.
도면회, 「한국 근대사 서술에서의 민족,국가문제」, 『역사비평』, 2002년, 봄호.
류보선, 「1930년대 후반기 문학비평 연구」, 서울대 박사, 1996.
______, 「친일문학론의 계몽적 담론 구조」, 『한국문학과 계몽담론』, 새미, 1999.
민족문제 연구소 편, 『친일파란 무엇인가』, 아세아 문화사, 1997.
류준범 「1930-1940년대 사회주의 운동가들의 '민족 혁명'에 대한 인식」, 『역사문제 연구』 4호, 역사비평사, 2000.
박광현, 「경성제국대학의 문예사적 연구를 위한 시론」, 한국문학연구 21집, 동국대 한국문학 연구소, 1999.
박남훈, 「최재서론」 부산대 석사, 1983.
박성진, 「일제말기 녹기연맹의 내선일체론」, 『한국 근현대사 연구』 10집, 1999.
박영재, 「근대 일본의 한국인식」, 『일본의 침략 정책사 연구』, 일조각, 1984.
박유하, 「상상된 미의식과 민족적 정체성」, 『기억과 역사의 투쟁』, 삼인, 2002.
박지향, 「아일랜드 역사서술: 민족주의와 수정주의를 넘어서」, 『역사비평』, 2000년, 봄호.
박진우, 「근대 천황제와 일본 군국주의」, 『역사비평』, 2000년, 봄호.
박찬승, 『한국 근대 정치 사상사 연구』, 역사 비평사, 1992.
박현수, 「1930년대 모더니즘 문학연구 1」, 『한국 현대문학의 근대성 탐구』, 새미, 2000.
방기중, 『한국 근현대 사상사 연구』, 역사비평사, 1992.
백낙청 편, 『리얼리즘과 모더니즘』, 창작과비평사, 1991.
백　철, 「뉴크리티시즘의 제문제」, 『사상계』, 1958.
______, 『진리와 현실』, 박영사, 1974.
三枝壽勝, 「狀況과 文學者의 姿勢-日帝末期 韓國文學의 경우」, 경희대 석사, 1976.
서연호, 「친일 연극의 역사적 배경」, 『일본학』 7집, 1988.
서정주, 『나의 문학적 자서전』, 민음사, 1975.
서준섭, 『한국 모더니즘 문학 연구』, 일지사, 1988.
______, 「문학과 지성-1930년대 최재서의 주지적 문학론 비판」, 『감각의 뒤편』, 문학과지성사, 1995.
성동제, 「일본 파시즘에 대한 고찰」, 고려대 석사, 1973.

성윤자, 「최재서의 친일문학론 연구」, 서울대 국사학과 석사, 1999.
소영현, 「최재서 문학비평 연구」, 연세대 석사, 1996.
_____, 「1940년 전후 동양 담론 분석」, 『1930년대 문학의 근대성과 자기 성찰, 1998.
손정수, 「일제말기 역사철학자들의 문학비평 연구」, 서울대 석사, 1996.
송명희, 「아놀드와 비교에서 본 이광수의 문학관」, 『이광수의 민족주의와 페미니즘』, 국학자료원, 1997.
송민호, 『일제말 암흑기 문학연구, 새문사, 1991.
송희복, 「최재서론」, 『말의 신명과 역사적 이성』, 문학 아카데미, 1993.
신경식, 「일본 파시즘의 사상과 운동에 관한 한 연구」, 서울대 석사, 1977.
신두원, 「임화의 현실주의론 연구」, 서울대 석사, 1991.
신범순, 『한국 현대 시사의 매듭과 혼』, 민지사. 1992.
신형기, 「최재서론-인문학자로서의 그를 중심으로」, 연대 석사, 1980.
심선옥, 「기교주의 논쟁을 통해 본 1930년대 시에서 근대성의 탐구」, 구중서, 최원식 편, 『한국 근대 문학 연구』, 태학사, 1997.
심원섭, 「이광수 친일 문제를 보는 일본 연구자의 시각」, 『한일 문학의 관계론적 연구』, 국학자료원, 1998.
염무웅, 「1930년대 문학론」, 『한국 근대 문학사론』, 한길사. 1982.
오한진, 『독일 교양소설 연구』, 문학과지성사, 1989.
유종호, 「영미 현대 비평이 한국 비평에 끼친 영향」, 한국 영어영문학회 편 『영미 비평 연구』, 민음사, 1979.
윤대석, 「일본의 그늘」,『작가』 27, 2002년, 여름호.
_____, 「식민지인의 두가지 모방 양식」, 『한국학보』, 2001년, 가을호.
윤상인, 「일본 '국민' 작가 나쓰메 소세키와 제국주의」, 『역사비평』 1999년, 가을호.
윤지관, 『근대 사회의 교양과 비평』, 창작과비평사, 1995.
윤해동, 「한국 민족주의의 근대성 비판」, 『역사문제 연구』 4호, 2000.
이경원, 「저항인가, 유희인가? : 탈식민주의의 반성과 전망」, 『문학과 사회』, 1998. 여름호.
이경훈, 「백철의 친일문학론 연구」, 『연세대 원우논집』, 1994.
_____, 「근대의 초극론」, 『다시 읽는 역사문학』, 평민사, 1995.
_____, 「몸빼와 야미, 총후의 풍속」, 『작가』 27, 2002년 여름호.
이광주, 『지식인과 권력 : 근대 독일 지성사 연구』, 문학과지성사, 1992.
이만열, 「일제 관학자들의 식민사관」, 이우성, 강만길 편 『한국의 역사인식』下, 창작과비평사, 1984.
이명섭, 「『문학의 이론』을 어떻게 읽을 것인가?」, 『현대 비평과 이론』 8호, 1994년, 가을-겨울호.
이병진, 「아도르노의 역사철학적 예술관」, 『독일문학』 75, 2000.
이병헌, 「최재서의 문학비평연구 : 비평의 유형과 문체를 중심으로」, 『대진논총』, 1995.
이병혁, 「자본주의와 언어」,『오늘의 책』, 한길사, 1984.
이석호, 「파농의 민족문학론과 근대성」, 『역사비평』, 2000년, 봄호.
이수일, 「일제 말기 사회주의자의 전향론: 인정식을 중심으로」, 『국사관논총』 79집, 1998.
이은실, 「최재서 문학론 연구」, 동덕여대 석사, 1993.
이은애, 「최재서 문학론 연구」, 서울대 박사, 1995.
_____, 「친일문학에 관한 일고찰 : 최재서를 중심으로」, 덕성여대 논문집, 1996.
이인주, 「최재서 문학비평 연구」, 이대 석사, 1999.
이정호, 『영시 새로 읽기-워즈워스, 키츠, 그리고 T.S.엘리어트』, 서울대 출판부, 1998.
이한정, 「고바야시 히데오의 '아시아' 체험」, 『일어일문학연구』 32집, 1998.
이충우, 『경성제국대학』, 다락원, 1980.
임규찬, 「김기림 연구」, 구중서, 최원식 편 『한국근대 문학연구』, 태학사, 1997.
임종국, 「일제하 식민지 문화의 생성과 발달」, 『문예중앙』, 1989년, 겨울호.
『친일문학론』, 평화출판사, 1963.
임지현, 「마르크스-엥겔스와 민족문제」, 『이론』 10호, 1994년 가을 겨울호.
_____, 「전지구적 근대성과 민족주의」, 『역사문제 연구』 4호, 역사비평사, 2000.
_____, 「다시 민족주의는 반역이다」, 『창작과 비평』, 2002년, 가을호.
임헌영, 「친일을 애국으로 착각한 지식인들」, 『친일파 역사』, 역사문제 연구소, 1993.
임홍배, 「괴테의 『빌헬름 마이스터의 수업시대』에 나타난 사회의식」, 서울대 박사, 1996.
임환모, 『문학적 이념과 비평적 지성』, 태학사, 1993.
전수진, 「H.베르그송 형이상학의 미학적 의의에 관한 연구」, 서울대 미학과 석사, 1998.
정창석, 「'전쟁문학'에서 '받들어 모시는 문학'까지 : 일제하 소위 국민문학 논의」, 『일어일문학 연구』 35집, 1995.
정혜경, 이승엽, 「일제하 녹기 연맹의 활동」, 『한국 근대사 연구 』 10집, 1999.
조경식, 「토마스만과 독일 교양 시민문화」, 『뷔히너와 현대문학』 16, 2001.
조관자, 「민족의 힘을 욕망한 친일 내셔널리스트 이광수」, 『기억과 역사의 투쟁』, 삼인, 2002.
조남현, 『한국 현대소설 연구』, 민음사, 1987.
조동일, 「최재서」,『한국 문학 사상사 시론』 2판, 지식산업사, 1998.
조세현, 「중국 5.4 운동 시기 아나키즘-볼셰비즘 논쟁」, 『역사비평』 2000년, 가을호.
_____, 『동아시아 아나키즘, 그 반역의 역사』, 책세상, 2001.
조용만, 『1930년대의 문화 예술인들』, 범양사, 1988.

조진근, 「아나키즘 예술이론 연구: Herbert Read를 중심으로」, 서울대 미학과 석사, 1990.
조현일, 「임화 소설론 연구」, 한국 현대문학 연구회 편, 『한국문학과 모더니즘』, 한양출판, 1994.
진덕규, 「글로벌리즘과 동아시아 민족주의의 반응 양식」, 『동아시아 문화와 사상』 6호, 2001.
진정석, 「최재서의 리얼리즘론 연구」, 한국학보, 1997.
차혜영, 「한국문학의 근대성과 모더니즘에 관한 연구사 다시 읽기」, 『민족문학사 연구』 16, 2000.
채진홍, 「최재서의 친일문학론 연구」, 한남어문학, 1992.
최갑수외, 『서양에서의 민족과 민족주의』, 까치, 1999.
최문규, 「독일 비평의 흐름과 비판적 비평에 대한 요청」, 『현대 비평과 이론』 20호, 2000년, 가을, 겨울호.
______, 「자율적 예술과 가상 : 헤겔 미학에서의 '가상' 개념에 관한 연구」, 『독일문학』 65, 1998.
______, 「바로크와 알레고리-발터 벤야민의 언어이론」, 『뷔히너와 현대문학』 16, 2001.
최병우, 「저항시와 친일시 문제」, 한국 현대 시사의 쟁점, 시와 시학사, 1991.
최선령, 「20세기 초반 교양소설 연구」, 서울대 박사, 2002.
최유리, 「일제 말기 내선일체론과 전시 동원체제」, 이대 박사, 1995.
최유찬, 「1930년대 모더니즘론」, 『리얼리즘 이론과 실제 비평』, 두리, 1992.
최상규 엮음, 『낭만주의 문학의 재조명』, 예림기획, 1998.
최성만, 「벤야민의 프루스트와 카프카 해석에 나타난 경험 이론」, 『독일문학』 74, 2000.
최원식, 「탈냉전 시대와 동아시아적 시각의 모색」, 『창작과 비평』, 1993년, 봄호.
최혜실, 『한국 모더니즘 소설 연구』, 민지사, 1992.
布袋敏博, 「일제 말기 일본어 소설 연구」, 서울대 석사, 1996.
하정일, 「1930년대 후반 문학 비평의 변모와 근대성」, 민족문학사 연구소 엮음, 『민족문학과 근대성』, 문학과지성사, 1995.
한계전, 『한국 현대시론 연구』, 일지사, 1983.
한상규, 「박태원의 <천변풍경>에 나타난 창작 기술의 양상」, 한국 현대문학 연구회. 편, 『한국문학과 모더니즘』, 한양출판, 1994.
한상일, 『일본 제국주의의 한 연구-대륙 낭인과 대륙팽창』, 까치, 1980.
한영혜, 「일본의 내셔널 아이덴티티와 전후 민주주의의 이중성」, 『역사비평』 1998년, 가을호.
한형구, 「일제 말기 세대의 미의식에 관한 연구」, 서울대 박사, 1992.
함동주, 「중일 전쟁과 미키키요시의 동아 협동체론」, 『동양사학 연구』 56, 1996.

허윤회, 「최재서의 근대문학 인식론」, 『1930년대 후반 문학의 근대성과 자기 성찰』, 깊은샘, 1998.
홍경실, 「'물질과 기억'을 통해서 본 직관의 대상」, 『헤겔에서 리오타르까지』, 지성의 샘, 1994.
홍성식, 「최재서 비평연구」, 명지대 석사, 1993.
홍성암, 「최재서론」, 『한국 현대 비평가 연구』, 태학사, 1998.

3. 동양논저

九鬼周造, 이정우 역, 『프랑스 철학 강의』, 교보문고, 1991.
宮田節子, 「일제하 한국에서의 농촌진흥 운동-1930년대 일본 파시즘의 한국에서의 전개」, 안병직 외 『한국 근대 민족 운동사』, 1980.
宮田節子 解說, 未公開資料 朝鮮總督府關係者 錄音記錄(1) 『十五年戰爭下の朝鮮統治』, 日本, 2000 (정재정 역, 『식민통치의 허상과 실상』, 혜안, 2002)
宮川透, 荒川幾男 엮음, 이수정 역, 『일본 근대 철학사』, 생각의 나무, 2001.
渡部學 編, 『韓國近代史』, 勁草書房 (김성환 역, 『한국근대사』, 동녘, 1984)
柄谷行人, 박유하 역, 『일본 근대 문학의 기원』, 민음사, 1997.
________, 『<戰前>の思考』, 講談社, 東京, 2001.
柄谷行人 外, 『近代日本の批評1』, (송태욱 옮김, 『현대 일본의 비평』, 소명, 2002)
保昌正夫 外, 고재석 역, 『일본 현대 문학사』 上, 문학과지성사, 1998.
三木淸, 『學問と人生』, 中央公論社, 東京, 1942.
『構想力の論理』 第一, 岩波書店, 1939 (한정석 역,『구상력의 논리』, 경문사, 1993)
三枝壽勝, 「8·15 以後における親日派問題-解放後の朝鮮文學」, 『朝鮮學報』 118집, 1985.
三好行雄, 정선태 역, 『일본 문학의 근대와 반근대』, 소명, 2002.
小林秀雄, 「私小說論」, 백철 편, 『비평의 이해』, 민중서관, 1968.
小森陽一, 『ポストコロニアル』, 岩波書店, 東京, 2001.
小森陽一 外, 이규수 역, 『내셔널 히스토리를 넘어서』, 삼인, 1999.
西川長夫, 『國民國家論の射程』(윤대석 옮김, 『국민이라는 괴물』, 소명, 2002)
安田敏朗, 『植民地のなかの 「國語學」』, 三元社, 東京, 1997.
領木貞美, 『日本の「文學」を考えろ』, 角川書店, 東京, 1994.
________, 김채수 역, 『일본의 문학 개념』, 보고사, 2001.

伊藤整 , 고재석 역, 『근대 일본인의 발상 형식』, 소화, 1996.
伊藤整외, 유은경 역, 『일본 사소설의 이해』, 소화, 1997.
李孝德, 박성관 역, 『표상공간의 근대』, 소명출판, 2002.
住谷一彦 編輯, 『三木清集』, 東京, 1975.
桶谷秀昭, 『保田與重郎』, 講談社, 東京, 1996.
鶴見俊補, 강정중 역, 『일본 제국주의 정신사 1931-1945』, 한벗, 1982.
鶴見俊補, 久野收, 『現代日本の思想』(심원섭 역, 『일본 근대 사상사』, 문학과지성사, 1995.
丸山眞男, 『日本の思想』, 岩波書店, 1961 (김석근 역, 『일본의 사상』, 한길사, 1998)
_______, 『現代政治の思想と行動』, 未來社, 1964 (김성근 역, 『현대정치의 사상과 행동』, 한길사, 1997)
丸山眞男 外, 『飜譯と日本の近代』, 岩波書店, 1998 (임성모 역, 『번역과 일본의 근대』, 이산, 2000)
丸山眞男 外, 고재석 역, 『사상사의 방법과 대상』, 한림신서 32, 소화, 1997.

4. 서양논저

Aldrich, Virgil C., *Philosophy of Art*, 1963 (오병남 역, 『예술철학』, 종로서적, 1983)
Adorno, T. W., *Asthetische Theorie* (홍승용 역, 『미학이론』, 문학과지성사, 1984)
Adorno, T. W., M. Horkheimer, *Dialektic der Aufklarung*, (김유동, 주경식, 이상훈 역,『계몽의 변증법』, 문예출판사, 1995)
Arnold, Mattew, *Culture and Anarchy*, (『교양과 무질서』, 박영사, 1974)
Bakhtin, M.M., The Buildingsroman and It's Significance in the History of Realism, *Speech Genre and Other Late Essays*, ed. Caryl Emerson and Michael Holquist, U.P. of Texas, 1986.
Bakhtin, M.M., 이득재 역, 『문예학의 형식적 방법』, 문예출판사, 1991.
Bakhtin, M.M. 외, 김우창, 김용권, 유종호, 이상옥 역, 『현대 문학 비평론』, 한신문화사, 1994.
Basin, Y., *The Semiotic Philosophy of Art*, (오병남, 윤자정 역, 『현대 예술 철학의 흐름』, 예전사, 1996)
Beardsley, Monroe C., *Aesthetics From Classical to the Present*, University of Alabama Press, 1966. (이성훈, 안원현 역, 『미학사』, 이론과 실천, 1987)
Benjamin, Walter, 반성완 편역, 『발터 벤야민의 문예이론』, 민음사, 1983.

Bergson, Henri, *La Pencee et Le Mouvant*, (이광래 역, 『사유와 운동』, 문예출판사, 1993)

Calvet, Louis-Jean, *Linguistique et Colonialisme-petit traite de glottophagie*, Paris : Payot, 1974, chapter 3. (「식민주의와 언어」, 이병혁 편저, 『언어 사회학 서설』, 까치, 1986)

Chiari, Joseph, *Twentieth-century French thought* (이광래 역, 『20세기 프랑스 사상사』, 종로 서적, 1982)

Deleuze, Gilles, *Le Bergsonisme*, Paris : P.U.F., 1966. (김재인 역, 『베르그송주의』, 문학과지성사, 1996)

Eagleton, T. & F. Jameson, 유희석 역, 『비평의 기능』, 제3문학사, 1991.

Eagleton, T., F.Jameson & E. Said, *Nationalism, Colonialism and Literature*, University of Minnesota Press, 1992.

Eliot, T.S., *The Use Of Poetry and The Use Of Criticism*, London : Farber and Farber, 1933. (『시의 효용과 비평의 효용』, 이승근 역, 학문사, 1991)

Feldman, V., 박준원 역, 『프랑스 현대 미학』, 서광사. 1987.

Gandi, Leela, *Postcolonial Theory : A Critical Introduction*, N.Y : Colombia University Press,1998 (이영욱 역, 『포스트 식민주의란 무엇인가』, 현실문화연구, 2000)

Harootunian, H.D and Masao Myoshi (ed.), *Postmodernism and Japan*, Duke U.P., 1989 (곽동훈,강수영,김경연 역, 『포스트모더니즘과 일본』, 시각과 언어, 1996)

Hauser, Arnold, *Methoden moderner Kunstbetrachtung*, C.H.Beck, 1975 (황지우 역, 『예술사의 철학』, 돌베개, 1983)

Hewitt, Andrew, *Fascist Modernism*, Stanford University Press, 1993.

Hobsbawm, E. J., *Nations and Nationalism since 1780*, (강명세 역,『1780년 이후의 민족과 민족주의』, 창작과비평사, 1994)

Hulme, T.E., *Speculations*, (박상규 역, 『휴머니즘과 예술철학에 대한 성찰』, 현대미학사, 1993)

Jameson, F., *Beyond the Cave : Demystifying the Ideology of Modernism, The Ideologies of Theory Essays 1971~1986*, Minneapolis : University of Minnesota Press, 1988.

Kolakowski, L. , 고승규 역, 『베르그송』, 지성의 샘, 1994.

McClintock, Anne, The Angel of Progress : pitfalls of the term 'postcolonial', *Colonial discourse, / Postcolonial Theory*, ed. by Francis Baker, Peter Hulme and Margaret Iversen, Manchester University Press, 1994.

Najita, Tetsuo, Japan : *The Intellectual Fountation of Modern Japanese Politics* (박영재 역, 『근대 일본사』, 역민사, 1992)

Read, H. 外, 장덕상 역, 『현대 예술의 상황』, 삼성문화재단, 1974.

Richards, I. A, *Poetries and Sciences*, Routledge & Kegan Paul, London, 1935.

Robinson, M., *Cultural Nationalism in Colonial Korea 1920~1925*, (김민환 역, 『일제하 문화적 민족주의』, 나남, 1990)

Said, E., *Orientalism*, (박홍규 역, 『오리엔탈리즘』, 교보문고, 1993)

Sabine, George H., *A History of Political Theory*, New York : Holt, Reinhart and Winston, 1973 (성유보, 차남희 역, 『정치 사상사 2』, 한길사, 1983)

Schramke, Jurgen, *Zur Theorie des Modernen Romans*, 1974 (원당희, 박병화 역, 『현대 소설의 이론』, 문예출판사, 1995)

Tadie, Jean-Yves, *La Critique Litteraire Au XX Siecle*, Belfond, 1987. (김정란, 이재형, 윤학로 역, 『20세기 문학 비평』, 문예출판사, 1995)

Williams, Raymond, *Marxism and Literature*, 1977. (이일환 역, 『이념과 문학』, 문학과 지성사, 1982)

Wright, Elisabeth, *Psychoanalytic Criticism : Theory in Practice*, New York : Methuen, 1984. (권택영 역, 『정신분석 비평』, 문예출판사, 1986)

해방 직후 문학이념과 정책논쟁
— 1945.8～1946.1을 중심으로

1. 머리말

본고에서는 해방 직후 좌익[1]의 문화운동, 그 중에서도 1946년 2월 <조선문학가동맹> 결성 이전 시기까지의 운동을 검토하고자 한다. 주지하듯이 이 시기 좌익의 문화운동은 크게 두 갈래로 나뉘어져 있었다. 하나는 <조선문화건설중앙협의회>이고 다른 하나는 <조선프롤레타리아예술연맹>이다. 양 예술단체의 가장 중심적인 부문은 문학부문으로 이는 각각 <조선문학건설본부>와 <조선프롤레타리아문학동맹>으로 외화되었다. 이 두 단체의 분립은 당면 문화건설의 기본방향을 어떻게 설정하느냐, 즉 '민족문학'의 건설이냐 '계급문학'의 건설이냐의 문제로 인한 것이었다.

이러한 대립은 일차적으로는 해방된 새로운 현실에 대한 정확한 인식의 부족에서 기인하는 것이며, 또 한편으로는 식민지 시대의 문학운동 특히 카프 해산 이후 10년간 쌓아 온 각 논자들의 역사적 경험의 차이와 그에 따른 정치적 미학적 논리의 형성과정 상의 차이라는 문제가 개재하고 있기도 한다. 그러나 이 시기는 카프 해산 이후 조직운동의 단절 뒤에 나타나는 새로운 자연발생적 단계의 산물[2]로 보아야 하며, 따라서 양 단체의 논

1) '좌익'이라는 표현은 매우 비과학적인 개념이다. 여기서 이것은 '진보적 민주주의 진영' 혹은 '단정 반대 진영' 혹은 그 밖의 다른 개념으로 정의되어야 할 것이다. 본고에서는 근래의 현대사 연구서에서 통상적으로 쓰는 개념을 사용했음을 밝혀둔다.

2) 임규찬, 「카프 해소·비해소파를 분리하는 김재용에 반박한다」, 『역사비평』,

쟁・대립의 성과가 이후 문학가동맹 활동의 기반이 되었다고 보아야 할 것이다.

<조선문학건설본부>(이하 <문건>)와 <조선프롤레타리아문학동맹>(이하 <문맹>)은 모두 조선공산당 재건파의 노선인 '8월테제'에 입각하고 있었으며, 민족의 완전한 독립과 해방을 위한 반제국주의반파시즘 민주주의정권 수립과 이를 위한 민족통일전선의 건설이 당면의 가장 중요한 임무임에 동의하고 있었다.

또한 양 단체의 대표적인 이론가인 임화와 한효는 문학상에서 해결되어야 할 가장 중심적인 문제를 문학과 정치의 통일, 문학이념의 좌・우 편향의 극복으로 설정하고 있었다. 즉 문학에 대한 정치 우위성의 올바른 해명에 초점이 맞추어져 있었던 것이다. 그러나 그럼에도 불구하고 위와 같은 정치노선을 문화(문학)상에 적용하는 구체적인 내용(이념・조직・방법)에 있어서는 상이한 양상을 보이고 있으며, 문학과 정치의 통일적 파악이라는 기본적인 문제의식도 과거 카프의 운동에 대한 다른 관점에서의 평가와 결합되면서 상이한 예술운동관이 형성되었다.

지금까지 이 부분에 대한 연구는 주로 양 단체가 근거하고 있는 이념에 초점을 맞추면서 그 이념의 중심 범주로서의 당파성・인민성의 분석에 중점이 두어졌다. 본고에서는 이러한 연구성과에 기반하여 양 단체의 정세관, 이념론, 조직론, 그리고 과거 운동의 역사적 평가에 대한 분석을 통해서 각각의 문학운동론을 도출해 보고자 한다.

이는 양 단체가 동일한 문제의식에서 출발했음에도 불구하고 그 이념적・조직적・미학적 대립을 빚게 되는 과정에 대한 점검이면서, 한편으로는 1946년 2월에 결성된 <조선문학가동맹>의 이념정립 과정과 이후로의

1998, 겨울.

발전과정의 조명에 대한 전단계 작업으로서의 의미를 갖는다고 하겠다.

2. 문맹의 '예술운동의 특수성'론

문맹의 『선언』에 의하면 문맹은 자신들의 조직이 과거 카프의 재건임을 명백히 밝히고 있다.

> 1935년 일본 제국주의의 야만적인 탄압으로 조선프롤레타리아예술운동이 해산되자 일부 개종한 반동분자 만이 부르주아 문학자와 보조를 일치하여 왔다. 이리하여 과거 10년간 조선 프롤레타리아 문학은 자연 침체의 비경에 있었던 것이다.
>
> 그러나 8월 15일을 계기로 일본 제국주의의 살인적인 무거운 철쇄는 끊어졌다. 이에 조선프롤레타리아문학동맹은 다시 결성되었다.[3]

즉 카프 해산 이후 침체기에 빠져 있었던 프롤레타리아문학을 재건함을 밝힘과 동시에 일제 말기의 문단 상황을, 카프의 침체와 일부 반동분자들의 '개종'이었다고 평가하고 있는 것이 특색이다. 이 입장은 『강령』에서 구체화된다.

> 강 령
> 1. 우리는 프롤레타리아문학 건설을 기함.
> 1. 우리는 파시즘문학, 부르주아문학, 사회개량주의문학 등 일체 반동적 문학을 배격함.
> 1. 우리는 국제프롤레타리아문학운동의 촉진을 기함. 1945.9.17.[4]

---

3), 4) 임헌영, 「미군정기의 좌우익 문학논쟁」, 『해방전후사의 인식』 3(한길사, 1987), 501~502면에서 재인용.

이처럼 문맹은 그 기본이념으로서 프롤레타리아 문학을 설정하고 이의 건설을 제1강령으로 하고 있는데 이러한 이념론이 도출되는 근거는 문맹의 정세관과 그들이 규정하는 예술운동의 특수성에서 나온다.

먼저 문맹의 정세관을 살펴보자. 한효의 경우 '문화전선 통일결성을 위하여'란 부제가 붙은 「예술운동의 당면방향」(『중앙일보』, 1945.12.5~6)에서 문화통일전선의 의의를 설명하고 있는데 그에 따르면 문화통일전선은 문화인으로 하여금 적극 정치에 참여시킴으로써 문화내에서의 '부르주아적 잔재요소의 일체를 철저히 제거하는 계기'이다. 이러한 인식은 문맹계 논자의 대부분의 글에서 찾을 수 있는데, 가령 권환[5]이 현정세를 파악하면서 문화전선의 상황을 부르주아 예술과 프롤레타리아 예술과의 대립으로 파악하고 있다든지, 윤규섭[6]이 현하 문화전선의 문제점으로 문화에서의 당파성 거세를 들면서 "봉건잔재, 제국주의, 순수주의 등을 내세우면서 가장 기본적인 부르주아 이데올로기의 반동성에 대한 투쟁은 망각하고 있다"고 지적하고 "이 혁명(부르주아 민주주의 혁명-인용자)의 주체적 담당자이며 추진자인 프롤레타리아트만이 대다수의 근로 농민대중을 동맹자로 하여 통일전선에 있어서 부절히 이니시아티브를 발휘하게 되며 민족 부르주아지에 대한 폭로와 비판을 감행할 수가 있는 것이다"라고 부연하고 있는 것은 이들의 구도를 잘 보여 주고 있다.

즉 이들은 현하 민주주의 정권수립을 위한 투쟁에 있어서 기본적인 대립이 부르주아적 요소와 프롤레타리아적 요소의 대립이기 때문에 부르주아 민주주의 혁명의 주체적 담당자인 프롤레타리아가 부르주아적 반동요소를 극복하기 위해 근로 농민대중과 동맹하는 한편 민족 부르주아지에 대

5) 권환, 「현정세와 예술운동」, 『예술운동』 1, 1945.12.
6) 윤규섭, 「현정세와 문화전선 통일문제를 중심으로」, 『중앙신문』, 1945.12.19~25.

한 폭로・비판을 수행해야 한다는 것이다. 이러한 정세관은 문건측이 현정세를 '인민적인 것의 반인민적인 것과의 투쟁'으로 파악하는 입장과는 차이가 크다.

이는 예술운동에 대한 이들의 입장과 깊이 관련되어 있다. 문맹의 예술정책・예술운동관을 가장 체계적으로 밝히고 있는 한효의 「예술운동의 전망」(『예술운동』 1, 1945.12)은 주목해야 할 논문이다. 한효는 문화운동의 기본이념이 프롤레타리아문학 확립이 되어야 하는 근거를 '정치와는 다른 예술운동의 특수성'에서 찾고 있다. 한효는 예술운동에 있어서 기본방침과 당면문제의 영역을 구분하면서 기본방침으로 당파적 이데올로기의 확립, 즉 프롤레타리아 문학의 확립과, 당면방향으로서 통일전선의 결성을 설정한다.

먼저 그의 기본 방침에 대해 살펴보자. 그는 기본방침이 프롤레타리아문학 확립이 되는 이유를 '예술이란 어떤 경우에도 초계급 초당파적일 수 없는 한 개의 이데올로기적 형태이기 때문'이라고 밝히고 있다. 그는 문학예술의 당파적 성격을 가식하고 타협한다는 것은 예술의 본질적 가치를 부인하고 예술을 다만 오락물로서 또는 정치적 선전도구로 인정하는 것이라고 보는데 이는 그가 1936년에 보인 문제의식과 별 차이가 없는 것으로 보인다.[7]

해방 직후의 상황에서 예술을 오락물로 보는 집단이라면 우익측을 겨냥

7) 당시 한효는 예술 인식의 특수성을 무시하는 관념론자와 예술적 인식의 특수성을 몰각하는 기계적 반영론자 양자를 비판하면서 이 양자가 갖는 오류를 신흥계급의 세계관에 대한 무지라고 진단하고 세계관과 방법을 '특정의 사회적 계급적 경향을 가진 예술가의 의식'을 통하여 통일시키려 한 바 있다. 이때 그가 비판하는 양경향의 대표자는 전자의 경우 백철, 후자는 안함광인 것으로 보인다. 한효, 「조선문단의 현대적 제상-예술적 인식의 특수성」, 『조선일보』, 1936.3.1~8.
자세한 것은 유문선, 「1930년대 창작방법 논쟁연구」(서울대 석사논문, 1988)을 참조할 것.

한 말일 것이고 예술을 정치적 선전도구로 인정하는 오류를 범하는 집단은 문건측을 염두에 두고 한 발언이었다. 그는 특히 후자에 대해 통렬한 비판을 가하고 있는데, 문건을 겨냥한 다음의 발언은 그의 입장을 잘 나타내주고 있다.

> 중간파를 획득한다느니 광범한 문화인을 조직화한다느니 하는 정치적 목표는 그들의 이데올로기의 타협성을 은폐하기 위한 좋은 용어였다. 그들은 중간파를 획득하기 전에 그들 자신이 이미 중간파가 되어 있었든 것이다.

즉 광범한 예술가를 인도한다는 명목 하에 문건은 예술의 특수성을 몰각하고 이데올로기 상의 타협을 행했으나 이는 소박한 정치주의이며 마르크스·레닌주의적 견지에서 이탈된 주장이라는 것이다.

또한 이는 카프의 비판에 연결되어 있다. 같은 논문에서 그는 사회주의 리얼리즘이 제창되기 이전까지의 카프의 예술운동이 질적으로 이렇다 할 만한 성과를 내지 못한 이유가 과도한 정치성으로 정치의 선전도구가 되었기 때문이라고 보고 지금의 시기는 예술운동의 특수성을 자각하여 그 질적 앙양을 기도해야 한다고 강변한다.

그러면 이러한 질적 앙양은 어떻게 가능한 것인가? 이것이 바로 기본방침에 의한 예술활동이다. 그는 이것이 먼저 주체적인 예술활동의 앙양, 즉 주체적인 조직의 건설과 이를 통한 동지적 결합을 우선적으로 확보하는 것으로써 가능하다고 본다. 따라서 광범한 예술가를 인도한다는 것은 그들을 전면적으로 예술동맹에다 이끌어 넣는 것이 아니고 "그들로 하여금 우리의 예술이론의 정당성을 이해케 하고 그 창작상에 레알리스틱한 진실성과 참된 예술가로서의 대담성을 발휘케 함"이며 이것이 바로 정치운동과 다른 예술운동의 특수성이라고 본다. 그렇기에 위의 인용에서 보이듯이 문건측이 노력하고 있는 중간파 획득·광범한 문화인의 조직화라는 문제는 단지 정치적 목표일 뿐이지 예술운동의 목표일 수는 없는 것이 된다. 이 때 비평의 지도성의 예로는 마르크스가 라살레에게 보낸 편지, 엥겔스의 발자크론·경향문학론, 레닌의 톨스토이론 등이 제시된다.

다음 당면 투쟁 목표로 그는 중간층의 획득을 위한 투쟁, 즉 광범한 문화인 예술가의 단결을 설정하고 이를 수행하기 위한 두 가지 원칙을 제시하는데, 첫째로는 정확한 지도이론을 세워 일정한 조직 체계에 있어서 광범한 대중층에 그 영향력을 파급하는 것이고, 둘째로는 편협한 종파주의와 소아병적 편견을 청산하여 조직의 다양성을 인정하되 그것을 문맹의 완전한 지도적 영향 밑에서 운영한다는 것이다.

당면 투쟁목표인 중간층 획득에 있어서 과거 카프가 범한 오류가 역시 지적되고 있는데, 그것은 과거 카프가 예술의 고독경, 즉 극심한 종파주의를 고집했기에 카프의 지도자들이 실천적인 전위로서 대중에 접근하여 대중을 조직화하지 못했다는 것으로 지적된다.

> 마르크스주의 예술이란 프롤레타리아의 전위인 마르크스주의자가 프롤레타리아의 전위당의 임무를 의식하고 그 임무의 실현을 위하여 창조된 무장한 예술이다.
>
> 물론 당이 충분히 광범한 문화영역을 달관할 수 있는 유력한 당이라면 레닌이 말한 바와 같이 "문학자에게는 최대한의 자유가 부여되지 않으면 아니된다"는 견해가 지지될 것이다. 왜 그러냐 하면 정치적 공식을 그대로 예술에다 강요하는 것은 그의 특수성을 무시하고 그의 예술적 가치를 감쇄하는 결과를 나타내는 까닭이다. 당은 이러한 의미의 <최대한의 자유>를 인정하지 않으면 아니된다. 그렇다고 해서 이것으로 프롤레타리아의 전위인 마르크스주의 예술가가 그 전위로서의 실천적인 투쟁까지를 포기해야 된다는 이유는 성립되지 않는다.[8]

---

8) 한효, 「예술운동의 전망」, 『예술운동』 1, 1945.12.

즉 카프의 경우 마르크스주의 예술가로서의 활동에서는 '적지 않은 성과'를 올렸으나 마르크스주의자로서의 실천활동에는 실패하였다는 평가이다.

따라서 그에 따르면 예술운동이 질적으로 앙양되기 위해서는, 첫째로 기본방침에 입각하여 예술가로서 마르크스주의적 세계관에 입각한 독자적인 창작활동을 전개하는 한편, 둘째로 당면문제의 해결을 위하여 마르크스주의자로서 당의 임무를 의식하고 그것의 실현을 위한 전위적인 투쟁에 참가하는 것이 필요하게 된다. 이를 거칠게 말하자면, 첫째는 마르크스주의 예술가로서의 예술적 과제이며 두 번째는 마르크스주의 전위로서의 정치적 과제의 내용이라 할 수 있을 것이다. 그러므로 한효는 문맹의 이중적 성격을 다음과 같이 규정한다.

> 한편에 있어서는 예술의 특수성에 의하여 주체적인 예술활동의 앙양과 더불어 광범한 예술층의 예술과 및 그 감화력의 선도를 위한 투쟁을 전개하는 동시에 다른 한편에 있어서는 프롤레타리아의 결정적 승리를 위하여 그의 지지자 또는 동반자로서의 광범한 중간층의 획득을 위한 투쟁에 참가한다.[9]

다소 장황하게 문맹의 구도를 살펴보았다. 이제 그의 문예정책을 전체적으로 평가해 보기로 하자. 먼저 문맹의 정세관이다. 이들은 현정세를 부르주아적 요소와 프롤레타리아적 요소의 대립으로 파악하고 부르주아적 요소의 타파를 위해 프롤레타리아 문학을 재건한다고 천명하였는데, 이는 1930년대 중반에 이루어진 국제적인 프로문학 운동노선의 변모와 코민테른의 정책변화 등 당대에 전개된 사회주의 현실주의의 정립과 인민전선 운동으로서의 전환과 맞물리는 단초[10]들을 간취하지 못하고 해방이후의 상

9) 위의 논문.
10) 임규찬, 앞의 논문, 227면.

황에서도 원칙의 강조에만 머물고 있는 것이다. 즉 이들은 당대의 반제 반파쇼 투쟁이 프롤레타리아뿐만 아니라 진보적 지식층을 포함한 광범한 인민들의 공동의 과제임을 명확히 이해하지 못했고, 또 이런 공동의 과제가 중간층을 회유하기 위한 가장이나 허식이 아니라 다음 단계의 발전에까지 이어지는 계속적인 과제라는 것에 무지하였던 것이다.

이렇게 변화된 현실을 바로 보지 못했기 때문에 이들은 문건이 내세운 '민족문학'의 슬로건을 당대의 요구에 부응한 객관적 과제로 평가하지 못하고 이데올로기의 타협·타락으로 파악하게 된다. 그들에 의하면 문학예술은 이데올로기이고 이데올로기 형태에 통일전선이란 없다. 따라서 예술의 영역에서 통일전선이란 존재하지 않는다. 다만 프롤레타리아 문예의 독자적 영역을 확보하고 이것이 지도적 비평을 통해 비프롤레타리아 문예의 영역에 지도성을 발휘하는 것으로 충분하다. 통일전선이란 예술 내부의 문제가 아닌 정치의 영역, 즉 프롤레타리아의 주체적 조직의 프랙션 활동을 통해 광범한 문화인, 예술가, 동호인 대중들을 조직하고 예맹의 헤게모니하에 이들과 함께 통일전선을 결성하여 조선의 완전독립을 위한 정치적 성격의 싸움을 전개하는 데 필요한 것이다. 이러한 통일전선관, 조직관은 다음에 잘 나타나고 있다.

> 문학동맹은 문학영역의 가장 진보적인 층을 그 조직적 영향하에 두고 동맹의 절대적인 헤게모니-밑에 각종의 연구단체·사교단체를 조직하고 여기에 점차로 정치적 성격을 부여함으로써 조선완전독립을 목표로 하는 문학적인 민족통일전선을 구성해야 할 것이다. 이 경우에 각 동맹원은 완전한 프렉션 활동을 전개하며 문학자의 당면 이익의 획득을 위한 공통한 목표를 내세우고 그 조직화의 최대의 가능성을 확보하지 않으면 아니된다. 그리고 각 지방별·학벌별·부문별 자주문학단체의 결성을 조장하고 이 속에 각 동맹원이 들어가서 이를 인도하여 새로운 문학층으로 양성 확보하는 동시 이들을 일정한 훈련을 통하여 마르크스

> 주의 문학자로 육성해야 하며 일방 독서회 등을 조직하여 우리들의 작품을 널리 대중층에 보급하며 공장과 농촌에 문고를 설치하여 광범한 계몽운동을 전개해야 한다. 또 각 잡지 출판사를 될 수 있는 한 영향하에 흡수하여 이에 동맹원이 원고를 제공함으로써 그 편집인의 회합을 구성하게 함도 유리한 방법의 하나라고 할 수 있다.[11]

민주주의 변혁단계에서 문예통일전선이 요청되는 것은 새로운 민주주의 문화의 건설을 위해 광범한 문인의 협력이 요청되기 때문이고, 이때 프롤레타리아 당파성에 입각한 혁명적 문예는 새로운 민주주의 문화의 핵심적 영역[12]으로서 설정되어야 한다. 그러나 문맹의 경우 프롤레타리아 독자성의 확보라는 올바른 문제의식에도 불구하고 문예영역의 통일전선을 협소하게 이해했을 뿐 아니라 그것을 문예 내부의 것으로 받아들이지 못했기 때문에 강경한 입장을 취하게 되었다.

따라서 그가 확보하려 했던 프롤레타리아문학의 독자성은 당대의 객관적 요구와 사명에 부응하는 객관적 성격의 당파성으로 설정되지 못했으며 배타적인 프롤레타리아 계급성에 머무르고 만다. 이는 그가 당파성의 문제를 역사적으로 진보적인 계급의 연합이라고 할 인민성 범주와의 밀접한 관련 속에서 파악하지 못했기 때문이며 이런 점에서 그의 당파성은 객관적 성격을 띠지 못하고 관념적 원칙의 수준에 머물고 있는 것이다.

이는 조직의 문제에서 더 큰 오류로 드러나는데 그는 조선 공산당의 정치노선을 수용하는 한편 조선공산당 9월 테제의 조직방침을 따른다고 밝히고 있음에도 불구하고 예맹을 마르크스주의자 즉 프롤레타리아 전위인 소수의 혁명적 인자로 구성하고 이들에 의해서만 당파성이 구현된 문학 즉

11) 한효, 「예술운동의 전망」, 『예술운동』, 1945.12.
12) 장원유인, 『문화운동 세미나』, 유염하 편역 (공동체, 1988), 116면.

올바른 당문학이 산출될 수 있다고 보았다. 이는 레닌의 「당조직과 당문학」에 근거하고 있는 것으로 보이는데, 주지하듯이 레닌은 문인들에게 당조직원으로서의 역할을 요구한 것이 아니라 '문인의 이데올로기적 위상을 통해서 규정되는 당파성[13]을 요구하였던 것이다. 그리고 이는 문학에 대한 정치우위성을 강변하는 것에 다름아니었다. 그러나 한효는 예맹을 문화부면의 당적 조직으로 설정하고 예맹의 성원들에게 당원으로서의 자질을 요구하였다. 즉 당파적인 문학을 그 이데올로기적 질과 예술적 질의 통일[14]에서 구하기보다는 예술가의 사상적 질을 문제삼고 있다. 이는 당문학을 단지 마르크스주의자의 예술이라 규정하는 편협함이 아닐수 없다.

이런 측면에서 볼 때 한효는 예술적 과제의 정치적 과제에의 종속, 즉 예술에 대한 정치우위성의 문제를 오히려 외면하고 있는 입장이다. 즉 이데올로기 형태라는 예술의 특수성에 입각하여 올바른 당파성이 구현되는 당문학을 건설하고자 한 한효는, 당면의 정치적 과제를 외면하는 한편 이데올로기 활동과 정치활동을 분리시킴으로써 편협한 작품활동주의로 빠질 위험을 내포하고 있다고 하겠다.

한편 한효의 이런 편향은 이후 새로운 현실의 발견을 통해서 변모한다. 1946년 4월에 발표된 그의 「진보적 리얼리즘의 길」[15]에서 가장 두드러진 변화는 그가 민족문학의 노선을 적극적으로 수용하고 있다는 점인데, 문학가동맹 결성 이전의 출발점이 프롤레타리아 문학의 독자성이었다면 이제 리얼리스트의 출발점은 현실이 되고 프롤레타리아 전위의식으로 설정되었던 마르크스·레닌주의적 세계관의 문제가 진보적 이념으로, 프롤레타리아 문학·비프롤레타리아 문학의 구도가 인민의 문학으로 변모하고 있는 것

13) 이에 대해서는 『레닌의 문학예술론』(논장, 1988)의 독일어판 서문을 참조.
14) 위의 글.
15) 『신문학』 창간호, 1946.4. 집필 일시는 1946년 1월로 명기되어 있음.

은 이를 잘 보여 주고 있다.[16)]

3. 문건의 '문화통일전선'론

문맹이 문학에 대한 정치 우위성의 문제를 추상적 원칙에서만 해결하려 함으로써 종파주의적 편향을 낳았다면 문건의 경우는 철저히 변화된 현실에서의 정치적 과제의 해결을 그 출발점으로 삼았다. 1945년 8월 31일에 발표된 「문화활동의 기본적 일반 방책」(『문화전선』 1, 1945.11)은 다음과 같다.

1. 일본 제국주의에 의한 일체의 야만적이고 기만적인 문화정책의 잔재를 소탕하고 이에 침윤된 문화반동에 대하여 가책없는 투쟁을 전개한다.
2. 문화에 있어서의 철저적인 인민적 기반을 완성하기 위하여 일체의
   ① 봉건적 문화의 요소와 잔재
   ② 특권 계급적 문화의 요소와 잔재
   ③ 반민주주의적 지방주의적 문화의 요소와 잔재의 청산을 위하여 활발한 투쟁을 전개한다.
3. 세계문화의 일환으로서의 민족문화의 계발과 앙양을 위하여 필요한 모든 건설사업을 설계한다.
4. 문화전선에 있어서의 인민적 협동의 완성을 기하여 강력한 문화의 통일전선을 조직한다.
5. 이상의 일반적 방책에 준한 각부 내의 구체적 활동을 위하여 활발한 우의적 논의를 전개한다.

임화는[17)] 문건이 내거는 세 가지 표어로 문화의 해방, 문화의 건설, 문

16) 이런 변모에 대한 구체적인 평가는 다음의 과제로 미루기로 한다.

화전선의 통일을 제시하고 이때 문화통일전선의 기준이자 노선은 문화활동의 기초와 목적을 '한가지로 인민에게 두는 것'이라고 밝히고 있다. 즉 그는 조선공산당의 부르주아 민주주의 혁명노선에 입각하여 현하의 정치적 과제를 설정하고 이의 수행 주체를 노동계급을 중심으로 한 농민, 중산층, 소수의 급진 부르주아로 설정하면서 이 노선에 따른 문화투쟁의 목표를 봉건잔재와의 투쟁, 말기적 시민문화의 잔재 청산, 문화에 있어 모든 반인민적인 것과의 투쟁으로 설정한다. 즉, 문건은 현정세를 민주주의적 변혁을 갈망하는 광범한 인민층과 반인민적 세력과의 대립으로 설정하였으며 그 지도이념으로서 인민의 문학인 민족문학을 제시하였다.

이 민족문학론의 이념은 여러 층위에서 제기되고 있는데, 첫째, 민족문학의 이념은 당대의 인민민주주의 노선에 입각한 것으로서 이는 1935년을 전후하여 임화가 취한 입장[18]의 연장선상에 있는 것이라고 볼 수 있다.

두 번째로 민족문학론은 카프를 중심한 신문학사를 검토하는 문학사적 시각에서 확보되는 것이기도 하다. 문맹이 과거 카프의 재건임을 밝히면서 해방 이후의 상황에서 계급예술가 조직결성은 '역사적 필연성에 관련된 계급적 임무의 일환으로서 계급예술가들에게 부여된 유일한 행동'[19]이라고 보는 데 반하여, 문건은 신문학사를 민족문학사의 발전과정으로 파악하면서 민족문학 이념의 정당성을 도출해 낸다. 즉 일찍이 프롤레타리아의 전위운동이 계급해방이 아니라 민족해방투쟁이었듯이 우리 문학운동도 계급문학 운동이 아니라 민족문학 해방운동[20]이었으며, 그러나 그것이 계급문학의 형태를 빈 것은 그 시대에 있어서 문학적 진보와 민족해방의 정신이

17) 임화, 「현하의 정세와 문화운동의 당면 임무」, 『문화전선』 1, 1945.11.
18) 임규찬, 앞의 논문, 224～228면.
19) 윤기정, 「예술운동의 신전개」, 『예술운동』 1, 1945.12.
20) 이원조, 「민족문학 확립에」, 『조광』 123, 1946.1.

계급문학의 형식으로밖에 표현될 수 없었기 때문[21]이라고 밝힌다. 이때 민족문학의 성격은 우리 민족 최대다수인 노동인민이 민주주의적인 민족성원으로서 다같이 행복된 생활에서 같이 향락할 수 있는 민족 전체의 문학임을 밝히고 있다.[22]

즉 문건은 조선 신문학사 속에서의 카프의 지위를 민족해방이라는 당대의 객관과제 속에서 파악하는 한편 카프의 한계 또한 당대 현실의 한계, 당대 계급관계의 한계로 파악하고자 하는 현실적 관점, 역사적 관점을 취하고 있다. 따라서 일제말기의 암흑기 역시 문맹의 평가처럼 반동문학의 개종이었다고 보는 대신 문학과 사상을 통일할 수 있는 진정한 계기라고 할 새로운 현실을 발견할 수 없었기에 내성・세태의 분열이 일어날 수밖에 없었다고 평가한다.

셋째, 따라서 민족문학론은 문학과 정치, 예술과 사상, 개인과 사회의 통일을 위한 길로서 제시되고 있다. 임화는 일제말기 조선문화 절멸정책의 결과 나타난 우리 문학에서의 내성과 세태의 두 경향이 문학에 있어서 정신적인 것과 예술적인 것의 통일이 결여된 치명적 결함을 드러내 주는 것이라고 보고, 주관과 객관, 개인과 사회, 예술과 정치를 통일할 근본적 계기의 발견이 필요하다고 강변한다. 그 계기란 새로운 인간의 발견이자 새로운 현실의 발견인데, 이 길은 문학자가 인민에게 가는 데서 시작된다고 본다. 그 이유는 문학에서 객관과 주관, 개인과 사회, 민족성과 세계성 등의 모순 자체가 문학 내부에서 발생한 것이 아니라 그 외부 즉 사회조직에 토대와 근거를 두고 있기 때문이며, 따라서 문학이 인민에게로 간다는 것은 문학이 자신의 임무를 해결하려는 노력임과 동시에 현실 자체의 근원적

21) 임화, 「조선민족문학 건설의 기본과제에 관한 일반보고」, 『건설기의 조선문학』, 백양당, 1946.
22) 이원조, 앞의 논문.

과제를 해결하기 위한 일반사업에 참가하는 것을 의미하게 된다는 것이다.[23)]

그렇다면 문학이 인민에게로 가면 문학의 사상성에 대한 절실한 욕구를 해결할 수 있는가? 하는 질문을 던져볼 수 있다. 임화는 그렇다고 대답한다. 왜냐하면 인민 가운데에서만 역사적 주인공을 발견할 수 있을 뿐만 아니라 일찍이 우리 문학이 잃어버린 주인공, 잃어버린 현실세계를 발견할 수 있는데, 이때의 현실세계란 평판한 현실이 아니라 개인의 내부와 밀접히 연락되어 있는 현실세계라는 것이다.[24)]

즉 임화는 피착취계급을 의미하는 인민과 연대한 예술활동을 통해서, 즉 역사의 창조자인 인민의 이해(利害)와 노력의 예술적 표현을 통해서 현실적 과제 해결에 대한 예술의 능동적인 참여를 주장한 것이고, 이는 부르주아 민주주의 혁명단계의 예술이 새로운 예술적 질로서 획득한 '인민성'에 기반한 것이라 할 수 있다.

따라서 그는 한효의 구상과는 달리 '현하 진행되고 있는 민족통일전선운동의 최량의 일원으로서의 임무수행'인 문화통일전선운동을 통해서 문학과 정치의 통일을 기하고 있다. 이런 그의 입장은 다음에 잘 나타나 있다.

> 본질적으로 문화가 정치와 떠날 수 없다는 이론적 해명보다도 현하의 조선정세를 경험하는 가운데 얼마나 문화가 정치와 불가분의 존재라는 것을 사실을 들어 지적할 필요가 있다.
>
> 정치가 모든 생활관계의 집중적 표현이란 말이 지금처럼 사실화되어 나타날 시기라는 것은 극히 드물다. 그렇다고 문화를 곧 정치의 한 수단에 불과하다고 생각한다면 왕년의 오류를 되풀이하는 것이다. 단지 우리는 문화에 대하여 정치가 우위에 섰다는 것을 (문화종사자에 대한 정치가의 우위가 아니라!)다음에 사

23) 임화, 「문학의 인민적 기초」. 『중앙신문』, 1945.12.8～14.

24) 위의 글.

실을 통하여 솔직히 표명해야 한다.

문화종사자 개인이 다른 사람이 아닌 조선민족의 일원이라는 엄밀한 사실에 있어서 또 문화가 민족생활의 중요한 일분야라는 의미에서 문화 운동은 정권수립 과정에 있어 하나의 정치적인 의무를 지니고 있는 것이다. 다음으로 어떠한 정치적 환경 아래서 문화는 발전의 보장을 받을 수 있는가? 하는 측면이다. …(중략)…

결국 정치적 의미에서만 아니라 문화적인 견지에서도 문화는 자기 발전상보다 좋은 환경이 될 수 있는 정치라는 것을 요구하지 아니할 수 없다.

그것은 물론 진보적인 정치다.…(중략)…

정치의 진보성이란 또 결코 막연한 것이 아니라 그것의 추진력이 되어 있는 계급의 역사적 성격에 의존한다는 것은 주지의 일이다.

우리는 우리나라에 진보적인 정권의 수립을 위한 광범한 투쟁의 일익이라는 것을 자각하지 아니하면 아니된다.[25]

진보성·인민성에 기반한 문건의 민족문학론에서 문제가 되는 것은 이러한 인민적 민주주의 문화의 중핵이자 추진체가 되어야 할 프롤레타리아 문예의 독자성의 문제가 고려되지 않고 있다는 점이다. 즉 그 '진보성의 추진력이 되어 있는 계급의 역사적 성격'이 당위적 차원의 언급에 그칠 뿐 문학상에서의 독자적 내용으로 구체화되지 않는다.

이러한 문건의 민족문학론(인민문학론)은 문건의 조직방침에 반영되어 나타난다. 문건의 조직활동에 관한 구체적인 자료로는 1945년 9월 5일 발표된 「지방조직에 대한 잠정적 조치방침」과 『문화전선』 1호에 이와 나란히 실려 있는 「지방 직역 통신원제도의 설정」이라는 기사이다. 전자는 총 11개항의 조치방침으로 되어 있는데 여기서 주목되는 것은 제1항과 8항, 9항이다.

제1항은 '중앙 이외인 지방에 거류하는 회원과 동호인은 임의의 지역적

25) 임화, 「현하의 정세와 문화운동의 당면 임무」, 『문화전선』 1, 1945.11.

인 동지적 문화혼합집단을 결성할 것'이다. 이에 따르면 지방조직의 경우 회원과 동호인을 혼합하여 문화 대중조직을 결성한 것을 알 수 있다. 이는 문건 협의회 서기국이 밝히고 있듯이 지방 동지·동호와의 연락·조직방법에 대한 불가피한 임시적 조처였다. 그러나 대부분의 문인전문가들이 중앙에 집중해 있고 지방대중의 문화적 욕구를 체계적으로 수렴하기에 어려운 점이 있었더라도, 문화운동을 형성·지도하기 위한 전문가와 그 성격상 문화써클의 성원에 해당할 동호인을 혼합하여 문화조직을 설정한 것은 무리가 있어 보인다. 제8항, 9항은 다음과 같다.

> 8. 상기 제조직(집단 및 기관)은 독자의 지역적 문화활동 외에 조선문화 건설 중앙협의회 및 소속 각 본부의 출판물의 배포, 대리, 연락기관으로서의 임무를 다하여야 함.
> 9. 상기 제조직의 구성원이나 동지적 소집단의 사상상, 주의상 다양성은 인정하나 조선문화건설중앙협의회의 행동강령 및 문화활동의 기본방책에 의하여 그의 문화적 활동은 규제될 것으로 함. 차제 일체의 종파 주의는 이를 배격함.

즉 문건은 앞서 인용한 '문화활동의 기본적 일방방책'과 행동강령에 동의하는 모든 성원을 그 구성원에 포괄하였으며, 지방조직의 동호인 집단을 통해서 문건의 연락기관 및 중앙기관의 대리기관을 삼는 한편, 지방동호조직의 책임자로 하여금 통신원을 삼아 기관지 「문화전선」을 '기존 문화인만의 기관이 아닌 민중 전체의 기관'[26]으로 만들려 하였던 것이다.

그러나 인민적 원칙에 의한 이러한 통일전선조직은 어떻게 그 추진력을 발휘할 수 있을 것인가? 문건에 반대하여 독립한 문맹측이 끊임없이 강조

26) 「지방 직역 통신원 제도의 설정」, 『문화전선』 1, 1945.11.

했던 원칙, 즉 주체적인 조직 없이 통일전선사업은 불가하다는 문제를 어떻게 해결할 것인가?

임화는 이에 대해서 원칙적 차원의 대답밖에는 하고 있지 못하다. 즉, 부르주아 민주주의 혁명의 주체로서 광범한 인민을 설정하고 이 통일전선에서 노동계급의 위치를 '영도자'로 타계급을 '동맹자'와 '수반자'로 놓고 있으나 이때에도 노동계급의 이념적 지도의 문제에 주목하기보다는 오히려 피억압 인민의 이해의 공통성에 주목한다. 즉 잃을 것이라고는 철쇄밖에 없는 노동계급과 다분히 소시민성을 지닌 타계급과는 그 계급적 내용은 일치하지 않지만 이들이 모두 특권계급적 기구의 형성과는 이해를 달리하기[27]에 통일전선에서 중요한 것은 제 계급간의 계급적 차이보다도 현정세에서 광범한 인민의 이해의 공통성에 주목해야 한다는 것이다.

이러한 임화의 입장은 한편으로는 당시 통일전선운동의 중심체라 할 조선공산당의 이념적 지도성에 의지하고 있는 것이면서 다른 한편으로는 당시의 정세에 대한 낙관적 인식에도 크게 영향받은 것이라 할 수 있다. 즉 당시 조선공산당의 노선과 맞닿아 있는 문건의 경우 미·소 공동위원회의 합의에 의해 민주주의 진영으로 주도권이 넘어올 것이라는 낙관적 인식과 함께 문화통일전선에서의 지도성의 문제를, 당의 이념적 지도가 문화전선 내에 관철되는 것으로써 확보하려는 인식이 결합되어 있을 것이다.

그러나 그도 밝히고 있듯이 민족문학의 보다 높은 단계로의 발전은 전체적으로 민족적 민주적 문화의 발전과 그 가운데서 프롤레타리아 문화의 요소가 동시적으로 발전되어야 가능한 것이다. 이는 문맹의 경우처럼 배타적인 조직의 건설만을 통해서도 불가능한 것이지만, 문건의 경우처럼 문예 영역 내에서 선진적 문화인의 이념적 지도성의 문제가 제기되지 않은 채

27) 임화, 「문학의 인민적 기초」, 『중앙신문』, 1945.12.8~14.

사상과 주의를 초월한 광범한 진보적 문인조직의 건설만으로도 불충분한 것이다.

이는 곧 '역사적으로 진보적인 여러계급과 계층의 이해를 대변할 수 있는 능력'에 해당하는 문학에서의 민중성(인민성)이 현실 변혁 과제의 당위성에 관한 즉자적 규정에 그치지 않기 위해서는 "계급적 실천의 현재적 상황과 그 객관적 발전 전망의 인식에 기초하는 당파성의 문제가 항상 고려되어야 한다"[28]는 미적 범주로서의 당파성의 객관적 근거의 문제를 제기하는 것이다.

임화의 경우 당대의 현실에서 출발하여 객관적 과제에 충실한 올바른 조직방침을 제시하려 했음에도 불구하고, 새로운 미학적 질로서 확보하고자 했던 인민성의 지도원리이자 추동력이라고 할 당파성의 질을 예술 내에서 확보하지 못하고 전위당의 이념적 지도에 맡겨버린 것은 이 시기 그의 한계로 지적될 수 있을 것이다. 이는 <조선문학가동맹>의 결성 이후 민족문학론의 사상적 질을 논하는 여러 차례의 경우에서 한결같이 민족문학의 이해에 대한 좌·우 편향의 오류가 지적되고 있는 것으로도 그 한계가 입증된다.

4. 맺음말

지금까지 간략하게나마 해방 직후 문건과 문맹의 대립된 노선을 살펴보았다. 이 시기는 탄탄한 조직적 활동에 기반한 체계적 운동의 시기라기보

28) 임홍배, 「사회주의 현실주의 성립기의 쟁점들」, 『창작과 비평』, 1988년 여름, 219~220면.

다도, 해방의 상황에 적합한 문학운동론의 이념적, 조직적 정비과정으로 파악될 수 있다. 앞에서 살펴본 바 양 단체가 추구했던 노선은 일정 정도의 편향과 함께 나름대로 건강한 문제의식을 소유하고 있었다. 각 노선에서 현실주의적 방법론의 탐구가 동시에 진행 되었다면 그 노선은 보다 포괄적이고 구체적인 것이 되었을 것이다. 그러나 이 시기 방법론에 대한 모색은 거의 이루어지지 않고 있다. 조선공산당이 잠정안으로 발표한 「조선민족 문화 건설의 노선」에서 예술활동의 기본방법을 '혁명적 로맨티시즘과 진보적 리얼리즘이 기조가 되지 않으면 안 된다'라고 발표하기 이전에 방법론에 대한 언급은 안영일이 문건과 문맹의 통일을 촉구하면서 반봉건적·반자본주의적 내용을 가진 혁명적 리얼리즘을 창작방법으로 해야 한다고 주장[29]한 정도에 불과하다. 따라서 이 시기의 각 노선을 완결된 포괄적 전체로 파악하는 것은 무리가 있어 보인다. 그러므로 이 시기는 양 노선의 일면성을 극복해 가는 과정이면서 동시에 양자가 지닌 적극적 문제의식을 더욱 구체화시켜 나가는 하나의 과정으로서 파악되어야 할 것이다.

29) 안영일, 「조선연극의 역사적 단계」, 『신문예』 1, 1945.12.

해방 직후의 진보적 리얼리즘론 연구

1. 머리말

이 글에서는 해방 직후 진보적 문학운동 진영의 창작방법이었던 '진보적 리얼리즘론'의 성격을 밝혀보고자 한다. 지금까지 해방 직후 <조선문학가동맹>의 문화노선에 대한 연구가 많이 이루어졌지만 진보적 리얼리즘에 대해서는 부분적으로만 언급되어 왔다. 그 이유는 우선 진보적 리얼리즘에 관한 당시의 권위있는 논의가 별로 없었다는 점과, 그나마 진행된 논의의 수준이 1930년대 사회주의 리얼리즘론의 성과를 크게 이어받지 못하고 새로운 방법의 본질에 대하여 혼돈된 인식을 보이고 있기 때문이기도 하다.

식민지 시대에 사회주의 리얼리즘론을 둘러싼 수 없는 논쟁의 과정을 거친 당대의 논자들은 다음의 두 가지 문제의식을 가지고 있었다. 하나는 과거 카프의 문화운동에서 나타났던 세계관 중심주의, 정치주의의 편향을 극복하는 것이며 다른 하나는 수입-이식론의 한계를 넘어서야 한다는 점이다. 전자의 문제의식은 예술적 인식의 특수법칙이 무엇인가에 대한 논의로 전개되어 세계관과 방법의 관계, 예술실천과 생활실천의 관계 혹은 주관과 객관의 관계에 대한 이론적 분석으로 전개되었고, 후자의 문제의식은 조선적 현실의 특수성에 주목하여 비판적 리얼리즘 혹은 사회주의 리얼리즘과 새로운 창작방법의 차별성을 부각하는 데 초점이 놓여져 있었다.

그러나 진보적 리얼리즘의 성격을 '진보적 민주주의적 시대의 리얼리즘'

으로 규정하고 있는 김남천과 한효의 경우 그들이 사용하고 있는 개념들 즉 유물변증법과 예술적 진실론, 예술 실천론, 리얼리즘의 승리론, 혁명적 낭만주의론 등은 모두 과거 식민지 시대에 전개되었던 그들의 사회주의 리얼리즘론에서 크게 벗어나는 것이 아니다. 차이가 있다면 작가가 지녀야 할 이념으로서 '진보적 이념'과 묘사해야 할 대상으로서 '진보적 현실,' 창조해야 할 인물로서 '영웅의 형상화'를 설정하고 있는 점 등이다.

즉 1930년대 말의 사회주의 리얼리즘론과 굳이 비교해 보자면 사회주의적 이념, 노동계급의 당파성, 전망 형상화 등의 개념이 사라지고 위의 개념들로 대체되었던 것이다. 이는 진보적 리얼리즘이 비판적 리얼리즘의 시대와 사회주의 리얼리즘 시대 사이에 존재하는 예술방법으로 설정되었기 때문이다. 한편 김남천과 한효를 예술지상주의 변종이라고 비판하고 있는 나한의 경우는 생활실천과 예술실천의 관계 및 사회주의 리얼리즘과 진보적 리얼리즘의 비교를 통해 인민항쟁 이후의 변화된 정세에 대처하고 있으나 이 역시 과거의 논의 수준에서 크게 벗어나지 못하고 있다. 따라서 당대 논자들이 사회주의 리얼리즘을 어떻게 인식하고 있느냐 하는 문제는 진보적 리얼리즘의 구조를 해명하는 한 계기가 되기도 한다.

이 시기에 사용된 '진보적'이라는 용어는, 비록 완전히 동일시할 수는 없지만, '인민적' 혹은 '민주주의적'이라는 용어와 크게 다르지 않으며 이는 진보적 민주주의 변혁론 즉 조선에서 완수되지 못한 부르주아 민주주의 혁명의 완수에 봉사하는 개념이다. 즉 진보적 리얼리즘론은 그것이 진보적 민주주의 건설이라는 민족적 과제에 복무하는 예술방법이라는 점에서 여타의 리얼리즘과 구별된다. 이는 크게는 조선공산당의 8월 테제에 입각한 것이며 더 구체적으로는 조선공산당의 문화노선으로 공식발표된 「조선 민족문화 건설의 노선(잠정안)」에 근거하는 것이다. 따라서 <조선문학가동

맹>이 성립하는 근거가 된 이 잠정안과 이에 입각한 민주주의 민족문학론을 검토하는 것은 진보적 리얼리즘론의 이념적 토대를 살펴보는 것이기도 하다.

또 한 가지 전제되어야 할 것은 해방 직후 민중운동의 흐름에 대한 이해이다. 해방 3년의 민중운동을 이해하는 것은 가능성으로 충만했던 당시의 상황에서 우리의 민중운동이 주체적 역량과 외압과의 역학관계에 따라 굴절되는 과정을 이해하는 것에 다름 아니다. 문화운동이 이 흐름에서 벗어날 수 없었던 것은 물론이다. 일반적으로 해방 3년 간의 변혁운동은 3개의 시기로 구분되는데 그 계기가 되는 것은 1946년 7월 조선공산당의 신전술 채택과 1948년 2월의 구국항쟁이라는 정치적 사건이다.[1)]

이와 같은 변혁운동의 시기구분을 토대로 하여 이 글에서는 문학운동의 시기구분을 1946년 10월의 인민항쟁과 1948년 2월의 구국항쟁을 계기로 하여 역시 세 시기로 나누고자 한다. 변혁운동에서와는 달리 1946년 10월의 인민항쟁을 시기구분의 계기로 설정하는 이유는 문학운동의 영역에서 이루어진 이론과 실천의 변모가 이를 계기로 촉진되기 때문이다. 1945년 8월에서 1946년 9월에 이르는 첫 번째 시기는 해방 직후 문학이념과 정책

---

1) 그러므로 첫째 시기는 1945년 8・15에서 1946년 초에 이르는 합법적 정치투쟁기, 둘째 시기는 1946년 7월 신전술이 채택된 무렵부터 1947년 말까지 합법투쟁과 비합법 투쟁이 병용되었던 배합두생기, 셋째 시기는 1948년 이후의 무장투쟁기가 된다. 첫째 시기는 해방 직후 합법적 공간의 확대로 당을 비롯한 각종의 외곽단체가 조직되고 통일전선으로 민주주의 민족전선이 건설되는 시기로서 진보적 세력의 결집으로 인민정권을 수립하는 것이 주요과제로 설정되는 시기이다. 두 번째 시기에 채택된 신전술은 대중의 폭발적인 투쟁에 힘입어 9월 총파업과 10월 인민항쟁을 촉발시키는데, 여기에서 알 수 있듯이 이 시기는 대중운동이 가장 고양되었던 시기이다. 신민당, 인민당, 공산당이 합당하여 남조선 노동당을 결성한 것(1946.11)도 이 시기이다. 마지막 시기는 미・소공동위원회의 결렬로 한국문제가 U.N에 이관되어 단독정부 수립이 본격화되는 시기로서 이때에 이르면 남로당은 2・7구국투쟁을 전개하고 이후 본격적으로 야산대를 조직하여 무장투쟁에 돌입하게 된다. 전반적으로 이 시기는 진보적 민주주의 진영이 소멸되어가는 시기이다.

에 관한 이견으로 양분되었던 <조선프롤레타리아 문학동맹>과 <조선문학건설본부>가 <조선문학가동맹>이라는 단일한 조직으로 통합되었고, 지도문학론으로서 '민주주의 민족문학'과 창작방법으로서 '진보적 리얼리즘'의 이론이 정립된 시기이다.

두번째 시기는 1946년 10월에서 1948년 1월까지의 시기로서 <조선문학가동맹>의 본격적인 활동기이자 이론의 심화기로 규정된다. 가중되는 미군정의 탄압과 10월 인민항쟁의 실패를 경험한 후, 문학가동맹의 성원들은 그간의 활동이 현실추수적이었음을 반성하면서 자신들의 이론적 오류 속에서 그 원인을 발견하는데, 그것은 현실을 계급적 관점에서 파악하지 못했다는 점으로 지적된다. 이러한 반성을 통해 모든 이론과 실천의 영역에서 당파성을 확립하려는 노력이 구체화되는 한편, 각종의 문화서클·문화공작대 활동 등을 통한 대중화 운동이 활발하게 전개된다.

구국항쟁기로 규정되는 세 번째 시기에 이르면 위기의식이 고조됨에 따라 현실을 보는 계급적 관점보다도 항쟁의 승리에 대한 주관적 의지가 매우 강조되며, 또한 동맹원들의 적극적인 사회적 실천에의 참여가 요구된다. 민족문학론과 함께 진보적 리얼리즘 이론의 변모과정도 이와 같이 세 시기로 나누어 검토될 수 있다.

2. 조선공산당의 잠정안과 〈조선문학가동맹〉의 민주주의 민족문학론

해방 직후 좌익측의 문화단체가 <조선문학건설본부>와 <조선프롤레타리아예술동맹>으로 양분되었다가 조선노동당의 문화노선(잠정안)이 확정되면서 <조선 문학가동맹>으로 통합된 과정은 지금까지의 연구에서 거듭 밝혀져 왔다. 조선공산당 중앙위원회의 이름으로 발표된 이 잠정안은 문화전선의 당면과업으로 '인민적 민주주의적 진보적 민족문화의 수립'을 내걸고 이에 대한 극좌적, 극우적 오류를 경계하고 있다. 총 11개의 조항 중에서 주목을 요구하는 것은 후에 <북조선 문예총>과의 논쟁의 대상이 되기도 한 4조와 5조 신문화의 성격과 방법에 대한 부분이다. 이 조항에는 현재의 혁명단계는 프롤레타리아 단계가 아닌 부르주아 단계이기에 건설될 신문화는 사회주의적, 프롤레타리아적, 반자본주의적인 문화가 아니라 반제 반봉건의 민주주의 민족문화라는 점 하나와, 사회주의 문화는 사회주의적 토대를 반영한 것이기에 현재의 토대 하에서는 존재할 수 없고 따라서 유물변증법의 방법을 사용하되 그것이 사회주의적 민족문화의 건설로 나가서는 안된다는 점이 명시되어 있다.

이를 민족문학론으로 정식화한 임화[2]는 신문화의 성격을 '근대적 의미의 민족문학' '서구적 의미의 진정한 민족문화'라 규정하였는데 이에 대해 이원조가 '봉건사회 문화에 대한 시민사회의 문화로서의 민족문화의 건설'[3]로 설명하는 데서 알 수 있듯이 그것은 서구적 의미의 부르주아 민주주의 혁명기의 민족문학이다. 1946년 10월의 인민항쟁을 겪은 후에 민족문학론은 계급적 관점, 노동계급의 당파성과 영도성에 대한 모색으로 이어진다. 이제 노동계급을 영도적 지위로 한 인민의 문학이라는 관점이 부각되며 그 근거로 서구의 부르주아 민주주의 혁명과는 다른 조선혁명의 성격의 특수성이 설명되기도 한다.[4] 그러나 이 시기의 민족문학론 역시 근대적

2) 임화, 「조선 민족문화건설의 기본과제에 관한 일반보고」, 『건설기의 조선문학』, 1946.

3) 이원조, 「민족문화 건설과 유산계승에 관하여」, 『문학』 1호, 1946.7.

4) 임화, 「민족문학의 이념과 문학운동의 사상적 통일을 위하여」, 『문학』 3호, 1947.4.

의미의 민족문학이라는 규정과 큰 차이가 있는 것은 아니다. 왜냐하면 노동자 계급의 영도성의 내용이 명확하지 않을뿐더러, 그것을 가능하게 하는 노동자 계급의 이념의 독자성에 대한 인식이 거의 해명되고 있지 않기 때문이다.

북문예총에 의해 자산계급적 예술관으로 비판되는 임화, 이원조의 민족문학론은, 문학이 그 사회의 토대를 반영한다는 잠정안의 규정에 충실한 결과이다.5) 잠정안에 의하면 민주주의 문학은 민주주의를 내용으로 하는 것이며 사회주의 문학은 사회주의를 내용으로 하는 것이다. 그러나 경제적 토대는 직접적으로 상부구조인 예술에 영향을 주는 것이 아니라 인간의 의식적인 정치활동과 계급갈등과 같은 매개적 활동에 의해 이데올로기의 발전에 영향을 미치는 것인데, 잠정안과 민족문학론에서 문화의 반영의 대상이 되는 토대에는 그 내부의 계급갈등이나 주체의 운동과정에 대한 고려가 별로 보이지 않는다. 이 문제에 대해서 임화는 다음과 같이 설명하고 있다.

> 그들은(노동계급-인용자) 영구히 진보적이며 무한히 인민적인 것이다. 그럼으로 노동계급에게 영도되는 현대의 민족형성 과정은 시민계급이 영도하는 전세기의 그것과 달라서 민족내부의 새로운 인간적 대립과 투쟁-계급대립과 투쟁-을 초래할 염려가 없는 것이며 내 민족과 다른 민족, 내 국가와 다른 국가와의 대립과 투쟁-제국주의적 대립과 전쟁-을 야기할 우려가 없는 것이다. 이것이 현대의 민족이념이며 동시에 현대의 민족문학의 이념이 될 것이다.6)

---

5) 윤세평은 이를 '프롤레타리아 문화와 진보적 민주주의 문화를 기계론적으로 대립시키는 견해'라고 비판한다. 윤세평, 「신민족 문화 수립을 위하여」, 『문화전선』 2호, 1946.11(이때의 『문화전선』은 1945년 8월에 결성된 <조선문학건설본부>의 기관지와는 다른 것으로 북조선 문학예술 총동맹의 기관지이다. 북 문예총은 기관지로 『문화전선』과 대중계몽지로 『건설』을 발간하였다. 한편 북 문예총 산하 문학동맹 기관지로는 『조선문학』이 1947년 창간되었으나 이는 곧 폐간되고 1948년 4월에 이르면 다시 북문예총의 기관지로서 『문학예술』이 발간된다.)

6) 임화, 「민족 문학의 이념과 문학운동의 사상적 통일을 위하여」, 『문학』 3호, 1947.4.

노동계급이 변혁운동의 주도계급으로서 확실한 주도권을 장악한 상태를 묘사하는 듯한 이러한 상황은 프롤레타리아 독재의 시기에서나 가능한 것이 아닐까. 모든 주체적 준비가 완결된 상태라면, 그저 발전하고 있는 현실의 제 사실들을 제대로 묘사하는 것으로써 이념내용이 채워질 수도 있을 것이다. 이런 구도에서 볼 때 위의 잠정안이 문학의 내용으로 규정하는 민주주의적인 것 혹은 사회주의적인 것은 민주주의적, 사회주의적 현실 속의 제 양상들을 반영하는 것이라기보다는 결국 민주주의적 사실들 혹은 사회주의적 사실들의 나열로 귀결되는 것이 아닌가 하는 의구심을 갖게 한다. 민족문학론이 지니는 이러한 이론적 모호성(혹은 오류의 가능성)은 이후 보고문학론, 구국문학론 등 과제 중심적인 구호를 가능하게 하는 근거가 된다.

3. 진보적 리얼리즘론의 전개과정

1) 김남천과 한효의 경험적 예술실천론

김남천과 한효의 진보적 리얼리즘론은 그들의 리얼리즘론, 더 구체적으로는 그들의 사회주의 리얼리즘론과 비교해 볼 필요가 있다. 1930년대에 등단하여 카프에서의 활동과 일제말 암흑기를 거친 이들 논자들에게 리얼리즘론에 대한 모색과 리얼리즘적 예술실천의 문제는 계급문화운동의 핵심에 놓인 중심과제였다. 이는 사회주의 리얼리즘을 둘러싼 일련의 논쟁과정을 통해 심화된 바 있었고 이 지점이 바로 그들의 출발점이었던 것이다.

진보적 리얼리즘이라는 방법론이 처음으로 제시된 것은 1946년 1월에 발표된 잠정안에서였고 이 노선에 근거하여 개최된 제1회 전국 문학자 대회에서 김남천의 보고연설로 구체화된다. 「새로운 창작방법에 관하여」라는 제목의 이 보고연설에서 김남천은 우선 창작방법의 의의와 성격을 규명하는데 많은 지면을 할애하고 있다.

그는 세계관과 구별된 개념으로서의 창작방법이 그 내용으로 하는 두 가지 기본방향으로서 리얼리즘과 아이디얼리즘을 들고 있다. 그의 견해를 간단히 요약하면 첫째 리얼리즘과 아이디얼리즘의 분류는 객관현실과 주관관념이라는 두 대립관계에 의해 결정된다는 것, 둘째 이 두 가지 기본적 창작태도는 선악이나 우열을 따질 수 없는 동등개념이나, 세계관에 대한 반작용에 있어서 리얼리즘이 아이디얼리즘보다 우월하다는 것이다. 이러한 견해는 김남천의 리얼리즘관을 잘 보여주고 있는데 그는 여기서 소위 '리얼리즘의 승리'를 확인한다. 즉 현실을 있는 그대로 그리려는 태도인 리얼리즘은 대상을 '주관적인 통일에서가 아니라 대상 그 자신의 통일에 의해 포착하는 것'이기에 세계관에 반작용을 가질 수 있다는 것이다. 따라서 다음과 같은 서술이 가능해진다.

> 그러므로 리알리스틱한 작가에 있어서는 작품은 여태것의 생활적 실천의 경험의 결과일 뿐 아니라 창작하는 것 그 자체가 가장 풍부한 경험일 수도 있는 것이다. 그러므로 창조적 실천은 그의 사회생활과 한 가지로 그의 세계관을 영도할 수도 있는 것이다.[7)]

이는 과거에 세계관을 절대시했던 카프의 주관주의적 오류를 피하고자 한 것이다. 그러나 김남천은 여기서 대상을 포착하는 작가의 주체적 활동인 '창조적 실천'의 내용을 작가의 주관과는 무관한 '대상 그 자신의 통일'

---

7) 김남천, 「새로운 창작방법에 관하여」, 『건설기의 조선문학』, 1946.

을 반영하는 행위로 규정함으로써 오히려 객관주의적 오류를 빚게 된다. 이러한 오류는 예술적 세계관에 대한 잘못된 견해에서 비롯된 것이다. 사회적 의식의 한 형태인 세계관은 주관에 따른 임의적인 것이 아니라 당대의 과학발전의 수준에 의지하며 당대의 사회질서의 성격에 달려 있다는 점에서 '역사적 성격'을 갖는다. 뿐만 아니라 그 세계관의 당사자가 어떤 사회적 입장을 취하고 있느냐에 의해 '계급적 성격'을 갖는 것인데 김남천에 있어서는 이러한 구체적인 인식이 보이지 않는다. 그에 있어서 세계관이란 다양한 철학유파로 설명될 뿐이다. 즉 도덕적 생물학적 세계관, 불가지론, 관념론 등의 철학사조에 리얼리즘의 방법이 결합되어 각각 자연주의, 즉물주의, 심리주의 등의 구체적인 문학경향을 산출하고 있다고 보는 것이다.

또한 그는 리얼리즘의 이해에 있어서도 역사적 인식을 결여하고 있다. 리얼리즘이란, 예술방법의 역사적 형태로 특정한 역사적 시기에 생성되어 발전해온 것으로서 그것은 당대의 현실운동 과정과 작가주체의 세계관에 따라 역사적 단계에 의하여 여러 형태로 발전해온 것이다.[8] 그러나 위에서 보듯이 김남천은 리얼리즘 방법이나 혹은 그것의 근간을 이루는 세계관에 대한 몰역시적 파악으로 인해 예술시를 리얼리즘/아이디얼리즘으로 도식화시키고 있다. 이는 리얼리즘은 유물론, 아이디얼리즘은 관념론이라는 태도의 표현일 뿐 아니라, 리얼리즘을 초역사적 규범화로 나가게 하여 리얼리즘을 소박한 반영론 일반으로, 세계관을 작가의 선입관, 주관적 인식으로 규정하는 입장에 다름 아니다. 또 이러한 태도가 리얼리즘의 외연을 무한히 확장하여, 예술적 묘사의 유사성 및 대상충실성이라는 의미에서의 진리충실성과 리얼리즘을 동일시하는 태도임은 리얼리즘을 둘러싼 역사적 논쟁을 통해 밝혀진 바 있다.[9] 이렇게 리얼리즘을 반영론 일반, 소박한 모

8) 예컨대 계몽기 리얼리즘, 비판적 리얼리즘, 사회주의 리얼리즘.

사론으로 이해하는 그의 입장은 리얼리즘이 '왜곡없는 현실의 반영'이라는 1930년대 말 그의 리얼리즘 모색에서 크게 벗어나지 않는 것이다.[10]

한편 그는 진보적 리얼리즘을 설명하면서 '리얼리즘은 역사적 시대적으로 특정되는 경향을 가지고 구체화된다'고 하면서 진보적 리얼리즘의 특징을 ①진보적 민주주의 건립을 역사적 임무로 하는 시대의 리얼리즘, ②과학적 유물론, 더 정확히는 유물변증법과 맞붙는 리얼리즘, ③혁명적 로맨티시즘을 커다란 계기로 하는 리얼리즘 등으로 규정하고 있다. 앞서 리얼리즘 일반론을 장황하게 묘사한 것에 비하면 진보적 리얼리즘에 대한 설명은 소략하기 그지없다. 첫째 항목은 리얼리즘 예술이 묘사해야 할 대상으로서의 현실 규정이며 또한 진보적 리얼리즘과 지금까지의 리얼리즘을 구분짓는 본질적 특질이다.

> 현재의 조선혁명의 성질이 진보적 민주주의 혁명의 계단이라는 데서 오는 것이 아니면 안되겠다. 왜냐하면 창작방법으로서의 리얼리즘이 문학작품으로 창조되고 또 그것을 중심하여 거대한 운동으로서 전개되는 경우에는 그것은 언제나 역사적으로 시대적으로 특정되는 경향을 가지고 구체화되는 것이 사실이오, 그렇다면 현재의 역사적 시대에 있어서도 진보적 민주주의 건설의 민족적 과제와 떠나서 여하한 구체적인 리얼리즘도 있을 수 없는 것이다.[11]

우리가 리얼리즘의 역사적 형태의 차이를 논할 때 리얼리즘의 질을 구별하는 본질적인 계기는 예술가의 세계관과 문학이념의 차이이지 그것이 대상으로 하는 현실의 차이는 아니다. 그러나 위의 인용에서 김남천은 진

---

9) N.툰, 「소련의 현실주의 논의」, 『현실주의 연구』, 제3문학사, 1990, 146면.

10) 고발문학론, 모랄론, 관찰문학론으로 이어지는 그의 창작방법론에 대하여는 채호석, 「김남천 창작방법론 연구」(1987, 서울대 석사논문)를 참조할 것.

11) 김남천, 앞의 논문, 1946.6.

보적 민주주의 건설이라는 민족적 과제를 본질적인 것으로 규정하고 있다. 김남천의 이와 같은 입장은 위의 두 번째 규정에서 근거하는 것이기도 하다. 유물변증법과 맞붙은 리얼리즘! 앞서 지적했듯이 김남천의 구도에서 이러한 리얼리즘은 소박한 모사론에 불과하다. 따라서 리얼리즘 예술의 진보성을 담보하는 것으로서의 유물변증법이 별개로 설정되는 것이다. 여기서 문제가 발생하는 데, 그 문제는 유물변증법과 리얼리즘의 결합인 '진보적 리얼리즘'과, 과거의 '유물변증법적 창작방법'이나 '프롤레타리아 리얼리즘', 혹은 '유물변증법적 리얼리즘'과의 차이, 또 '사회주의 리얼리즘'과의 차이는 무엇인가 하는 문제이다. 전자들과의 차이는 올바른 유물변증법이냐 아니냐의 문제라고 해도 후자와의 차이는 그것이 대상으로 하는 현실의 차이이며 묘사해야 할 '과제'의 차이로 둘 수밖에 없다. 그러나 이 과제의 차이가 '새로운 방법'의 본질적 내용이 될 수 없음은 물론이다.

한편 당대 리얼리즘론에 대해 가장 많은 논지를 발표했던 한효의 창작방법론은 매우 주목할 필요가 있다. 초기 <프롤레타리아문학동맹>의 대표 이론가로서 임화가 중심이었던 <조선문학건설본부>의 인민문학론에 반기를 들었던 한효는 조선공산당의 방침에 의하여 <문학가 동맹>이 결성된 이후에는 문학가 동맹의 창작방법인 진보적 리얼리즘의 이론적 틀을 구성하는데 가장 적극적인 노력을 보여주고 있다. 한효가 주목하는 것은 세계관과 방법의 관계를 올바로 해명하는 것으로서의 '예술실천'의 문제와 이를 통해 예술가가 현실과의 상호관계 속에서 반영해 내는 '예술적 진실'이란 무엇이며 그것을 어떻게 획득할 수 있는가의 문제이다. 그리고 현재의 역사적 상황에서 이를 가능하게 하는 예술방법이 왜 진보적 리얼리즘이 되어야 하는가가 주요 논점이 된다.

1930년대 소비에트에서의 세계관과 창작방법 논쟁의 한 축을 이루었던

M.로젠탈의 논문 「예술작품에 있어서 세계관과 창작방법」을 군데군데 발췌해 놓은 한효의 「진보적 리알리즘에의 길」은 이 노력을 잘 보여주고 있다. 김남천과 마찬가지로 한효의 이 논문에서 서술되는 예술실천의 문제와 예술적 진실의 문제는 1930년대 그의 사회주의 리얼리즘론의 이론구조와 동일하다. 즉 레닌의 톨스토이론을 통해 예술가적 특수성을 해명하면서, 예술형상에 대한 세계관의 영향이 예술가 개인의 경험에 의해 매개된다는 로젠탈의 논지가 그대로 정리되어 있는데,[12] 이를 뒷받침하는 것은 첫째로 그의 독특한 이론-실천론이다.

일찍이 한효는 김두용의 유물변증법적 창작방법 옹호론(유물변증법은 이론이 잘못된 것이 아니라 실천이 잘못된 것이기에 그 이론 자체를 폐기해서는 안된다는 입장)을 비판하기 위해 이론과 실천의 상호 의존 관계를 피력하면서 다음과 같이 서술한 바 있다.

> 그러나 실천은 인간의식의 주관적 작용의 표현이 아니라 역사적 현실의 전체적인 상호연결에서의 沿한 객관적 사실이다. 그러므로 이 객관적 사실은 그 자신으로서 한 개의 진리인 것이다. 유물론은 이 객관적 사실로서의 실천의 발전적 모멘트의 탐구에 있어 그 이론의 일반적 법칙을 규정하는 것이며 또한 인간의 사유와 존재의 통일, 인식하는 주체와 인식되는 객체와의 통일을 기할 수 있는 것……(중략)……인식은 창조적 의지과정이다. 이 인식과정에 있어서 실천(객관적 사실)은 우리들의 사상 及 감각의 객관, 대상-인식대상-이 되는 것이다. 말하자면 인간적 요구 생활의 욕구, 주관적 원망 及 목적 등의 제 개념의 복사적 표현인 실천은 판단의 진리성 及 인식의 유일한 최고 표준인 것이다.[13]

이러한 실천일반론을 통해 한효는 '문학상의 리얼리즘이란 그것이 올바

12) 로젠탈-누시노프 논쟁에 관하여는 로젠탈 外, 洪免植 역, 『창작방법론』, 문경사, 1949를 참조할 것.
13) 한효, 「예술이론의 일반법칙」, 『동아일보』, 1936.2.5.~20.

로 실천된다면 결코 아무런 주관적 신념의 제약을 받지 않을 것'이라 결론짓고 있다. 마르크스주의 인식론에서 진리의 검증 기준이 되는 실천이란 전체 사회발전의 합법칙성에 조응하는 총체적 실천을 의미하는 것인데 한효는 이를 예술가 개인의 개별실천의 문제로 한정함으로써 모든 인간의 실천을 정당화하는 오류를 범하고 있다. 비록 '올바른 실천'이라는 단서가 있지만 이 표현 역시 애매하기 짝이 없다.

해방 후에도 동일한 논지가 전개된다. 임화의 「비평의 재건」[14]에 대한 반박의 내용을 담고 있는 그의 논문 「창작방법 확립」[15]에서 그는 실천이란 ①현실의 전체적인 상호작용에 의한 엄연한 객관적 사실이다. ②변증법적 유물론자는 이 객관적 사실로서의 실천의 발전적 '모멘트'의 탐구에 있어서 그 이론의 일반적 법칙을 규정하는 것이다. ③실천은 인간의 사유와 존재의 통일, 인식주체와 인식되는 객체의 통일을 則하는 것이라 규정하고 다음과 같이 서술하고 있다.

> 한 개의 방법론이 제기될 때…… 그것이 구체적이든 비구체적이든 창작적 실천을 소재로 삼고 그 경험 속에서 제기되지 않을 수 없는 것이다. 왜그러냐 하면 실천과 그 경험으로부터 유리된 이론이란 없는 것이기 때문이다.

여기서 개별적인 창작실천과 그 실천의 경험에서 유리된 이론은 없기 때문에 모든 이론은 '엄연한 객관적 사실인 실천을 토대로 제기된 것'이라는 그의 논지는 자칫하면 모든 이론을 정당화시키는 오류를 범할 수 있는 것인데, 이는 그가 이론(그의 논지로는 창작방법)과 실천의 상호매개작용을 간과한 채 이론을 실천(예술실천)에 철저히 종속시킴으로써, 또 이때의

14) 『독립신보』, 1946.5.1.
15) 『독립신보』, 1946.5.14.

실천을 사회의 총제적 실천에 의식적으로 연결된 것이 아닌 예술가의 경험에 입각한 개별적 실천으로 정의함으로써 경험주의적 오류를 빚게 되는 것을 보여준다.

두 번째는 예술적 진리를 가능하게 하는 예술가의 성실성이라는 개념이다. 그에 의하면 예술적 진실이란 전형적 상황에서 투쟁하는 전형적 인물을 통해 드러나는 것으로 '현상과 사건과 인간이 한 개의 전체로써 단일화되어 있는' 예술작품을 통해 가능하다. 그러면 어떤 작가가 이러한 예술을 창조할 수 있는가?

> 진실로 인민의 편이 된 작가, 또는 편이 되려고 하는 작가에 의하여 창조된 문학-그것은 곧 인민의 문학이다-만이 사회의 온갖 모순발전의 제 경향, 인민혁명의 승리의 역사와 그 근원 그리고 건설되는 인민정권의 역사적 예견 등에 있어서 그리어지는 현실의 의식을 예술적 형상을 빌어서 완전히 체현할 수 있다.
>
> 그러므로 참으로 인민의 편이 된 작가는 자기 임무를 인민대중의 과업에다 공연하게 결부한다. 그 창작에의 충동은 인민대중에 대한 동감이고 가장 억센 진보적 이념이다. 이러한 진보적 이념에 의해 씌어지는 문학은 현실의 본질적 측면, 그 중추가 되는 역사적 경향, 승리의 과정에 있는 인민 항쟁의 근원 등 전형적 형상과 전형적 상태를 가장 빠르게 묘사할 수 있다.

인민의 편이 된 작가, 인민대중의 과업에 공연하게 결부하는 작가, 인민대중에 동감하는 가장 억센 진보적 이념을 가진 작가만이 전형적 상태와 전형적 형상을 바르게 묘사할 수 있다는 위의 주장에서 주목되는 것은 인민적(진보적) 현실을 보기 위하여 필요한 '진보적 이념'이라는 구절이다. 한효의 어법으로 볼 때 진보적 이념이란 작가가 지녀야 할 바른 근원으로서의 세계관이라 할 수 있는데, 이제 그것이 프롤레타리아의 세계관, 사회주의적 세계관이 아닌 인민에 대한 동감을 의미하는 '진보적 이념'으로 정의되고 있는 것이다. 리얼리즘 일반론은 로젠탈에 근거하면서도 성격론, 전형론에서는 누시노프에 의거하여 프롤레타리아의 세계관의 중요성을 강조하던 한효의 입장이[16] 이제 진보적 이념, 진보적 현실인식으로 전환되면서, 전형을 통해 드러나는 예술적 진실은 '참된 예술가의 성실성'을 통해 확보될 수 있다는 데 이른다.

> ……그러므로 봐-레리-적 주장에 의하면 참된 예술가의 성실이라는 것은 사실 자기의 전생명을 걸고도 불성실하게 되었을 때 도리어 가장 성실할 수가 있다는 말이 된다. 이때까지의 우리 작가들의 작품 우에는 이와 같이 전생명을 걸은 성실성이 전혀 路現되어 있지 못하다. 인간에게 대한 사랑이라고 할까! 모랄이라고 할까 좌우간 어떠한 말로 표현되든지간에 이러한 內生의 깊이(深) 속에 뿌리박은 성실성이 인간을 그리는 묘사정신의 근저가 되지 않으면 아니된다.[17]

G.루카치의 미적 정직성[18]이라는 개념을 연상시키는 한효의 '예술가적 성실성'이란 그것이 예술적 진리를 포착케 하는 가장 중요한 근원이라는

16) 한효는 「새로운 성격의 창조」(『정성』, 1946.3)에서 세계관이란 문학방법 간의 차이를 근본적으로 구별지어주는 것이자 작가가 받아들여야 할 '바른 근원'이라 표현한다. 이 논문은 누시노프의 「새로운 문학과 심리적 표시」의 틀을 그대로 받아들이고 있는데, 이렇게 성격론에서 누시노프의 입장을 추종하는 것 역시 1930년대 그의 논지와 동일한 것이다. 민촌 이기영의 작품을 예로 하는 「세계관의 빈곤」(『조선문학』 15, 1939.1)을 보라.

17) 한효, 「진보적 리얼리즘에의 길」, 『신문학』 창간호, 1946.4.

18) 루카치는 비판적 리얼리스트에 있어서 리얼리즘의 승리를 가능케 하는 원리로서 이 개념을 다음과 같이 설명하고 있다. "위대한 예술가의 성실성은 다음의 사실에 근거하고 있다. 즉 어떤 형상의 전개가 작가 스스로 자신의 형상 속에서 형성하려고 했던 그 견해와 환상들을 부정하자마자 예술가는 어떤 형상을 스스로 그의 마지막 결론에까지 자유로이 전개되도록 허용하고 그 자신의 가장 깊은 신념의 진정하고 심오한 현실의 변증법에 모순되기 때문에 공중으로 사라지는 것을 조금도 걱정하지 않는다는 사실에 근거하고 있다." 「마르크스 엥겔스의 미학적 텍스트에 대한 입문」 차봉희 편, 『루카치의 변증 유물론적 문학이론』, 한마당, 1987, 236면.

점에서 루카치의 개념과 동일한 함의를 지닌다. 결국 한효의 '진보적 리얼리즘' 역시 진보적 현실을 반영한다는 점에서 본질적으로 규정될 뿐 리얼리즘의 구조는 그의 1930년대 사회주의 리얼리즘론을 답습하고 있다. 단 작가가 지녀야 할 세계관이 프롤레타리아의 세계관이 아니라 인민의 이념인 '진보적 이념'으로 설정되고 있으나 한효의 방법론의 구도 상 세계관은 예술 실천에 큰 영향을 갖지 못하는 것이므로 그것이 그의 사회주의 리얼리즘론과의 본질적 차이를 두는 조건은 되지 못한다.

김남천의 경우 역시 세계관으로서 유물변증법을 설정하고 있지만 세계관과 방법의 연관이 기계적 결합에 불과하기 때문에 유물변증법의 설정이 큰 의의를 지니지 못하고 있다. 또한 양자 모두 예술 실천의 절대성과 진리성을 논증하고 있으나 그것이 한 예술가의 개인적 실천과 경험에 불과할 뿐 사회의 총제적 실천과 어떤 연관이 있는지를 밝히지 못함으로써 경험주의적 편향을 갖게 된다. 또 이 편향이 이들 논자들의 1930년대적 한계와 같은 맥락에 있다는 점에서 '진보적 리얼리즘'의 방법적 새로움은 없는 것으로 보인다.

2) 나한의 당파적 주체론

1946년 10월을 전후로 해서 인민항쟁을 겪은 문학가동맹의 성원들은 그 동안의 낙관적 자세를 반성하게 된다. 이러한 반성은 1947년에 이르면 본격적으로 구체화되는데 이는 모든 문예의 이론과 실천의 영역에서 계급적 관점의 확립이 요구되고 프롤레타리아 당파성을 문학론 내에서 수립하려는 노력으로 나타난다. 김영석-임화-청량산인(이원조)으로 이어지는 민족문학론의 심화노력과 함께 창작방법론에서는 나한(나선영)의 역할이 돋보이는데 『우리문학』 3호에 발표된 그의 논문 「창작방법의 구체적 파악을 위하여」에서 그는 한효로 대표되는 기존 창작방법론의 객관주의적 편향을 비판하면서 당파적 주체의 확립을 통한 예술실천관을 정립하려고 한다.

창작실천에 대한 나한의 의견을 들어보자.

> 창작실천은……실로 현실세계의 복잡한 베일을 잡아제키고 속 깊이 파고들어가서 현실의 내적 과정에 본질적인 것 필연적인 것 일언으로 하면 생활에 있어서의 심혹한 변증법을 들춰내어 그것을 예술 수단으로 인식하고 파악하기까지의 예술적 합목적적인 체험 관찰 연구 사색 등 일련의 인식과정 및 그 속에 계급적 폭로, 동정, 비애, 분노한 복잡 등 감정을 생생하게 끼어 넣으면서 가장 정확한 가장 인상적인 형식으로 표현하고 묘출하는 형상적 기술과정의 불가분적 통일로서의 특수한 실천인 것이며 그것은 항상 작가의 당파적 계급적 주체에 의하여 인민대중의 역사적 실천 과정과 결부되어 의식적으로 수행되는 것이다.[19)]

여기에서 그는 예술의 인식가능, 즉 현실의 반영을 사회적 실천에 기초하여 역사적으로 발전하는 사회적 과정으로 파악하고 있으며 또한 그것을 '예술 특유의 수단으로 인식하고 파악하기까지의 예술적 합목적적인 체험, 관찰, 연구, 사색 등의 일련의 인식과정'으로 설정함으로써 예술의 특수성을 간과하지 않고 있다. 이는 인식과정을 물질세계의 영향에 대한 수동적 반영과정이 아니라, 인간이 일정한 목표지향과 선택 하에서 정신적으로 자기화하여 재생산하는 능동적인 사회적 활동으로 본다는 점에서 앞서의 김남천과 한효가 보였던 객관주의적, 경험주의적 한계를 극복하고 있는 것이다. 이러한 인식은 '예술적 합목적적 인식과정'이라는 말 속에 집약되어 있다. 합목적성이란 어떤 사물이나 행위가 어떤 목적을 위해 사용되거나 수행되어 그것이 그 목적에 상응하고 적합할 때, 그 사물이나 행위를 '합목

19) 나한, 「창작방법의 구체적 파악을 위하여」, 『우리문학』 3호, 1947.3, 101면.

적적'[20]이라고 하는 바, 나한은 예술의 인식과정을 현실의 본질을 반영하는 과정이자 목적 지향적인 실천과정으로 파악하고 이것을 예술의 이데올로기적 기능으로 설정함으로써 예술실천을 역사적·사회적 과정의 일부분으로서 위치 지을 수 있었던 것이다. 또 비록 '끼워넣는다'는 부적절한 표현으로 되어 있기는 하지만 현실의 합목적적 인식의 과정과 예술가의 계급적 감정 등이 결코 분리되어 진행되는 것이 아니라는 점을 명백히 함으로써 예술창작과정에 있어서 세계관과 방법의 관계에 대한 새로운 입장을 보여주고 있다.

이러한 입장에 근거해서 그는 이러한 합목적적 실천의 주체의 문제, 그 주체의 세계관과 예술적 진리의 문제를 자연스럽게 제기한다. 그에 의하면 예술적 진실은 작가의 이데올로기-세계관에 의하여 파악된 한의 현실이기에 이러한 의미에서 작가의 세계관은 창작과정의 전제에 불과한 것이 아니라 "예술창조에 강력히 참가하여 그것의 구상으로부터 표현에 이르기까지의 전 과정을 예술방법 기술까지를 제약하는 본질적 모멘트이자 예술적 작품의 본질적 내용으로써 예술적 가치의 결정자"로서 설정된다.

그리고 이때 작가의 세계관은 자연발생적 의식이 아닌 '가장 전면적인 과학적인 세계관'이어야 한다고 주장하는데 그 이유는 현실자체가 복잡할 뿐 아니라 그것이 지배계급에 의하여 그 본질적 측면이 교묘히 은폐되어 있기 때문에 이를 정확히 보기 위해서는 '당파적인 주체'가 필요하다고 함으로써 현실 파악의 힘으로서의 당파성의 원리를 명백히 하였다. 또한 그

---

20) Klaus & Buhr, 『철학대사전』, 한국철학사상연구회 편, 동녘, 1407면. 이를 좀더 설명해보면 다음과 같다. "……따라서 모든 수단이 그 자체로 합목적적인 것이 아니라, 인과연관에 대한 인식을 바탕으로 하여 인간이 자신의 목표를 실현하기 위해 특정수단을 사용할 때에만 그 수단은 합목적적이다. 또한 하나의 행위 혹은 행동 방식도 그 자체로 합목적적인 것이 아니라 이들이 어떤 목적의 실현을 지향하는 한에 있어서만 합목적인 것이다.

는 플레하노프의 명제를 둘러싼 소련의 예술논쟁(30년대 초 소비에트에서의 사회주의 리얼리즘 논쟁)에서 세계관이 경시되어있는 인상을 이 땅에 이식한 한 때의 리얼리즘 논의와 오늘날까지 그 '암연의 추종자들'(한효를 지칭)을 방법지상주의로 못박고 예술에 있어 방법지상주의는 예술지상주의의 교묘한 변종이라 비판한다.

그렇다면 방법의 독자성이란 무엇인가. 소위 세계관-방법의 모순으로 설명되는 리얼리즘의 승리란 어떤 것인가 하는 질문이 제기될 수 있을 것이다. 그는 이를 리얼리즘적 예술실천의 독특한 방식으로 설명하고 있다. 즉 그는 리얼리즘이란 작가의 주관에 생활현실을 종속시키거나 재단하는 것이 아니라 진실을 현실 자신으로 하여금 말하도록 하는 것이다 라고 하는데 이러한 정의가 앞의 김남천이나 한효의 그것과 다른 점은 그 현실이 작가 개인이 경험하는 개별적 현실이 아닌 총체적 현실로 규정되어 있다는 점이다.

> 엄밀한 의미의 리얼리즘이란 작가의 예술적 실천을 거기에 종속시키고 그것의 일부분으로써 그 메커니즘의 치차며 나사로써 실천하고 있는 전체적 사회적 계급투쟁의 성격 여하에 좌우되고 제약되는 까닭이다. 진실로 작가의 계급적 인테레스트가 그 시대 현실의 세계사적 방향과 합치되어 작가가 현실에 기본적 동향에 꺼리낄 아무것도 없는, 아니 더 나아가 현실의 인테레스트가 곧 작가 지신의 것일 수 있는 그러한 현실적 계급에 종속되어 그 계급의 실천적 과제를 정력적으로 관철할 과감한 주체적 실천 역량과 현실적 세계의 본질적 제 관련의 정확한 영상으로써 현실을 왜곡하지 않을 진정한 혁명적 세계관을 가진 작가만이 리얼리스트일 수 있는 것이라 하겠다.[21]

21) 나한, 앞의 논문, 1947.3.

즉 리얼리즘적 실천에서 반영해야 할 현실이란 사회의 총체적 현실이기에 리얼리즘이란 사회적으로 제약되며 현실의 발전 방향과 일치하며 나갈 수 있는 것이다. 따라서 소위 리얼리즘의 승리란 세계관-방법간의 모순 때문이 아닌 작가의 세계관에 결함이 있거나 혹은 작가의 세계관과 현실간의 모순이 존재할 때 위에서와 같이 역사적 운동에 의해 규정되어진 리얼리즘적 실천을 통해 무력해진 세계관을 부분적으로 정정 또는 일시적으로 양보하는 것으로서 설명된다. 따라서 그에게 있어 가장 진보적인 계급의 입장, 즉 프롤레타리아의 당파성은 그것이 투철히 객관성과 부합되어 있다는 점에서 이제 리얼리즘의 필수조건이며 리얼리즘을 결정하는 조건으로 위치지어지게 된다. 이렇게 리얼리즘적 예술실천을 주체의 합목적적 인식과정으로 파악함으로써 초기 논자들의 경험주의(현실 추수주의)를 비판할 수 있었던 것은 그가 현실을 총체적으로 파악하면서 이 총체적 현실 파악을 위한 과학적 능력으로서 프롤레타리아 당파성을 방법론의 핵심으로 설정하려 했기에 가능했던 것이었다.

굳이 1930년대 소비에트에서의 세계관-방법논쟁과 비교하자면, 상대적으로 누시노프의 입장에 가까운 나한은 진보적 리얼리즘의 이론구조를 사회주의 리얼리즘론의 그것으로 설명하고 있다. 그렇다면 사회주의 리얼리즘론과의 차이는 무엇인가? 한효는 진보적 리얼리즘을 '프롤레타리아 리얼리즘, 유물변증법적 창작방법, 사회주의 리얼리즘 등의 모든 리얼리즘론을 거쳐서 도달한 우리 문학 최고의 창작방법'[22]으로 규정한다. 그러나 나한은 한효에 반대하여, 진보적 리얼리즘을 사회주의 리얼리즘의 지양 발전이 아니라 사회주의 리얼리즘의 일부분으로 본다.

22) 한효, 앞의 논문, 1946.4.

> 진보적 리얼리즘은 결코 어느 논자의 말과 같이 사회주의 리얼리즘의 발전이라든가 그 지양이 아니라 실로 오늘날의 모든 피압박 식민지 민족의 혁명적 해방운동이 세계 프롤레타리아 혁명의 일부분이듯이 본질적으로 사회주의 리얼리즘의 일부분이며 진보적 리얼리즘의 스로강은 우리의 진보적 부르주아 민주주의 혁명과업과 결부시켜서 집중적으로 표현된 우리 문학의 기본적 성격의 자각과 강조에서 나온 것이란 점을 지적해두는 바이다. 우리의 예술방법에 있어서는 리얼리즘과 혁명적 실천과 과학적 세계관의 어느 것이나가 자그만 간격도 ○○도 경중도 있을 수 없다.[23]

그러나 "본질적으로 사회주의 리얼리즘의 일부분"이지만 "진보적 부르주아 민주주의 혁명과업과 결부시켜서 집중적으로 표현된 우리 문학의 기본적 성격의 자각과 강조에서 나온" 슬로건이 '진보적 리얼리즘'이라는 나한의 규정 역시 잠정안 5조에 철저히 종속되어 있는 것이다. 잠정안 5조의 논리를 검토해 보면 사회주의적 현실과 사회주의 리얼리즘, 사회주의적 민족문화가 한편에, 진보적 민주주의적 현실과 진보적 리얼리즘, 진보적 인민적 민주주의 문화가 다른 한편을 구성하고 있다. 즉 예술방법을 규정하는 근원적인 토대로서 역사적 단계가 각각 대응되어 있다. 나한의 논의를 이와 비교해 보면 5조의 '변증유물론적 방법'이 '프롤레타리아 당파성'에, 현실단계의 반영이 진보적 리얼리즘 문학(혁명적 인민의 문학)에 대응되어 있음을 알 수 있다. 나한은 예술방법을 제약하는 '본질적 모멘트'로서 프롤레타리아 세계관과 당파성의 중요성을 강조한 바 있다. 그러나 이 방법의 이념내용은 과학적 사회주의가 아니라 진보적 부르주아적 이념이다. 바로 이 점에서 사회주의 리얼리즘과 본질적 차이가 있는 것이며 나한 역시 다른 논자들과 마찬가지로 진보적 현실을 과제로 하느냐의 여부를 진보적 리얼리즘의 성격을 규정하는 본질적 계기로 설정하고 있다.

---

23) 나한, 앞의 논문.

또한 나한의 이와 같은 입장은, 임화가 현단계의 민족문학론을 '보다 높은 다른 문학의 생성, 발전의 유일한 기초'[24]로 설정하고 있는 것과 같은 맥락이며, 한효의 '현실은 항상 발전하고 진보한다…… 낮은 단계에서 높은 단계로 비약한다'[25]는 현실판단과 동일한 것이다. 결국 부르주아 민주주의 혁명이 성장 전화하여 보다 높은 단계의 혁명으로 이행한다는 당대변혁론[26]의 혁명단계론이 민주주의 민족문학의 이념과 진보적 리얼리즘 방법의 구조를 결정짓고 있다. 즉 민족문학론이 민주주의 혁명의 완수 후 보다 높은 다른 문학으로 고양되는 것처럼 진보적 리얼리즘 역시 사회주의 리얼리즘으로 고양된다는 것을 의미한다.

당파적 주체의 예술실천 구조를 해명함으로써 김남천의 소박한 반영론과 한효의 무당파적 리얼리즘론을 비판하고 등장한 나한 역시 예술방법의 역사적 차별성을 반영 대상인 현실의 당면과제에서 구하고 있는 점에서는 앞의 논자들과 동일한 수준에 놓여 있다. 그렇다면 수많은 혁명의 특수성과 그들의 당면과제에 따라 그 수만큼의 예술방법론이 필요한 것인가? 그렇지 않은 이유는 무엇인가? 그것은 '방법'이 가지고 있는 목표 지향성 때문이다. 즉 방법이란 인간이 자신의 필요에 따라 설정한 목표를 실현하기 위한 수단이며, 목표를 향한 행동을 인도하는데 그 일차적인 기능이 있는 것이다.[27] 따라서 방법이란 현실의 발전단계에 의해서 규정되는 것이 아니라 현실의 발전법칙을 반영하는 이념에 의해 규정되는 것인데 당대의 논자

24) 임화, 「조선 민족문학 건설의 기본과제에 대한 일반보고」, 『건설기의 조선문학』, 1946.

25) 한효, 앞의 논문.

26) 당대의 변혁론인 박헌영의 「8월테제」는 인민 민주주의 혁명론이 아닌 2단계 혁명론으로서 1단계는 부르주아 혁명의 완전한 수행이며 2단계의 혁명으로 사회주의 혁명이 제시되고 있다. 따라서 1단계의 혁명에서는 반제 반봉건이 주요 과제로 설정된다.

27) Klaus & Buhr, 앞의 책, 479~482면.

들은 이 점을 혼돈하고 있었다.

3) 구국항쟁기의 '인민적 레알리즘'론

가중되는 탄압과 대다수 중견문인의 월북으로 인해 중앙문단의 활동이 어려울 수밖에 없었던 1948년 2월 구국항쟁기 이후의 문학론은 창작평을 중심으로 지난 3년 간의 문학운동을 평가·반성하는 과정을 보여준다. 당대의 작품경향은 '과거적인 것의 재생산' '사물의 안이한 추종자' '현실적 배설물의 추구'[28) 등등 한마디로 자연주의적 경향으로 평가되는데 당시의 논자들은 이러한 경향이 진보적 리얼리즘의 특질-그것의 인민성-을 주체화시키지 못한 데서 온 것으로 보고 진보적 리얼리즘의 특성을 인민성의 관점에서 명확히 하려 하였다.

그러나 예술의 인민성이란 구체적인 계급성 속에서 담지되는 것이기 때문에 매 역사 시기마다 인민성은 그 단계에서 가장 진보적인 계급에 의해서 주도 되어야만 수미일관하게 역사적 진보성을 견지할 수 있는 것이다. 이 시기에는 인민성의 내용을 세분하여 미학적 기초로 정립하고 있음에도 불구하고 계급성·당파성에 대한 인식은 인민항쟁기에 비해 상당히 축소되어 있음을 알 수 있다. 이는 이념적 측면의 검토에서 보다 적나라하게 드러나는 바, 당파성의 부재로 인한 이론적 허약성을 이제 혁명적 로맨티시즘으로서 적극 보강하게 되며 이는 '반제 반봉건의 민주주의적 로맨티시즘'[29)]의 강조로 드러나게 된다. 이 시기의 리얼리즘 논의에서 리얼리즘의 이념내용을 지칭하고 있던 '진보적'이란 용어보다는 주체를 의미하는 '인

---

28) 김명수, 「생활의 창조자로서의 문학」, 『신천지』, 1948.5~6.
29) 김명수, 「문학비평의 대중적 기초」, 『신천지』, 1948.10.

민적'이라는 용어가 사용되는 것도 이런 맥락을 가지고 있는 것이다.

한편 인민항쟁의 현실 자체가 충분히 전형적임과 동시에 적극성을 띠고 있다고 보았기 때문에 작가들에게 현실 속으로 뛰어드는 것을 통해 '르뽀'나 '스케치' 등의 생생한 소재를 발굴할 것이 요구되었는데, 이때 혁명적 로맨티시즘이 매우 중요하게 부각된다. 특히 김명수는 혁명적 로맨티시즘을 부르주아 리얼리즘과 차이를 보여주는 핵심내용으로 설정한다. 그에 의하면 혁명적 로맨티시즘은 ①묘사가 아닌 '창조'를 가능케 해주는 것-주제와 인물의 적극성으로서-. ②가능성(전망)으로서 ③비판정신으로서 해석되어 심지어는 진보적 리얼리즘과 혁명적 로맨티시즘을 동일시하는 경향까지도 찾아볼 수 있다. 즉 혁명적 로맨티시즘이 낙관적 전망의 형상화 원리로 설정되고 있는 것이다.

> ……생활의 창조자로서의 문학은 **미래의 높은 목적의 견지에서** 현재를 보고 그것을 제고시키는 능력의 소유자가 되야…… 이러한 가능성이란 결코 우연한 가공의 것이 아니라 현실의 밑바닥에 숨어 있으면서 아직 현실성으로 개화되지 않은 것뿐이며 이렇게 숨어 있는 실재적 가능성을 발현시키기만 하면 그것은 곧 현실성으로 전화될 성질의 것이기 때문이다……(중략)……(모순이) 최고조에 달한 지점에 서서 작가는 장래할 것의 예견자가 되어 사전에 이것을 파악하고 예술적으로 형상하여 공개함으로써 **실재적 가능성을 객관적 현실성**으로 높이는 한낱의 모멘트적 역할을 놀 수 있을진대……(강조-인용자)

'미래의 높은 목적의 견지'에 서서 '실재적 가능성을 객관적 현실성'으로 전화시키는 능력이란 다름 아닌 민중성의 최고 형태인 당파성을 통해서 가능한 것인데 그 이유는 당파성만이 객관적 진리의 인식에 아무런 제한을 부여하지 않음으로써 역사의 객관적 합법칙성을 선취할 수 있기 때문이다. 그러나 앞서 살펴보았듯이 진보적 리얼리즘론은 진보적 민주주의라는 현실단계에 의해 당파성이 제약되어 그것이 리얼리즘론의 핵심범주로서 설정되지 못했기 때문에, 전망의 형상화의 문제는 리얼리즘론으로 설명되지 못하고 혁명적 로맨티시즘론에 의해 포착되고 있다.

한편 혁명적 로맨티시즘론은 당대에 긍정적 주인공 형상화의 원리로서 작용하게 되는데 특히 1946년 10월을 정점으로 하여 제기되는 문학의 계급성 요구에 부응하여 투쟁하는 계급전형들을 형상화하게 된다. 그러나 이때 정확한 현실운동의 논지가 확보되지 못한 채 작가의 주관적 의미와 염원이 과도하게 노출되어 인물형상에서 개별성이 보편성을 압도하게 되는 비전형적 형상이 산출된다. 이는 진정한 의미의 주체와 객체 관계의 올바른 정립을 이루지 못한 이론적 한계의 반영이었다. 따라서 창작실천에서 이는 한편으로는 현실추수적 인민주의와 다른 한편으로는 주관적 영웅주의라는 양편향으로 귀결되는 것이다.

4. 인민전형론, 영웅적 주인공론

1945년 8·15 해방 직후 진보적인 문학운동 진영에서 논의되었던 전형의 문제는 새로운 성격 창조의 요구로 나타나게 된다. 전형의 문제를 직접 다루고 있지는 않지만 임화의 「문학의 인민적 기초」(『중앙신문』 1945년 12월 6일~14일)에서 임화는 인민이란 '일직이 우리 문학이 잃어버린 주인공'이며 인민적 현실이란 '잃어버린 현실세계'라고 표현하였다. 이제 그에게는 이 양자가 발견됨으로써 진정한 의미의 문학과 정치의 통일을 기할 수 있다는 결론을 내릴 수 있게 된다. 그 이유는 인민만이 '사회상과 모순되지 않은 진정한 개인'이며 인민적 현실만이 '평판한 현실이 아니라 개인의 내부와 밀접히 연락되어 있는 현실세계'이기 때문이다. 여기서 임화는 인민과 인민적 현실을 각각 전형과 전형환경으로 설정하고 있으나 이것이 본격적인 전형론으로 전개된 것은 아니었다.

인민항쟁기 이후 문학운동에서 고조된 계급적 관점의 확립 요구는 전형론에서 인민항쟁 영웅의 형상화 요구로 전개된다. 김남천[30]은 특정 역사적 사건을 규정하는 정치적 관점은 예술적 미학적인 문제에까지 깊은 관련을 가지고 있다는 전제 하에 인민항쟁을 '인민이 그 자신의 자유와 생존을 위하여 전개하는 반동지주와 친일재벌과 국제반동의 연합세력에 대한 항쟁' 즉 인민의 계급투쟁으로 볼 것과, 이의 창조적 묘사는 '추상적 주관적인 일체의 기만적 교살(敎殺)을 박탈하는 강력한 리얼리즘에 의할 것'을 주장하였다. 이렇게 인민항쟁에 대한 계급투쟁적 관점 확립과 이의 리얼리즘적 형상화라는 양 측면에 대한 이론작업은 나한에 의해 인식론적 측면에서 정초되는 한편 작가에 대한 요구는 대중화론과 더불어 보다 구체화되는데 이것을 간추려 보면 다음과 같다.

그것은 첫째, 투쟁하는 인민을 영웅적으로 형상화할 것, 둘째 실정과 사태에 충실한 보고문학 형식 등을 통하여 창조의 생생한 에네르기를 섭취할 것, 셋째 인민항쟁의 승리를 약속하는 문학이 되어야 할 것 등이다. 특히 세 번째의 요구는 혁명적 로맨티시즘론과 결합하여 낙관적 전망확보의 문제로 인식되어 매우 강조된다. 그렇다면 인민적 영웅이란 어떤 것인가. 정진석은 인민적 영웅을 다음과 같이 규정한다.

> ……이들 인민적 영웅의 성격은……조선인민의 역사적 사명의 중대성의 의식하에서 각자의 능력에 의하여 각기 부서에서 전 민족의 이해를 위하여 일신의

30) 김남천, 「대중투쟁과 창조적 실천의 문제」, 『문학』 3호, 1947.4.

> 안위를 무시하고 헌신적으로 투쟁하는 戰士를 가르치는 것이다. 그럼으로 이러한 인민적 영웅은 모든 인민 속에서 지도자들에게도 대중들에게도 발견되는 것이요 그들의 노력 없이는 조선인민의 해방이 있을 수 없는 것이다.[31]

이처럼 '헌신적으로 투쟁하는 전사'이자 '근로인민의 위대한 인간 타입'[32]인 인민적 영웅을 묘사하기 위해 작가들에게는 보고문학, 기록문학 형식을 가장 인민적 조류의 새로운 문학으로 창출할 것이 요구되었다. 김오성은 보고문학의 성격을 ① 실정과 사태에 충실할 것, ② 사태를 관류하는 사회적 발전의 본질을 파악해야 할 것, 즉 경험주의의 한계를 넘어설 것, ③ 문학자가 몸소 보고자·기록자가 되기 위해 스스로 체험자가 되어야 할 것, ④ 과학정신이 철하여 적을 공격하는 거대한 무기가 되어야 할 것, ⑤ 인민 속에서 새로운 기록자를 만드는데 적극 노력해야 할 것 등으로 규정한다.[33] 김오성은 여기서 사실적인 생생함을 문학적 진실성과 동일시하는 오류를 보여주기도 하는데, 사실에 충실한 형상화 요구는 인민항쟁의 상황을 널리 선전하고 대중들을 고무하기 위하여는 필수적인 것일 수 있어도 리얼리즘의 전형·전형상황에는 미흡한 것일 수밖에 없는 것이다. 김오성의 이러한 한계는 작품 속에서 에피소드식 구성으로 나타나 현실의 본질을 파악하기에 부족한 형식이 되어버리거나, 작품 속의 인물이 개성화되지 못한 채 도식적 인물형상에 머무르고 마는 결과로 드러났다.

이는 인민항쟁의 승리를 약속하는 방법론상의 원리로서의 혁명적 로맨티시즘과 결합하여 작가의 주관적 의지가 더욱 증폭되는 계기가 된다. 이미 한효는 「조선적 낭만주의론」(『신문학』 3호, 1946.8)을 통하여 낭만주의

---

31) 정진석, 「영웅의 교체」, 『신조선』 4호, 1947.2.
32) 박찬모, 「인민의 생활과 문학의 과제」, 『문학평론』 3호, 1947.4.
33) 김오성, 「보고통신문학 제문제」, 『문학비평』 3호, 1947.6.

론의 형성발전에 대한 사적 고찰을 수행한 바 있는데 그에 의하면 1930년대 중반의 사회주의 리얼리즘 논쟁을 거쳐 정립된 혁명적 로맨티시즘이란 ①사회주의 리얼리즘이 수동적·관조적 리얼리즘이 아니라 실천적 능동적 리얼리즘임을 보증하는 동시에 그것으로 하여금 현실을 그 운동 발전에서 포착케 하고 현재에서 그 미래성을 관찰케 하는 것이고 ②사회주의 리얼리즘이 단순한 현실묘사적 리얼리즘이 아니고 예술상 표현과 작가의 재능, 그 자유와 다양성을 보증하며 ③편협 고루한 방법이 아니고 예술적 생명과 풍부성에 충실한 방법이라는 것을 보증하는 것이다.

즉 그는 혁명적 로맨티시즘이 '사실주의와 교섭함으로써 신흥하는 계급의 미래에의 동경과 공상을 조장하여 한 개의 진취적 계기를 이룬다'고 보고 '백조의 낭만주의⇒신경향파⇒프롤레타리아 문학'이라는 문학사조의 발전과정을 통해 낭만주의론의 적극적 의의를 도출하고 있다.

프로문학의 발생에 있어 마르크스주의 사상과 도입과 그에 의해 이루어진 현실인식의 심화라는 측면을 상대적으로 간과하고 현실변혁에의 강한 열정만을 상대적으로 부각시키는 그의 문학사관에서 드러나듯이 이러한 낭만주의론은 과학적 현실인식에 의한 미래의 선취라는 낙관적 전망획득의 문제가 미래에의 동경과 공상이라는 극히 주관적인 의지와 정열 속에 함몰될 우려가 있는 것이었다.

이는 박승극에 이르면 혁명적 로맨티시즘이 창작방법의 근간으로 설정이 되어 「인민적 리얼리즘」[34]은 현단계 혁명의 성격을 지적하는 원리에

34) 박승극, 「농민문학의 신과업」, 『협동』, 1947.1. 여기서 그는 사회주의 리얼리즘도 진보적 리얼리즘도 아닌 혁명적 로맨티시즘이 창작방법의 근간이 되어야 한다고 주장하면서, 이 혁명적 로맨티시즘이 '현단계의 혁명에 적합한 「인민적 리얼리즘」으로 통일되어야 한다고 본다. 여기서 인민이란 전민족을 대표할 수 있는 농민으로 설정된다. '인민적'이라는 수식어는 그러므로 현단계 혁명의 주체를 표현하는 기능만을 하고 있다.

불과한 것, 즉 그 주체를 표현하는 데 불과한 것이 되어 버린다. 또 박찬모[35]에 의해서는 '조선민족의 생활이 민주적으로 발전하는 모양을 현실적으로 생생하게 그리기 위하여 진보적 리얼리즘과 근로인민들의 인간적 권리를 위한 투쟁의 승리를 약속하기 위하여 혁명적 로맨티시즘'이라는 논리로 정식화된다. 이에 따라 '싸움과 건설과 희망을 고취하는 것'이자 '인민의…… 확실한 승리를 약속'하는 혁명적 로맨티시즘은 긍정적 주인공의 형상에 적극 작용하여 이들을 계급투쟁의 전사(戰士)로 형상화한다. 이 전사들의 형상은 당대 항쟁의 단면을 매우 생생하게 보여주고 있으나 이들의 형상을 통해 포착되는 진실은 전형인물이 전형상황 속에서 상호작용함으로써 획득되는 예술적 진실에는 미흡할 수 밖에 없다.

전형에 대한 엥겔스의 '하나의 이 사람'(ein Dieser)이라는 말은 헤겔적 의미에서 개성과 보편성이 통일된 형상의 의미로서 과학적 반영과 다른 예술적 반영의 특수성을 지적하는 것이자 인물 형상의 예술적·사상적 의의를 적시하고 있는 말이다. 즉 전형은 모두 단 하나의 인간이지만 이 단 하나는 보편법칙을 반영하고 있는 그것이기에 전형형상을 빚어낸 문학예술은 과학과 마찬가지로 독자에게 진리를 인식하고 발견하도록 도와줄 수 있는 것이다. 따라서 전형이란 생활 자체의 발전적 논리과정에 따라 사회생활의 본질적 법칙의 일 측면을 깊이 있게 반영하여 예술적 성과를 거둔 예술형상으로 정의될 수 있다.

이러한 원칙에 비추어 볼 때 이 시기 작품 속에 형상화된 계급적 전형들은 보편성이 개별인물의 생활형식을 통하여 드러나지 못하고 개별인물의 주의, 주장이나 작가의 주관의 개입으로 인한 해설로 대치되는 양상이라고 평가할 수 있다. 뛰어난 작품이 담지하는 진실이란 단지 어떤 계급의 계급

35) 박찬모, 앞의 논문.

적 이해를 충분히 반영하는 것 뿐만이 아니라, 한 계급의 이해관계를 통하여 타계급과의 관계 및 사회전체의 구조와 상황을 객관적으로 묘사함으로써 객관적 진리를 반영하는 것이 되어야 한다.[36] 그런데 이 시기의 형상들은 이러한 역할을 담당하지 못하고 다만 뚜렷한 계급 적대성의 표출에 그친 측면이 있다.

이는 이들의 형상에 부여되는 상황의 전형성이 제대로 설정되지 못한 때문이라고 할 수 있을 것이다. 즉 이는 앞서 언급했듯이 창작자에게 실정과 사태에 충실한 보고자, 기록자로서의 역할을 요구하면서 이러한 사실성(현실성이라기 보다는 사실적인 생생함의 의미)을 예술적 진실성과 동일시하는 당대의 문학운동적 요구의 반영이라고 볼 수 있다. 결국 인물이 그 안에서 활동함으로써 현실의 사회관계 일반이 드러날 수 있는 전형환경의 결여는 인물의 주관적 과장화로 귀결될 수 밖에 없다. 왜냐하면 인물의 주관화 경향을 통제하는 그 인물의 현실적인 토대가 작품 속에 동시에 마련되지 못하기 때문이다.

1948년에 들어서는 구국문학론이 제기되면서 작가의 현실참여가 강조되는 한편 미래에 대한 낙관적 전망을 형상화해야 한다는 요구가 높아진다. 그러나 실제 창작은 이러한 요구를 수용하지 못하고 자연주의적 현실묘사에 머무르게 되는데, 당대의 한 논자[37]는 이러한 상황을 ①디테일의 나열-즉 성격과 환경의 분리 ②형상화의 부족 ③주제의 빈곤으로 진단하면서 그 원인으로는 ①작가의 이데올로기의 빈곤으로 인한 창작방법의 허약화와 ②작가의 사회적 계급적 실천의 부족 등을 들고 있다. 작가의 주관적 열정이 앞섰던 앞 시기에는 인물형상이 환경을 압도함으로써 전형성 획득에 실

36) 村上嘉隆, 유염하 역, 『계급사회와 예술』, 공동체, 1987, 113면.
37) 남극, 「창조냐 모사냐」, 『신천지』, 1949.4.

패하였다면, 이 시기에는 위 논자가 지적하고 있듯이 오히려 작가의 이데올로기의 부족으로 인물형상이 환경에 압도되는 상황이 빚어졌다고 할 수 있다.

남극은 이와 같은 자연주의적 현실묘사를 극복하기 위한 방안으로서 작가가 사회적, 계급적 실천에 참여할 것을 주장하고 이같은 의미에서 '르뽀'와 '스케치'가 장려되어야 한다고 역설하고 있다. 즉 그는 작가의 사회실천 자체가 전형성 확보를 가능케 하는 이유를 현실적인 생생함 속에서 찾고 있다. 이제 그가 설정하고 있는 전형성-전형적 성격과 전형적 환경의 창조-의 실체가 드러나는 바, 그는 그것을 현실의 본질을 드러내는 일 형식으로서라기보다는 사실적인 생생함으로, 김영석의 표현에 의하면 '아지프로성이 풍부한 소재'[38]와 등치시키고 있는 것이다.

'생생함', 생동성은 개별성, 구체성과 함께 전형형상의 형식적 특징 중의 하나일 뿐 그것이 인물형상의 전형성을 전적으로 보장해 줄 수 있는 완전한 조건이 될 수는 없다. 남극은 작가가 인민들의 투쟁에 동참함으로써 '인민적 민주주의적 이데올로기'가 획득되고 이 인민적 이데올로기는 전형형상 창조를 가능케 한다고 보고 있다. 그러나 그에게 있어서 작가의 과학적 세계관 획득의 문제가 인민에의 동참이라는 무원칙한 실천주의로 환원되고 있는 것도 문제가 되거니와, 또한 이러한 실천을 통해 확보되는 전형성이라는 것이 단지 적극적 인물('민족적 영웅' '투쟁에 매진하는 영웅')을 그려낸다는 점에 중점이 두어짐으로써, 인물과 환경의 상호관계를 간과하게 된다. 따라서 이제 전형의 문제가 소재(적극적 주인공)의 문제로 화(化)하게 되어, 작품에 대한 비판의 초점이 소시민적 주인공 혹은 소극적 주인공을 대상으로 하였다는 점에 두어지고 있다. 허준의 「속 습작실에서」(『문학』 8호, 1948.7)와 안희남의 「농민의 비애」(『문학』 7호, 1948.4)가 이러한

38) 김영석, 「민족적 영웅의 형상을 창조하자」, 『문학평론』, 1949.1.

측면에서만 다루어지고 있는 것[39]은 우연이 아니다.

5. 맺음말

해방 직후 진보적 진영의 문화운동에 대한 연구는 박헌영의 8월 테제 분석에서 시작해야 한다고 생각한다. 그만큼 당시의 문화운동은 정치운동과 밀접히 결합되어 있었다. 이것은 카프 시기의 문화운동이 현실운동의 침체로 이론에 편중되었던 한계에 대한 뼈아픈 반성의 결과이기도 하다. 즉 당대의 논자들은 그간에 이루어졌던 모든 이식적, 추수적 한계와 실제 창작과 유리되었던 탁상공론을 극복하기 위해 당대에 진행 중인 현실운동에 깊게 관여하였던 것이다. 이는 예술방법이 그것이 속한 현실의 토대를 반영한다는 이론으로 전개되었다. 그러나 이렇게 규정된 진보적 리얼리즘은 변혁운동의 정치적 과제를 예술방법의 과제로 설정함으로써 이론적 혼란을 겪는다.

우리 문학사에서 이와 같이 조선 현실의 특수성에 주목하여 그것을 예술방법으로 수용하고자 했던 경우는 과거에도 있었다. 바로 1930년대 사회주의 리얼리즘의 수용여부를 둘러싼 안함광, 김두용의 견해가 그것이다. 이들은 모두 사회주의 리얼리즘의 수용자들이 무당파적 현실추수로 나가는 것을 비판하면서 조선현실에 맞는 리얼리즘론을 모색했다. 안함광의 유물변증법적 리얼리즘과 김두용의 혁명적 리얼리즘이 그것인데 해방 직후의 논자들이 이들의 이론과 유사한 구조를 갖는 것이 흥미롭다. 김남천의 '진보적 리얼리즘론'이 현실인식의 방법으로서 유물변증법과 리얼리즘의

39) 김영석, 「해방 후 우리 문학의 방향-인간타입의 창조」, 『제일신문』, 1948.9.

결합으로 전개되는 것은 안함광의 이론과 유사하다. 또 나한이 '본질적으로는 사회주의 리얼리즘이지만……' 운운할 때는 김두용의 혁명적 리얼리즘이 연상된다. 한효와의 논쟁 당시 김두용은 소련의 경우 사회주의 리얼리즘이 사회적 모순이 완전히 소멸되어가는 역사적 배경에서 나왔으나 조선에서는 프롤레타리아의 조직적 역량이 약화되어가는 상황에 처해 있으므로, 조선에서는 "일반적으로는 사회주의 리얼리즘이요 내용적으로, 즉 특수적으로는 혁명적 리얼리즘"이 창작방법이 되어야 한다고 말하고 있다. 유문선40)은, 김두용의 이 주장이 코민테른에서 제기된 당시의 정치적 전술목표, 특히 일본의 32년 테제를 창작방법의 슬로건에 그대로 대입시킨 것이라고 추정하면서, 이와 같이 정치적 과제를 곧바로 문학적 과제로 연결시키는 김두용식의 사고가 해방 이후 다시 부활한다고 평가한다.

김남천과 안함광, 나한과 김두용의 이론이 그 세부사항에까지 완전히 동일한 것은 아니지만 현실의 특수성을 예술방법으로 수용하는 방식에 있어서는 동일하다고 볼 수 있다. 이렇게 명백한 과오로 자기비판되었던 과거의 이론이 되풀이된 데에는 조선에서 사회주의 리얼리즘론이 이론적으로 명확히 합의되지 못한 점에도 그 원인이 있을 것이다. 즉 임화를 중심으로 이루어진 예술에서의 주체-객체관계에 대한 천착이나 이기영, 한설야 등의 창작실천에서 나타나는 새로운 요소들을 이론적으로 정리하지 못하고 해방을 맞았고, 새로 제기된 이론이 현실운동 속에서 미처 단련될 시간을 갖지 못한 채 문학가 동맹의 문화운동은 좌절되고 말았다. 이제 이런 역사적 경험을 토대로 우리의 문학운동을 구체적 문학실천 속에서 검증하고 더 높은 수준으로 고양시키는 것이 문학사를 공부하는 우리의 몫이 아닐까 싶다.

---

40) 유문선, 「1930년대 창작방법 논쟁 연구」, 서울대 석사, 1988. 안함광, 김두용의 리얼리즘론에 대하여는 유문선의 석사논문 3장 4절을 참조할 것.

해방 직후 임화의 민족문학론에 대한 고찰

1. 머리말

해방 직후[1] 임화의 문학활동을 평가하는 작업은 당대의 문학운동 전체를 검토하는 것 못지않게 어려운 일이 아닐 수 없다. 이 시기 그가 남기고 있는 논문은 몇 편 되지 않지만 당대 최고의 이론가답게 그는 당시 조선공산당의 외곽단체였던 <조선문학가동맹>의 활동을 실직적으로 주도하고 있었기에 그의 이론적 활동을 검토하는 것은 어떤 의미에서는 <조선문학가동맹>에 대한 역사적 평가와 맞먹는 일일 수 있기 때문이다.

한편 최근 우리의 진보적인 문화운동의 전통에 대한 전체적인 관점을 확립하려는 노력이 구체화되면서 1930년대 말의 문화운동에 대한 연구가 진전된 바 있는데 여기에서도 임화는 문제적인 인물로 부각되어 있다. 그것은 해방 후 그가 주장한 문학이념과 그에 따른 문화운동의 노선이 식민지 시대의 그것과 표면상으로 볼 때 현격한 차이를 보이고 있기 때문인데, 이런 의미에서도 1920~1930년대 카프의 문학운동과 해방 후 <조선문학가동맹>의 문화 운동 사이에 이루어진 그의 이론적 변모를 해명하는 문제가 긴급한 이론적 과제로 대두되었다. 카프의 서기장으로서 볼세비키화론의 선두주자이기도 했던 그의 '프로문학론-사회주의 리얼리즘론'이라는 구도

---

1) 본고에서 언급하는 '해방(직)후'의 시기는 1945년 8월 15일부터 1948년 7월경까지의 시기를 의미한다. 임화의 경우는 1945년부터 1947년의 논의가 다루어질 것이다.

는 해방 후 '민주주의 민족문학론-진보적 리얼리즘론'으로 수정되었다. 이를 혹자는 '프로문학론-시민문학론-인민문학론'[2]이라는 구도로서 파악하는가 하면 혹자는 이를 1930년대 이래 그의 문학사 저술에서 일관되게 읽어낼 수 있는 그의 신문학사(근대문학사)관의 연장선상에서 파악하기도 한다.[3]

임화에 대한 상반된 평가들이 1930년대 중반 이후 즉 카프의 해산 이후와 해방 이후 임화의 논리에서 각자 '상반된' 일관성을 읽어내고 있다는 점에서는 동일한 측면을 지니고 있다. 다만 전자의 경우가 카프해산 이후부터 해방 후에 걸친 임화의 문학론을 전향의 논리로서 파악하는 관점을 가지고 있다면 후자의 경우는 이러한 관점에 반대하는 입장에 서고 있다는 점이 차이점일 것이다. 전자의 논리는 비교적 명쾌한 도식으로 임화의 변모과정을 정리하고 있지만 임화의 변모과정을 내적인 필연성에 입각한 것으로 분석하지 않음으로써 일정한 한계를 가지고 있다. 후자의 논리는 치밀한 논증의 과정을 통해 임화의 논지를 그의 근대문학사관을 중심으로 일관되게 엮어냄으로써 논리의 통일성을 획득하고는 있으나, 논자들이 임화의 현실인식과 문학적 과제설정에 대한 뚜렷한 역사적 평가를 유보하는 태도를 보이고 있다. 이들의 연구성과가 해방 이후의 시기까지 충분히 구체화되지 않은 것이어서 아쉬움을 남기지만 그 문제의식의 미래상이 당대 문화운동을 평가하는데 중요한 논지를 형성한다는 점에서 이후의 작업이 기대된다.

한편 해방 직후의 문화운동사를 대상으로 한 지금까지의 많은 연구논문

2) 김재용, 「진보적 문학가 임화의 삶과 문학」, 『민족문학 운동의 역사와 이론』, 한길사, 1990.

3) 신두원의 「이식과 창조의 변증법」(『창작과비평』, 1991년 가을호)과 임규찬의 「임화 신문학사에 대한 연구 1」(『문학과 논리』 창간호)의 경우가 그러하다.

들은 이 문제를 '민주주의 민족문학론'에서 인민성과 당파성이 어떻게 구현되었는가를 중심으로 해결하고자 노력해왔다.4) 이는 해방 직후에 임화를 중심으로 건설된 <조선문화건설본부>와 그와는 상반된 입장을 가지고 있었던 <조선프로레타리아예술동맹> 사이의 논쟁과 1947년경의 <조선문학가동맹>과 <북조선문화예술총동맹> 사이의 이념, 정책논쟁5)을 중심으로 검토되었는데, <조선문학가동맹>의 활동에 대한 전체적인 평가를 그 목적으로 하고 있는 만큼 임화의 문학론을 정리한다는 점에서는 다소 산만한 구도임에 틀림없다.

지금까지 살펴보았듯이 해방 후 임화의 문학론에 대한 현재의 연구쟁점은 문학가 동맹의 활동에 대한 평가 외에도 1930년대의 문학론에 대한 평가의 문제를 비롯하여 문학사관의 문제에까지 닿아 있는 매우 어려운 과제여서 필자의 능력에 부치는 주제임을 솔직히 고백할 수 밖에 없다. 따라서 본고는 위에서 살펴본 지금까지의 연구성과를 토대로 하여 임화를 중심으로 해방 직후 <조선문학가동맹>의 민족문학론을 재정리하는 것으로 그 목적을 한정하기로 한다. 이를 통해 임화 문학론의 전체적인 구도를 파악하려는 여러 연구자들의 노력에 조금이나마 도움이 되기를 바랄 뿐이다.

해방 후 임화를 비롯한 당시 논자들의 출발점이 새롭게 전개된 현실 속에서 과거 조선의 진보적인 문화운동의 전통을 어떻게 계승하여 발전시킬 것인가에 있었던 만큼 본고의 논의 또한 여기에서 출발하여야 할 것이다.

4) 이에 대해서는 『해방공간의 문학연구』 1, 문학운동론 및 이념논쟁(1990, 태학사)와 『한국 근현대문학 연구입문』(1990, 한길사)에서 8·15직후 부분에 정리되어 있는 자료를 참조할 것,

5) 해방기 좌익 문화단체의 조직적 변모과정과 그들 사이의 논쟁에 대하여는 주4)의 자료를 참조할 것.

2. 민족문학과 계급문학의 관계

임화는 해방 직후 좌익문화운동단체의 이념적 구호가 계급적인 것이 되어야 할 것인가 민족적인 것이 되어야 할 것인가를 두고 <조선프로레타리아예술동맹>측과 논쟁을 벌인 바 있다. 임화는 이 문제를 조선 신문학사를 검토하는 역사적 시각 속에서 해명하고 있는데 여기서 주목되는 것은 과거 카프문학운동에 대한 역사적 평가의 문제이다. 1930년대 중반 이후 진행되어온 문학사에 대한 그의 관심이 당시 혼돈을 거듭하고 있었던 프로문학운동의 역사적 발전과정의 해명과 결합되어 있는 것처럼 임화는 카프의 성과와 한계를 명확히 함으로써 민주주의 민족문화 건설의 구체적인 실천방도를 모색하려 하였다.

해방 후 <조선문학가동맹>의 이념적 기반이 당시 조선공산당의 8월테제에 있다는 것은 주지의 사실이다. 임화는 이 8월테제에 입각하여 당시 문화운동의 당면과제를 문화상에서의 부르주아 민주주의 혁명이라 규정하였는데, 그는 이러한 문화혁명이 필요한 이유로 조선 신문학의 변칙적인 발전과정을 들고 있다.

> 그러므로 조선신문학의 40년의 역사는 단순히 제국주의 치하에서 식민지 민족이 영위한 문학이었다는 의미에서만 특이한 것이 아니라 문학사적 발전의 법칙으로 보아서 민족적으로는 민족문학 수립의 역사적 계기요 문학적으로 보면 근대 문학 성립의 현실적 계기였던 근대적 시민적 개혁의 과제를 해결하지 아니하고 **고유한 봉건적 문학과 외래한 근대적 문학이 기계적으로 연결 접합되었다**는 사실에서 변칙적인 것이다.[6] (강조-인용자)

6) 임화, 「조선민족문학건설의 기본과제에 관한 일반보고」, 『건설기의 조선문학』, 1946.

이러한 기형성은 어디에서 기인하는 것인가? 위의 인용에도 지적되어 있듯이 '근대문학 성립의 현실적 계기였던 근대적 시민적 개혁의 과제'를 해결하지 못한 것, 즉 봉건조선이 자주적 근대화의 길을 걷기도 전에 일제에 의해 불철저한 근대화의 길을 걸을 수밖에 없었던 것, 따라서 우리의 신문학이 철저한 민주주의적 개혁에 의해 민족생활 가운데 충분히 뿌리박지 못했기 때문이다. 결국 임화에 의하면 과거 '신흥 계급의 문학적 대변자이었던 신문화의 창설자들이 수행했어야 할'[7] 문화상에서의 부르주아 민주주의 혁명의 내용이, 바로 민족문학 성립의 전제조건이라 할 수 있을 터이다. 임화는 이 문제에 대해 다음과 같이 언급하고 있다.

> 민족문학은 한민족을 통일된 민족으로 형성하는 민주주의적 개혁과 그것을 토대로 한 근대국가의 건설 없이는 성립되지 아니할 뿐 아니라 조선과 같이 모어의 문학이 외국어-한자-문학에 대한 자각과 용어에 있어 모어로 돌아가는 <르네상스>없이 민족문학은 건설되지 아니하는 것이다.[8]

위의 인용에서도 드러나듯이 임화는 새로운 민족문학의 건설을 위해서는 민주주의적 개혁과 근대국가의 건설이라는 사회경제적 토대가 전제[9]되어야 한다는 점을 새삼 강조하고 있다. 이는 '새로운 현실의 발견'과 '새로운 인간의 발견'이라는 계기를 통해서만 일제말기 조선 소설의 주, 객분열의 상을 극복할 수 있다는 소설론[10]으로까지 연결되는 논리이다.

---

7) 임화, 「현하의 정세와 문화운동의 당면임무」, 『문화전선』 1호, 1945.11.
8) 임화, 앞의 논문, 1946.2.
9) 이러한 토대의 전제가 없는 사회에서의 문화가 이식성을 띠게 됨으로써 진정한 근대문학의 수립이라는 역사적 과제를 지니게 된다는 게 임화의 '이식문학론'이라면 해방 후 민족문학론과 이식문학론 사이의 근본적인 낙차란 존재하지 않는다고 할 수 있다.
10) 임화, 「문학의 인민적 기초」, 『중앙신문』, 1945.12.
「조선 소설에 관한 보고」, 『건설기의 조선문학』, 1946.

조선사회가 자주적 근대화의 과정을 걷지 못함으로써 조선 신문학이 '半舊半新의 중도반단적 성격'을 갖게 되었다는 인식은 이미 일제 말기 임화의 문학사 서술과정[11)]에서 명시된 바 있으므로 조금도 새로울 것이 없다. 다만 이러한 불철저성을 극복할 수 있는 경제적 토대가 아직 마련되지 않았던 식민지 시기 진보적 문화운동의 성격은 무엇이었고, 그 현실태였던 카프의 경우 이러한 신문학의 변칙성을 어떻게 극복하여 발전시켜왔는가에 대한 임화의 인식이 보다 구체화되어 있다는데 주목해야 할 것이다.

임화는 카프의 역사적 성격을 민족문학수립이라는 객관과제 속에서 규정하고 있다. 즉 3·1운동 이후 진보적 성격을 상실하고 일본 제국주의와 반동적 동맹을 체결한 조선의 부르주아 대신 조선민족의 자유와 해방을 희구한 문화예술이 '노동자 계급적이고 아니고를 막론하고' 계급문화·예술운동의 선을 따라간 데서[12)]계급 문화운동이 유래한다고 보는 시각이 그것이다. 따라서 카프를 중심으로 하는 계급문화운동의 과제는 앞서 나왔듯이 조선시민계급이 수행하지 못했던 문화상에서의 근대적 시민적 개혁을 수행하는 것이다. 이러한 관점에서 카프문학운동을 바라볼 때 그것의 한계가 다음과 같이 지적되는 것은 당연하다.

> 프로문학은 수입된 사조의 모방으로 기인되는 공식주의적 약점을 드러내었다. 종래의 신문학 가운데 드러있는 긍정될 요소와 좋은 의미의 민족성을 뿌르조아적이라고 하여 부정하는 과오에 빠졌다. **반제국주의적이요 반봉건적인 민족문학 수립의 과제가 역시 장래에 있다는 사실**도 그다지 고려되지 아니했고 문학유산의 계승이라든가 예술적 완성이라든가 하는 문제도 적당히 취급되지 아니했다. 통틀어 민주적인 민족문학의 수립이 부단히 현실적 과제로 살아있고 **그것을 수**

---

11) 1939년부터 1941년에 걸쳐 이루어진 임화의 일련의 문학사 저술, 즉 「개설 신문학사」, 「신문학사」, 「개설 조선신문학사」 등을 참조하라.

12) 「조선에 있어 예술적 발전의 새로운 가능성에 관하여」, 『문학』 창간호, 1946.7.

행할 주요한 담당자로서의 역사적 사명에 대한 자각이 부족했음은 반성되지 아니하면 아니된다.[13] (강조-인용자)

이러한 한계가 '프로문학이 근대적으로 성숙한 민족문화 예술의 성립을 통한 예술적 유산을 토대로 하지 못했던 데서 기인한다'는 그의 지적은 프로문학 역시 조선의 불철저한 근대화로 인한 문화의 이식성의 영향에서 자유롭지 못하다는 지적으로서 타당한 것이다. 따라서 프로문학이 정치적 공식주의를 극복하고 예술적으로 완성되어 가는 방향이란 원칙적으로 보면 한편으로는 프로레타리아 당파성이 구현된 진정한 계급문학이 건설되는 것이자 그것을 통해서 동시에 과거 그가 프로소설의 과제로 규정했던 것처럼 '사회성적 개성적인 이중의 과제'[14]를 수행함으로써 근대 문학의 건설에 일조하는 과정일 것이다. 그리고 프로문학이 이러한 과정을 밟을 때만 '그 밖의 다른' 진보적인 문학의 국수적 잔재와 예술지상주의가 철저히 비판되고 청산될 가능성을 갖는 것이다. 그러나 앞의 인용을 유추해 보았을 때 임화는 프로문학이 정치적 공식주의를 극복함으로써 얻는 성과와 나아갈 방향을 후자의 의미, 즉 계급문학의 건설보다는 근대 문학의 건설로 한정하고 있다. 그 이유는 무엇을까? 그것은 반제 반봉건적인 민족문학수립의 방법에 대한 임화의 견해 때문이다. 이어지는 임화의 다음과 같은 언급에 주목하여 보자.

이러한 문학적 정치적 분열의 과정을 통해서 프로문학은 자체 가운데 내포된 결함을 인식할 수 있을 정도로 예술적 정치적으로 성장해갔고 그와 대립한 진영에서 초기의 신문학과 확실히 구별되는 신선한 작가와 시인이 성장하였다. 만일

13) 임화, 「조선 민족문학건설의 기본과제에 관한 일반보고」, 『건설기의 조선문학』, 1946.

14) 임화, 「본격소설론」, 『문학의 논리』, 학예사, 1940.

> 의 푸로문학의 정치적 공식주의와 그 밖의 문학의 국수적 잔재와 예술지상주의를 청산할 수 있다면 넓은 의미의 예술적 협동과 높은 의미의 민족문학의 수립이란 과제로 근접할 수 있는 지점에 도달하고 있었다.[15]

프로문학과 그 밖의 진보적 문학이 정치적 예술적으로 성장했음에도 불구하고 이 양자가 높은 의미의 민족문학의 수립이라는 과제에 도달하지 못한 이유는 무엇인가? 임화는 이를 현실적 조건 속에서 찾고있다. 즉 제국주의적 탄압이 심화됨에 따라 민주주의 개혁과 근대국가 건설이라는 사회적 토대를 마련할 만큼 주체의 역량이 성장하지 못한 점에 있다고 본 것이다. 그렇기 때문에 일제의 탄압이 극심했던 1930년대 후반기의 문학적 상황을 진보적이냐 반동적이냐의 문제가 아니라 친일적이냐 반일적이냐의 문제였다고 평가할 수 있는 것이다. 따라서 그는 프로문학이 정치적 공식주의를 청산하는 계기와 그 밖의 문학이 국수적 잔재와 예술지상주의를 청산할 수 있는 근본적인 계기는 바로 일본 제국주의의 패망을 통한 현실적 가능성의 개화에 있다고 본다.

그렇다면 일제의 패망을 통해 열린 현실적 가능성 속에서 프로문학과 그 밖의 진보적인 문학들은 어떤 방법으로 과거 자신들의 한계를 극복해 갈 수 있을까? 그리고 민주주의적 개혁의 과정에서 양자는 서로 어떤 관계를 맺는 것일까? 위의 인용에서 언급되는 '넓은 의미의 예술적 협동과 높은 의미의 민족문학 수립'이란 구체적으로 무엇을 의미하는 것일까? 이에 대해서 임화가 구구하게 해명하고 있지는 않지만 그의 '반제국주의적이요 반봉건적인 민족문학 수립의 과제가 역시 장래에 있다는 사실'이란 언급 속에서 약간의 해답을 찾을 수 있을 것이다. 뒤이어 그가 민주적인 민족문

15) 임화, 「조선 민족문학건설의 기본과제에 관한 일반보고」, 『건설기의 조선문학』, 1946.

학의 수립이 '부단히 현실적인 과제로 살아있다'고 지적하고 있듯이 이 말을, 민족문학 수립이 당대적인 과제가 아니라고 해석하는 것은 부당할 것이다. 그렇다면 이 말의 의미는, 반제 반봉건적인 민족문학의 수립이라는 과제가 장기적인 역사 과정을 통해 완성되는 것이라는 의미로 해석되어야 한다. 즉 임화에 의하면 민족문학의 수립은 앞서 언급한 민족문학 성립의 기본조건인 '한 민족을 통일된 민족으로 형성하는 민주주의적 개혁과 그것을 토대로 한 근대 국가의 건설'이 완성될 때까지의 장기적인 역사과정을 통해 비로소 완성되는 것이다.

이는 '보다 높은 다른 문학의 생성. 발전의 유일한 기초로서의' 완전히 근대적인 의미의 민족문학의 건설이라는 목표가 조선문학사상의 가장 큰 객관적 사실(민주주의적 개혁의 완성)에 기초[16]하여 성립될 수 있는 근거가 되기도 한다. 즉 민주주의적 개혁의 과제가 완수되기 전까지 계급문학과 '보다 높은 다른 문학'은 존재할 객관적 근거가 없다는 것이고 그것은 근대적인 민족문학의 완성 이후 다음의 역사단계에서 성립될 수 있는 문학이라는 것이다.[17] 그렇다면 위의 인용에서 지적된 '넓은 의미의 예술적 협동과 높은 의미의 민족문학의 수립'이란 양 조류의 문학이 자신의 한계를 지양하고 새로운 질의 민족문학으로 종합 완성되는 것이라는 의미로 정리될 수 있지 않을까? 그리고 그 새로운 민족문학이란 조선 신문학사의 변칙

16) 위의 논문.
17) 당시 조선공산당의 부르주아 민주주의 혁명론에 근거한 이러한 단계적 발전론은 조선 문학가 동맹의 일관된 노선이라 할 수 있다. 인민항쟁 이후인 1947년에 서술된 일련의 민족문학론들(임화, 「민족문학의 이념과 문학운동의 사상적 통일을 위하여」, 김영석 「민족 문학론」, 청량산인 「민족문학론」)에서도 동일한 논조를 읽을 수 있는데, 이는 1946년 초에 발표된 조선공산당의 문화노선인 「조선민족문화 건설의 노선」(잠정안)의 기본입장이라 할 수 있다. 예를 들어 북조선 문화예술총동맹과의 논쟁과정을 보여주는 청량산인의 논문을 보면, 잠정안 4조와 5조의 원리가 그대로 구현되고 있는 것을 알 수 있다.

적인 발전과정 속에서 배태되어온 온갖 불철저한 요소들을 청산한 것이 될 것이다. 여기에는 1930년대 말의 현실이 친일과 반일이라는 문학적 대립상을 요구하였던 것처럼 역시 문화의 계급성이나 노동자 계급 문학의 독자성이라는 요소가 개입될 여지가 없다. 따라서 과거의 프로문학이 민족문학 수립이라는 과제의 이러한 장래성을 몰각하였다는 임화의 지적은 프로문학의 가장 치명적인 약점을 지적한 것이라 할 수 있을 것이다. 이러한 임화의 평가를 어떻게 받아들여야 하는가?

우선 따져볼 것은 임화가 식민지 시대 계급문학의 존재근거를 일면적으로 파악하고 있는 것은 아닌가 하는 점이다. 그도 언급하고 있듯이 식민지 시대 계급문학의 발생은 사회적 토대를 가지고 있는 것이었다. 즉 '조선에 있어 근대적 노동자 계급의 발생과 그 계급적 자각의 정신적 표현'으로서, 조선 '노동자계급운동의 일익'으로서 발생[18]하였다. 따라서 식민지시대 계급문학운동에는 식민지 시대의 노동자 계급이 민족해방과 계급해방이라는 이중적 임무를 부여받고 있었던 것과 동일한 역사적 역할 수행이 요구되었다. 그러나 임화의 경우 후자의 임무를 폄하함으로써 식민지시대 민족해방투쟁 (및 그의 복무하는 문학운동)의 계급성을 간과하고 있다는 판단이 든다.[19] 이는 노동자 계급이 민주적인 민족문학 수립의 '주요한 담당자'라는

18) 임화는 이를 다음과 같이 정리하고 있다. "…그러나 조선에 있어 제국주의적 목적에 의한 자본주의의 발전은 민족생활의 이중성을 일층 복잡화하여 삼중의 중층을 맨들어 내었다. 노동자 계급의 생탄과 성장이 그것이다. 그리하여 봉건적 지주, 근대적 자본가, 노동자 계급, 즉 제각기 역사적 시대를 달리하는 세 가지의 기본적 계급이 한 민족 내부에서 자기생활을 전개할 가능성이 생기었고, 문화 역시 세갈래로 분화될 가능성이 발생하였다. 사실로 봉건적, 근대적인 문화예술우에 다시 노동자 계급의 문화예술의 활동이 전개되었다." (임화, 「조선에 있어 예술적 발전의 새로운 가능성에 관하여」, 1946.7.

19) 물론 임화가 프로문학운동의 예술적 기여를 간과하고 있는 것은 아니다. 그러나 그것 또한 '내용에 있어서의 혁명성과 형식에 있어서의 리얼리즘의 확립'(「조선민족문학 건설의 기본과제에 관한 일반보고」)이라는 단편적인 언급에 그치고 있다.

그의 언급에도 불구하고 근대적인 민주국가의 수립을 위한 광범한 인민통일전선에서 노동자 계급의 역할에 대한 올바른 입장이 부재했던 데서 기인한 것이다. 그리고 이러한 통일전선관은 그의 부르주아 민주주의 혁명론의 단계론적인 사고에 근거를 두고 있다.

3. 노동자 계급의 이념과 주도성의 문제

민주주의 민족문학을 건설하는 구체적인 방법은 광범한 문화통일전선의 구축과 이를 통하여 일제의 잔재 및 봉건적 국수주의적 잔재들을 청산하는 데 있었다. 임화는 여기서 문화혁명의 담당자로서 노동자 계급을 위시하여 농민, 중간층, 그리고 진보적 시민 등 광범한 인민을 설정하면서 '문화활동의 기초와 목적을 한가지로 인민에게 둘 것. 이것이 현재 우리의 문화 통일전선운동의 기준이요 노선이 되어야 한다'[20]고 못박고 있다. 그는 또한 이 통일전선의 결성과정을 통하여 혁명의 추진력으로서 노동자 계급의 성격과 능력이 밝혀지며 동시에 그 영도성에 대한 동맹자와 수반자의 신뢰가 깊어질 것이라고 부언하고 있다.

그러나 이 문화통일진신에시 노동지 계급의 영도성이 어떻게 발휘될 수 있는가에 대한 문제가 구체화되지 않음으로써 실천상에 많은 문제가 야기되었다. 이는 반동적 자본가층과 지주와의 동맹이 일제의 잔당을 산하에 집결하여 '반민주주의 십자군을 형성'[21]하는 위기적 현실에서 문학가 동맹측이 뚜렷한 대응을 하지 못하는 결과를 낳았다. 이에 따라 민족문학의 사

---

20) 「현하의 정세와 문화운동의 당면임무」, 『문화전선』 1호, 1945.11.
21) 임화, 「조선에 있어 예술적 발전의 새로운 가능성에 관하여」, 『문학』 창간호, 1946.7.

상적, 예술적 본질이 노동자 계급의 이념과 어떤 관계를 맺고 있는가를 정리하고 있는 글이 임화의 유명한 「민족문학의 이념과 문학운동의 사상적 통일을 위하여」(『문학』 3호, 1947.4)이다. 이 논문에서 임화는 현재의 민주주의 민족문학이 노동자 계급의 이념에 기초한 것임을 명백히 하고 있다. 그는 서구 시민계급의 이념과 다른 식민지에서 노동자 계급의 이념이 갖는 특수성에 주목함으로써 서구와는 다른 역사발전단계를 제시하는 한편 시민계급적 이념과의 구별을 통해서 전(前)시대 민족문학론과의 차이를 명백히 하고 있다.

임화의 논지를 간략히 요약해 보면 다음과 같다. 첫째, 민족은 혈족과는 달리 역사적 사회적 표준에 의하여 설정되는 것인데 현대에 있어서는 인민만이 민족이 될 수 있다. 따라서 인민의 이념을 자신의 이념으로 한 문학만이 민족문학이다. 둘째, 우리의 민족문학이 서구의 근대문학과 다른 점은 현대 식민지에서 형성되는 민족과 그들이 건설할 사회가 서구와 다르기 때문이다. 즉 서구의 경우는 시민 계급이 중심이 된 전형적인 자본주의 국가 건설운동이었다면, 현대 식민지에서는 노동자 계급이 중심이 된 반제 반봉건의 민주주의적인 독립국가건설운동이다. 셋째, 따라서 노동자 계급이 민족을 대표하고 노동자 계급의 이념이 민족형성의 이념이 된다. 넷째, 본질에 있어서 세계적이며 사회주의적 계급인 노동자 계급이 민족성을 매개하는 이유는, 민족해방이 계급 해방의 불가결한 전제요 제일보이기 때문이다. 이와 같은 전제하에서 임화는 현대 노동자 계급의 이념을 다음과 같이 정리하고 있다.

> 민족형성의 기초인 이 인민전선에 있어서 노동자 계급의 이념은 …… 계급적 자각의 매개자이기 보다도 인민적 자각의 매개자인 것이다. ……인민들의 반제국주의적 결합의 유대이며 반봉건적 결합의 유대이며, 민족적 결합의 중심이 됨

으로써 민족의 이념이 되는 것이다. 이러한 이념을 기초로한 문학이 한 계급의 문학이 될 수 없는 것은 물론이다. 현상에 있어 한 계급의 이념을 기초로 하였다 할지라도 본질적으로는 전인민의 문학이 되는 것이요, 따라서 전인민의 문학이 되는 것이다.

그러나 노동자 계급의 이념이 계급적 자각의 매개자이자 인민적 자각의 매개자가 될 수는 없는 것인가? 노동자 계급은 본질적으로 민족적이면서도 동시에 국제적인 계급[22]이 아닌가. 만일 그렇지 않다면 당대 민족문학이 노동자 계급의 이념을 기초로 하였다는 것은 어떤 의미를 갖는 것인가? 위의 인용문에 보이는 임화의 생각은 이러한 질문으로부터 자유롭지 못하다. 임화는 계급해방의 전제가 되는 민족해방운동의 역사적 단계에서 노동자계급의 이념이 독자적으로 제기되어서는 안된다는 단계론에 입각하고 있다. 그에게는 '인민적 자각의 매개자'와 '계급적 자각의 매개자'가 분열되고 대립되는 것으로 파악되어 있다. 그러나 계급적 자각이 동반되지 않는 인민적 자각이 대부분 무분별한 민족주의로 귀결된다는 역사적 교훈에서 보듯이 그의 주장은 자칫 소부르주아적인 민족주의로 오해될 여지를 충분히 가지고 있다.

다른 한편으로 통일전선 내에서 노동자계급의 영도성에 대한 임화의 생각 역시 이와 관련하여 몇 가지 문제점을 안고있다. 우리가 통일전선 내에서 노동자계급의 이념이 지도성을 가져야 한다고 말하는 이유는 인민에게 포함되어 있는 각 계급의 진보성의 내용이 일정한 차이를 지니고 있기 때문이며 따라서 가장 진보적인 계급인 노동자 계급의 이념에 의해서 통일전선운동이 지도되지 않을 때 그 불철저성과 동요성을 극복할 수 없기 때문이다. 그러나 임화는 통일전선내에서 노동자 계급의 영도성을 한정하고 있

22) 한국철학사상 연구회 편, 『철학대사전』, 동녘, 1989, 438면.

다. 즉 '민족형성의 기초인 이 인민전선에 있어서 노동자 계급의 이념은 …… 인민적 자각의 매개자'일 뿐이다. 이것은 노동자계급의 이념이 인민의 이념을 대표한다는 적극적인 의미에서가 아니라 민족의 형성과 관련된 인민의 이념내용에 노동자계급의 이념이 한정되어야 한다는 소극적 의미를 지는 것이다. 우리는 이런 점에서 통일전선 내에서 노동자 계급의 영도적 역할에 대한 임화의 생각이 민족적 과제의 해결이라는 제한된 영역에서만 고려되고 있음을 확인하게 된다.23)

노동자 계급이 통일전선 내에서 타 계급, 계층과 연대하면서도 그 주도성을 인정받는 이유는 노동자 계급이 해결해야 할 과제와 이념이 통일전선적 과제나 이념을 뛰어넘는 또 다른 차원을 가지고 있기 때문이다. 그 영도성은 한편에서 당대의 통일전선적 과제와 이념에 한정되거나 머물지 않고 그것을 궁극적으로 완성하려는 노동자 계급의 철저성에서 기인하는 것

23) 이러한 오류의 폐해가 가장 명백하게 드러나는 지점은 바로 민주주의 민족문학의 창작방법으로 설정되었던 진보적 리얼리즘론에서이다. 비판적 리얼리즘이나 사회주의 리얼리즘과 구별되는 진보적 리얼리즘론의 가장 중요한 특징은 그것이 진보적 민주주의적 현실을 반영하는 방법론이라는 점에 있었다. 이는 예술방법에 대한 객관 현실의 일차적 규정성이라는 문제를 제기함으로써 과거 카프 창작방법의 공식주의적(주관주의적) 오류를 극복하고자 하는 것이었으나, 다른 한편에서 구태의연한 리얼리즘의 승리라는 공식의 확인(김남천)에 머물거나 로젠탈식의 예술실천론에 기댐(한효)으로써 1930년대 말 카프논자들이 사회주의 리얼리즘 논쟁을 통해 획득한 일정한 성과를 이어받지 못하고 있다. 한편 인민항쟁을 거치고 난 1947년에 김남천에 의하여 '원시적 공식주의 흔적과 예술지상주의의 악습 양자를 척결하기 위해 당파성의 의의를 자각하자'(「당의 문학 해제」, 『문학』 3호, 1947.4)는 논의를 시작으로 예술방법에 있어서 당파성의 문제가 새롭게 제기되었으나 이 역시 진보적 리얼리즘의 핵심원리로 자리잡지 못한다. 그 이유는 위의 임화의 논지에서도 드러나듯 민주변혁기에는 노동자계급의 이념이 인민의 이념과 동일한 것이 되기 때문에 예술방법에 있어 당파성 확립의 문제 역시 민주주의 변혁단계-민족문학론-진보적 리얼리즘론, 사회주의 변혁단계-프로레타리아 문학론-사회주의 리얼리즘론이라는 구도를 벗어나지 못하고 있기 때문이다. 결국 진보적 리얼리즘은 독자적인 예술방법이라기 보다는 당대의 이러저러한 문학적 경향들을 포괄하는 의미로 쓰이게 되었다.

이고 다른 한편에서 노동자 계급이 바로 이러한 이유 때문에 당면한 통일전선적 과제와 이념을 다른 어느 계급, 계층보다도 철저하게 실현할 수 있는 위치에 있다는 데서 기인하는 것이기도 하다. 이런 점에서 보면 임화는 노동자 계급의 영도성을 당대의 과제와 이념에 한정된 것으로 보고 그 한계와 영역 안에서 노동자 계급의 이념을 주장한 것이 된다. 즉 그에게 있어서는 노동자 계급의 이념과 영도성이 민족적 과제와 통일전선이라는 당대적 사고 속에서 절충되는 운명을 가지게 되었던 것이다.

그러나 임화가 통일전선이나 민족, 인민 등의 당대적 과제와 사고에 집착한 나머지 노동자 계급의 이념이 가지는 독자성이나 그 영도성을 일관되게 관철하지 못했다고 해서 그의 업적이 평가절하되어서는 안된다. 그는 남한의 진보적인 문화운동사에서 그것을 가장 선진적으로 주장했던 사람이다. 그러나 그에게는 해방된 조선의 현실 속에서 민족이라는 이름으로 다가오는 현실의 무게가 너무나도 무거웠을 것이다. 이것이 임화 개인의 한계라면 한계지만 그것이 그의 개인적인 공과 차원을 넘어서는 차원을 지니고 있는 것도 사실이다. 한 시대의 고민과 한계를 어찌 한 개인만의 것으로 돌릴 수 있을 것인가.

4. 맺음말

해방 직후의 시기는 우리 현대사에서 드물게 변혁적 가능성으로 충만했던 시기였다. 사상적 구심의 역할을 담당하는 합법적인 전위당이 존재하였고 또 한편에는 정치적으로 매우 각성된 대중들이 활발히 사회운동에 참여하고 있었다. 문화운동의 입장에서 보자면 식민지 시대를 통해 축적되어

온 문예운동의 경험이 존재하고 있었다. 이렇게 새로운 가능성을 전제로 하고 과거 진보적인 문예운동의 경험에 대한 역사적 반성을 통하여 제출된 것이 <조선문학가동맹>의 민족문학론이다. 또한 그 이념을 가장 구체적으로 설명하고 있는 것이 임화의 '민주주의 민족문학론'이다. 앞서 살펴보았듯이 민주주의 민족문학론은 당대 문화운동의 객관과제로 제기되었던 문화에 있어서 근대적 민주주의적 개혁을 수행하기 위해 설정되었으며, 부르주아 민주주의 혁명단계에 처한 문화운동의 당면목표로서 제기되었다. 그리고 그것은 상이한 문화운동의 구도를 가진 조선 프로레타리아 문학동맹이나 북조선 문예총과의 논쟁을 통해 자신의 논지를 구체화함으로써 완성되었다.

그러나 임화의 민족문학론은 부르주아 민주주의 변혁단계를 문화 운동의 영역에 기계적으로 적용함으로써 단계론적인 사고에 빠지고 만다. 이는 과거의 프로문학에 대한 역사적 평가에서나 현재 노동자 계급의 문학적 과제에서 그 계급성과 당파성의 역할을 폄하하는 것으로 드러난다. 이러한 구도 속에서 노동자계급의 문학은 민족문학의 주도적인 위치에서가 아니라 민족문학 건설 이후의 역사단계 (프로레타리아 혁명단계)에서나 존재하게 되는 범주로 설정된다.

한편 임화의 민족문학론은 조선 신문학사의 점검 속에서 도출된 문학사적인 과제로도 설정된 것인데 이는 1930년대말 그의 이식문학사론과 논리적으로 연결되어 있다. 결국 임화는 카프의 해산으로부터 해방 후까지 진보적인 문화운동의 객관과제를 근대적인 민족문학의 건설로 설정하고 있다. 단 그 역사적 과제를 수행하는 주체가 1930년대 말에는 프로문학이 된다면 해방 이후에는 민족문학이 되는 셈인데 그는 이를 현실적 조건에 따른 필연적인 것으로 설명함으로써 논리적인 모순을 극복하고 있다. 그러므로 카프문학운동의 도식성, 이식성을 극복하려는 문제의식에서 발단한 임화의 문학론은 '근대적인 민족문학의 건설'로 귀결되었다고 볼 수 있다. 이를 각 시기별로 구체화하여 검토하는 것은 이후의 과제로 넘기기로 하자.

역사의 전위가 된 다섯 시인의 노래

— 이병철외, 『전위시인집』(1946)

1. 촉망받는 신인의 탄생

월북문인에 대한 자료를 찾기 위해 서초동 국립중앙도서관을 방문한 사람은 실망하게 된다. 본관 2층의 '북한 자료실'이 기대에 미치지 못하기 때문이다. 단 두 줄로 서 있는 단출한 서고에는 북한에서 출판된 서적과 남한에서 출판된 사상서적이 거의 비슷한 규모로 갖추어져 있을 뿐인지라 여간해서는 흥미 있는 자료를 발견할 수 없다. 게다가 『전위시인집』은 문학서적이 아닌 정치학 서적들 사이에 끼어있다. 아마도 '전위'(前衛)라는 용어가 부여한 특별한 대우인 듯하다. 표지에 그려진 다섯 개의 깃발 옆으로 다섯 시인의 이름이 선명함에도 불구하고 이 책은 문학 작품으로 대접받지 못한 셈이다.

이 시집은 아주 작은 책이다. 아니 책이라기보다는 팜플렛의 형태로 간행된 듯하다. 펼쳐진 채로 재어도 좌우의 너비가 한 뼘 정도, 오랜 세월에 더욱 얇아진 종잇장은 얼굴이라도 비쳐줄 듯 하늘거려 무척 조심스럽다. 3.6판 73면의 이 책은 1946년 12월 15일에 인쇄하여 12월 30일, 서울시 황금정(黃金町) 3정목(丁目) 291번지 소개 노농사에서 발행되었다. 저자는 모두 다섯 명인데 김광현(?~?), 김상훈(1919~?), 이병철(1918~?), 박산운(1921~?), 유진오(1922~1950) 중 가장 나이가 많았던 이병철이 저자 대표로 기재되어 있다.

이 시인들은 모두 해방 후에 비로소 시인으로서 본격적인 활동을 한 신인들이었다. 김상훈의 경우 1943년에 이미 손수 꾸민 시집이 있었고 이병철 역시 1943년 12월 『조광』을 통해 「고향소식」으로 등단한 바 있으나 이들의 본격적인 활동은 해방을 계기로 시작되었다.

당대 진보적 문인의 결집체인 <조선문학가동맹> 측에서 이들의 짧은 문단 활동에도 불구하고 5인 시집을 발간하였다는 사실로 미루어 이들에 거는 문학가동맹측의 기대를 짐작할 수 있다. 이들이 각광받았던 이유는 당시 문단의 사정과 무관하지 않을 것이다. 우선 해방 직후 문인들의 주요 화제가 '문학자의 자기 비판'이었을 만큼 기성 문인의 경우 일제말기의 행적에서 자기 정당성을 주장하기 어려웠다는 점을 그 첫 번째 이유로 들 수 있을 것이다. 또 해방 직후 <조선프롤레타리아문학동맹>과 <조선문학건설본부>로 양분되었던 문학 단체가 1946년 2월 <조선문학가동맹>으로 결집되었으나, 이들 사이의 이념적 대립이 아직 완전히 해소되지 않았고, 이런 잠재적 대립이 작품의 창작에 반영 되었다는 사실도 중요한 이유가 되었다. 마지막으로 기성 시인이 보여주는 제 창작 경향이 아직 새로운 시대를 제대로 수용하지 못하고 있다는 의식이 일반적으로 공유되었다는 점 등을 들 수 있다.

이 세 가지의 문제는 실로 서로 분리할 수 없을 만큼 뒤엉켜 있는 것이기도 하였다. 일제 말의 상황은 그만큼 가혹했고, 이 '민족적 자기 비판' 앞에서 자유로울 수 있는 문인은 아무도 없었다고 해도 과언이 아니었다. "가령 이번 태평양전쟁에 만일 일본이 지지 않고 승리를 한다. 이렇게 생각해 볼 순간에 우리는 무엇을 생각했고 어떻게 살아갈려고 생각했느냐고 나는 이것이 자기 비판의 근원이 되어야 한다고 생각합니다"라는 임화의 말은(「문학자의 자기 비판」, 1946.10) 이와 같은 어려움을 솔직히 토로하고 있다. 결국 이들 신인들은 부일 협력과 노선의 분열 등 중견 문인들이 지니고 있는 객관적 한계를 넘어서서 새롭게 민족문학 운동의 선두에 설 것을 요청 받은 셈이다. 그리고 그들은 이와 같은 기대에 부응하여 새로운 시대의 시인으로서 그 소임을 충실히 수행하였다.

2. 시인들의 자취

이들 중 가장 많은 자취를 남긴 사람은 김상훈이다. 김상훈은 1919년 경남 거창 출신으로 출생 직후 집안의 종가에 양자로 입적되어 종손이 된다. 그는 천석의 수확을 올리는 대지주의 아들로 유복하게 성장하였다. 소년시절 그는 독훈장 밑에서 한학 수업을 마친 뒤 적령기에서 2년이 지나서야 비로소 보통학교에 진학하였다. 이는 완고한 부친의 고집 때문이었다. 15세에 보통학교를 졸업하고 결혼한 후 부친의 반대로 상급학교 진학에 실패하였으나 3년 뒤 식음을 전폐하는 투쟁 끝에 1936년 서울의 사립 명문 중동학교에 입학한다. 이 때 중동학교에 재직 중이던 시인 김광섭은 김상훈의 시작(詩作)에 많은 영향을 준 것으로 알려졌다. 중동시절의 급우로는 『전위시인집』 서사의 한 명인 유진오가 있다.

1941년 연희전문 문과에 진학한 그는 이미 수 십 편의 시를 가지고 있었던 것으로 회고된다. 재학 중 '만월'이라는 문학 서클을 조직하여 낭만적 생활에 젖기도 하였던 그는 1943년 12월 징용을 피하지 못하고 원산의 철도 공장에 끌려가게 되는데, 이 때의 징용 체험은 그에게 민족적 자각을 일깨우는 계기가 되었다. 1944년 신병으로 제대한 후에는 절친한 친구였던 김상민의 권유로 항일 무력투쟁대였던 협동당 별동대를 찾아 발군산(發軍

山)에 입산하기도 하였다(김상민 시집 『옥문이 열리던 날』에 실린 김상훈의 발문 참조).

1945년 1월 협동당 사건으로 투옥된 그는 해방 후 출옥하여 유진오 등과 <조선학병동맹>, <공산청년동맹>, <조선문학가동맹>에 가입하여 활발한 활동을 하는 한편 1945년 11월 「민중조선」을 창간하기도 하였다. 이후 1946년에는 5인 합동의 『전위시인집』을, 1947년과 1948년에는 각각 『대열』과 『가족』 등 개인 시집을 발간하였다. 1947년 말에 이르면 소위 좌익문인들 대부분이 월북하지만 그는 복잡한 가정사로 서울에 남아 '문화 공작대' 활동과 번역에 몰두한다. 그러다 1950년 6·25를 계기로 월북하여 다시는 돌아오지 못하는 처지가 되었다.

유진오는 1922년 전북 완주 출신이다. 그는 서울 중동중학에서 김상훈과 함께 수학한 동문으로 중동학교를 졸업한 1941년 시인 오장환의 추천으로 등단한 후 이후 대중 집회에서 가장 인기 있는 낭송시인으로 활동한다. 김상훈과 함께 <조선문학가동맹>을 비롯하여 <학병동맹>, <공산청년동맹>에 가입한 그는 1946년 9월 1일 국제 청년의 날 기념대회장에서 자신의 시 「누구를 위한 벅차는 우리의 젊음이냐?」(『전위시인집』)을 낭송하여 10만 청중의 열렬한 환호를 받는데 이것이 빌미가 되어 이틀 뒤 '미군정 포고령 위반 죄'로 구속되었다. 그의 구속은 해방 후 첫 필화 사건이었다. 1947년 약 9개월의 옥고를 치르고 석방된 그는 1948년 개인 시집 『창』(정음사)을 발간하고 결혼하는 등 불안한 정국에도 불구하고 안정을 추구하기도 하였다. 그러나 그는 1949년 2월 '지리산 문화공작대'로 파견되면서 운명을 바꾸게 된다. 입산 후 변변한 활동조차 해보지 못한 그는 1949년 3월 체포된 뒤 9월 군법회의에 회부되어 사형을 선고 받는다. 이후 친지들의 탄원 끝에 무기형으로 감형되었지만 6·25를 몇 달 앞두고 전주로 이감되면서 비극적 삶을 마치게 된다. 6·25가 발발하자 서울에 남아 있던 좌익수들은 6월 28일자로 석방되었으나 전주에 있던 그는 쫓겨가는 경찰에 의해 즉결처분을 받은 것으로 알려져 있다.

이병철은 1918년 경북 영양군 출신으로 평론가 조연현과 함께 서울 혜화전문에서 수학하였다. 이병철의 친형인 이병각은 평론가 이원조와 함께 1930년대 말 『조선일보』 학예부 기자로 일했을 뿐 아니라 이원조의 중형인 육사 이활과는 막역한 사이로 알려져 있다. 이를 인연으로 하여 이병철은 1943년 12월 이원조의 추천으로 『조광』에 「낙향소식」을 발표하면서 등단한다.

해방 후 이원조의 영향으로 <조선문학가동맹>에 가입한 그는 이후 활발히 창작활동을 하던 중 잠시 중학 교사로 재직하기도 하였다. 그 역시 남로당과 문학가동맹의 실세들이 모두 월북한 후에도 계속 서울에 남아 있다가, 1950년 이용악과 함께 소위 '남로당 서울시 문연 예술과 사건'에 연루되어 피검되었다. 이 사건이란 문학가동맹의 지시에 따라 불온 문서를 제작하여 배포했다는 것인데, 그는 이용악과 함께 혁명을 선동하는 시를 창작하는 한편 활동기금을 모아 전달하였다는 혐의로 구속되었다. 구속된 지 3개월 만에 6·25가 발발하고 며칠 후 인민군의 서울 입성으로 석방된 그는 1950년 9월 전 가족과 함께 사신 월북하여 이후 북한 <문학예술총연맹>에서 활발한 활동을 전개한 것으로 알려진다.

김광현은 『전위시인집』에 실린 5편의 시와 그 외 몇 편의 평론, 수필을 통해 그의 면면을 짐작할 수 있을 뿐이다. 그는 1948년 8월 『민성』에 3편의 글을 발표하는데, 해방 후 창작된 시를 대상으로 한 평론인 「우리의 시와 8·15」, 「건망증」이라는 제목의 수필, 「최근의 소련 음악계」라는 번역문이 그것이다. 이어 1948년 10월 「민성」에는 「내가 본 시인: 정지용, 이용악」을 싣고 있다. 1949년의 것으로는 단 두 편의 글만이 남아 있는데 「김동석과 그의 인간상」(『자유신문』, 3.17)과 「정종과 막걸리-정지용에 대한 고소」(『자유신문』, 3.19)가 그것이다. 이 글을 마지막으로 지금까지 그의 이름은 어디에서도 발견되지 않았다.

그는 정지용 시인에 대한 글에서 자신이 시인 오장환의 중학 2년 후배임을 밝히고 있다. 1918년 생인 오장환이 휘문고보에 입학한 것이 1931년이었으므로, 아마 그는 1920년 생으로 1933년 휘문고보에 입학한 것으로 추정된다. 월북문인을 다룬 한 저서에서는, 그에 대해 지하에서 암약하기에는 필연성과 용기가 부족했고 보도연맹에 가입하여 전향하기에는 사상적 신념이 허락지 않아 1949년 이후 잠적한 일군의 시인 중 한 사람으로 보았으나 이는 추정에 불과할 뿐 분명히 확인하기 어렵다(정영진, 『통한의 실종 문인』, 문이당, 1989, 34면).

박산운의 경우 전혀 경력이 알려지지 않은 시인이다. 한 자료에 의하면 그는 1948년 9월 9일 북조선 공화국 창건일에 즈음하여 남한의 인민대표의 자격으로 월북한 것으로 기록되어 있으나 정확한 사실은 알 수 없다(한국비평문학회, 『혁명 전통의 부산물』, 신원문화사, 1989, 222면). 다만 그가 월북시인으로는 북한의 문학사에 가장 이름이 많이 올라 있을 만큼 월북 후 특히 1960~70년대에 활발한 활동을 하였다는 사실은 확인할 수 있다.

3. 민족의 전위가 된 시인들

이들의 창작에 영향을 주고 이들을 문단으로 이끌었던 인사들이 임화, 오장환, 김광섭, 정지용, 이원조 등이었던 만큼 이들은 당시 <조선문학가동

맹>의 핵심 인사들로부터 강력한 후원을 받고 있던 셈이었다. 그런 만큼 이 시집에서 다루는 주제는 당대 남로당의 외곽단체의 성격을 띠고 있었던 <조선문학가동맹>의 노선에 충실한 것들로 볼 수 있다.

당시 문학가동맹은 반제반봉건을 통하여 민주주의 민족문학을 건설하는 데 그 목표를 두고 있었다. 이 때 가장 경계할 사항으로는 추상적이고 관념적인 계급관념을 선전하는 것이 지적되었다. 이와 같은 경향은 결국 민중의 삶과 동떨어짐으로써 민족 생활의 운명과 연결되지 못한다고 보았기 때문이었다. 『전위시인집』 서두에 실린 임화의 「서」에서도 이에 대한 내용을 읽을 수 있다.

> 제국주의의 지배로 말미암아 저지되었든 우리 민족의 자유와 행복을 실현하기 위한 여러 가지 과업은 고난에 찬 긴 싸움으로 우리 앞에 전개되려 하지 않았는가? 우리의 앞에는 이미 끊어진 철쇄를 대신하여 새로이 다가오는 철쇄의 소리가 들리기 시작하였고 한 번 넘어온 도탄의 함정 대신에 더 한층 깊은 새로운 도탄의 함정이 파지고 있지 않았던가? 이것을 사상의 문제라고 생각하는 사람은 시인이 아니다. 8・15 이전부터 진정한 시인이었고 또 이후에도 시인일 수 있는 사람이라면 남조선에 있어서 새로이 대두하고 있는 반동과 그것의 열성스러운 사육자에 대하여 태연할 수는 없었을 것이다. 우리 민족은 8・15 이전과 같이 싸워야 하고 그 싸움은 일층 더 치열히 연장되고 있는 현실의 새로운 분류(分流) 가운데서 자기가 일찍이 시인이었던가 아닌가 또는 자기가 아직도 시인인가 아닌가를 묻지 아니하면 안될 관두(關頭)에 서게 된 것이다.

해방의 환희보다 앞으로 나아갈 길을 예비하고 이를 사상의 문제가 아니라 민족의 생존 문제로 접근해야 한다는 임화의 이 말은 이들 시인들이 수행해야 할 과제라 할 것이다. 이들 시인에 대해 임화는 "낡은 의상을 걸치지 않은 다섯 사람의 벗"이라 칭함으로써 그들을 격려하고 있다.

다섯 시인이 각각 5편씩 모두 25편이 실려있는 이 시집에서는 문학가동맹의 공식행사에서 발표된 시들을 볼 수 있다. 김상훈의 「장렬(葬列)」은 1946년 1월 30일 '참사 학병 장례식'을 치른 뒤 쓰여진 것이고 「기폭」은 1946년 6월 전국 노동조합 평의회(전평)의 세계노동자연맹 가입 축하대회에서 발표된 것으로 각각 추모사와 기념시의 범주에 속한 것이다. 유진오의 경우 시집에 실린 5편 중 3편의 시가 대중 집회를 위해 창작된 낭송시다. 1946년 7월 1일 <조선문학가동맹>이 서울 과학관 강당에서 주최한 '수재 구제 문예강연회'에서 낭송되었던 「장마」를 비롯하여, 1946년 8월 29일 종로 YMCA 강당에서 열린 '8·29 국치 기념 문예강연회' 석상에서 낭송한 「3·8 이남」과, 1946년 9월 1일 국제 청년의 날에 낭송되었던 「누구를 위한 벅차는 우리의 젊음이냐?」가 그것들이다.

그러나 유진오의 낭송시가 '인육시장'이나 '보스와 종'(「3·8 이남」) 또는 '저승길이 가까운 영감님들'(「누구를 위한 벅차는 우리의 젊음이냐?」)과 같은 직설적 언어를 사용함으로써 격정적 감정을 토로하는 데 반해, 김상훈은 "바람도 구름도 서름에 젖어/ 장렬(葬列)은 자옥마다 눈물이 고이고/ 요령도 조기도 없어야 하기에/ 서럽게 서럽게 밀려서 간다// 돌부리마다 낯익은 길을/ 참아 떠나지 못해 짐짓 망설이건만/ 별이 그리워 외치며 죽은 벗을/ 태양없는 나라로 보내야 하니"(「장렬」)와 같이 절제된 슬픔을 차분한 서정으로 표현하고 있는 점에서 한층 성숙한 면모를 보이고 있다.

유진오와 비슷한 경향의 시는 김광현과 박산운의 시에서도 발견할 수 있다. 김광현의 「조국은 울고」와 「기아선(饑餓線)에서」, 「거지반 헐벗고」 등의 작품은 그 제목에서 연상할 수 있는 내용처럼 조국의 해방에도 불구하고 여전히 어려운 처지에서 벗어나지 못하는 민중의 현실에 대한 분노를 토로한 작품들이다. 박산운의 「소년의 사(死)」와 「포복의 시」, 「거울같이 아는 일을」 등에서도 학병으로 끌려간 소년의 억울한 죽음에 대한 분노와 함께 "일본 제국주의 밑에서 정말로 괴롬받는 사람이라면/ 얼굴만 서로 바라보아도/ 거울같이 아는 일을"(「거울같이 아는 일을」) 정정당당하게 외치는 민중에 대한 감격이 표현되어 있다.

이들의 작품은 크게 보아 민족적 현실과 민중의 고난을 주제로 한 시편들과 자신의 개인사와 가족을 소재로 하여 자신의 내면을 드러내는 시로 나누어 볼 수 있다. 위에 소개한 시편들 외에 이병철이 '동지 고 전해련의 영전'에 바친 「울면서 딸아가면서」는 부제에서 알 수 있듯이 역시 희생된 동지에 대한 추모의 시라 할 수 있다. 또 1946년 6월 시위대 속에서 착상하였다고 밝히는 이병철의 「대열(隊列)」 역시 같은 길을 걸어가는 동료들에 대한 애정을 표현하는 시이다. 그러나 이들 작품은 김광현이나 유진오의 기념시, 추도시에서 보이는 직설적이고 정치적인 어휘들 대신 절제된 감정과 시적 리듬을 도입함으로써 또 다른 시적 성취를 보여준다. 이에 대해 김기림은 "시인은 자기의 호흡과 맥박에 맞는 자기의 말을 찾기 시작하였다"고 높이 평가하고 이를 "대중 속에서 나누는 생활의 감정에서만 올 수 있는 리리시즘"으로 칭찬하였다(김기림, 「서」).

그러나 시인으로서의 개성적 면모와 이들이 이룬 시적 성취는 자신의 내면을 드러내는 여타의 시를 통해 더 잘 드러난다. 『전위시인집』을 통해 수로 낭변한 민족적 · 민중적 과제를 다루었던 김광현, 박사운, 유진오의 경우도 예외는 아니다. 1948년에 발표된 유진오의 「산」(『문학』, 1948.4)이나 어머니를 그리는 시 「향수」(『신천지』, 1949.2)에는 시인의 자아와 시적 대상이 하나의 정서로 승화되고 있는 것을 볼 수 있다. 이병철의 산문시 「곡(哭)」(『문학평론』, 1947.4)은 민중의 한 사람으로 형상화된 시인의 어머니와 이에 대한 애정을 한 차원 높이 승화시키는 경지를 보여주고 있다.

이러한 경향을 가장 잘 대표하는 시인은 김상훈이다. 그는 「아버지의 창앞에서」(『문학』, 1946.11), 「어머니」(『신천지』, 1946.11), 「나의 길」(『우리문학』, 1946.9) 등을 통해 지주의 아들이라는 자신의 존재조건에 대한 철저한 반성과 새로운 역사적 사명에 대한 자각을 자신의 가족관계를 통하여 절절히 형상화한 바 있다. 이러한 그의 자각은 『전위시인집』에 실린 「전원애화(田園哀話)」를 통해 궁핍한 농촌의 삶을 조명하는 것으로 한걸음 나아간다.

> 소작쟁의가 끝나지 않어
> 산발한 볏단이 밭고랑에 누어있는 들길을
> 지쳐 쓰러진 이야기를 담고 우차(牛車)바퀴가 게을리 굴러가고
> 황량하다. 천한 촌 백성이 사는 이 마을엔
> 어미가 자식을 헐벗겨 떨리고
> 삽살개 사람을 물어 흔들고
> 금전과 바꾸워진 딸자식을 잊으랴 애썼다.
> 일장기가 태극기로 변했어도
> 그것은 지친 그들에게 '만세' 소리로 높이낼 부담밖에
> 설익은 빵덩이 하나 던져주지 못했다.
>
> ― 「전원애화」 제1연

오랜 민족적 · 계급적 착취로 황폐해질 대로 황폐해진 농촌의 현실은 그대로 조선 현실의 축소판으로 보아도 무방하다. 사회의 곳곳은 아직도 해결하지 못하는 문제들로 '쟁의'가 끝나지 않아 '산발한' 볏단들처럼 황량하고 흉흉하다. 정치인들이 자기 국민을 헐벗기고 민중이 보호자가 되어야 할 군 · 경이 민중운동을 탄압하는 해방 조선의 현실은 어미가 자식을 벗기고 개가 주인을 물어 흔드는 상황과 무엇이 다르랴! 독립이 되었지만 민중들에게는 그것이 헛된 구호로 남을 뿐이라는 이 섬뜩한 진단은 차분한 정조로 서술됨으로써 더 처연한 정서를 환기시킨다. 그래서 "토지를 다고 아

아 토지를 다고/ 목매여 울면 들은 체나 하겠느냐. 아아 정객은/ 농군(農軍)이 없는 서울에서만 회의를 하는구나"(4연)라는 외침은 분노의 표출이라기보다는 피맺힌 절망으로 다가온다. 당시 자칫 패배적이고 수동적인 민중상으로 비판받을 수도 있었을 이와 같은 시정(詩情)은 그러나 그 어떤 공격적인 표현보다도 한층 독자의 가슴을 뒤흔든다. 김상훈은 여기서 개인의 존재적 자각에 머물지 않고 이에 기반하여 민중적 현실과 민족의 운명을 그리고 있다는 점에서 가장 주목할 만한 시 세계를 보여준다.

임화가 이 시집의 서문에서 "장구한 동안 적어도 전쟁 중에 우리 민족이 걸어오든 고난에 찬 길에 대한 회상은 우리의 마음 가운데서 단숨에 환희의 느낌을 일소하여 간 것"이라 한 것은 바로 이와 같은 민족의 현실을 의미하는 것이리라. 김상훈은 이 시를 통해 첩첩이 쌓여있는 우리 민족의 과제를 결코 낙관적으로 보지 않았다. 그러나 이와 같은 현실 인식이야말로 당대 민주주의 민족문학이 설정하였던 민족적 과제를 가장 정확하게 반영하고 있는 것이며 그런 점에서 이들 젊은 시인들은 역사의 전위에 선 "사단의 결사대"라 명명되었던 것이다(오장환의 발문).

앞서 살펴보았듯이 이들은 전세가 불리한 가운데서도 끝까지 월북하지 않고 남아있었던 사람들이다. 이들은 주요 인사들이 월북하고 남은 빈 자리를 지키면서 문화선전대 활동과 시인의 발굴, 번역과 시집발간 등 끝까지 주어진 현실에 충실한 생활을 하였다. 그러나 전쟁의 발발과 극한으로 치달은 반공주의는 이들이 활동할 여지를 조금도 허락하지 않았다. 우리는 이로 인해 아까운 시인들을 영원히 잃은 셈이다. 비록 세 명의 시인이 월북하여 문화인으로 오랜 활동을 이어갔지만 경직된 북한 사회 역시 그들의 예술적 기량을 자신의 체제 선전에만 이용하였을 뿐이기 때문이다.

한국 근대 문예비평의 논리

초판 인쇄 2007년 9월 10일 **초판 발행** 2007년 9월 17일
지은이 이양숙 **펴낸이** 박성복 **펴낸곳** 도서출판 월인 **등록** 제6-0364호(1998.5.4)
수소 서울시 강북구 흰구름길 19 3(수유2동 252-9) **전화** (02)912-5000 **팩스** (02)900-5036
homepage http://www.worin.net **e-mail** worinnet@hanmail.net

ISBN 978-89-8477-375-2 93810